KB146595

그대의 책 이야기

근대의 책 읽기

독자의 탄생과 한국 근대문학 | 천정환 지음

푸른역사

1

독자께서 펴든 이 책은 책 읽기에 대한 책이며, 책 읽기의 한 과거에 대한 책이다. 그 과거란 인문·사회과학자들이 즐겨 '근대'라 칭하는 그 연대年代의 들머리에 놓인 시간으로서, 현재와 직접 이어져 있는 한편 미래를 예견하게도 하는 그런, 아주 연緣 두터운 과거이다.

그때 한반도에서도 문자의 독재가 새롭게 시작되었다. 새로운 시작은 농투성이 무지렁이들과 장돌뱅이들, 개 잡고 소가죽 벗기던 이들, 심지어 그 자식들까지 학교 문앞을 기웃대고, 그러다 급기야 모든 사람들이 책이란 걸 읽고, 나아가 글줄까지 긁적거릴 줄 알게 된 일종의 개벽이다. '모든 사람들'이라는 점에서 한편 그 독재는 역설적으로 '민주주의'이기도 하다. '앎의 민주주의' 말이다.

역사적이며 동시에 가히 운명적인 여러 원인이 그 개벽을 불렀겠는데 그 중 유력한 주관적 요인의 하나가 '배워야 한다, 책을 읽어야 한다'는 근대 한국인의 인식이다.

그 인식은 '~ 해야 한다' 꼴 당위명제로 되어 있기에, 한편 이데올로기면서 한편 심리적 강박이라는 점을 금방 눈치 챌 수 있다. 이제 아낙들과 딸네들의 머릿속에까지 그 이데올로기와 강박이 꽉 찼다. 민중적으로 그것은 '못 배운 한恨'이고 역사적으로는 발전사관이나 실력양성론의 바탕이며, 혹자처럼 과장하면 '본능적인 앎에의 욕구'이다.

어느 쪽이든 그것은 근대가 개막되자마자 끝없는 입시전쟁과 학벌사회를 한국사회에 들어앉혔고, 디지털시대라는 오늘날까지 계속 살아남아 있다. 말미암아 장기불황에도 불구하고 출판·제책 관계업 종사자의 수는 여전하고, 책 읽기로 전국민적 사도-마조히즘을 실천하는 〈느낌표〉 같은 희한한 TV 프로그램이 출현하기도 했다. 하기야 책은 비단 한국인에게뿐 아니라, 인간의 모든 발명품 중에서 아직도 가장 휴대가 간편하고 저장용량도 아주 큰 유용한 '웨어ware'(하드웨어인지 소프트웨어인지에 대해서는 논란이 있다)의 하나임에 틀림없다. 그래서 종이 위에 박힌 문자의 독재도 세계적인 보편성을 얻었을 것이다.

독자께서는 어떤 연유로 책을 읽으시는지? '직업적으로 어쩔 수 없이' '버릇이 되었기 때문에' '누군가의 강요로'라면 유감스럽게도 틀림없는 근대인이며, '그냥 재미있으니까' '진짜 좋아해서'라면 심각한 중독자일 가능성이 높다. 여기서 워쇼스키 형제보다 한 세대를 앞서 마셜 맥루한Marshall Mcluhan이 매트릭스Matrix를 두고 한 발언을 상기할 필요가 있다. 남들 안 먹는 '빨간 알약'을 삼키고 극한 고통을 감오해야만 벗어날 수 있는 문명의 막장으로서의 매트릭스는 문자의 세계로부터 처음 비롯되었다 한다. 영상 미디어와 이동통신과 마찬가지로 문자 또한 인간이 효율을 위해 발전시켜온 테크놀로지일 뿐 자연이 아니며, 관료제와 '중앙집중' 같은 비극도 문자 매트릭스가 빚어낸 것이다.

그런 고로 무식하고 철없어 뵈는 인터넷과 영상 중독자도 사실 활자 중독자의 아들이나 후배이지 결코 적敵이나 남이 아니다. 특히 한국사에서 책 읽는 대중과 영화 보는 대중의 시대는 거의 동시에 개막되었다. 독자와 관객의 탄생, 이 곧 근대의 도래를 의미한다.

이 책은 책 읽기에 대한 책이로되, 『행복한 책 읽기』의 김현 이래, 근래 번역된 다치바나 다카시立花隆 같은 강호의 고수들(내지는 매일 쉼 없이 '파란 알약' 먹는 자들)이 펴낸, 사람 기 죽이기 딱 좋은 '나의 엄청난 책 읽기' 류와는 거리가 머니 안심해도 된다.

오히려 진짜 말 그대로 낫 놓고 기억자도 모르던 대다수 조상님네들이나, 학교 졸업한 이후로는 책과 담장 높이 쌓을 수밖에 없는 노동자들, 읽고 싶지만 뭘 읽어야 할지 몰라 망설이는 샐러리맨, 그리고 신상명세서 '취미' 란에 '독서' 라고 써넣고는 약간의 가책을 느끼는 사람들의 책 읽기에 관한 책이다. 필자 자신, 책을 쓰거나 남의 글을 책으로 만드는 일을 업의 하나로 하는 인간이지만, 솔직히 독서가(≒책벌레)와는 거리가 멀고 리모콘 없이는 하루도 견디기 힘든 플리퍼flipper에 훨씬 가깝다. 그러나 방바닥에 널린 책을 밟고 다니거나 뭉개고 누워 진 종일 플리핑하면서 자주 가책도 느낀다. '책을 읽어야 한다' 는 가책이다. 독재란 단연코 지배당하는 자들의 마조히즘에 의해 유지되는 경향이 있다.

그러나 실제적인 징후가 여러 곳에서 관찰되고 있기에 '문학의 위기' 니 '책의 죽음' 이니 하는 비명소리가 터져나오고 있다. 비명은 일면 과장이며, 일면 진실이다.

즉, 소수의 엘리트가 아닌 '모든 사람들이' 책을 가까이한 이래, 문필업 종사자들은 툭하면 문학과 책의 위기를 노동요 삼아 읊어왔다. 영상이 대중을 매혹한 이래, 문자 측도 영상 측에 은혜를 입은 바가 적지 않으면서도 늘 '그들이 날 죽이려 한다'는 피해망상에 시달려왔다.

다른 한편 비명은 문자의 독재가 영상의 독재로 교체되는 상황에 대한 공포로 인해 터져나오는 것 같다. 이는 망상이 아니라 실재다. 영상 매체의 위력은 어떤 말로 설명해도 부족할 정도로 커졌기 때문이다. 수백 개의 TV 채널에서 24시간 내내 온갖 언어로 된 근사한 화면들이 쏟아지고, 상상할 수 있는 깊고도 높은 인간 정신의 모든 것이 영화관과 인터넷에 있다.

그런데도 왜 책을 읽어야 하나? 문자나 활자의 지배력이 치명적으로 약화되려면 적어도 몇 세대 이상의 시간이 필요할 것 같다. 우리는 영화의 탄생 이래 백 년 이상 길게 연속적으로 이어지고 있는 뉴 미디어 시대에 살고 있는 것이거나, 혹은 책이라는 수천 년 동안의 독재자가 반란군이 되어가는 변혁기를 같이 숨쉬고 있는 것이다.

모쪼록 책 읽기의 한국 근대사에 대한 기록인 이 책이, 책 읽기의 현재와 미래에 대한 독자 여러분의 성찰에 약간의 소재거리가 된다면 더없는 보람이겠다.

2

유감스럽게도 이 책이 저자의 학위논문을 고치고 보태어 만든 것이라는 점을 미리 말씀드려둔다. 아시다시피 대저 학위논문이란 가장 전문적이고 궁벽스런 주제를 다루는 것, 그래서 '건전한' 일반 독자들과의 소통은커녕 인접학문 분야의 사람들도 거의 이해할 수 없는 '전문용어'와 괴상한 문체를 총동원하여 엮은 암호문 뭉치를 일컫는다. 따라서 학위용과는 별도로 완전히 암호를 풀고 틀과 내용을 개비改備하여 책을 내는 것이 도리로되 게으름과 몇몇 사정으로 그러지 못했다. 꽤 고치기는 했지만 이 책에는 아직, 대단히 심오한 것은 아니되, 한국 현대문학 전공자 저네들끼리 알아듣는 이야기들이 꽤 많이 남아 있다. 그러나 행인지 불행인지 '논문'이 처음부터 약간의 넘나듦을 시도했고, 주제 자체가 일반 앞에 내놓아도 좋을 새로운 면을 갖고 있다는 평이 게으름과 만용을 부추겼을 수도 있겠다.

이 책의 논의는 이전과는 달라진 문학의 사회적 위상과 문학 연구의 새로운 경향과 무관하지 않다. 입장에 따라 문학 연구자들은 이 책의 논의가 '잘 치고 나갔다'고 느낄 수도, '너무 많이 나갔다'고 느낄 수도 있다. 이 책은 우리 근대 '문학' 작품(의 일부)을 '문학성'을 지닌 고고한 해석학적 대상으로 다루기는커녕 시장과 제도·미디어 속에 놓인 문화현상으로 다루고, '문학' 아닌 것이라 취급되어 버려졌던 일군의 글뭉치들과 같이 취급하고 있기 때문이다.

이 책이 보다 심오한 '문학'적 표정을 짓고 있으려면 논의 가운데 등장하는 소설 텍스트의 언어구조를 꼼꼼히 다루며, 그 속에 어떤 미학적·기호학적 질서가 담겨 있는지 논의했어야 할지도 모른다. 그런 논의는 사실 많은 '비평'이 그러한 것처럼 텍스트나 역사를 극히 주관화하는 일이로되 현재로서는 '문학 제도적'이기는 하다. 그러나 가급적 그런 작업을 피하고 문학을 경계에 놓아보는 일이 필요하다고 생각했으며, 그보다는 텍스트에서 읽히는 독자 유혹의 구조와 살아있는 독자의 망탈리테에 대한 세밀한 대차대조표·비교분석표를 그려보고 싶었다. 어떻게 『춘향전』과 『무정』은 그토록 오래, 기생과 학생이 모두 좋아하는 책이었으며, 급기야 '클래식'이 되었는가. 프롤레타리아 문학의 최고봉이라는 이기영(李箕永, 1895~1984)의 『고향』과, 근대 일본 최고의 대중작가라는 기쿠치 칸의 『진주부인珍珠婦人』은 어떻게 동시에 1930년대 한국인들의 '셀러seller'가 될 수 있었는가. 이런 의문에 설득력 있게 답하는 것이 가능한가? 써가면서 이 답변 불가능해 보이는 물음에 정교하게 '답'을 해야 한다는 의무감을 잊은 적이 없다. 그러나 너무 큰 의무는 오히려 더 쉬운 회피를 초래하는 법이다. 이에 관한 한 책에는 스스로를 위한 위로慰勞성 논의와 변죽 울리는 소리가 꽤 담겨 있다. 그것은 지식분자들이 당장 구체적인 문제에 답해야 할 때 몸으로 궁행하기는커녕, '아닌 것'만을 보여주거나 개뼈다귀 같은 원칙만을 복창하거나, 문제 자체가 아니라 어떻게 문제를 바라보아야 하는가에 대한 논의로 밤을 새우는 것과 같은 데 머무른 때문인지도 모른다.

대중, 그들은 왜 그렇게 생각하고, 그렇게 책을 읽게 되는가? 대중의 움직임이란 과연 분석될 수 있는 것인가? 과감하게 '아니다'라고 대답하는 것도 이와 관련된 진리의 한 부분을 보여주는 일임이 분명하다. 대중은 브라운 운동Brownian movement을 하는 아메바이며 카오스 그 자체이기 때문이다. 책의 초고를 쓰던 2002년 내내 대중의 신비 앞에 입을 딱 벌려야 했다. 위대한 시대가 가자 완강하고도 세련된 보수 반동과 광범한 정치적 '무뇌無腦'의 시대만 계속될 것이라는 참언이 횡행했지만, 웬걸 우리가 2002년에 본 것은 살아 있는 대중의 반란과 기적이었다. 물론 그런 기적은 곧 신기루가 되기도 하고 다시 흙먼지로 돌아가기도 한다. 이 책은 '대중'이라는 현대의 불가사의에 대한, 그 고원高原이면서 동시에 심연인, 언제나 결핍이며 언제나 과잉인 그 존재를 더듬고자 하는 마음에서 출발하였으며, 2002년 그 존재의 강력한 욕동慾動, 그 엄청난 에너지를 쐬어 골인지점에 인도될 수 있었다.

사실 이 책이 건드리는 여러 면의 논의는 새로워서 오히려 큰 밑그림에 그친 데가 많다. 내놓음으로써 얻게 될 '질정을 고대'하지 않는다면, 그리고 앞으로 또 해나갈 공동작업의 거름으로 이 책이 소용될 거라는 기대가 없다면 감히 용기를 내지 못했을 것이다. 소위 '연구자'가 된 처음부터 이런 주제에 관심을 갖고 있었지만, 언감생심 〈역사문제연구소〉 '독서의 사회사' 반과 함께 자료를 뒤적이는 행운을 얻지 못했다면 책은 세상에 나오지 못했을 것이다. 이기훈·권보드래·장신·최태원 선생께 비로소 감사의 뜻을 전한다. 좋은 종이책과 좋은 사이트·네트워크를 만드는 일을 동시에 행하는 인터랙티브interactive한 21세기형 공동체인 〈퍼슨웹www.personweb.com〉은 늘 내 영감과 글쓰기의 원천이다. 마지막으로 부모님과 아내와 가족들, 조남현·김윤식·권영민 선생님께 이 자리를 빌려 절을 올리며, 책을 같이 만든 푸른역사에도 감사의 마음을 전한다.

2014년 8월
천정환

3 1920~30년대의 책 읽기와 문화의 변화

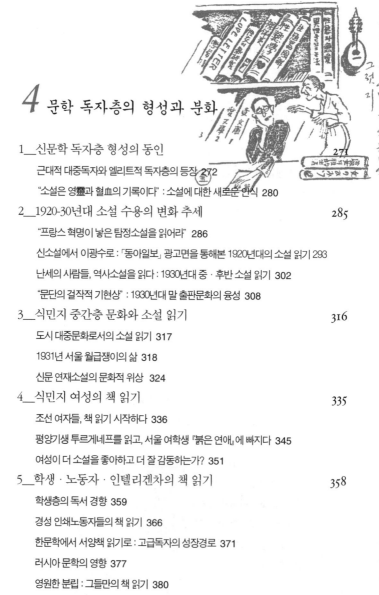

4 문학 독자층의 형성과 분화

5 책 읽는 방법의 제도화와 문학사

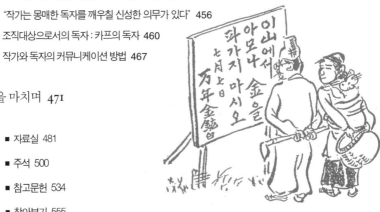

연도	정치·사회 주요사건	'책 읽기'와 대중문화의 흐름	대표작
1907	• 〈신문지법〉 제정 • 고종퇴위·군대해산	**신소설 독자층의 형성** • 자강운동론 득세 : 역사 전기물 붐 • 척독, 연설문집 간행 활발	『혈의 누』(이인직), 『서사건국지』(박은식), 『비율빈 전사』 『애국부인전』 『월남망국사』
1908	• 동양척식회사 설립 • YMCA 회관 개관 • 〈출판법〉 발효	**신문종람소 설치 활발** • 최남선, 잡지 『소년』 창간. • 빅타 유성기 음반 발매 시작 • 이인직의 「은세계」 〈원각사〉 공연	『노동야학독본』(유길준)
1910	• 한일병합		『자유종』(이해조)
1911		**신파 연극 인기** • 〈단성사〉 등 극장 풍기문란이 계속 문제	
1912	• 토지조사사업 시작	**신소설·번안소설 전성시대**	『현미경』(김교제) 『옥중화』(이해조) 『추월색』(최찬식) 『모란봉』(이인직)
1913		**척독서적 간행활발**	『서식대전(書式大全)』 『척독완편(尺牘完編)』
1914	• 1차 세계대전 발발	• 동경유학생 잡지 『학지광』 창간 • 최남선, 『청춘』 창간(월 평균 발행부수 2000) • 〈신문관〉, 『전우치전』『조웅전』『소대성전』 등이 포함된 『육전소설문고』 1차분 10권 완간	
1915	• 〈조선물산공진회〉 개최		
1916		• 고수철, 연극 〈카츄사〉에 여장을 하고 출연, 인기	
1917	• 러시아혁명	• 이광수, 「매일신보」에 「무정」 연재 • 〈단성사〉 활동사진관으로 재개장	
1918		**서양문학 이입 본격화** • 『태서문예신보』 창간, 『가주사 애화 해당화』	『무정』(이광수) 『시문독본』(최남선)
1919	• 3·1 운동	**학교 진학률 급격히 상승 문맹률 낮아짐** • 활동사진 연쇄극 〈의리적 구토〉 상영 • 김동인 등, 문예지 『창조』 창간	

1920		툴스토이 등 러시아문학 이입 더욱 활발 • 『조선일보』 『동아일보』 창간 • 『개벽』 『신여성』 창간	『혼』(정연규)
1921	• 조선축구협회 및 테니스협회 설립	• 『고등보통학교 입학시험 준비서』(김연배)등 수험 서·보조교재 잘 팔림 • 나혜석, 김명순, 김일엽 등 1세대 여성 작가들이 작품 활동 본격화 • 잡지 창간 활발(60여종)	『이상촌』(정연규) 『첫사랑』(투르게네프) 『조선요리제법』(방신영) 『오뇌의 무도』(김억)
1922	• 어린이날 제정	사회주의 사상이 본격적으로 확산 • 사회주의 경향이 강한 『신생활』 『조선지광』 창간 • 『백조』 창간, 근대 문단 형성 본격화 • 이광수 『민족개조론』 물의를 일으킴 • 이광수 『개척자』, 현진건 『타락자』 등 신문학 소설 작품도 인기 • 기생 강명화, 단발(斷髮)로 사회적 파장 일으킴	『사회소설 단쇼』

1923	• 관동대지진	도서관 이용객 수 폭발적 증가세 • 방정환 번역동화집 『사랑의 선물』 베스트셀러 • 연애 서한집 『사랑의 불꽃』 대히트, 아류 연애편지 교본 속속 출간 • 『크로포토킨의 연구』 『로농 로서아』 등 사회주의계 서적 잘 팔림 • 무성영화 〈춘향전〉 흥행 성공 • 지방에서 청년회 운동 활발	『정감록』 『안창남 비행기』 『인형의 가』(노라) 『무쇠탈』

1924		학벌사회 본격 형성, 입시난 심화 • 『와세다대학 통신강의록』 『중학강의』, 『문학강의』 등 발간 • 『남녀 생식기 도해』 등 일본에서 수입된 그림책·프 로노물 인기 • 『동아일보』 『조선일보』 부인란 신설하고 증면 단행	『영원의 몽상』(노자영) 『반역자의 모』(고리키)
		신문학 독자층의 본격 형성 시작 • 『조선문단』 창간(창간호 1,500부), 『개벽』 월평균 7천 ~1만부 판매	
1925	• 〈1차 조선공산당〉 사건 • 〈치안유지법〉 발효	경향에서 독서회, 야학조직 활발 • 〈카프〉 설립, 계급문학 대 민족문학 논쟁 • 『성교법 임신 피임의 신연구』 등 성학관련 서적 인기 • 할리우드 영화 조선 관객장악, 개봉된 미국 영화 2,130편	
1926	• 경성제국대학 개교 • 6·10 만세운동	• 『개벽』 정간, '대중오락지'를 표방한 『별건곤』 창간 • 『手紙大辭典』 등 일본어 글쓰기 교본 많이 읽힘 • 신문·잡지에 화보와 사진 폭발적으로 도입 • 나운규 감독·주연 무성영화 〈아리랑〉 대히트	『백팔번뇌』 『백두산 근참 기』(최남선)

1927	• 〈신간회〉 결성 • 〈경성방송국〉 개국	**'모던modern'이 유행어가 되다** • 구활자본(딱지본) 소설 신규발행 건수 급감 • 일본 〈신조사〉『세계문학전집』, 〈이와나미사〉『이와나미 문고』 발간 시작 • 영화 〈낙화유수〉 히트	『그림 동화』(오천원) 『조선문사의 연애관』
1928		**일본어책 수입급증, 사회주의서적 판매절정** • 일본 개조사 등의 『마르크스 엥겔스 전집』『사회사상전집』 판매 활발 • 『신흥문학전집』 수입 • 이광수 『마의태자』 홍명회 『임꺽정』, 『조선일보』 연재 시작	『내 혼이 불탈 때』(노자영)
1929	• 원산 노동자 총파업	• 문학 대중화론 논쟁 • 대중종합지 『삼천리』 창간 • 일본인 澤田順次郎의 『女の裸體美』 등 인기	『승방비곡』(최독견)
1930		**라디오 보급 급격히 증가** • 이광수 『혁명가의 아내』 물의를 일으킴. • 총독부 조사결과 6.8%만 한글 · 일어 모두 해독 가능	『단종애사』(이광수)
1931	• 만주사변 발발, 일본 군국주의화 가속	• 『동아일보』 경성지역 학생 · 노동자 독서경향 조사 결과, 이광수 소설과 『공산당 선언』『붉은 연애』 등 사회주의 사상 서적 많이 읽혀 • 제1차 〈카프〉 검거사건 • 『동아일보』 『조선일보』 대대적인 문자보급운동 전개 • 〈팔도명창대회〉 〈전조선 명창대회〉 성황리에 개최	『이광수 · 주요한 · 김동환 3인 시가집』 『조선 사화집』 『현대 체력 증진법』 『약소민족운동의 전망』(이여성)
1932	• 이봉창, 윤봉길 일제를 테러리즘 으로 공격	**유성기와 레코드 보급 활발** • 〈은하수〉, 〈이 풍진 세상〉〈영화주제가〉 크게 히트 • 『정말(덴마크) 체조법』 인기 • 나운규, 영화 〈임자 없는 나룻배〉로 재기 성공	『평화와 자유』(서재필, 이승만 등 공저, 〈삼천리사〉)
1933	• 〈한글 맞춤법 통일안〉 발표	• 소설가 이태준, 이상, 박태원 등 〈구인회〉 조직 • 『개조』『중앙공론』 등 종합지, 『킹』『주부지우』『강담구락부』 등 대중잡지 조선에서 판매 활발	『KAPF 작가 7인집』 『조선사회경제사』(백남운)
1934		**신문 연재소설 전성시대** • 장혁주 『權と云ふ男』 일본에서 출간 (〈개조사〉) • 〈카프〉 2차 검거, 박영희 전향 선언 • 무용가 최승희, 일본에서도 인기	『조선가요집성』(김태준) 『달밤』(이태준)

1935		대중문화의 시대	편지 교본 『手紙書く時 こ
		• 『이광수 전집』 발간 시작	れわ便利だ』
		• 야담, 엽기 선풍. 신불출 만담 인기	『시국 팸플릿』 시리즈(〈삼
		• 연극전문 〈동양극장〉 준공	천리사〉)
		• 『삼천리』, 가수 인기투표 결과 왕수복·이난영(여자)	
		채규엽·고복수(남자) 상위 랭크.	
		• 최초 유성영화 〈춘향전〉 개봉. 연간 영화 관객 수는	
		850여만(1939년에는 1,722만)	
		• 권투 선수 서정권(세계 랭킹 6위), 훈련원 운동장에	
		서 특별 경기, 여운형 축사	

1936	• 『동아일보』 정간	고전문학 재조명 작업 활발	『고향』(이기영)
	사태	• 삼천리사 신문학 명작선별 작업 뒤, 『조선문학선집』	『상록수』(심훈)
	• 〈조선 사상범	발간	
	보호관찰령〉 공포	• 손기정의 올림픽 마라톤 우승으로 스포츠 열풍	
		• 지식인, 사회주의자 속속 전향	
		• 알란 포, 코난 도일 등의 탐정·추리소설 인기	

1937	• 중일전쟁 발발	• 보통학교 진학률 30%선을 상회	『애욕의 피안』(이광수)
	• 일제 〈국민정신		『서화』(이기영)
	총동원 실시요강〉		『가마귀』(이태준)
	발표		

1938		출판계 전체적으로 호황	『소설가 구보씨의 일일』·
		• 역사소설 붐 : 『황진이』(이태준), 『운현궁의 봄』(김동	『천변풍경』(박태원)
		인), 『금삼의 피』(박종화)	『사랑』(이광수)
		• 『문장』, 『인문평론』 창간	『순정해협』(함대훈)
		• 영화 〈무정〉 개봉	

1939	• 조선인 징용령	문학 전집류 및 문고본 발간 붐	
	공포	• 〈학예사〉 『조선문고』, 〈박문서관〉 『박문문고』 발행	
		시작	
		• 『대하』(김남천), 『순애보』(박계주), 『찔레꽃』(김말봉)	
		등 판매 호성적	

1940	• 창씨개명 실시	일부 작가 본격적으로 친일과	『임꺽정』(홍명희)
	• 『동아일보』	일본어 창작에 나섬	『문학의 논리』(임화)
	『조선일보』 폐간		『사랑의 수족관』(김남천)
			『황순원단편집』(황순원)

1941		• 지하 사회주의 운동 다시 활발해지는 경향	『화사집』(서정주)
		• 『인문평론』, 『국민문학』으로 제목 바꿈	『이효석 단편선』(이효석)

1942	• 조선어학회 사건	• 『삼천리』, 『대동아』로 제목 바꿈	

1

서 설 | 근대의 책 읽기와 소설 독자

1_문화변동
속의 책 읽기

서점에 가는 일은 두렵다. 서점에서 수많은 책들 사이에 서 있는 일은 고통 그 자체이다. 서점에 가지 않은 얼마 동안 책들이 쏟아져나와 있다. 그 책들을 들추고 있노라면 내 게으름과 무식함이 발가벗는 것 같다. 그래서 때로는 큰마음 먹고 지갑을 털어 눈에 띄는 책들을 산다. 그러나 뿌듯한 마음은 잠시뿐 금세 다시 꺼림칙해진다. 그 책들을 언제 읽을지 기약할 수 없기 때문이다. 사놓고 꽂아두기만 한 책이 책장에 가득하지 않던가. 심지어 샀던 책을 또 사는 일도 있지 않은가. 이런 기억들이 고통을 더한다. 결국 서점에 가면 책을 사는 것도 사지 않는 것도 고통이다.

그러나 근래에는 서점에 거의 다니지 않게 되었다. 서점에 가지 않아도 행복하게 책과 만날 수 있기 때문이다. 신문과 인터넷, TV가 새로 나온 책들의 내용과 장점을 친절하게 알려준다. 각 매체에 포진한 전문가들의 친절한 안내를 받으며, 책의 서문과 목차를 훑어보고 장정까지 짐작하여 고를 수 있다. 읽지도 않을 책을 '충동구매' 할 가능성도 훨씬 줄어들었고, 나왔는지 모르고 있던 책들을 뒤늦게 발견하고 느끼는 열패감에서도 해방되었다. 보고 싶은 만큼의 책을 집에서 편하게 받아볼 수 있게 된 것이다.

근래 많은 사람들이 서점에 가기보다는 미디어의 서평이나 광고에 의지하여 작품이나 책을 고르고 인터넷을 통해 사서 읽는다. 컴퓨터 화면을 통해 온갖 정보를 얻고 아예 화면으로 작품을 감상하기도 한다.[1] 이는 불과 몇 년 전부터 급격히 확산된 완전히 새로운 읽기의 양상이다. 학자들은 이러한 새로운 수용의 문화적 의미에 대해 많은 논의를 전개해왔고, 그런 문화적 변화가 소설을 비롯한 문학작품의 서술방식과 작가의식에 끼치는 영향을 비평의 중요한 소재로 삼기 시작했다.[2]

근래 벌어진 이러한 큰 변화는 지금까지 보편적이라고 여겨져왔던, '서점에서 · 정해진 값을 지불하고 · 활자로 인쇄된 · 책을 사서 · 집에서 · 혼자 · 눈으로 읽는' 책 읽기 방식이 보편적이지도 영원불변하지도 않다는 것을 새삼 가르쳐준다. 그러한 책 읽기는 역사의 특정한 국면에서 양식화되고 유행한 일시적이며 특수한 양식일 뿐이다. 너무 익숙해져서 당연하게 여겨진 책과 문학의 수용방식은, 사실 한국에서는 19세기에야 나타났고 20세기에 들어서고도 한참이 지난 후 본격적으로 일반화되었다.

인터넷 · 디지털 위성방송 · 케이블방송 등이 한꺼번에 들이닥쳐 급격한 사회 변화가 일어난 20세기 말 이후를 '뉴 미디어New Media 시대'라 한다. 우리는 뉴 미디어가 야기한 엄청난 문화적 변동을 눈앞에서 직접 목격하고 있다. 미디어야말로 모든 것을 지배하는 힘으로 군림하고 있고, '세계-내-존재Sein-in-der Welt'이던 인간은 드디어 미디어 매트릭스 속에 갇힌 '화면-내-존재'로 바뀌고 있다.[3]

그런데 우리가 경험하고 있는 것보다 더 근본적이고 파급력이 강한, 그리고 현재적 변화의 기원이 된 문화변동이 20세기 초 조선에서 일어났다. 20세기 초 대다수 조선 민중의 삶을 지배하고 있었던 전근대적인 문화가, 구미와 일본에서 수입된 최첨단 생활양식과 사회적 소통체계와 맞닥뜨려 패퇴할 운명을 맞게 된 것이다. 그 변화의 핵심 동인은 새로운 미디어였다.

새롭게 보급된 활자매체 제작기술이 거듭 개량되면서 본격적인 대량인쇄 복제문화의 기반을 만들었고, 그에 따라 신문과 잡지, 대량복제된 소설책과 교과서가 나타났다. 그리하여 '한 줌밖에 안 되는' 소수 엘리트 계층을 통해 수행되던 문자문화의 헤게모니는 비로소 전체 사회구성원을 대상으로 전면적인 힘을 발휘하기 시작했고, 책 읽기의 개인적·사회적 관행과 의미도 크게 달라졌다. 누구나 글을 읽고 글로 써서 의사소통하는 역사상 유례 없는 시대가 열린 것이다.

그러나 그 시대 '뉴 미디어'로 등장한 책과 신문 같은 문자문화의 총아는 곧 더 놀라운 뉴 테크놀로지를 바탕으로 형성된 시청각문화와 운명적인 경쟁을 벌이게 된다. 1902년 한국 최초의 근대 극장 협률사協律社가 설립된 이래 새로운 공연문화가 빠르게 보급되면서 연극 공연장은 1900년대와 1910년대 사회적인 풍기風紀문제의 핵심 공간이 되었다.[4]

그리고 세상을 뒤엎을 괴물, 영화가 나타났다. 1895년 프랑스의 뤼미에르 형제가 시네마토그래프cinematograph를 발명한 지 채 10년이 안 된 1903년 조선에서 최초로 영화가 상영되었다.[5] 1927년에는 총독부가 설립한 〈경성방송국〉이 'JODK'를 호출부호로 대중을 상대로 라디오 방송을 시작했다. 영화와 라디오는 책이나 신문보다 더 빨리 사람들을 모으고 더 빨리 그들의 생활을 바꿔버렸다.

근대 초기의 책 읽기는 이처럼 거대한 문화변동 가운데 자리한 사회적 현상으로 이해되어야 한다. 즉 책 읽기는 문화변동과 사회적 소통 양식 전반의 변화를 이끈 원인인 동시에 그 결과였다. 지금부터 20세기 초의 책 읽기가 걸어온 모험의 도정을 보다 상세히 살펴보자.

1908년 현 새문안교회 자리에 세워진 근대 극장 원각사

1926년 개국한 〈경성방송국〉, 서울 정동.

「독립신문」 창간호(1896년 4월 7일)

■■■20세기 초 조선의 뉴 미디어. 20세기 초 대량인쇄 복제문화를 기반으로 등장한 책과 신문은 그 시대 최첨단 '뉴 미디어'였다. 그러나 이와 같은 문자문화의 총아는, 곧 더 놀라운 뉴 테크놀로지를 바탕으로 형성된 시청각문화와 운명적인 경쟁을 벌이게 된다. 연극, 영화, 라디오는 책이나 신문보다 더 빨리 사람들을 모으고 그들의 생활을 바꾸어버렸다.

2_역사의 신비한 힘

: 1920~30년대에 주목하는 이유

「감자」「모밀꽃 필 무렵」『삼대』와 같은 '명작' 소설을 모르는 한국사람은 거의 없다. 그런데 만약 우리가 중·고등학교 수업시간에 배우지 않았다면 이 소설을 읽었을까? 「감자」나 「모밀꽃 필 무렵」은 워낙 짧고 읽기도 쉽지만, 복녀나 허생원의 삶이 오늘날 우리네 삶과 맺는 연관은 너무 약해 보인다. 『삼대』는 이들과는 여러 면에서 대조적이지만, 이야기 전개가 꽤나 밋밋하고 작품의 속내를 읽어내기도 쉽지 않아 결코 읽기 편한 책은 아니다.

그런데 언젠가부터 어느 정도 이상의 교육을 받은 모든 한국인들이 이 소설들을 읽기 시작하였다. 우리 선생님과 아버지들은 물론이고, 당분간 우리 후배와 아들 딸도 그럴 것이다. 저 소설들이 발표될 당시의 사람들보다 후손인 우리가 더 많이, 더 열심히 밑줄 그어가며 저 소설들을 읽고 있다면?

한글로 씌어졌다는 것 말고도 저 소설들에는 비밀스런 공통점이 있다. 모두 1920년대 중반에서 1930년대 중반, 약 10년 사이에 발표된 작품이라는 것이다. '역사'의 어떤 '신비한'(?) 힘이 작용하여 후손들 모두가 저 소설을 읽게끔 만든 것이다. 그 힘은 역사를 쓰는 누군가들의 힘이다.

근대 초기 독자의 모습과 책 읽기의 양상은 어떠했을까? 그것은 '지금, 여기'의 삶을 규정하는 앎의 구조와, 문학을 둘러싼 문화의 존재방식과 어떤 관련이 있을까? 이에 대한 생각의 폭을 넓히기 위해 탐색하고자 하는 책 읽기의 시공간은, 현재와 미래에 이어진 기원의 시공간이다. 그 중에서도 이 책에서는 1920~30년대에 집중하여 책 읽기의 근대사를 다루고자 한다. 다른 연대보다 이때를 중요하게 다루는 이유는 무엇보다도 1920년대를 거치면서 근대적인 의미의 책 읽기 문화가 확고하게 자리잡고 제도화되었기 때문이다.

물론 그 이전 19세기의 방각본이나 1910년대 구활자본 출판물을 매개로 근대적 출판산업이 빠르게 발전하고 독자가 크게 늘어났지만,[6] 이 때의 변화는 아직 전초전에 불과했다. 근대적 교육이 확산되고 자본주의적 사회관계가 번져나가 말뜻 그대로의 '대중'이 나타나고 일반적인 책 읽기 양상이 변화하는 추세를 고려할 때, 현재까지 연결된 근본적인 변화는 1920년대에 나타나기 시작했다.

도대체 1920년대 조선에서는 어떤 일이 일어난 것일까? 우선 첫째 1919년 3·1운동 이후 근대적 학교교육이 확실하게 대중을 장악하여 문맹률이 크게 낮아지고, 출판산업의 규모가 비약적으로 커지며 신문·잡지 구독이 일반화된다. 근대의 대중 독자는 대다수 사회구성원이 읽고 쓰는 일을 일상적으로 행하게 되었을 때 나타났다.

둘째, 1920년대 중반 이후 책 읽기가 사람들의 '취미'의 하나로 확고히 자리잡고, '오락'으로서의 읽을거리가 쏟아져나왔다. 이는 매스미디어의 발전과 더불어 도시에 기반한 대중문화 영역과 영향력이 1920년대 이후 크게 확장된 결과의 하나이다. 이때의 대중문화는 19세기 이래 생산되고 향유된 서민문화를 계승하면서도, 서구적인 외래요소와 자본주의적 생산·소비의 질서에 의해 질과 양 면에서 완전히 재편된 성격의 것이었다.

셋째, 새롭게 출현한 '신문학'이 본격적으로 독자를 확보하는 시기

「조선일보」 창간호(1920년 3월 5일)

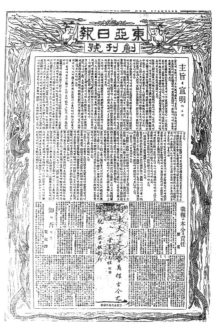

「동아일보」 창간호(1920년 4월 1일)

■새로운 매스미디어의 등장과 '신문학' 독자의 출현. 1920년 「조선일보」와 「동아일보」 창간은 개화기 이래의 문화 발전이 종합된 결과였으며, 식민지시대 가장 대중적인 매체로서 문자문화 확산에 크게 기여했다.

가 1920년대이다. 1910년대까지 '신문학'은 일부 신소설과 최남선·이광수의 창작물의 범위를 크게 벗어나지 못했으며, 독자의 범위도 '작가들이 곧 소설의 유일한 독자인 상태'[7]를 넘어서지 못했다. 그러다 1920년에 이르러 「동아일보」「조선일보」가 창간되고, 『개벽』(1920)과 『조선문단』(1924) 등 '신문학' 확산에 결정적으로 기여한 잡지가 출현함으로써, 비로소 '신문학' 독자는 논의의 대상이 될 만큼 성장할 수 있었다.

그런데 왜 '신문학' 독자의 출현을 중요한 변수로 고려해야 하는 것일까? 그것은 '신문학'이 새로운 매스미디어에 의해 파급되고 그 자체가 교육의 대상이 됨으로써 전래의 독자층을 재구성하는 축이 되기 때문이다. 즉 1920년대 '신문학'의 비평적 기준과 문화적 역량에 의해 독자층의 취향이 달라지며, 새로운 차별화의 메커니즘에 따라 독자층이 재생산된다. 서구로부터 들어온 새로운 지식을 습득한 층이 소설 독자로 편입되고, '구' 소설과 '신' 소설을 읽는 것에 비해 '신문학' 영역에 포함된 작품을 읽는 것이 더 고급스럽고 교양 있다는 인식이 통념으로 굳어진다.

요컨대 1920~30년대의 책 읽기와 문학 독자의 존재방식은 지금까지 계승된 '산 과거'를 보여준다. 물론 논의의 범위는 필요에 따라 1920~30년대의 앞뒤로 확장될 것이다. 그리고 1920~30년대를 하나의 시대로 간주한 것은, 어떤 일관성 있는 경향이 1920년대 초반에 본격적으로 생겨나서 1930년대를 관통하며 안정화된다고 보았기 때문이지만, 그 속에는 많은 미시적인 변화와 거시적인 규모의 차이가 함께 존재한다. 1920~30년대를 나누어보면 다음과 같은 세 개의 국면을 상정할 수 있다.

1920년대 전반기

이 시기의 책 읽기와 소설 수용양상은 1919년, 1920년을 신기원新紀元으로 하면서도 1900년대나 1910년대의 연장선상에 있다. 1910년대 미디어의 책 광고에서는 여전히 한학과 관련된 '당판唐版' 서적이나 유학 경서류가 높은 비중을 차지했으며, 독자의 소설 선택에 있어서도 신소설과 고전소설이 높은 비중을 차지하고 있었다.

당시 일간신문은 약 1만 부, 문학잡지는 1천5백~2천 부 정도 발행되었는데, 1921년 현재『창조』가 채 2천 부를 팔지 못하였으며,『조선문단』창간호는 1천5백 부, 2호는 2천 부를 찍었다(■자료실 : 표 1 〈1910~1935년 신문·잡지 독자의 규모〉참조).[8]

이 규모는 1910년대 중반과 크게 다르지 않다. 최남선의 증언에 의하면, 1910년대 중반「매일신보」의 발행부수는 1만 부 내외였고,『청춘』은 '매월 2천 부를 찍고 가끔 재판하여 4천 부씩' 나갔다 한다.[9] 1918년 초판 발행 이후 1924년 현재 총 1만 부를 넘었다는『무정』의 경우를 고려하더라도, 1920년대 초반 '신문학'의 독자 규모는『조선문단』과『청춘』독자의 범위에서 크게 벗어나지 않았다고 보인다.

이처럼 1920년대 초·중반 당시 '신문학'의 독자는 소규모에 불과했다. 물론 보는 관점에 따라 이는 '소규모'가 아닐 수도 있다. 현재에도 '문학'을 표방하는 잡지나 '순문학'을 지향하는 소설작품집이 3~5천 부 이상 팔리는 경우는 흔하지 않기 때문이다. 그러나 당시에는 이들 이외의 읽을거리나 잡지 자체가 많지 않았다는 점과, 이 독서인구가 곧 전체 독서인구에 육박한다는 점, 그리고 이들이 전체 인구에서 차지하는 비율 등을 고려해보면 '소규모'로 보는 것이 더 실제적일 것이다.

그러나 1923~1924년경『사랑의 불꽃』『사랑의 선물』등이 대형 베스트셀러가 된 것과, 1924년『조선문단』창간, 1925년 카프(조선 프롤레타리아 예술가 동맹KAPF : Korea Artista Proleta Federatio)의 설립은 1910년대적인 양상에서 완전히 벗어나는 동시에 다음 단계로 넘어가는 기점의 의미를 지닌다.[10] 이와 같은 과정을 거쳐 '신문학'이 대중화되면서 고전소설과 신소설의 문화적 장악력은 급격히 해체되었다.

1920년대 후반에서 1930년대 초반

이 시기에는 근대적 학교와 매체를 통하여 문해력[11]과 문학능력을 기른 독자들이 본격적으로 양산된다. 1910년대 이후 매년 보통학교 이상 졸업자가 대략 10만(1910년대 후반) 내지 25만(1930년대 후반) 명씩 새롭게 배출되었는데[12] 이를 기준으로 새롭게 보충된 독서인구의 규모를 짐작할 수 있다.

세 가지 새로운 경향이 이 시기를 특징짓고, 이후 시기에까지 영향을 미친다. 첫째, 독서는 완연히 일상적이며 근대적인 오락과 취미의 한 영역이 된다. 이제 책은 '배운 자'들이 독점하는 신비하고 의미 깊은 무엇이 아니라, 누구나 가질 수 있는 흔한 물건이 된다.

둘째, 1920년대 초부터 수용된 사회주의 사상이 큰 영향력을 발휘한다. 사회주의는 이른바 '신흥 사상'으로서, 또한 청년문화를 상징하는 일종의 '누벨바그Nouvelle Vague'(신경향)로서, 당시 남녀 학생들의 독서 선택에 가장 큰 영향을 미친 이념적 요인이었다. 근대의 독자에게 책 읽기란 이념적 행동이기도 하였던 것이다.

셋째, 일본어 서적의 득세이다. 일제시기 일본어는 '국어'로서 공교육과 공적 생활에서 배타적으로 교육되고 사용되었다. 1920년대 중반 이후 식민지 조선인들의 '국어' 해독력이 급격히 확산되면서, 일본어 서적의 영향력은 모든 방면에서 크게 확대되었다. 전문서적과 일반 교양서적은 말할 것도 없고, 오락과 문학 분야에서도 일본어 서적이 광범위하게 읽히게 된다. 1920년대 후반이 되면 대중적으로 읽힐 만한 서적도 한글로 번역되지 않았다. 많은 사람들이 일본어로 직접 읽을 수 있었기에 그럴 필요가 없게 된 것이다. 물론 전체 조선인 중에서 일본어 책을 읽은 계층은 소수였다. 하지만 일본어 책의 독자 중에는 제국주의 지배의 현지 대리인들과 문화권력을 가진 층뿐 아니라, 초등교육 이상을 이수한 많은 식민지 인민들이 포함되었다.

1920년대 후반 『개벽』같은 유력 월간지는 약 7천~1만 부를 찍었으며, 1929년 조선인 신문독자는 하루 총 8만7천여 명 정도였다. 1925년 2만여 명이었던 중등학교 재학생수는 1930년에는 3만 명을 넘어섰고, 1930년 현재 조선어와 일본어를 모두 해독할 수 있는 남성은 전체의 11.5%, 여성은 1.9%였다.

1930년대 후반

이 시기에 조선의 문화적 역량은 또 한 번 비약적으로 성장한다. 1937~1938년 사이에 보통학교 취학률은 30%(남자는 40%선)를 넘어섰고, 1935년 중등학교 학교수와 학생수는 1925년에 비해 2배로 늘어난다.

소설 독자도 더욱 늘어나고, 읽는 소설의 종류도 다양해진다. 이전 시기에 대중문화의 핵심이던 구활자본 고전소설과 신소설은 주변부로 완전히 밀려나고, 일본어 책과 일본 소설도 일상적으로 많이 읽히게 된다. 그리고 연극·영화의 관객수와 라디오 보급률은 소설 독자의 증가 속도를 크게 앞질러, 그야말로 '기하급수적'으로 늘어났다. 1933년 590여만 명이었던 연간 영화관객 수는 1934년에 650만 명, 1935년에는 880만 명으로 늘었다. 1939년에는 경기도에서만 700만 명, 조선 전체에서는 무려 1,722만 명이나 되었으며 1942년에는 2,639만 명이 되었다. 또한 〈경성방송국〉이 방송을 시작한 1927년 2월, 조선반도 전체에서 총 1,440대에 불과했던 라디오 수신기는 3년 만인 1930년에 정확

히 10배인 14,309대로 늘었고 1936년에는 총 5만 대 이상이 된다.[13]

바야흐로 완연한 대중문화의 시대가 도래하는 한편, '사상'에 대한 군국 파시즘의 본격적인 금압이 시작되어 1920년대의 영향력 있는 문화코드였던 '사회주의'는 잠복하고 그 빈자리를 자본주의적 오락성이 채웠다. 이때 미국 영화에 미친 '할리우드 키드'들이 한반도에도 출현한다.

【TIP 1】 필사본 → 방각본 → 구활자본(딱지본)

'필사본' '방각본' '구활자본(딱지본)'은 제작방식을 따라 이름붙인 옛 책들의 명칭이다. 그리고 '필사본 → 방각본 → 구활자본(딱지본)'은 근대 활자본 책이 양산되기 이전까지 조선 후기에 책 만드는 방법이 발전해온 순서이다. 이 같은 제작방식의 이름 뒤에 '~소설'을 붙여 '필사본 소설 → 방각본 소설 → 구활자본(딱지본) 소설'로 소설의 진화과정을 설명하는 것은, 책 만드는 방법과 소설의 발전이 긴밀한 연관을 맺고 있기 때문이다. 다시 말해 출판형태의 변화와 함께 소설의 문학성과 소설을 둘러싼 문화환경도 변했던 것이다. 물론 이런 발전순서와 관계없이 조정과 사대부가에서는 오래 전부터 금속활자나 목판으로 책을 제작하기도 했으나, '필사본 → 방각본 → 구활자본(딱지본)'으로의 이행은 출판 역사·미디어 역사의 발전단계를 압축하여 보여준다.

『조웅전』, 국문 필사본 첫부분

필사본은 말 그대로 일일이 손으로 베껴 만든 책을 말한다. 활자인쇄가 본격적으로 시작되기 전, 동서고금을 막론하고 필사는 가장 일반적인 책 만들기 방식이었다. 우리나라에서는 숙종대 무렵부터 아주 많은 종류의 한글 필사본 소설이 생산되었다 한다. 필사자 중에는 궁녀를 비롯한 여성들이 많이 포함되어 있었으며, 소설책의 마지막 장에 "수표교 김소저" 하는 식으로 어디 사는 누가 소설을 베껴 썼다는 기록이 남아 있는 경우가 있다. 필사하는 과정에서 필사자나 독자의 취향에 맞추어 부분적 개작·생략·첨가가 행해져, 이를 비교하는 일이 중요한 연구 과제가 되기도 하는데, 많은 양을 붓으로 빠르게 흘려 써서 한글이라도 알아보기가 쉽지 않다.

『심청전』, 방각본

필사본 이후 19세기에 가장 많이 읽히고 유통된 책은 방각본(판각본)이다. '방坊'에는 국가의 공식 인쇄소에서 만들어진 것이 아니라, 영리를 목적으로 지방에서 만들어졌다는 의미가 들어 있다. 전문적인 기술을 가진 '각수'가 목판에 새긴 판본으로 찍어내는 책이 방각본이다. 방각본에는 32장본, 64장본 등이 많은데 목판에 새겨 대량으로 인쇄하였으므로, 수백 권 분량에까지 이르던 필사본 소설의 길이는 자연히 많이 짧아졌다.

다음으로 서양 인쇄기술의 도입과 함께 들어온 납활자로 인쇄한 책을 구활자본이라 하고 구활자본으로 만든 고소설과 신소설을 '구활자본 소설'이라 부른다. 필사본이나 방각본과 구별할 때는 그냥 '활자본'이라 불리기도 한다. 구활자본 소설은 '딱지본'이라는 별칭으로 많이 불리는데, '딱지본'이란 말의 유래는 많은 구활자본 소설이 울긋불긋하게 채색된 표지를 갖고 있었던 데서 비롯된 듯하다. 1910년대에 크게 대중화될 때 필자본 책은 사륙판(대략 B5크기)

『조웅전』, 딱지본 표지

에 보기 편한 4호 활자를 사용하고 채색된 표지를 사용했다. 구활자본은 그리 오래가지 않았는데, 곧이어 더 나은 활판이 속속 만들어졌기 때문이다.[14]

3_왜 '소설 읽기'를 통해 보는가?

한국 근대문학 연구자들이 식민지 시기 문학의 사회·문화적 위상을 이야기할 때 곧잘 거론하는 인물 중 한 사람이 현민 유진오(玄民 兪鎭午, 1906~1987)이다. 대한민국의 첫 헌법을 기초하고 법제처 장관과 고려대 총장을 지낸 유진오는 서울의 유명짜한 집안에서 태어나 1920년대 경성제대 법학과를 수석으로 입학·졸업한 '천재'였다 한다. 그래서 그의 행동 하나 하나가 당시 경성 바닥 세인들의 관심거리였다. 그런 유진오가 대학을 졸업한 후 택한 것은 법관도 민족운동 지도자도 아닌, 소설가의 길이었다. 문학은 문화의 중심이자 첨단이었던 것이다.

독서문화의 변화를 중심으로 하는 문화적인 변동을 문제삼고, '대중'의 규모에서 이를 다루려면 문학작품을 읽는 독자, 그 중에서도 소설책을 읽는 독자를 중심으로 논할 수밖에 없다. 근대 독자의 형성은 곧 소설 독자의 형성이기 때문이다.

봉건제의 문화양식이 붕괴하고 활자문화가 전면화하면서 소설은 신문·잡지와 함께 '읽고' '보는' 문화의 대표적 매개물이 되었다. 근대 소설은 부르주아의 주관성과 세계관이 표현된 시민적 이야기 문학이며, 출발부터 '문화상품'의 주요 품목으로서 평균화된 취향을 가진 소비자에 의해 읽힌 대중적 문학이었다. 또한 소설은 가족과 마을 공동체에서 읽히는 교양과 오락의 도구였으며, '국민nation' 형성의 중요한 매개였다. 이와 같이 근대적 대중 독자와 소설 독자의 형성은 뗄 수 없는 연관성을 맺고 있으며, 이는 동아시아와 유럽에서 상당히 보편적으로 관찰되는 역사적 사실이다.[15]

조선에서도 소설이 문화변동의 주요 축으로서 근대적 대중문화의 지배적인 위치를 차지하게 되리라는 것은, 17세기 이후에 이미 예고되고 있었다. 그리고 실제 방각본 소설과 구활자본 소설이 각각 19세기와 20세기 초입에 그러한 역할을 맡았다. 연이어 나타난 근대 소설은 최초로 형성된 대중문화 패자霸者의 자리를 굳힌다. 결정적으로 이들 소설은 한글로 씌어졌으며 소설에는 새로운 시대의 주역이 될 계층의 세계관과 고민이 담겨 있었다. 새롭게 등장한 독서대중reading public이 오락과 취미를 위하여 가장 즐겨 택한 책이 바로 소설이었다. 뿐만 아니라 유진오의 예에서 보듯, 소설 읽기와 쓰기는 근대적 교양을 쌓은 엘리트층이 선택한 지적이며 창조적인 행위이기도 했다.

그러나 소설 읽는 대중의 시대가 열리기까지의 과정은 꽤 복잡하다. 20세기를 전후하여 세계상世界像을 구성하는 앎의 내용과 배치구조가 이전과 크게 바뀌었으며,[16] 이에 따라 소설의 사회적 효용과 의미도 이전과는 달라져야 했다. 그래서 전에 없던 새로운 성격의 소설이 무수히 나타나고, 전통적인 고전소설·딱지본 소설의 독자층은 분해되고 재편되었다.

그래서 소설 읽기를 중심에 두고 20세기 초의 책 읽기 문화를 살필 때 우선 고려해야 할 것 중 하나는, 소설 읽기가 본격적으로 형성된 최초의 근대적 대중문화임과 동시에 활자문화를 매개로 재구축된 엘리트 문화라는 양면성을 갖는다는 점이다.

이는 두 가지 실천적인 함의를 갖는다. 첫째 대중 독자의 형성은 곧 분화라는 것이다. 많은 사람들이 책을 읽게 되었지만 오늘날처럼 '모든 사람'이 책을 읽은 것도, 책을 살 만한 경제적 여유를 가진 것도 아니었다. 그러나 이제 책 읽는 사람이 곧 '배운 사람'은 아니었으며, '배운 사람' 속에서도 큰 갈림이 생겨났다. 읽기 가장 편하다는 소설이로되, '예술성'을 지향한 탓에 웬만한 독해력으로는 이해할 수 없는 작품들이 나타나 전래의 '이야기책'과 공존했다. 결국 소설 읽기를 통해 문화향유의 계층적 분화를 살펴볼 수 있다.

둘째, 당시 독자의 실상을 보려면 고전소설 및 대중문학에 대한 문학사적 시각을 달리해야 한다. 지금 가르쳐지는 문학사는 역사의 합목적적인 방향에 따라 근대문학이 세상을 일거에 장악한 것처럼 서술하고 있지만, 실제 1920~30년대 다수의 독자가 선택한 것은 염상섭이나 이상의 소설이 아니라 『춘향전』『조웅전』『추월색』등의 고전소설이나 구활자본 신소설이었다.

사회적 맥락을 정당하게 고려할 경우, 대중의 그러한 책 읽기 양상은 문화지체 현상이나 시대착오적인 '복고'를 보여주는 것이 아니다. 국제적이며 첨단적인 기술조건과, 전통적이며 고유한 문화내용이 결합하는 '잡종hybrid화' 현상이 이 시기부터 본격적으로 나타난다. 즉 전통민요와 잡가가 폴리도르polydor · 콜롬비아columbia 같은 서양의 대형 레이블label 레코드로 제작되고 유교경전과 족보가 새 활판기술로 대량인쇄되었으며, 판소리가 라디오 프로그램에 등장하는가 하면 고전소설이 유성영화로 제작되었다. 이는 문화의 새로운 특징을 보여주는 상징들이다. 따라서 완전히 갱신되고 근대화된 하드웨어에 담긴 전통적인 텍스트들은 텍스트 표면의 전통적인 메시지와는 전혀 다른 맥락으로 읽혀야 한다. 예를 들어 고전소설 『춘향전』은 17~18세기나 방각본 시대보다 20세기 들어 활자본으로 인쇄되면서 더 많은 대중들에게 읽혔으며, 1920년대 이후 영화와 연극 등 다른 장르의 작품으

발성영화 〈춘향전〉, 1935년 10월 4일 단성사 개봉

〈한가韓歌 양산도〉, 콜롬비아사(1907) 　　　〈유산가〉, 빅터사(1908)

■■■첨단 기술조건과 전통문화 내용의 결합. 미국과 일본에서 건너온 레코드 제작기술에 의해 잡가와 판소리가 음반에 담기고, 문예봉이 주연을 맡은 유성영화 〈춘향전〉은 당시의 모든 최첨단 기술이 총합된 블록버스터로 만들어졌다. 춘향전의 제작비는 다른 영화의 세 배가 넘었다 한다.

로 수없이 '리메이크' 되기 시작했다. 작품에 담긴 의미가 고정불변하는 것이 아니라 수용의 맥락에 따라 달리 해석되어야 한다면 『춘향전』이야말로 20세기의 책인 것이다.

소설 읽기가 대중문화의 왕자였기는 하되, 대중문화 향유행위 가운데 선택 가능한 하나였다는 점도 기억해야 할 중요한 사실이다. 소설 읽기는, 20세기 초에야 처음 출현하여 영향력을 급격히 확대해간 새로운 미디어·시청각문화와 공존하고 경쟁할 수밖에 없었다. 연극과 영화는 처음부터 큰 지지를 받으며 사람들을 극장으로 불러모았고, '그들도 우리처럼' 책을 읽는 것보다는 연극·영화 보는 것을 더 좋아했다.

그리고 소설 창작은 연극·영화와 처음부터 영향을 주고받았다. 문학이야말로 식민지시대 거의 모든 신파극과 영화 창작의 원 콘텐츠 contents였으며, 반대로 소설가들도 신파극과 영화의 기법과 대중적 영향력을 배울 수밖에 없었다. 그래서 어쩌면 1990년대 이래로 자주 언급되는 '활자문화와 문학의 위기' 는 사실 특별히 새로운 상황은 아니다. 그 위기는 대중적인 범위의 활자문화와 문학의 시대가 출발하면서부터 문학의 어깨에 걸쳐진 운명 같은 것이었다.

마지막으로 식민지시기 소설 수용의 의미에 대해 논할 때 잊지 말아야 할 것은, 한국 근대소설 작품이 '식민지 자본주의' 라는 조건 아래에서 생산되었다는 점이다. 1920~30년대 독자들의 소설 수용양상은 그 자체로 대단한 문화사적 변동의 지표가 될 수 있는데, 그러하기에 그것은 단순히 '문화적' 인 소비행위에 그치지 않는다. 즉 책 읽기와 소설 수용의 문제에는 식민지시기의 '정치', 곧 '식민성' 과 자본주의하의 계층분화 문제가 함께 가로놓여 있다.

식민지시기의 소설은 각기 다른 여러 종류의 표기법과 언어로 발간되었고, 서로 다른 유통망 속에서 퍼져나가 다른 계급·계층 주체들에게 선택되고 읽혔다. 그런데 이 '구별distinction되는'[17] 생산과 수용은, 비단 독자들의 '구별되는' 문화적 취향의 차이에서 기인하지는 않는다. 그 차이는 '식민지 조선인들이 일본 제국주의가 만들어놓은 근대적 공적 영역과 제도에 어떻게 적응했는가' '조선인들이 가졌던 정체성이 차별받는 '죠센징〔朝鮮人〕'으로서의 단일한 민족적 정체성인가' '식민지 자본주의의 사회경제체제에서 복잡하게 분화한 계급·계층적 정체성이 어떻게 실현되는가' 하는 문제들과 관련되어 있다. 새롭게 재편된 계급구조의 상부에 위치한 조선인들이 주로 읽은 책은, 더 이상 한문서적이 아니라 일본어 책이었다. 이에 반해 식민지 대중들은 순한글로 된 『춘향전』과 『조웅전』, 이광수의 소설을 즐겨 읽었다. 그러니까 당시 '소설 독자' 중에는 봉건적 '충군忠君' 이념을 형상화한 전통적인 소설을 즐겨 읽던 민중과, 파시즘 이념을 내장한 일본어 책을 읽는 식민지배의 대리인이 함께 섞여 있었던 것이다.

[TIP 2] '신新·구舊·고古'가 사용되는 문학사의 용어

20세기 초의 사람들이 우리와 같은 근대인이라는 것은 그들이 얼마나 '신新' '구舊' 자를 즐겨 썼는지를 보아도 알 수 있다. 자기 시대를 새롭고 과도기적인 시대로 간주하고 과거와 단절하고자 하는 시간의식이 '신' '구' 자를 자주 쓰게 만든다. 이런 의식이야말로 근대적인 것이다.

'신문학'은 1910년대 이후 본격적으로 발전한 서구적 근대문학을 일컫는 말인데, 1920년대의 문학가들은 조선시대의 문학이나 개화기 이후의 대중적 문학에 대한 대타의식을 표현하기 위해 스스로 이 용어를 사용했다. 거의 100% 일본 유학을 다녀온 근대 문학가들이 전래의 문학에 대해 가진 단절의식은 대단했다.

1930년대 후반 임화가 최초로 체계적인 근대문학사를 쓰면서 이인직 이후의 문학을 '신문학'으로 간주했는데, 이러한 역사적 평가가 후대의 인식에 지대한 영향을 끼쳤다. 우리가 알고 있는 근대문학이 곧 '신문학'이라 불린다고 생각하면 크게 틀리지 않는다. 그러나 1920~30년대에만 의식적으로 사용된 특이한 용어이기에 이 책에서는 ' '에 넣어서 쓰기로 한다.

한편 이 책에서 사용되는 '고전소설'은 문학사의 용어로서, 근대문학 시기 이전에 창작된 한문소설, 판소리계 소설, 영웅소설 등 여러 종류의 옛 소설을 가리킨다. 우리 옛 문학을 그냥 '고문학'이 아니라, '고전문학'이라 부르는 것처럼 이 말에도 높여 부르는 뜻이 담긴 듯하다.

'구소설'은 이러한 소설을 가리킨 당대의 용어로서 현재는 거의 쓰이지 않는 말이다. 후대의 문학사가가 쓰는 '고소설'은 '고전소설'과 거의 비슷한 뜻으로 쓰인다.

한 가지 유의할 점은 '신소설'이 '고전소설' 또는 '구소설'의 대개념이 아

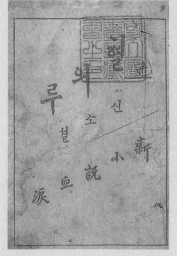
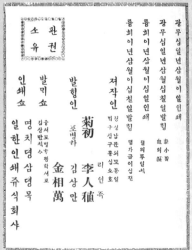

■■■이인직 『혈의누』 표지와 광무 11년판 판권. 1906년 『만세보萬歲報』에 연재되었던 작품이다.
1894년 '청일전쟁' 이 아니라 '일청전쟁' 때 부모를 잃어버린 불쌍한 소녀 옥련(玉蓮)이 일본군
장교의 도움으로 목숨을 구하고 미국에까지 가서 공부하여 새시대의 인간으로 된다는 스토리다.
한국 근대화의 운명적 전도를 예언한 듯한 줄거리이다.

니라는 사실이다. '신소설' 이라는 말은 처음에는 그야말로 '구소설' 과 구별
하기 위해 쓰였지만, 이후에는 1900~10년대에 만들어진 특정 시기의 특정
부류의 소설을 가리키는 용어로 굳어졌다.

　이인직·이해조·김교제·최찬식 등과 몇몇 무명작가들이 창작한 그리고
번안한 소설이 여기에 속한다.

4_ '독자' 란 누구인가?

그는 락 음악과 〈매트릭스〉〈친구〉 같은 영화 그리고 황석영 소설을 좋아한다. 반면 그녀는 모차르트의 음악과 〈글루미 선데이〉〈그녀에게〉 같은 영화나 요시모토 바나나의 소설을 좋아한다. 두 사람이 좋아하는 것들에는 각각 공통점이 있다. 그는 그녀가 좋아하는 것을 보거나 들으면 20분 내로 틀림없이 잠들게 되며 그녀는 그가 좋아하는 것들을 경멸하는 경향이 있다. 그와 그녀는 친구 혹은 연인이 될 수 있을까?

저런 차이를 취향이라 부르고, 차이를 지닌 주체들을 수용자라 한다. 그런데 취향의 차이는 왜 생겨나고 살아가면서 어떻게 쌓여가는 것일까? 차이로서의 취향은 '내면화' 되어 쌓이며, 좋아하고 싫어하는 것들 사이에 계열이나 체계도 만들어진다.

당신은 왜 그 소설·작가·영화를 좋아하는가? 거기엔 캐낼 만한 극히 '사회학적' 인 이유가 있겠는데, 질문을 받는 사람 스스로는 그 물음에 잘 답하지 못한다. 그러니까 수용자 개인의 심리나 지향성으로는 답이 추출되기 어려우며, 내면화되었기는 하지만 개개인도 스스로의 지향성과 체계를 잘 객관화하지 못한다.

지난 시대 독자의 구체적인 모습을 어디에서 찾을 것인가? 독자는 우선 작품의 언어구조 속에 있다고 할 수 있다. 모든 작가는 독자의 기대와 '코드'를 고려하여 책을 쓰는데, 이때 작가에 의해 '어떠하리라'고 해석되어 이야기구조와 언어질서에 반영된 독자의 이미지가 곧 독자인 것이다. 그리고 다른 한편 독자는 숫자로 집계된 통계 데이터에 있다. 가령 『태백산맥』 판매 부수 200만, 『삼대』 판매 부수 2천'이라 할 때, 저 '200만' '2천'이라는 숫자에 사회심리적 정황과 문화적·이데올로기적 지향을 가진 독자의 '머릿수'가 표상된다.

그러나 두 경우 모두 독자는 추상적인 존재일 뿐 실체가 아니다. 그저 해석대상이 되는 집합적인 기대지평일 뿐이다. 텍스트 속에서 텍스트의 의미를 완성한다는 전자는 사실 이론적인 관념에 가깝고, 후자의 통계숫자는 단지 대중이 운동한 결과나 흔적만을 보여준다.

실체로서의 대중은 언제나 예상 밖의 운동궤적을 그리며 유동流動하는 흐름이다.[18] 그리고 독자는 실제로 책을 읽고 그것에 반응을 나타내는, 개별적인 동시에 집합적인 사회적 실체이다. 다시 말해 독자는 문화적 소비행위를 가능하게 하는 경제적 조건과, 무엇인가를 좋아하고 싫어하는 취향의 체계, 그리고 옳고 그름을 나름대로 판단하는 이데올로기적 지향성을 가진 개인들이다. 극히 상대적이며 개별적인 '당신'과 '나'들이다. 다른 한편 독자는 대중mass이자 공중(公衆 : public)이며, 이데올로기에 호출당함으로써 구성되는 집합적 주체이다. 책 읽는 시민이자 공중인 근대의 독자가 '상상의 공동체imagined community'인 민족의 주체가 되고, 시민적 의사소통의 공적 공간을 창출했다. 또한 대중 소비자로서의 독자는 '평균화된 취향을 가진 대중문화의 익명적 향유자'로서 대량생산·대량소비로 유지되는 자본주의의 한 주체이다.

그러니까 책을 읽는다는 것은 각 개인들이 홀로 텍스트를 대면하여 책 속의 세계를 해석하고 전유하는 주관적이며 정신적인 행위만은 아니다. 그것은 복합적인 의미를 가진 사회적 행위이다. 우리는 특정한 시대의 구성원으로서 특정한 계급·계층 의식과 '생활과 교육에 의해 각인되고 습관화된 취향과 행위의 체계'인 아비투스habitus[19]를 소지하고 있다. 또한 우리는 현금을 내거나 카드를 '긁는' 경제행위를 통해서만 비로소 우아하고 지고한 책과 작품의 세계와 만난다. 우리들 독자는 언제나 권력과 물신의 틈바구니에 끼어 있다.

독자의 책 읽기 과정, 즉 수용은 적어도 세 단계의 과정을 포함한다. 첫째는 독자가 어떤 책과 작품을 선택하는 과정, 두번째는 책을 읽어가는 해석·해독의 과정, 세번째는 책을 읽은 뒤 책 읽기의 영향에 의해 자신의 삶을 재구조화하는 과정이다.

이러한 수용은 투쟁이다. 독자를 둘러싼 문화적 권위와 권력들이 치열하게 경쟁하며 독자들의 선택과 해석에 영향을 미친다. 독자들이 책을 택하고 내용을 해석하여 받아들이고 자기 삶의 재료로 삼는 것은, 문화적인 진공상태에서 자신의 순수한 주관성과 독자적인 지적 능력으로 해내는 일이 아니다.

우리는 어떻게 책을 선택하는가? 학교·비평·매체 등과 같은 제도화된 문화적 권위나 직업집단·또래집단 같은 공동체가 이미 우리가 읽을 책에 대해 평가를 내리고 있다. 또 우리가 스스로 판단하기 전에 이미 학교 교과과정, 선생과 교수의 방침, 친구·동료나 전문가의 평가 속에 놓여 있다. 심지어 국가기관이 어떤 책은 '좋은 책'으로 추천하거나 가르치고 어떤 책은 '나쁜 책'이나 '금서'로까지 규정하여 아예 접근하지도 못하게 한다. 또한 어떤 책은 자본의 힘에 의해 매체에 자주 노출됨으로써 독자에게 선택될 유리한 고지를 선점하는 반면, 어떤 책은 전혀 그렇지 못한 채 구석 책꽂이에 놓여 있다가 절판되고 만다.

한편 이러한 투쟁의 과정을 거쳐 선택된 이후의 책 읽기는 기본적으로 지배적인 이데올로기와 사회적 관습을 수용하고 학습하는 과정이며, 독자 스스로 책의 의미를 일상생활의 공간에서 재구성하는 '의미화 실천signifying practice'이다. 비평가들은 작가의 창작의도나 텍스트 심층의 의미에 관심을 갖고 이를 따지지만, 실제로 독자 대중의 수용과정에서 이런 점은 별로 중요하지 않다. 그보다는 수용자 자신이 처한 사회적·주체적 조건과 보편적인 윤리의식이 더 규정적이다.

결국 독자는 때로 문화적 권위와 힘에 복종하고 한편 저항하면서 책을 선택하고 해석한다. 이러한 점을 알고 있기에 어떤 독자들은 베스트셀러만 찾아 읽고 반대로 어떤 이들은 베스트셀러는 빼놓고 읽는다.

물질적인 형태와 가격을 지닌 책이 아니라, 무형의 의미 덩어리인 문학작품의 독자로 화제를 옮겨도 마찬가지이다. 작가가 만들어내는 문학작품의 의미는 출판과 매체 담당자들의 중개에 의해서만 독자들에게 전해지고, 독자들의 독서과정을 통해서 실현된다. 이러한 소통과정을 통해서만 작품은 온전한 사회적 의미를 획득하는 것이다. 지면에 실리지 않거나 읽히지 않은 건, 작가의 자존심과는 무관하게 '꿰지 않은 구슬' '넣지 않은 소금' 즉 아무것도 아니다.

따라서 문학작품의 의미 실현에 있어 매개자와 수용자인 독자의 역할은 결코 부차적이거나 수동적이지 않다. '문학의 장literary field'은 작가들뿐만 아니라, 비평가·출판업자·교육자 등과 수용자들이 함께 사회적 '제도'로서 형성하고 유지하는 세계이기 때문이다. 이러한 관점에서 독자는 문학 연구에서 보다 적극적인 위상을 부여받을 수 있다. 즉 독자는 '주체'인 작가가 생산한 작품과 그 의미를 수용·소비하는 역할만 맡는 것이 아니라, 문학작품을 '읽는' 사회적 행위를 통하여 의미의 실현이나 재창출에 기여하는 또 다른 주체이다.

한편 독자를 중심에 두고 근대 초기의 문화와 문학에 대해 논하는 일은 우리 근대 문학사에 대한 시각을 달리 하는 일과도 관계가 깊다. 기본적으로 지금까지의 문학사는 문단과 문학운동 유파 그리고 대가大家와 같은 작품생산 주체만을 중심으로 서술되었고, 또 다른 한편 작품

이념서적 등 금서 단속에 관한 기사(「중앙일보」, 1985년 5월 4일)

■■■국가와 국가적 기관은 언제나 직접 나서서 독자들의 책 선택과 해석에 권력을 행사하고 싶어한다. 두 경우는 그 중 가장 극적인 사례로, 시대의 특징을 압축하고 있다.

문광부 주최 '2003년 청소년 책 읽기 운동' 포스터과 독자들 사이의 실제 소통양태와는 전혀 무관하게 비평가나 학교 교육과정이 정한 '명작'을 중심으로 기술되어온 경향이 있기 때문이다. 그렇게 씌어진 일부 문학사는 사회적 소통으로서의 문학 문화의 전체 모습을 보지 못하게 하거나, 문학의 영역을 최대한 좁게 사고하게 하는 경향을 보인다.

현재까지는 독자와 책 읽기에 대한 실제적인 연구가 거의 이루어지지 않았기 때문에, 독자와 문학 문화의 전체상을 보기 위해서는 어떤 문화적 환경에서 어떤 책이, 어떤 방식으로, 얼마나 많이 읽혔는지에 관한 매우 기초적인 사실들부터 확인해야 한다. 이를 위해 총독부 자료들뿐 아니라, 「동아일보」를 위시한 1920~30년대 신문의 도서광고와 독서 관련 기사, 『개벽』 『삼천리』 등의 미디어에 실린 독서 · 독자 관련 기사를 검토였고, 이들을 통하여 당대 독자의 구체적인 실상을 찾고자 했다.

20세기 초의 문학 독자층은 조선 후기부터 형성되었던 전통적인 고전소설의 독자층이 재편되고, 완전히 새로운 의식과 경험을 가진 사회성원들이 독자층에 포함됨으로써 다시 '성층成層' [20]화된다. 근대 독자층의 형성과정은 곧 분화와 중층화의 과정이기도 한 것이다. 그러한 분화의 양상은 독서능력과 문학관의 차이, 그리고 독자들이 소유한 사회적 상징자본Symbolic Capital의 규모에 따라 결정된다.

중요한 것은 문학의 제도적 장치와 '예술의 규칙'이 갖추어지고, 독자층이 분화함에 따라 독자들의 의식과 행동 속에 구별하는 사회적 인식이 생겨나고 굳어진다는 것이다. 독자들은 '고급-중간-저급' [21] 같은 사회적 취향판단(Geschmacksurteil ; Judgement of Taste ; jugement de goût)[22]의 기준을 가지게 된다. 흥미로운 사실은 1930년대에 형성되어 사회성원들에게 각인된 문학작품에 대한 취향판단과 제도적 수용체계가 현재의 것과 거의 다르지 않으며, 지금도 비슷한 방법에 의해 재생산된다는 점이다. 다시 말해 1930년대 중반 문학작품이나 독자의 취향을 일컫는 데 사용되었던 '고급'과 '순수', '대중'과 '통속' 등의 말이 갖는 사회적 함의는 현재와 거의 같다.

　예컨대 1930년대에도 어렵고 '고급'한 모더니즘 계열의 소설은 '많이 배운' 소수의 독자만을 위해 씌어졌고, 그때에도 지금처럼 '덜 배운' 많은 사람들은 '추리' '애정' 등의 수식어가 붙는 홍미 위주의 소설을 찾아 읽었으며 '문단'이나 비평가들은 그러한 소설을 푸대접했다. 그리고 무엇보다 중요한 것은 현재까지 통용되고 인정받는 한국 근대문학의 '정전(正典 ; canon)' 혹은 '고전classic'들이 많은 작품들 가운데에서 선별되어 그 라인업line-up을 구성한 시기가 바로 1930년대 중·후반이라는 사실이다. '신문학' 시작 불과 20여 년 만에 선별된 작품들이 '고전'으로 뽑혀 1백 년 이상 읽히게 될 문학적·역사적 근거가 이때 마련된 것이다. 그래서 지금껏 우리는「감자」「모밀꽃 필 무렵」『삼대』를 읽고 있다.

5_어떤 소설을 읽었을까?

일제시기 책들은 대상 독자의 문화적·사회적 경험에 따라 아주 다른 모양새를 하고 있었다. 우선 표기 자체가 순한글·일어·한문·국한문 등으로 달랐고, 방각본·구활자본(딱지본)·활자본 등 전혀 다른 형태로 만들어졌다. 이러한 차이는 소설의 향유방식뿐 아니라, 생산과 유통 방식의 차이와 곧장 연결되어 있기도 했다.

어떤 독자들은 평생 단 한 권의 책도 사 보지 않을 팔자를 타고나 장바닥이나 동네 사랑방에서 구연口演되는 이야기를 듣다가 복된 생을 마쳤다. 이는 인류사가 시작된 시점부터 근대에 이르기까지 가장 오래되고 가장 범세계적인 '읽기 방식'의 하나였던 '공동체적─음독'이다. 그러나 어떤 사람들은 일제가 초현대식으로 꾸민 도서관에서, 또 어떤 사람들은 우편환으로 동경의 출판사에 주문하여 받은 책을 자기 방에서 고독하게 읽었다. 이와 같은 '개인적─묵독' 또한 책이 존재한 이래 이미 개발되어 있는 방법이었으나, 그 전까지 이 방법을 훈련하여 몸에 익힌 이들은 특별한 계층에 속한 사람들이었다. 그러나 이제 '말없이 혼자 읽는 것'이 모든 책 읽기의 원칙이 되었다. 이러한 '차이'는 그저 특정한 시간에서 공존한 다름이 아니라, 책 읽기 문화의 변화가 매우 짧은 시간 속에 응축한 결과라는 점에서 중요하다.

범주화와 명명은 필연적으로 실재하는 현상의 복잡함과 풍부함을 찌그러뜨리고 허상을 만들기도 한다. 하지만 이는 불가피한 것이기도 하다. 책의 표기법, 내용, 발표형태 등을 기준으로 1920~30년대 소설 독자층을 구분하면 다음과 같다.

① 구활자본 고전소설(딱지본) 및 일부 신소설의 독자, 구연된 고전소설 과 일부 신소설 등의 향유자 : '전통적 독자층'

② 대중소설, 번안소설, 신문 연재 통속소설, 일본 대중소설, 1930년대 야담, 일부 역사소설 등의 향유자 : '근대적 대중 독자'

③ 신문학의 순문예작품, 외국 순수문학 소설, 일본 순문예작품 등의 향 유자 : '엘리트적 독자층'

이러한 구분은 여러 자료에 나타난 복잡한 '구별'을 통해 추론한 결과이다. 예컨대 언론사·출판사 연구의 중요한 자료가 되어온 『조선출판물개요朝鮮に於ける出版物槪要』(조선총독부 경무국, 1930)의 〈연도별·종별 조선문 출판물 허가 건수〉는 문학 관계 서적을 '구소설' '신소설' '문예' 등으로 나누고 있다. 여기서 '구소설' '신소설'은 구활자본 고전소설과 신소설을 가리키고 '문예'는 신문학 영역에 속한 작품집들을 지칭한다(■ 자료실 : 표 2 〈1920~30년대 총독부 경무국 허가 문학 관련 출판물 건수〉 참조).[23]

독자층 분화의 양상을 알려주는 여러 자료 중 하나를 보자. 다음 그림은 1930년 잡지 『소년』에 실린 「중앙인서관 도서목록中央印書館 圖書目錄」인데, 이 광고는 400여 종의 책을 분야에 따라 나누어놓아 당시 독자와 출판인의 책에 대한 분류감각과 장르에 대한 이해를 보여준다. 즉 1930년 현재의 '구텐베르크 은하계'를 이 목록을 통해 짐작해볼 수 있다.

그림은 세 장으로 이루어진 광고의 두번째 페이지를 다시 둘로 나눈 것으로 여기에는 '문예 신소설과 구소설' '경서·시율詩律·구교과舊 敎科' 서적들이 포함되어 있다. 보는 것처럼 각종 소설 단행본들을 '문예 신소설' '구소설'로 구분하고 다시 그 속에서 비슷한 종류의 작품으로 간주되는 것을 묶어놓았다.

문학에 관한 한, 당대 광고에서 이처럼 상세한 분류목록을 보기란 쉽지 않다. '신문학'에 해당할 (1)의 "만히 읽고 잘 팔니고 평판 높흔" '문예 신소설'의 선두에는 문학독본과 외국문학 '걸작집'류가 있고 다음으로 이광수 소설의 작품목록이 있다. 이어 1920년대 중반에 발간된 『만세전』『환희』 같은 주요 '신문학' 소설 작품집들이 등장하고, 인기작가 노자영의 시집·서한문집인 『영원의 몽상』『청춘의 광야』『사랑의 불꽃』 같은 책이 함께 있다.

(2) 영역은 모두 당대에 인기 있던 번역 또는 번안소설들이다. 『해당화』는 『부활』(톨스토이)의 번안물이며 『인육人肉장사』의 원작은 셰익스피어의 『베니스의 상인』이다. (4)에도 번역·번안소설들이 포함되어 있는데 (2)에는 1910년대 중·후반부터 1920년대 초에 발간되어 인기를 검증받은 번역·번안작품들이 주로 포함되어 있고, (4)에는 1920년대 중반 이후에 번역된 작품들이 포함되어 있다. 한편 (4)에는 『여등汝等의 배후에서』『나나』『악마와 갓치』 등 다양한 외국소설과 함께, 『추월색』『능라도』『빈의 루』와 같이 (1)에 속하지도 않고 구소설로도 분류하기 어려운 좁은 의미의 '신소설' 작품들이 있다. 그리고 『조선 문사의 연애관』『이성관계의 혁명』 등 '문예 신소설'과 무관해 보이는 책들도 포함되어 있다. (3)에는 1920년대 중반 폭발적인 인기를 누렸던 '사랑~' 시리즈의 책들이 따로 묶여 있다. 이 책들이 소설인지 서한문집인지는 불분명하다.

(5) '구소설舊小說'에는 오늘날 문학사에서 신소설로 분류되는 『구

「중앙인서관 도서목록」 문학 분야 1*

❶

| (우측 첫 칸) | 朝鮮現代文藝讀本 | 朝鮮名文學傑作集 | 泰西名作短篇集 | 文藝熟語小辭典 | 世界文學傑作集 |
| 黑情 | 開拓者 | 許生傳 | 再生 | 春園短篇小說集 | 萬歲前 | 墮落者 | 薔薇花 | 牽牛花 | 지새는안개 | 朝鮮의마음 | 反抗 | 幻戲 | 永遠의夢想 | 靑春의曠野 | 病든靑春 | 多情多恨 | 廢墟의우름 | 永遠한愛 | 戀愛書翰 사랑의눈꽃 |

（우측 상단）文藝新小說 — 懸賞小說 — 評例（정가비고 잘팔니는 책）

❷

黑眞珠 / 金孔雀의哀想 / 哀史 / 海星 / 暗影 / 長恨 / 海棠花 / 무쇠탈 / 첫사랑 / 人肉장사　上中下

❸

貞婦의淚 / 異性의선물 / 어둠의힘 / 일허진眞珠 / 汝等의背後에서 / 惡魔와갓치 / 最後의眞珠 / 靑春의사랑 / 사랑과사랑 / 사랑의설음 / 사랑의노래 / 사랑의무덤 / 사랑의싸홈 / 사랑의눈물 / 사랑의恨

❹

朝鮮文士의戀愛觀 / 社會的色欲論 / 性關係의革命 / 異性關係 / 秋의淚 / 紅月淚 / 桃花池 / 綾羅島 / 疑問 / 나 / 眞情 / 南方의鹿 / 叛逆者商 / 메니쓰母 / 人情의淚 / 死の人 / 疑問의死体 / 女의一生 / 그전날밤 / 靑春의夢

---

*『신소년』, 1930년 1월호 소재
그림의 ①~⑥의 번호는 필자가 편의상 그려넣은 것이다.

마검』『목단화』『쌍옥루』등의 소설들,『옥중가인』『옥중화』등 춘향전 계열의 소설들, 그리고『구운몽』『조웅전』과『삼국지』『수호지』등 인기 있는 다양한 고전소설이 거의 망라되어 있다. 뿐만 아니라『노처녀의 비밀』『미인의 루涙』등과 같이 새롭게 창작된 것으로 추정되는 작품들도 실려 있다.『추월색』『능라도』『빈의 루』등이 '신소설'로 분류된 데 반해,『구마검』『목단화』『쌍옥루』『노처녀의 비밀』『미인의 루』등이 '구소설'로 분류된 것을 보면 문학사에서 '신소설'과 '구소설'의 구분이 여전히 문제가 될 수 있으며, 신·구소설을 분류하는 당대의 감각이 지금과 다르다는 점을 알 수 있다.

(6)은 '경서經書·시율詩律·구교과舊敎科'로서 사서삼경과 천자문, 조선과 당나라의 한시집 등 한적들의 목록이다. 1930년 현재의 독서인구 중에도 이러한 책을 찾는 독서가들이 여전히 많았던 것이다.

'전통적 독자층' '근대적 대중 독자' '엘리트적 독자층'이 병존하며 서로 영향을 주고받았다는 사실이야말로 식민지시대 독자층을 설명하는 데 있어 가장 중요하다. 이러한 병존은 전통적인 것과 박래적인 것, 전근대에 속하는 것과 근대적인 것 사이의 동시성을 구현하기 때문이다.

한편 어떤 소설을 읽었는가를 기준으로 나뉘는 세 가지 독자부류에, 각각 다른 사회적 지위와 계층에 소속된 사람들을 대응시킬 수 있다.

'전통적 독자층'에는 '노동자와 농민' '양반' '부녀자'로 표현되는 존재들이 상대적으로 다수를 차지하고, '근대적 대중 독자'는 '전통적 독자층'에 비하여 상대적으로 보다 근대적인 계층에 속하는 존재들, 즉 도시 노동자·학생·'신' 여성 등이 대표한다. 그리고 주로 '신문예의 순문예작품, 외국 순수문학 소설, 일본 순문예작품 등의 향유자'들인 '엘리트적 독자층'은 '전통적 독자층'과 '근대적 대중 독자'에 속

〔小說類〕 ❺

書名	定價
江陵秋月	二五〇
貞操 옥김	三五
구마검	三〇
金山寺夢遊錄	二五
九尾狐	二五
女中豪傑	四〇
老處女의秘密	三〇
獄中花	二五〇
鄭木蘭傳	一五
關雲長實記	二五
廣寒樓記	二五
女將軍傳	一五
鄭善景傳	五〇
鄭壽景傳	五〇
田禹治傳	五〇
洞庭秋月	二〇
待月西廂記	一五
趙雄傳	一五〇
張飛馬超實記 前後集	一五
林慶業傳	一五〇
劉忠烈傳	二五
李大鳳傳	二五
李太白實記	二五
牧丹花	一五
美人奇事	二五
美人計	三五

書名	定價
滿月臺	二五
美人의淚	三五
襄陽將傳	二五
鰲主海恨	二五
琵琶聲	二五
白鶴扇傳	二五
淑英娘子傳	二五
修正三國誌	二五
三國大戰	二五
雙玉笛	一〇
雙玉淚	一五
玉樓夢	二五
薔花紅蓮傳	一五
增修春香傳	二五
沈淸傳	二五
蘇大成傳	二五
弓乙墨전	一〇
九雲夢	二五
鼠同知傳	二五
西漢演義	六〇
謝氏南征記	二五
朴氏傳	二五
水滸誌	三五
淑香傳	二五
燕의脚	一五
獄中佳人	三五
楊貴妃傳	三〇

經書、詩律、舊敎科 ❻

書名	定價
原本備旨四書 小學 中庸 大學 論、孟	各二五
同 正本四書 大學 中庸 論語 孟子	各一四〇
同 三經(詩、易) 書傳 周易	各二五
正本三經 小學 大學	一二
懸吐具解 正本三經	一〇
同 略解	五四
通鑑諺解 一、二、三、四、五	各五〇
史略精選	三五
東詩 諺解 一、二、三、四、五	各五八
唐詩長篇	五〇
朝鮮近代名家詩抄	八〇
東洋歷代女史詩選	三六
東坡詩帖	六〇
大小楷字法帖	六〇
草書大簡帖	五〇
備旨古文眞寶前後	一七〇
註解七言唐音	七〇
註解五言唐音	九〇
懸吐具解明心寶鑑	七〇
新訂千字文	三五
時文必讀	五〇

할 직업인과 계층 구성원들 중에서 특별히 육성된 존재들로 이루어진
다. '문자'의 훈련과 외국어 습득을 기꺼이 지속적으로 받아들여 근대
적인 의미의 지배층과 지식인층을 구성하는 존재들이 수적으로 소수
인 '엘리트적 독자층'을 이룬 것이다. 그러나 이들이 엘리트 계층 자체
를 이루는 존재는 아니기에 '엘리트적'이라 부르고자 한다.

그러나 이러한 구분은 단지 경향일 뿐이며, 따라서 제한적인 타당성
만을 지닌다는 점에 유의해야 한다. 또한 각 부류는 명확한 '층'을 구
성하기보다는 서로 복잡한 교집합을 가질 것이기에 ' '를 써서 지칭
하고자 한다.

위와 같이 분화되기까지 전체 소설 독자층의 확대와 재구성은 다음
의 과정을 통해 이루어지는데, 이러한 변화가 근대 소설 독자층의 규
모와 구성상의 특징을 전체적으로 규정한다.

첫째, '전통적 독자층' 즉 고전소설 독자층의 재편과 확대(18세기 이
후~1910년대) 및 신소설 독자층의 형성(1890~1910년대).

둘째, 신소설 독자층의 확대와 와해(1910~20년대), 그리고 이에 이
은 대중소설·번안소설·신문연재 통속소설(1920년대)·일본 대중소
설 독자의 형성(1930년대)과 변화.

셋째, 신문예의 순문예작품·외국 순수문학 소설·일본 순문예작품
등의 향유자층과 관련된 '엘리트적 독자층'의 새로운 형성(1920년대)
과 분화(1930년대).

[TIP 3] 1930년 「중앙인서관 도서목록」의 '청년서류'와 실용서

이 도서목록의 첫 페이지는 '청년서류靑年書類' '재담才談, 속담' '운동급유 희運動及遊戲' 등의 분야의 책들이, 세번째 페이지에는 '보통학교 참고서' 와 '소년독물少年讀物' 등이 묶여 있다. 첫번째 페이지에서 '청년서류' '재담, 속담' 은 대분류이고 ( ) 속에 있는 '수양' '잡기 오락' 은 소분류 명칭이다. 당 대인들이 어떤 '실용서' 를 읽었는지 아래 표를 통해 짐작할 수 있다.

1930년 중앙인서관 취급 각종 서적 목록

분야	주요 도서	분야	주요 도서
청년 서류 (수양)	현대청년수양독본 이십세기 청년독본 농촌 청년의 활로	**운동급유회**	현행야구법 현행정구법 강력체조법 아식축구규칙심득
(동서위인전)	조선의 현재와 장래 조선지위인 을지문덕전 이충무공전 김옥균실기 세계위인전	(잡기, 오락)	가투 기보 승경도 세계유람도 최면술 독습
(사상)	노국혁명사와 레닌 비스맥과 독일황제 세계명부전 윌손 세계개조십대사상가 사회주의 학설대요 현대노동문제	**재담 속담**	양천대소 익살주머니 팔도재담 불가살이 조선속담
법률, 경제, 실업	현행육법전서 호적법령급서식대전 농가대요 과수재배법 농업양계신편 실험 양봉	**음악, 창가, 잡가**	소년 소녀 가극집 음악대해 신식창가 청년여자창가
		(잡가집)	최신식 유행창가집 강명화창가 추강백월 평양수심가

2 근대 독자 형성의 문화적 조건

1_근대적 대중 독자 등장의 전야

엘리아스 카네티Elias Canetti가 말한 것과 같은 '개떼로서의 인간' 즉 '군중'은 유사 이래 늘 존재했겠지만, 대량생산·대량소비가 표준화된 삶의 방편이 되고, 민주주의와 자본주의의 시대가 열리자 '개떼'는 '대중'으로 화한다. 20세기의 근대는 말 그대로 '대중의 시대'이다. 대중이 민주주의를 이루어내고, 대중이 독재자를 옹립하였으며, 대중이 전쟁에 동원되고, 대중이 대중을 학살했다.

엘리트와 대중이 대립하고, 일견 고급문화와 대중문화 사이에 넘을 수 없

광화문 촛불시위 광경

는 바리케이드가 쳐진 듯하지만, 일단 대중사회가 열리고 대중문화가 삶의 일상을 장악한 뒤로 '대중' 아닌 사람은 없다. 전문화와 사회적 분화의 격자가 단단해진 결과, 사회성원 모두는 어떤 영역의 '대중'이 되었다.

대중문화의 각 영역 사이에서 고급과 고급, 저급과 저급끼리의 소통과 교통의 체계가 온전히 갖춰져 있는 것도 아니다. 그리하여 수천 권의 책을 읽은 '고상한' 문학가가 '무식하게도' 클래식 음악이나 민법체계를 전혀 이해하지 못하기도 하고, BMW를 모는 '명품' 족과 상징자본을 거의 소유하지 못한 '무식한' 계층이 함께 기호 1번에게 투표하기도 한다.

20세기가 갔지만 오늘날에도 동물처럼 예민하게 움직이고 숨쉬며, 주체인 동시에 대상인 대중은 살아 있다. 21세기 초 한국의 '대중'은 인터넷을 타고, 청소년 혹은 30대로부터, 이미지와 '아이콘'들에 의해 선동되어, 다양한 종류의 '스타'를 만들어내거나, 그들의 지도 아래 나타나고 사라진다.

[구활자본 소설 독자의 문화적 위상]

주로 구활자본(딱지본) 고전소설과 신소설, 신작구소설의 독자이며 구연된 고전소설과 일부 신소설 등의 향유자인 '전통적 독자층'은 1900~20년대 소설 독자 중에서 수적으로 가장 큰 부분을 차지하면서, 동시에 1920~30년대 독자의 '전신前身'이자 앞 세대이다. 이들의 독서관습과 성향 그리고 책에 대한 사고는 점차 '근대적'인 것으로 이행한다.

필사본 소설 독자층과 방각본 소설 독자층의 교체, 그리고 방각본 소설 독자의 구활자본 고전소설 독자로의 전화는 비교적 완만하고 자연스런 이행으로 간주된다.[1] 필사본 소설과 방각본 소설은 오랜 기간 공존하였고 유통방식도 비슷했는데, 주로 세책가와 장시, 보부상 등이 수용의 매개 역할을 하였다. 이에 비해 구활자본은 달라진 제작방법과 유통방식에 의해 만들어지고 팔렸다. 제책방법은 보다 더 대량화되었고, 광고와 미디어가 책의 유통에 개입하기 시작한 것이다.

그럼에도 불구하고 '필사본 → 방각본 → 구활자본'의 이행은 연속된 과정이라 할 수 있다. 왜냐하면 앞 시대의 독자층 자체가 이어진 뒷시대의 독자층으로 연결되었으며 무엇보다도 읽힌 작품 자체가 소멸하거나 새롭게 창작되기보다는 다양한 이본異本으로 재생산되었기 때문이다.[2] 다시 말해 우리 고전소설들은 조금씩 변형·재창작되고 각각 필사본, 방각본, 구활자본으로 찍혀 나와 17~18세기부터 20세기 초반까지의 긴 시간대를 통과해왔다.

예를 들어 김만중의 『구운몽』은 한글 필사본으로 71종, 한글 방각본으로 31종, 한글 활자본으로 15종, 한문 필사본으로 69종이 남아 있다. 또한 『심청전』은 한글 필사본 129종, 한글 방각본 70종, 한글 활자본 31종이 남아 있다. 간행 시기가 정확하지 않은 경우가 많지만, 이러한 이본 출판을 통해서 그야말로 '연속된' 소설사의 생산과 유통, 그리고 그 배경을 이룬 사회사를 읽을 수 있다.

50종 이상의 이본이 있는 36개 작품을 대상으로 필사본과 목판방각본·활자본 작품의 판수를 비교하여 독자층의 변화를 추론한 조동일 교수의 연구에 따르면, 필사본 이본이 가장 많은 책은 『창선감의록』(판본수 211)과 『사씨남정기』(188)이고, 방각본으로 가장 여러 번 인쇄된 책은 『구운몽』(127)과 『조웅전』(119)이다. 이에 비해 활자본으로 가장 많이 출간된 소설은 『춘향전』(110)과 『유충열전』(37)이다. 조동일 교수에 따르면 필사본으로 많이 나온 작품은 주로 여성 취향의 소설이고 목판방각본으로 많이 찍힌 것은 남성 취향 소설이다. 방각본 소설을 사서 읽은 사람들은 주로 남성이고, 가정에서 필사본을 생산한 이들은 주로 여성이기 때문이다. 여기서 고전소설 수용의 성별 차이가 드러난다. 필사본 여성독자는 『사씨남정기』와 『박씨전』을 좋아하고, 방각본 남성독자는 『구운몽』과 『임경업전』을 선호하였기에, 각 소설들은 필사본과 방각본 종수가 크게 차이가 난다. 그러나 활자본시대에 와서는 남녀 독자 분포가 비슷해지면서 이러한 차이는 사라지게 된다.

한편 이본 종수의 차이는 책 제작방식의 차이와도 관계가 깊다. 필사본으로 인기가 있었던 『창선감의록』(필사본 211종), 『옥린몽』(필사본 68종), 『현씨양웅쌍린기』(필사본 55종) 등은 아예 방각본으로는 출간되지도 않았다. 이 작품들은 분량이 대단히 많아 방각본으로 찍기에는 적절하지 않았기 때문이다. 방각본시대로 오면서 소설의 길이는 상당히 짧아졌다.

활자본시대에는 이전보다 더 큰 변화가 일어났다. 예를 들어 고전소설 전체를 통틀어 이본의 수가 가장 많았던 『춘향전』의 경우, 필사본·방각본에서는 다른 소설에 비해 이본수가 많지 않았는데, 활자본시대에 이르러 다른 소설을 압도하게 되었다. 『춘향전』이 전 조선인의 사랑을 받게 된 것은 20세기 이후의 일이다. 이러한 현상이 나타난 이유 중 하나는 20세기 초부터 판소리가 대중의 인기를 끌었기 때문이다.[3]

1900년대 가장 두드러진 변화 중 하나로 신문 발간과 연재소설의 수록을 들 수 있다. 신문에 연재되는 소설을 읽는다는 것은 이전에는 전혀 없던 새로운 소설 수용 방식이다. 문학사에 남겨진 '신소설'이란 대부분 이 연재소설의 일부를 가리키며, 이 중에는 이전의 소설과는 전혀 다른 이념과 주제를 형상화한 것들이 많았다. 신문 독자는 주로 전래의 양반과 개화 지식인 및 부유층 부녀자들이었는데, 1910년대에 이르러 본격적으로 발간되기 시작한 구활자본이 신문 연재소설 독자를 '전통적 독자층'에 합류시켰다.

그 배경이 1910년대 대중적 책 읽기의 양상을 요약해서 보여준다. 첫째, 단행본 생산과 유통의 측면에서 신소설과 고전소설은 구별되지 않았다. 1910년대의 거의 모든 출판사들은 신소설과 고전소설을 함께

딱지본 『심청전』 삽화

한글 필사본 『심청녹』(심청전)과 『사싀남정긔』(사씨남정기)의 텍스트 조직

■■■19세기와 20세기 초 민중계층에 의해 가장 많이 읽힌 책의 본문 배치와 삽화. 이러한 편집방법이 20세기 초에 어떤 변화를 겪는지 주목할 만하다.

생산하여 유통시켰다. 1900년대 신문에 게재된 다양한 종류의 서사물 중 일부가 단행본으로 출간되거나, 어떤 소설들은 장사가 잘 되는 구활자본으로 출판하기 위해 새롭게 창작되었으며,[4] 『춘향전』을 위시한 수많은 종류의 고전소설이 새롭게 구활자본으로 출간되었다.

둘째, 이들 '신소설'은 작품 내적 측면에서도 고전소설과 서로 수렴하는 관계에 놓였다. 신소설 연구자들은 1900년대의 신소설이 1910년대에 이르러 오히려 이전 시대의 소설과 닮거나 '통속화'한다고 지적하였다. 그러나 사실상 내용 면에 있어 고전소설·통속적 소설과 확연히 구별되는 '신소설'이란 문학사가가 찾아낸 예외들일 가능성이 더 많다. 『춘향전』이나 『심청전』처럼 인기 있는 고전소설은 1910년대 구활자본을 통해 근대적인 감각으로 개작되거나 현대적인 의장을 걸친 채 수용되었다. 그래서 구활자본으로 출간된 신소설과 고전소설은 그것을 소비하는 대중의 인식에서는 구별되지 않았을 가능성이 많으며, 특히 1920년대의 '신문학'에 대비해서 양자는 동일한 범주의 소설로 인식되기도 했다.[5] 곧 당대인들이 고전소설과 신소설을 구별하는 감각을 갖고 있기는 했지만, 좀더 엄정한 구별감각은 문학사가나 비평가에 의해 훨씬 후대에 생겨난 것으로 봐야 한다.

'울긋불긋한 표지에 4호 활자로 인쇄한 100매 내외의 소설'이라는 이미지로 대표되는 구활자본 소설은, 계층에 관계없이 보다 많은 독자들이 보다 쉽게 책에 접근할 수 있도록 만들었다. 이들 소설이 대중 독자의 출현을 앞당겨 독서와 출판사상 획기적인 결과를 낳았다고 볼 수 있다.

구활자본 소설의 독자는 어느 정도 규모였을까? 이에 관한 정확한 통계가 남아 있지 않고 출간·판매 규모에 대한 증언도 엇갈리는 경우가 많다. '신문학'이 문화적 헤게모니를 쥔 1930년대 중반에도 『춘향전』을 비롯한 구활자본 고전소설들은 여전히 많이 읽히고 있었는데

(一卷) 언문삼국지 (8)

『언문 삼국지』, 〈대창서원〉(1918)

古代小說
九雲夢

京城博文書舘發行

『구운몽』, 〈박문서관〉(1917)

獄中花

『옥중화』(1910년대?)

■■■딱지본 소설의 표지와 텍스트 조직. 딱지본 표지와 본문의 편집체제는 가히 혁명적이었다. 일러스트를 도입한 울긋불긋한 표지, 읽기 쉬운 4호 활자의 도입 등은 이전의 책에서는 찾아볼 수 없는 새로운 시도였다. 『언문 삼국지』의 본문 편집체계를 앞의 『심청전』과 비교해볼 필요가 있다. 회(回), 내용 소개문, 페이지 표시가 도입되었다. 『옥중화』 표지그림에서는 이도령이 넥타이를 맨 양복 정장차림에 하이칼라 머리를 한 신청년의 모습을 하고 있는 것이 눈에 띈다.

1935년의 '서적 도매상조합의 조사'에 따르면 『춘향전』이 연간 7만 권, 『심청전』이 6만 권, 『홍길동전』이 4만5천 권 팔렸다고 한다.[6] 또 다른 증언에 의하면 1927년에 『춘향전』 『조웅전』 등이 한 번에 1만여 부씩 인쇄되었으며, 『춘향전』의 경우 1930년대 중반까지도 1년에 40만 부씩 판매되다가 1930년대 말에 들어와서야 절반 정도로 판매부수가 감소했다고 한다.[7] 이에 따르면 구활자본 소설 출판이 1920년대 후반에서 1930년대로 넘어오면서 오히려 더 활발해졌다고 생각할 수 있다. 그러나 이와 반대로 1910~20년대에 위세를 누리던 구활자본 소설이 1927년을 계기로 쇠퇴하게 되며 1931년을 기점으로 이런 경향이 보다 확실해진다는 연구 결과도 있다.[8]

이처럼 고전소설과 구활자본 소설 독자 규모를 추산하는 일이 어렵고 증언이 엇갈리는 데에는 몇 가지 이유가 있다. 그 중 첫째는, 구활자본 소설이 '인쇄소-출판사-서점'이나 '서점-우편주문'과 같은 경로로 유통되지 않아서이다. 구활자본은 행상을 통해 판매되는 경우가 많았으며, 이들 행상들은 서점을 거치지 않고 출판사나 인쇄소의 본사에서 직접 계약을 체결하고 책을 받아서 각지 장터를 돌아다니면서 파는 경우가 많았다.[9]

> 그런데 전기前記와 같이 다수한 부수가 서적시장에 소화되고 있는데 그러면 이 책들은 어떤 기관을 통하여 흩어지는가 하면 오로지 시골 장 봇짐 장사 1천 4, 5백 명 손으로 판매되고 있다 한다. 그리고 전기 서적의 판매부수는 매년 동수량으로 수요되고 있다 함도 주목할 현상이다.
>
> -「옥편과 춘향전 제일」, 『삼천리』(1935년 6월)

둘째, 구활자본 소설의 경우 판권이나 지적 소유권을 적용하기 어려웠으며, 그런 까닭에 똑같은 작품을 여러 출판사에서 찍거나 한 작품

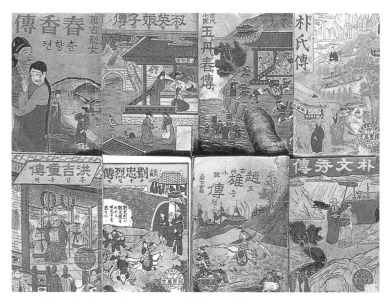

■여러 종류의 딱지본 소설 표지. 대중 독자의 출현을 앞당기는 데 결정적인 역할을 담당한 딱지본(구활자본) 소설은, 1930년대 '신문학'이 헤게모니를 쥔 가운데에도 여전히 많이 읽혔다. 특히 위 그림의 『춘향전』 『숙영낭자전』 『박씨전』 『홍길동전』 『류충렬전』 『박문수전』 등과 같이 딱지본으로 제작된 고전소설들이 큰 인기를 끌었다.

에 많은 이본이 존재했기 때문이다. 『춘향전』만 해도 『옥중화』 『절대가인』 등 개작 또는 이본까지 합쳐서 계산하면 1910년대 이후에 무려 97종류의 서로 다른 『춘향전』이 간행되었다. 각기 다른 출판사에서 나온 동일한 작품을 한 종류의 책으로 계산할 것인가, 또 제목이 바뀐 이본과 개작들을 원작과 같은 작품으로 간주할 것인가 하는 문제에 따라 전혀 다른 집계가 나올 수밖에 없을 것이다. 그러나 당시의 기록에서 이런 문제를 고려한 경우는 매우 드물고, 그냥 『춘향전』이 몇만 권 팔렸다'는 식으로만 되어 있기 때문에 판매부수를 알기 어렵다.

구활자본 독자의 규모와 인기는 발간 횟수와 개별 작품의 발간 판수에 따라 추정해볼 수 있다(■자료실 : 표 3 〈1912~1942년 구활자본 소설 발행 상황〉 참조).

1912~1942년 사이에 10회 이상 간행된 고전소설은 『춘향전』류(97회), 『삼국지연의』류(43회), 『유충렬전』(24회), 『조웅전』(22회), 『구운몽』(21회), 『장화홍련전』(20회), 『옥루몽』(19회), 『장풍운전』(17회) 등이다. 이에 비해 '신소설'의 발간 횟수는 고전소설에 못 미쳤다. 가장 많이 발간된 『추월색』이 1912~1923년 사이에 18판 간행되었고, 『강상촌』과 『구의산』 9회, 『월하가인』이 8회 간행되었다. 1930년대 '신문학' 서적의 경우 보통 관례적으로 소설의 1쇄는 1,000부를 찍었다고 한다.

그런데 구활자본의 대량생산과 이에 따른 독자의 확대에 대해 긍정적인 평가만 있는 것은 아니다. 이는 1910년 한일합방부터 『무정』의 출현에 이르는 시기의 문화사와 소설사를 부정적으로 평가하는 일반적인 견해[10]와 관련이 있다.

이러한 견해에 의하면 무단통치기인 1910년대에는 일제의 강압적인 언론·출판정책으로 말미암아 1890년대 이래의 '애국계몽'적인 교과서·소설·전기류가 출판되지 못하였고, 이 때문에 고사 지경에 몰린 출판자본이 활로를 뚫기 위하여 값싼 구활자본을 다량으로 찍어내게 되었다는 것이다. 곧 1910년대 구활자본 신소설과 고전소설에 대한 사회적 수요는 자연발생적인 것이 아니라 일제의 통제에 떠밀려 만들어진 것이며, 구활자본 소설의 인기는 일제의 무단정치에 의해 민족의 주체적인 정치·사회적 활동이 완전히 봉쇄되자 '절망적인' 사회심리에 빠진 대중이 "구소설이 지닌 비현실의 세계를 탐닉하거나 상당수 신소설이 지니고 있던 통속적 현실 조작에 빠져"[11]듦으로써 나타난 현상이라는 것이다.

또한 이처럼 싸게 생산된 소설 단행본들은 심히 '통속화'하여 신소설·고전소설을 막론하고 저급하고 퇴행적인 오락물에 지나지 않았다는 평가도 있다. 이러한 사회적 정황이 소설에 대한 부정적인 인식을

『선한문 춘향전』, 〈동미서시〉(1913)　　　『일선문 춘향전』, 〈한성서관〉(1917)　　　『언문 춘향전』, 〈동미서시〉(1913)

『대춘향전』　　　　　　　　　　『도상 옥중화』, 〈세창서관〉(1952)

■■■『춘향전』의 여러 이본들. 『춘향전』은 필사본·방각본에서는 다른 소설에 비해 이본 수가 많지 않았는데, 활자본시대에 이르러 다른 소설을 압도하게 되었다. 대중적으로 오랫동안 인기를 누리며 수만 권씩 팔리고 읽힌 『춘향전』이야말로 일제시기를 대표하는 책이다.

낳았고, 이후에도 영향을 미쳐 1920년대까지 인텔리들이 소설 자체를 부정적으로 인식하게 되었다는 것이다.[12]

그러나 이와 같은 평가는 '순수하고 수준 높은' '신문학'의 도래를 목적론적인 과정으로 전제하고 내린 일방적인 결론이다. 또한 『창조』 『학지광』 등 일본 유학생 세대의 소설과 『무정』의 등장을 부각시키고 이전의 소설사를 '퇴행'으로 평가하기 위하여, 중요한 실제 사실은 돌보지 않음으로써 나온 결과이기도 하다.

우선 딱지본 소설이 양적으로 얇고 내용도 천박했다는 편견과는 달리, 실제 두껍고 비싸게 출간된 구활자본 책이 많았다.[13] 또한 구활자본으로 출간된 소설의 레퍼토리는 급조한 '타락한 신소설'류에 한정되지 않았으며, 심각하고 전아한 내용의 고전소설과 신소설의 '문제작'들도 포함되어 있었다. 1910년대의 '대중'이 한 덩어리로서 타락한 '신소설'과 복고적인 구소설에 빠져들었다고 보는 것은, 당대 소설 독자들 사이에도 엄연히 취향과 교양의 분화가 존재하였다는 사실을 보지 못한 결과이다. 그리고 구활자본이 '싸구려' 곧 '6전 소설'이라는 이미지를 갖게 한 가격의 파격성은 일시적인 현상이었을 뿐, 지속되지는 못하였다.[14]

임화는 신소설의 통속화가 '구소설적인 퇴행'과 '현대 통속물로의 변화'라는 두 방향을 다 갖고 있었다고 보았는데 이러한 해석이 객관적일 것이다. 임화는 '현대 통속물로의 변화'에 대해 당시 독자들의 취향이 '신파극·탐정소설 또는 일본의 통속문학의 영향을 배워' 형성된 것이라 하였다.[15] 이러한 취향은 근대소설과 영화·연극에서 보편적으로 나타나는 '멜로드라마'와 '추리'라는 새로운 대중성의 '코드'를 향해 있다는 점에서 중요하다. 아무리 '통속적'이라 해도 고전소설에서 '멜로드라마'와 '추리' 소설을 찾기는 어렵다.

덧붙여 구활자본 소설책, 즉 딱지본은 그 편집체제와 장정 면에서도 획기적인 새로움을 갖고 있었다. 텍스트를 읽기 쉽게 하기 위해 4호 활자를 동원한 것이나 띄어쓰기·한자병기·대화자 표기의 도입 등은 모두 딱지본을 통해 이루어졌다. 특히 '딱지본'이라는 별칭이 붙도록 한 표지장정은 그야말로 일대 변혁이었다. 그림이 동원된 책 편집과 장정이 일반화된 1920년대 이후에는, 오히려 딱지본 표지가 유치함과 상투성의 대명사로 여겨졌지만, '책'이라 불리는 사물에 그런 식의 색상과 일러스트를 도입하였다는 점은 반드시 기억할 만하다.[16]

이전까지 가장 대중적인 책이었던 방각본 소설책에도 그런 비주얼은 전혀 사용되지 않았는데, 전통적인 민화와 서구적 회화기법이 병용된 딱지본의 표지그림을 통해서 그림과 문자가 매체를 통해 본격적으로 결합하게 된 것이다.

이처럼 구활자본 책을 둘러싼 사회 문화적 맥락은 그 서사의 표면적 구조와 달리 '현대적'인 의미와 사회적 맥락을 가지고 있으며, 따라서 결코 '퇴행'이라 평가절하할 수 없다. 다시 '고전소설'의 대명사인 『춘향전』의 경우를 보자. 대중적으로 폭발적인 인기를 누리며 1930년대까지 약 한 세대 동안 '수만 권씩' 팔리고 읽힌 『춘향전』이야말로 '신문학' 또는 '근대소설'의 대표작이며 일제시기를 대표하는 책이다. 이 시기의 『춘향전』은 한편으로 이해조의 『옥중화』(1912)와 그 이본 계열에 속한 『절대가인』 『옥중가인』 등에서 보듯 일제시기 대중의 감각에 맞게 재창작된 작품이면서, 다른 한편으로 이전에 볼 수 없던 전혀 새로운 작품들 사이에서 존재한다. 즉 『춘향전』은 영화와 연극·레코드 음반 등의 새로운 텍스트로 원작을 가공한 예술의 새로운 '배치' 사이에 놓여 있는 동시에, 『강명화 실기』 『카츄샤 애화 해당화』 『장한몽』 『무정』 등 1910년대 중반~1920년대 초에 가장 많이 읽힌 당대의 다른 소설들과 밀접한 연관성을 지닌 '상호텍스트'인 것이다. 20세기 『춘향전』 수용의 사회적 맥락은 민중의식과 여권女權, 나아가 자유연애에 대한 당대인들의 새로운 인식과 연관성을 가지고 있다.

독자의 폭발적 증가는 일제 정책의 효과나 출판업자의 마케팅 결과로 환원할 수 없다. 또한 미시적인 사회사적 사실은 거시적인 이념의 서사로 포착되지 않는다. 즉 흔히 볼 수 있는 '1910년대 = 일제의 강압적 통치 = 절망적인 사회분위기'와 같은 도식은 단순한 사회학주의나 민족주의적 사고의 산물이다. '사회'의 복합성 자체가 그러한 단순도식과 무관하다.

요컨대 1930년대까지 매년 '기만 권 이상' 팔려나간 구활자본은 대중적으로 소비되었다는 사실 자체로 대단히 큰 의미를 갖는다. 구활자본 소설은 책 읽기의 대중화·근대화에 결정적인 계기를 제공했다고 볼 수 있다. 문맹률이 절대적으로 높고 활자문화 자체가 뿌리를 내리지 못한 20세기 초입의 상황에서, '취미로서의 독서'나 '소비상품으로서 책'에 대한 인식은 아직 일반 대중의 것이 아니었다. 여전히 문자문화를 영위할 수 없었던 대부분의 사람들은 책과 독서를 신비하게 여겼고, 이는 식자들로 하여금 엘리트로서의 소명의식을 갖게 했다. 그러나 그야말로 대량생산된 값싼 책이 뿌려짐으로써 문자문화 자체가 확산되고, 다른 한편으로 책과 독서에 대한 탈신비화가 진행된 것이다.

["소설은 국민의 나침반"]

1900~1910년대 지식인들이 생각한 소설 독자의 상은 주로 "우부우부愚夫愚婦와 아동주졸兒童走卒" "목불식정目不識丁의 노동자"[17]가 포함된 민중이었다. 소설 독자가 '무식한' 노동자·농민이라는 이와 같은 인식은 식민지 시대 일군의 지식인들 사이에서 끈질기게 이어졌다. 그러나 이러한

'상'은 여러 가지 면에서 사실과는 차이가 있다.

19세기 말, 20세기 초를 거치면서 소설의 사회적 유용성이 전례 없이 크게 부각된다. 지식인들의 '애국계몽'의 이념적 필요에 의해 소설의 유용성이 새롭게 발견된 것이다.[18] 예컨대 신채호는 "소설은 국민의 나침반"이며 소설이 '국민을 강한 데로 이끌면 국민이 강하며 바른 데로 이끌면 바르며 사악한 데로 도하면 사악'하며, '천하 대사업은 을지문덕 천개소문 같은 대철 대영웅 대호걸이 만드는 바며, 사회의 대세는 종교 · 정치 · 법률 같은 대철학 대학문으로 하는 것이 아니라 언문소설이 정하기 나름"이라 했다. 이러한 발견이 소설 독자를 민족구성원으로 상정하고 다시 여기에 민중의 형상을 입혔다.

1900년대 이후 새로운 출판자본의 형성과 유통망의 확대로 소설 독자가 크게 늘어나자 계몽 지식인들은 대중의 소설 읽기에 '개입'할 필요를 강하게 인식하게 된다. 이들의 '개입'은 한편으로 새로운 이야기 문학 양식의 창안을 포함하는 '소설 개량'으로, 다른 한편으로 당시 대중이 주로 읽던 '전대前代의 소설'이나 일부 신소설에 대한 비판[19]으로 현상했다.

민중들이 좋아하는 소설을 건전한 쪽으로 바꿔서 계몽의 도구로 삼자는 소설 개량 담론은 '국민국가' 건설과 '풍속의 근대적 개량'이라는 두 가지 방향성을 가지고 있었다. 우선 국민국가 건설과 관련해서는, 소설에는 "국민의 정신을 감동시켜 남녀를 막론하고 피눈물을 뿌리게 할 새로운 사상이 있"는 것으로 인식되었다(『혈의 누』광고문, 1907년 4월). 그래서 외국의 독립투쟁과 애국자들의 행적을 다룬 소설책도 번역되고, 독자들에게 권장되었다. 당시 「대한매일신보」의 광고는 잔 다르크의 행적을 번역한 『애국부인전』과 같은 소설책은 '남녀를 막론하고 애국심이 있는 동포라면 모두 보아야 하는 것'이고, 스위스의 독립전쟁을 다룬 『서사건국지』 같은 소설책은 '지사들이 나라를 구하고,

『서사건국지』(1907)   『애국부인전』(1907)

인민들의 애국심을 높이는 데 소용'되어야 한다고 주장했다.[20]

한편 풍속개량과 관련해서는 소설이 조선 가정의 봉건적이고 나쁜 풍속을 계도하여, 근대적인 윤리를 창출하는 데 기여해야 한다는 주장이 나오기 시작했다.[21] 이로써 처첩·고부갈등, 조혼 문제가 소설의 핵심 소재로 떠오르고, 양성평등·여성교육 등의 메시지가 표면적 주제로 강력히 떠올랐다.

초기의 정치적인 신소설이 타락하고 통속화한 형태가 곧 '가정소설'의 길을 걷게 되었다는 평가가 있지만, 이 또한 지식인의 관념적 비판일 뿐이다. '국민의 자강·독립정신을 감발'하는 것보다는 처첩·고부 갈등이나 조혼 문제를 다루는 것이 훨씬 구체적이며 대중적일 수 있다. 또한 '풍속'의 구현 공간으로서의 가정은 곧 국가의 세포단위이기에, 국민국가 건설과 풍속의 근대적 개량이라는 두 방향은 사실상 긴밀한 연관을 맺고 있었다. 국가의 건설이나 자강도 구체적인 문제로부터 비롯되어야 하기 때문에 가정소설의 외관을 취한 신소설이 정치적 신소설보다 저급하다고 할 근거가 없다.

1900년대 지식인들이 쓴 신소설은 새롭게 '국민의 문자'로 발견된 '한글'로 씌어졌다. 사실 그 이전부터 민중들이 읽은 소설은 한글로 되어 있었다. 그런데 지식인들은 이제 한글로 된 소설이 '국민'의 형성에 기여할 것이라 보았기에 한글로 소설을 쓰기 시작했다.

소설 독자가 형성되는 과정은 곧 국민이 만들어지는 과정이기도 하다.[22] '국민'은 당대의 다양한 담론과 소설 창작자들의 머릿속에서 '상상된imagined'[23] 실체성을 가지고 있었다. 그래서 소설 독자가 곧 '국민'이라는 생각은 '당위'가 되었다. 그러나 '소설 독자=국민'이라는 1900년대 계몽 지식인들의 생각의 효과와 의미는 보다 정밀하게 검토할 필요가 있다. 계몽주의자들은 소설을 읽는 무식한 '갑남을녀'들에게 '국민'의 지위를 부여했으나, 이는 현실과 달랐다. 소설 읽는 '국민'의 실재는 복잡했다.

개화기의 대표적 지식인으로서 중요한 신소설의 작가였던 이인직·이해조·신채호·박은식 등은 모두 소설의 계몽적 효용과 '국민으로서의 소설 독자'를 생각했다. 하지만 이들이 생각하는 독립과 진보의 방향은 서로 전혀 달랐고, 따라서 이들이 소설 속에서 상정한 국민으로서의 독자도 다를 수밖에 없었다. '국민'은 발견되자마자 위기에 처했다. 결정적인 국권침탈 이후 '국민'으로서 '애국성'을 갖고 1900년대 실제로 의병항쟁에 나선 이들은 전통적인 의식을 가진 유생과 농민이었다. 이들은 계몽 지식인들이 생각한 '국민'이 아니었다. 계몽 지식인들은 그들을 폭도로 여겼다. 신채호가 포함된 「대한매일신보」계열

신채호   박은식

의병처형장면(1904)

■신채호·박은식 같은 지식인은 적극적으로 소설을 애국계몽을 위한 수단으로 활용하고자 했으나, 소설 독자나 '신소설'은 이미 민족적으로 '불순'한 것이었다.

이 의병운동에 대해 다소 동정적이었던 것을 제외하면 당시의 '자강自强론' 자나 지식인은 거의 예외 없이 의병활동에 대해 적대적인 태도를 취했다.[24]

더 나아가 당시 소설 담론이 자주적인 '국민'과 '자강'을 지향한 것만도 아니었다. 외려 신소설은 그 기원이 '불순'했다. 신소설은 조선에서 발행된 일본인 신문이나 친일 성향의 신문에서부터 등장하기 시작하였으며,「신진사문답기」「일념홍」등은 노골적으로 일제의 '한국 보호'를 정당화했다. 뿐만 아니라, 한국 근대문학의 효시로 평가되는 이인직의 『혈의 누』자체에 일제의 한국 지배를 정당화하는 식민주의가 듬뿍 들어 있다.[25]

곧 당시 실제 신소설 독자에는 다른 관점에서 보면 진정한 '국민'이기 어려운 존재들도 포함되어 있었던 것이다. 소설 개량론은 크게 보면 1900년대 자강론의 문학적 표현이라 하겠는데, 자강론의 다양한 편차에 비추어 소설 개량론의 방향과 소설 작품의 특징을 좀더 정밀하게 비교 분석할 필요가 있다.

> **"소설은 여자와 시정 무식배가 제일 즐겨하는 바"**

소설 독자를 곧 국민이라 사고하고, 소설을 국민적 각성과 계몽의 매개로 삼고자 한 시도는 또 다른 측면에서 그리 현실적일 수 없었다. 당시의 독자들도 소설을 진지한 이념의 매개라기보다 가벼운 오락과 자극을 얻는 매체로 생각했기 때문이다. 더구나 신문지법(1907)과 출판법(1909)이 시행되면서 애국계몽 이념을 담은 출판물의 출간이 어려워지자, 상업적 동기에 의해 본격적으로 대량 제작 유포되기 시작한 소설이 그러한 경향을 부추기기도 했다. 그러나 조선의 사대부들조차 소설을 읽는 목적

은 휴식과 활력, 즐거움 등을 얻는 데 있다고 생각했다.[26]

흔히 계몽적 지식인들은 소설의 기능과 소설 읽기의 사회적 효과를, 민족적 요청이나 이념적 계몽과 관련시켜 사고한다. 이는 한국 문학사에서 1900~10년대뿐만 아니라, 1920~30년대, 나아가 1980년대에도 있었던 경향이다. 그러나 소설이 계몽의 도구가 되는 것은 매우 예외적인 경우에만 가능하다. 소설 자체가 '가벼움'과 오락성을 본연 속에 포함할 뿐만 아니라, 대중 또한 긴장된 이념적 요청을 견디기에는 언제나 '신기한 것만 좋아하고 방탕'한 경향이 있기 때문이다. 역사를 움직여나가는 대중의 역설이 그러하다.

아래 인용문에서 보듯이 그들은 나라가 망하는 바로 그 순간에도 값싼 눈물과 웃음에 젖어 있을 수 있는 존재들이다. 인용문은 '경술국치'가 있기 딱 1주일 전에 씌어진 글이다. 물론 대중이 역사를 만들어가고 대중도 '나라'를 필요로 할 때가 있겠지만, '나라의 흥망'에 늘 비분강개하거나 해야 한다는 생각은 주로 지식인의 생각인 것이다.

> 대저 신기한 것을 좋아하고 평상平常한 것을 싫어함은 사람의 떳떳한 성정性情이라 일컬어지므로, 음담패설로 소일하던 것은 평생을 지내도 기억하여 잊지 않되 성경현전의 공부는 몇 달이 못 되어 혹 잊어버리고 혹은 생면목같이 들어보지도 못한 것 같으며, 예절을 차리고 규모를 지키는 자리에는 가기를 좋아하지 않되 방탕하게 노는 마당에는 가면 돌아올 줄 모르니 그런즉 소설과 연희演戱는 심상한 부인 여자와 시정 무식배가 제일 감동하기 쉽고 제일 즐겨하는 바이다.
>
> —「논설 : 소설과 연희가 풍속에 유관」, 「대한매일신보」(1910년 7월 20일)

그리고 더욱 중요한 것은 소설 독자층의 실상이 반일 의병항쟁에 나섰던 농민들의 현실과는 달랐다는 점이다. 구활자본 고전소설과 신소

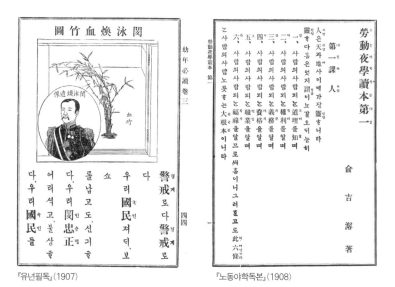

『유년필독』(1907)   『노동야학독본』(1908)

■ 1900년대 교과서로 사용된 책들이다. 『유년필독』은 자결한 민영환의 충정을 언급하며 국민 됨을 강조하고 있고, 유길준이 쓴 『노동야학독본』은 인권사상을 강조하는 내용으로 책을 시작하고 있다.

설이 농촌지역에서 많이 팔리긴 했겠지만, 사실상 노동자·농민은 문 맹과 빈곤 때문에 소설의 주된 독자층이 되기에는 무리가 있었다.[27] 대 다수 노동자·농민의 가난과 '무식'은 지식인들의 상상을 초월하는 수준이었고, 그들이 읽을거리를 접하기도 쉽지 않았다. 1920년 5월 2 일의 『윤치호 일기』에는 윤치호가 충남의 4개 마을에 일간신문을 보급 하려 했던 일화가 소개되고 있다. 노력의 결과는 헛수고였다.

하지만 헛수고였다. 물론 내가 1년 간 구독료 전액을 지불했다면, 주민 들은 무척 기뻐했을 것이다. 읽을거리를 얻게 되어서가 아니라, 벽에 바를 종이가 생겼기 때문이다. 이처럼 그들은 신문을 읽기 위해서 단 한 푼도 내 지 않았다. 내 생각엔 조선에서 신문을 구독하는 사람은 1천 명 당 1명 꼴 도 안 될 것이다.[28]

소설 독자층의 중핵을 이룬 이들이 반제 반봉건 투쟁의 주력이어야 할 노동자·농민이 아니라는 사정은, 문학의 대중화를 통해 민족해방과 계급해방을 꿈꾼 지식인들이 활동했던 1930년대에 들어서도 큰 변화가 없었다. 1930년대 경성지역에서도 노동자들은 숙련·미숙련을 막론하고 상당수가 무교육자였으며, 특히 여성 노동자의 문맹은 더욱 심각했다.[29] 이런 상황은 전체 조선의 보통학교 진학률이 크게 높아진 1940년대에 들어서야 나아지기 시작한다(■자료실 : 표 4 〈1930년 노동자 교육상황〉참조).

그러나 노동자·농민을 포함한 문맹자들이 문자문화와 전혀 무관한 삶을 살지는 않았을 것이다. 촌락공동체에 속해 있는 노동자·농민 중에는 다른 방법으로 소설을 향유하는 층이 존재했다. 그들은 귀로 듣는 소설의 향수, 즉 '청문예聽文藝'의 독자였다. 이러한 독자를 일컫는 용어는 확립되어 있지 않은데, 영미문학에서는 'aural reader'라는 용어를 사용한다. 그리고 일본문학의 근대 독자를 연구한 마에다 아이前田愛는, 읽을거리에 관심은 있지만 스스로 읽을 수 있는 의욕과 능력은 결핍된 독자로서, 혼자가 아니라 누군가와 같이 귀로 듣는 오락을 즐기는 독자를 '잠재적 독자'라 칭했다.[30]

1930년 당시 전체 조선인의 11%만이 온전한 문해력을 갖고 있었으며, 농촌지역 문맹률은 90%를 훨씬 넘었을 것으로 추정된다. 그러나 이 시기에도 가족 중에 한글 해독자가 있는 가구는 전체 가구의 33~35% 정도로 추정된다. 따라서 촌락공동체에서는 이들 가족 공간에서 소설이 구연되었을 가능성이 높다.[31] 20세기 초 고전소설과 신소설의 향유층에도 '무식한 아동주졸兒童走卒'만이 아니라, 도시·비도시 지역에 거주하는 학식과 부를 갖춘 다양한 계층의 성원들이 포함되어 있었으며, 18~19세기에 걸쳐 형성된 고전소설 독자층 내에서의 구별도 유지·재생산되고 있었다. 고전소설이라는 통칭 아래 포괄된 소

■1900년대 조선 농촌의 민중. 전통적인 농촌 촌락공동체에 속한 노동자, 농민들은 대부분 문맹이었다. 이들은 문맹과 빈곤으로 인해 독자층이 될 수는 없었으나 다른 방식, 곧 구연을 통해 귀로 들음로써 소설을 향유하였다.

설들은 그 출판형태와 문학적 갈래, 사용 언어에 따라 방각본 소설과 필사본 소설, 영웅소설과 가문소설, 판소리계 소설, 한문소설 등으로 다양하게 나뉘며, 이에 따라 그 독자층도 세분되는 것이다.

아래 인용한 (1)은 1913년에 구활자본으로 발간된 『신번 구운몽新飜九雲夢』의 '서언緖言' 이며, (2)는 비슷한 시기에 발간된 한글본 『사씨남정기』의 '후언後言' 으로 모두 책의 편집자나 발행자가 쓴 것인데, 각각의 담론은 구소설 독자 내에 존재하는 취향과 사회적 지위의 차이를 확연히 드러내고 있다. 무엇보다 우선 양자의 표기법이 완전히 다르다는 점에 주목할 필요가 있다. (2)와 같은 방식으로 표기된 소설을 주로 읽은 독자들의 상당수는 (1) 자체를 해독할 수조차 없었다. 그리고 (1)과 (2)의 담론은 전혀 다른 설득전략을 펴고 있다.

(1) 是書と 金公春澤氏의 著호 바이라 모든 小說에 比컨딘 其文이 奇호고 其事ㅣ 最히 奇호 故로 至今傳誦호야 二百年間에 樵童牧竪라도 歌謠 아니리 업셔 遂히 其觀이 됨이라 (중략) 近來에 文運이 隆盛호야 비록 尋常호 俚諺이라도 可히 興感홀 者롤 收錄호거든 하믈며 九雲夢은 樂而不淫호고 且群仙圖景致가 具備호 則 다만 風流勝事로만 認치 말고 一 和氣롤 涵養호야 齊家之節에 幽閒貞靜의 旨趣롤 寓홀 시이에 諺文으로써 新蒜호야 每回에 보기 極히 便 호고 소롬의 마암을 無限히 愉樂케 호노니 噫라 浮生이 夢과 如호니 快活的 思想이 아니면 爲觀이 幾何오

— 『新飜 九雲夢』, 〈동문서림〉(1913)

(2) 이러무로 착호 사람은 복을 밧고 악호 사룸은 앙화를 밧으니 후인을 증계호염즉 호고 사적이 긔이호기로 디강 긔록호야 후셰의 젼호노니 보시는 이는 명심호소셔 호더라 희로 이락을 지셩근고 홈니다

— 『사시남정긔』, 〈영창서관〉(1915)

(1)에서 서문을 쓴 사람은 『구운몽』이 가진 '우아한 아름다움〔雅趣〕'을 들어 구별의 전략을 펴고 있다. 『구운몽』은 '樂而不淫·群仙圖景致가 具備·風流勝事·和氣 涵養·齊家之節·幽閒貞靜의 旨趣' 등을 가지고 있어 윤리적으로나 미적으로나 전아한 소설을 원하는 독자의 취향에 맞는 것이다.

이에 반하여 (2)에서 독자들에게 내세우고 있는 것은 '권선징악'과 사건의 엽기성('스적이 긔이')이다. 김만중의 『사씨남정기』는 원래 대단히 복잡한 정치적 배경 아래 창작된 소설인데, 이 두 가지 단순한 요소 이외의 것은 다 사상拾象되고 대신 당대 널리 읽히던 가정소설의 '처첩 갈등'의 맥락만 남는다.

실제 구활자본 소설 독자들은 권선징악과 엽기적인 사건을 좋아했는데, 그들이 무식해서 그런 것은 아니다. '선의 권장'과 사건의 엽기성은 비단 그들에게만이 아니라, 동서고금을 초월하여 대중적인 예술 전체가 수용자에게 갖는 미적·윤리적 매력의 요소이다. 이는 (1)의 『구운몽』 독자가 요청받은 복잡하고 형이상학적인 미학과는 전혀 무관하다.

한편 고전소설과 구활자본 소설 가운데에서 압도적으로 많이 읽힌 것은 『춘향전』『조웅전』『구운몽』 등이었지만, 신문학의 영향을 받아 새롭게 창작된 '신작 구소설'이나 범주 구분이 모호한 과도기적 작품들[32]도 생산되어 읽혔다. 그러나 당대의 지식인들은 이처럼 복잡한 사실을 인식하지 못하였거나, 특히 '신문학 건설'에 나선 일부 지식인들은 구활자본 소설 독자의 사회적 위상을 의도적으로 폄하했다. 실제와는 달리 고전소설은 모두 노인이나 보통학교도 못 다닌 사람들이 보는 것이며 그 내용은 완전히 청산해야 할 시대착오적인 것으로 지목되었다.

구소설은 재미도 없는 중에 기가 막히고 화가 나서 못 읽습니다. (중략) 구소설은 그 대부분이 우리로 하여금 영원히 정신 드는 날이 없어라, 오직 취생몽사 중에 꿈찔대는[蠢蠢]거리는 바보가 되라 하는 말 같더이다. (중략) 왈 모 장군의 둔신기문遁身奇門, 모 도사의 출입유현出入幽現, 모 진인眞人의 호풍가운呼風駕雲이 어떠하며, 왈 모 처사는 어떤 직성直星의 화생化生이요, 모 한림翰林은 어떤 선인仙人의 적강謫降이요 (중략) 이에서 얻을 것이 무엇이겠습니까. 사람이 진실로 심령술[心術]이 있고 보면 이것이 우리에게 무슨 관계가 있다 하며 무슨 흥미를 줄 것이라 하겠습니까. (중략)

눈빠진 농촌의 오막살이집에서 노인이나 젊은이나 심지어는 보통학교도 못 다니는 14, 5, 6, 7세의 목동이나 관동冠童인가들의 유일한 오락이요 유일한 위자慰藉 겸 지식을 얻는 것이 오직 이러한 구소설이나 탐독하는 것이라 하면 그 얼마나 가련한 일이며 기막히는 일이겠습니까.

세상이 어찌 된 줄은 전연 모르고 이것이 내 것인지 남의 것인지 분간할 여유도 없이 공연히 읽고 외우고 이야기한다면 그 얼마나 답답한 일이며 화가 생길 일이겠습니까.

- 홍순명, 「소설작가의게 : 구소설은 누가 낡나, 신소설은 누가 낡나」, 『조선문단』 7호(1925년 4월)

이와 같이 '근대적 대중 독자'나 '엘리트적 독자층'은 '전통적 소설 독자층'을 대타적으로 배제하는 의식을 가지고 있었다.

그러나 고전소설과 구활자본 소설이 남긴 영향은 그리 간단하지 않다. 이 소설들은 실제로 대중에게 널리 읽힘으로써 조선 '신문학'의 형성과 전개에 큰 영향을 끼쳤다. 대다수 대중들이 고전소설과 신소설을 읽었기 때문에, 이런 소설을 통해 형성된 독자들의 허구와 서사적 관습에 대한 감각에 적응하고 변화시키는 것이야말로 '신문학'의 과제였던 것이다. 그리고 1920~30년대 '신문학' 작가들 자신이 러시아와 일본 문학에서뿐 아니라 이러한 소설들을 통해 서사 감각을 키우기도

딱지본 소설과 『천자문』 등을 난전에서 팔고 있는 시골 상인

박문서관

한남서림

■■■■1970년대까지도 위의 그림처럼 시골 장터에서 딱지본 책이 유통되었다. 아래는 근대적 유통 체계를 갖춘 일제시기의 대표적인 서점이자 출판사인 박문서관과 한남서림의 모습이다.

했던 것이다.[33]

1910~20년대 전체 독서인구와 소설 독자층 중에서 가장 큰 비중을 차지하였던 이 독자군은 1930년대 이후에 크게 줄어든다. 그러나 이들은 1960~70년대까지 대중 독자의 한 부분으로 잔존하였다. 대표적인 딱지본 고전소설 출판사의 하나인 〈세창서관〉은 1960년대까지 딱지본 책을 발행하였으며, 1970년대 초반까지도 시골 장날 난전에서 가마니를 깔고 딱지본을 파는 상인들이 있었다. 서울에서도 1980년대 초반까지 종로3가 〈세창서관〉 앞 골목이나 탑골공원 근처에서 이런 소설책을 파는 노인들을 볼 수 있었다 한다.[34]

[TIP 4] 1929년 평양에서 인기 있던 소설은?

1929년 조선 총독부는 『평양부 : 조사자료 제3집 생활상태조사』를 펴냈다. 여기에 포함된 「평양경찰서 관내 출판물 반포상황(소화 4년말 현재)」과 〈민중지식(民衆知識)〉 절을 통해 당시 평양지역 주민(일본인 포함)의 직업별 독서경향과 인기소설을 알 수 있다(■자료실 : 표 5 〈1929년 평양부 주민 직업별 소설 유형별 선택양상〉; 표 6 〈1929년 평양경찰서 관내 출판물 반포상황〉 참조).

평양지역에 '반포' 된 출판물 중에는 '소설' 이 압도적으로 많고, 그 뒤를 '종교서적' 과 '어학서적' 이 따르고 있었다. 소설 중에는 '연애' 소설이 가장 많이 읽힌 것으로 되어 있고, 그 주된 독자는 '학생' 과 '부인' 이다. 그리고 『무정』과 『강명화 실기』를 제외하고는 거의 '고소설' 이다. 경찰관리가 순서 없이 나열한 소설의 목록을 그대로 옮겨보면 다음과 같다(한자로 표기된 것은 모두 한글로 바꾸고 필요하다 생각되는 경우 ( ) 속에 한자를 병기했다).

> 『옥중화』, 『삼국지』, 『구운몽』, 『소대성전』, 『사민전(謝民傳)』, 『심청전』, 『옥루몽』, 『사랑의 불꽃(愛の火焰)』, 『쌍옥루』, 『강명화 실기(實記)』, 『춘향전』, 『민자명족(閔子冥足)』, 『옥린몽』, 『수호지』, 『유충렬전』, 『수허전(水許傳)』, 『옹문전(龍文傳)』, 『열녀전(烈女傳)』, 『효자전』, 『추월색전』, 『무정(無情)』, 『해왕국성(海國王星)』

총독부의 지방 경찰관리는 자료에 대한 주해를 붙이면서 '평양지방 일반 민중의 독서상황을 보면 중년 이상은 대개 역사물을 좋아하여 전사戰史 또는 전기류가 많고 충용열사가 군왕이나 주가主家를 위해 분투하여 간악자奸惡者를 물리치는 내용을 환영' 한다고 했고, '중년 이하의 청년 남녀는 연애, 비극, 모험적 소설류를 좋아하는 경향이 있고, 특히 근래 교육 받은 청년들은 계급적 의식의 색채가 있는 것을 좋아하는 경향이 있는 것에 유의할 필요가 있다' 고 했다.[35]

2_문맹과 이중언어 상황

얼마 전 조간신문 사이에 끼여 배달된 광고 전단지 중에 'H학원 주부교실' 광고지가 눈길을 끌었다. "학교를 전혀 다니지 못하셨거나 배우고자 하시는 분은 오세요"가 광고의 헤드카피였다. 서울에만 6개 지원이 있다는 이 학원에는 '왕초보 성인 한글반'이 있다. 짧게 소개된 교육내용을 보면 "학교를 전혀 다니지 못한 분들을 위한 완전 기초반, 읽기반, 받침 연습반, 받아쓰기반"이 있다고 한다.

검열 문제로 화제가 되었던 영화 〈죽어도 좋아〉에서 연인이 된 두 노인이 서로 잘하는 것을 가르쳐주는데, 할아버지가 할머니에게 가르쳐준 것은 바로 한글이었다. 재작년에 돌아가신 내 친척 할머니도 문맹이었다. 할머니는 전화기의 숫자판을 보실 줄 몰라서, 자식들이 저장해놓은 단축번호의 위치를 기억했다가 눌러서 아들이나 딸네 집에 전화를 했다.

이제는 사라졌다고 생각했던 문맹자들이 아직도 우리 주변 어딘가에 있으며, 그들 중 대부분은 여성이라는 것을 짐작할 수 있다. 그 할머니가 처녀였던 1930년대 한국 여성의 90~95%는 학교 문앞에도 가지 못했다. 물론 집에서 '언문'을 깨친 여성은 꽤 있었을 것이다. 하지만 1920년대 초까지는 거의 99%의 여성이 학교교육과 무관했다.

그런데 1920~1930년대 독서인이 되기 위해서는 한글뿐 아니라 한자와 일본어에도 능숙해야 했다. 마치 이민을 간 사람이 집에서는 모국어를 쓰지만, 집 밖 학교와 사회에서는 현지 언어를 익혀 써야 하듯, 일본어를 모르면 전화를 걸기도 어려웠고 여행도 힘들었다. 무엇보다 교과서가 일본어로 되어 있었으며 학교 선생들은 일본어로 강의를 했다. 우리 근대의 독서인은 식민지인이었다.

[문명의 도구는 일본어였다]

책 읽는 사람이 '대중'의 규모로 늘어난 것은 20세기 이전에는 없었던 역사상 미증유의 일이었다. 그러나 전체 조선 인구를 놓고 보았을 때, 1910~20년대 책과 신문을 자유롭게 읽을 수 있는 사람은 다수가 아니었다.

애국계몽기의 드높은 교육열과 지식열이 근대적 공공 담론장을 크게 확대하고 그 참여자의 범위도 눈에 띄게 넓혔다. 그러나 이후 조선에서 식자識字 대중의 수는 결정적으로 늘지 못했다. 조선의 근대화가 식민지화와 병행된 때문이다. 일제는 의무교육 실시를 거부했으며, 인문적 독서교육도 꺼렸다. 1920년대 초 · 중반까지도 전체 조선 인구의 90% 가량이 문맹 상태에 있었다.[36]

그래서 좌 · 우파와 시기를 막론하고 일제하 문화 · 사회운동에서 가장 중요한 사회적 아젠다Agenda는 바로 '문맹타파'였다. 실력양성론에 입각한 민족개량주의의 입장에서도, 반제반봉건 민족해방운동의 입장에서도, 사회운동과 '근대화' 자체의 진전을 위한 전제로서 문맹의 타개는 절실했다. 조선인들은 꾸준히 자발적인 문맹퇴치 운동을 벌이고 의무교육 실시를 요구했다. 총독부는 이에 대해 일본어 교육을 강화하는 것으로 대처하는 한편, 1946년부터는 실제로 의무교육을 실시할 계획을 세우기도 했다.

1930년대를 거치면서 교육의 저변이 점진적으로 확장되어 식자율

文字普及班申請還至
한글原本十萬部增刷
第三回班員活動開始

아 는 것 이 힘 · 배 워 야 산 다

文字普及班

브나로드二천용사
어제밤에완전동원
엄숙히맹서하고문맹전선에
문맹만흔조선농촌계몽운동의전주곡
장중한동원식거행

「열성과겸손으로
조선에광명을주라」
전장에나선용사의의기로
본사송사장식사개요

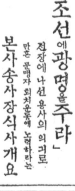

■■■부 신문은 모두 전국적인 문맹퇴치운동과 농촌계몽운동을 벌였다 방학이면 각급 학교의 학생이 농촌계몽운동에 나섰다. '배우자, 가르치자, 다함께'라는 슬로건에서도 알 수 있듯, '문맹타파'는 좌·우파와 시기를 막론하고, 일제하 조선에서 가장 중요한 사회적 아젠다의 하나였다.

이 높아가기는 했지만, 근본적이고 획기적인 변화는 이루어지지 않았다. 이는 근대 독자층의 형성과 관련된 조선적 특수성을 이해하는 데 중요한 요인이다. 빈곤한 교육과 상대적으로 폭이 좁은 독자층은 독서 취향의 계급적 분화를 불확실하게 했다. 소설 독자층의 분화도 서구나 일본에서와 달리 확연하지 않거나 그 속도가 더뎠다. 소설 독자의 재편과 분화는 1930년대 이후에야 뚜렷한 추세를 나타내기 시작하는데, 이는 1920년대 이후 공교육에 대한 조선인들의 태도가 달라지고, 1930년대 이후 문자보급운동 등에 의하여 교육기회가 급격히 확대되어 사회적 문식률이 높아진 사정과 관계가 깊다.

식민지시기 조선인은 한글·한자·일어 가나를 모두 알아야 온전한 문자생활을 할 수 있었고, 책도 순한글·한문(현토체)·국한문체·일어로 씌어진 것들이 공존했다. 특히 합방 이후 공적인 교육과 문자생활이 모두 일본어로 행해졌으며, 초등 공교육 과정에서부터 조선어 과목〔朝鮮語及漢文〕을 제외한 모든 교과서가 일어로 씌어져 있었다는 사실이 무엇보다 중요하다. 일어 해독능력은 근대문물을 누리고 이해하는 데 필수적인 요소였다. 그러나 일반적인 조선인들은 1924년 현재, 일본어로 된 공적 생활에 적응하지 못하여 '이루 말할 수 없는 불편'을 겪고 있었다.

> 만 6세의 조선아동은 보통학교에 입학하면서부터 일본문 교과서를 일본어로 배워야 하며 납세고지서 외에는 일반 법령, 게시까지 일본문으로 되어 있고 조선인 전화구역 내에서도 일본어로 전화번호를 불러야 하고 정거장에서 차표를 살 때도 조선 지명을 일본어로 불러야 한다. 그 불편을 이루 말할 수 없다.
>
> -「동아일보」 논설(1924년 3월 10일)

1930년 당시 일본어와 한글을 모두 읽을 수 있는 사람은 전체 인구의 6.78%(여성 1.9%)에 불과했다. 학교에 진학하는 것 외에 일본어 문해력을 기를 수 있는 다른 방법은 없었다. 잘 알려진 대로 1910년대 많은 조선인들은 일제가 만든 초등학교에 자식을 보내는 것을 꺼렸다. 그러다 1919년 3·1 운동 이후 태도를 바꾸게 된다. 서당을 통해 얻는 문해력과 지식만으로는 새로운 사회에 적응할 수 없었기 때문이다. 그러자 1920년대 이후에는 입학난이 상시화되었다.[37]

그러나 보통학교만 졸업해서는 일어로 된 책을 능숙하게 읽기 어려웠고 중학교(고등보통학교) 이상의 교육을 받아야 어느 정도 자유롭게 구사할 수 있었는데, 보통학교 졸업자의 20% 정도(1931년 22%, 1940년 24%)만이 중등학교에 진학했다. 보통교육 팽창에 상응하는 중·고등교육의 팽창은 일어나지 않았던 것이다.[38]

식민지시기 조선인에게는 (부분)문맹과 일본어 문해라는 두 가지 길 외에 다른 선택의 가능성이 별로 없었다. 독서인이나 교양인이 되려면, 그리고 신분상승을 위해서는 열심히 일어를 배워야 했다. 그래서 일본어 해독 문제는 식민지체제 내로 들어갈 것인가, 아닌가를 가르는 계급 문제의 성격도 띠고 있었다.

일본어 문해력은 유·무식자의 구별, 사회적 상징자본의 소유 정도와 매우 밀접한 관계가 있었다. 이러한 상황은 식민지체제가 공고해지는 1930년대로 갈수록 심화되었다. 일어와 조선어를 각각 지배언어와 피지배언어에 대응시킨다면, 지배언어를 습득한 상류계급은 처음 일어와 조선어를 병용하다가 차츰 피지배언어를 포기하는 경향을 보인다. 또한 피지배언어만을 쓰던 도시 하류계급은 점차 지배언어를 획득하여 일어와 조선어를 병용하려는 경향으로 기운다.[39] 결국 조선어가 사용되는 영역은 차츰 좁아져 주변으로 밀려가고 있었다.

문학작품의 독자가 되는 일도 복잡하다. 1920~30년대 신문·잡지

황국사관에 입각하여 가르쳐진 조선총독부 편, 『보통학교 국사』 권 1

일본어로 된 보통학교 졸업장(1937)

■■■보통학교 국사 교과서에는 제일 처음 일본 천황들의 조상인 천조대신(아마테라스 오미카미)이 등장한다. 일제시대 공적인 교육과 문자생활은 모두 일본어로 되어 있었고, 한글만으로는 교양인으로서 근대문물을 누리고 이해하는 데 한계가 있었기에 열심히 일어를 배워야 했다.

기사는 물론이고 문학평론이나 문학관계 기사도 거의 대부분 국한문체로 씌어 있었기 때문에 한글 해독 실력만으로는 교양 있는 독자의 자격을 결코 갖출 수 없었다. 민중계층에 속하는 많은 이들은 순한글만 읽을 수 있었는데, 높은 수준의 문학 지식을 얻으려면 국한문체뿐 아니라, 일본 문학작품이나 일역된 서양 작품을 읽어야 했다. 문학에 대한 보다 체계적이고 이론적인 지식을 얻기 위해서도 이는 당연한 일이었다.

그렇다면 조선인들의 일본어 실력은 어느 정도였을까? 다음의 두 인용문은 1924년 문학과 관련된 조선 청년학생들의 일어 실력에 대하여 상반된 평가를 내리고 있다.

(1) 그들(조선 청년)은 한문의 힘이 부족하므로 그네의 선인先人들이 감상하던 한문으로 된 문학을 볼 힘은 없고, 일어와 영어를 배웠으나 그것으로 된 문학을 감상할 만한 어학의 힘이 없을 뿐더러, 자가생활自家生活도 잘 이해하기 전에 외국생활을 이해하여 그것을 재료로 한 문학을 이해할 만한 힘이 없고 게다가 조선어로 된 문학적 작품이 결핍하고 보니, 17, 8세 이상의 중등 이상 교육을 받는 청년학생들이 작품에 굶주릴 것은 자연한 일이다.

– 이광수, 「문학강화」, 『조선문단』 창간호(1924년 10월)

(2) 조선도 차차 일본말 보급이 충분해져서 중학 2, 3년만 되면 대개의 어려운 서적이라도 일본말로 독서하는 정도에 이르렀다. 더구나 문학서류의 독서가 심다甚多한 현상에 있어서 극히 주의할 것은, 그 일본의 문학, 특히 창작류에는 부르주아사회의 존속을 긍정하는 일방一方으로 아유阿諛하는 설법이 많은 것이다.

–김기진, 「지배계급교화 피지배계급교화」, 『개벽』 43호(1924년 1월)

두 사람의 평가가 엇갈리는 것은 글이 씌어진 방향이 달랐기 때문이다. 이광수는 '수준 높은 문학 이해력'을 기준으로 했기에 중학생의 일어 실력이 미진하다 하였고, 김기진은 일어를 해독하고 일본 문화를 배우는 것이 식민지 자본주의체제를 인정하는 일임을 강조하고자 했기 때문에 다른 평가를 내린 것이다. 어쨌든 문학작품을 이해하려면 일상활동을 하는 데 필요한 수준보다는 높은 단계의 외국어 실력이 필요하다.

요컨대 복잡한 언어 상황 속에서는, 어떤 언어로 된 책을 읽는가의 문제와 조선어로 씌어진 책과 문학이 갖는 사회적 위상 문제가 중요할 수밖에 없다. 계층적 아비투스를 표시해주는 지표로서의 책 읽기에 있어, 표기 언어 자체가 하나의 중요한 지표였기 때문이다. 또한 근대의 책 읽기가 시작되자마자 맞닥뜨려야 했던 '식민성'의 문제 역시 여기에 집약된다. 대다수 민중이 문맹인 상황에서 제국의 언어인 일본어 책들이 교양과 지배의 도구가 되었으므로, 식민지시대 조선인들은 서로 다른 문자(및 표기법)로 책의 세계를 경험하며 그를 통해 각각 다른 계층적·민족적 정체성을 갖는 주체로 구성되었다.

[소설과 책의 다양한 표기법]

일본어로 된 책을 제외하면 1910~30년대 조선인 독자들이 대면했던 표기체계는 주로 다음과 같았다.

(1) 絶代佳人삼겨날제 江山精氣 타서난다. 苧羅山下 若耶溪에 西施가 鍾出하고, (중략) 湖南左道南原府는 東으로 智異山, 西으로赤城江, 山水精神어리어서 春香이가 삼겨 있다.

－『옥중화』(1912)[40]

(2) 화셜경상젼라량도디경에셔사는사롬이잇스니놀부는형이오흥부는아
이아놀부심시무지ᄒ여부모시젼분지젼답을홀로ᄎ지ᄒ고흥부ᄌ흔어진동싱
을구박ᄒ여건넌산언덕밋혜냇더리고나가며

- 『흥부젼』, 〈박문서관〉(1917)[41]

(3) 션교사들은 김쟝로가 셔양문명의 내용이 무엇인지 모르는 줄을 안
다. 김쟝로는 과학(科學)을 모르고, 철학(哲學)과 예술(藝術)과 경졔(經濟)
와 산업(産業)을 모르는 줄을 안다. 그가 종교를 아노라 하건마는 그는 죠
션식 예수교의 신앙을 알 싸름이오 예수교의 진슈(眞髓)가 무엇이며, 예수
교와 인류와의 관계, 쏘는 예수교와 죠션사람과의 관계는 무론 생각도 하
여본 젹이 업다.

- 이광수, 『無情』(1925)[42]

(4) 小說에는 九雲夢이라든지 彰善感義錄, 謝氏南征記, 玉樓夢等의
朝鮮人의 創作이 잇스나 이것도 詩와 가티 朝鮮人이 暫時 支那人이 되
어서 지은 것이오 내가 朝鮮人이라 하는 自覺으로 지은 것은 아니다. 文字
부터 漢字를 使用하엿거니와 그 材料도 全部 支那것이다. 材料는 外國
것을 取함도 無妨하다하더라도 그속에 들어난 思想感情은 決코 朝鮮人
의 것은 아니엇다. 그네는 自己의 屬한 朝鮮人의 生活을 無視하고 白色
朝鮮服을 닙고 朝鮮의國土에 잇스면서도 精神的으로 支那의 古代에 들
어가 살앗다.

- 이광수, 『新生活論』, 〈박문서관〉(1926)

(5) 그러나 이 부인도「노라」는아닐세 남편을버리고 가졍을버린 일은업
스니싸! 남편을 버리지 안흘쑨아니라 지금도 이와가티 사랑하야주는 것
을 감사히생각치안는것도 아닐세 그러나 남편이라는 이못생긴위인이 돌이

어 달어나는것일세

- 염상섭, 『사랑과 죄』(1929)

(1)은 일제시대 가장 많은 『춘향전』의 이본과 아류를 낳은 저본底本이 된 『옥중화』(이해조 작)의 첫 대목으로서, 1900년대 이래 '헤게모니를 잡은' 국한문체로 씌어져 있다. 1900년대 이전에는 거의 쓰이지 않았던 국한문체는, 애초에 한문 소양밖에 없던 '구지식인은 국문으로', '부유婦孺는 순국문에서 한문으로 접근시킴으로써'[43] 양쪽을 다 '국민'으로 묶기 위해 고안된 문체이다. 오로지 한문으로 교육받고, 책을 읽어온 양반 출신 지식인들은 순한글 표기를 낯설어하거나 인정하기 어려웠다.

(2)는 구활자본으로 간행된 고소설 『흥부전』이다. 이는 순한글체로 띄어쓰기 없이 표기되어 있다. 당시 순한글체로 발간된 소설은 두 갈래 전통을 갖고 있는 것으로 보인다. 하나는 원래 17~19세기 이래 순한글로 씌어진 필사본·방각본 고소설의 서민문학으로서, 그 표기는 아래와 같다. (2)는 (2-1)에서 직접 이어져온 것이다.

(2-1) 숙종딩왕직위초의셩덕이너부시사셩자셩손은게ᄃ송ᄃ하야금고옥
족은요순시절리용,관문물은우탕의버금이라좌우보필은주셕지신이요용양
호위는간셩지장이라조졍으흐르난덕화힝곡의펴여쓰니사히으로구든기운원
근의어렷잇다

- 방각 완판본 『열녀춘향수절가』의 첫 대목

다른 하나는 1890~1900년대 창작된 애국계몽기의 순한글 소설이다. 특히 애국계몽기 순한글 소설은 자국어 글쓰기로 유일하다시피 했던 소설의 의의를 "〈민족〉이라는 가치를 구현하기 위해"[44] 재발견하

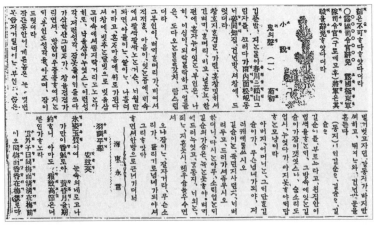

일본식으로 한자와 그 독음을 작게 병기한 「혈의누」, 「만세보」(1906)

순한글로 씌어진 『애국부인전』(1907)의
텍스트 조직

주요 어휘를 한자로 쓰고 조사와 어미를 한글로 쓴 잡지 기사. 「아릿따운 아나운사」, 『삼천리』(1935)

■■■같은 시기에 씌어진 단행본 『애국부인전』과 신문 연재본 「혈의 누」의 표기법에 차이가 많다. 이들은 각각 자기 매체의 독자대중에 맞는 표기법을 택한 것이다. 『삼천리』의 기사는 여러 곡절과 실험을 거친 후 정착된 1930년대에 가장 대중적이며 일반적인 표기법을 보여준다. 한자의 비중이 상당히 줄어들었다.

면서 순한글체를 채택하게 된 것이다.

(1), (2)에서 보는 것처럼 구활자본 소설은 작품의 종류와 독자의 성격에 따라 순한글체와 국한문체로 병행되었다. 한편 (3)과 (5)는 각각 단행본으로 출간되고 신문 지상에 연재된 '신문학' 범주에 속하는 작품들이다.『무정』단행본에서는 한자가 괄호 속에 들어가 있고, 1929년「동아일보」연재본『사랑과 죄』에서는 한자가 거의 사용되지 않고 있다. 이는 1910년대 이전에 주로 사용된 (1), (2)의 방식이 서로 수렴되고 일정한 변형을 겪은 후에 귀착한 지점이다. 그러한 변형은 국문운동과 '한글(국문) 정리' 작업의 성과에 힘입은 바 크다.

(4)에 비할 때 (3)과 (5)는 그야말로 순한글체라 부를 만한 정도이다. 1920년대에는 신문의 한 지면 내에서도, 논설과 정치·경제면 기사는 (4)와 같은 국한문체를, 소설과 가정·아동란 기사는 순한글을 채택한 경우가 많았다. 이러한 유동적 '원칙'은 1920년대 초반에서 후반으로 가면서 확정되고 좀더 널리 공유된 듯하다. 곧 한글 표기의 확대 추세는 1930년대 중반까지 더욱 확산되었지만, 기본적으로 글을 읽는 독자가 누구인가에 따라 표기법이 달랐던 것이다. 이는 위의 예에서처럼 비슷한 시기 동일한 필자가 쓴『무정』과『신생활론』의 표기방법의 차이에서 잘 드러난다. 문학 영역에서도 비평에는 한자가 훨씬 많이 쓰였다. 요컨대 여성을 포함하여 더 광범한 대중이 접하는 문장에는 한글의 비중이 높았고, 지식인과 엘리트층은 한자가 훨씬 많이 섞인 문장을 쓰고 읽었던 것이다.

"漢字를 너무 썼어" : 순한글 문학의 위상

그렇다면 당시 순한글로 되어 있는 조선 문학의 위상이란 과연 무엇인가? 1920년대 조선 문학가들은 한자와 일본어 해독능력이 식민지체제에서 살아남기 위한 최소한의 요건임을 알았다. 더구나 문학가가 되려면 일본어 책을 비롯한 외국어 책을 필수적으로 읽어야 한다는 사실을 인식하였고 실제로 그렇게 했다. 그럼에도 불구하고 자신들의 창작활동만은 온전한 조선어 순한글체로 이루어져야 한다고 믿었으며, 이를 신념화하고 있었다. 이러한 모순적인 상황 인식이 식민지시기 조선문학의 특수성을 규정한다.

羅彬(나도향) : 언제나 말하는 바지만 月灘君(박종화)은 漢文套를 너머 써!

尙燮(염상섭) : 그런데 이것은 딴 말이지만 (두툼한 眼鏡을 번득거리면서) 作品에 京語를 씁닛싸? 엇던 作品에는 地方語가 만어서 理解키가 어려워요.

仁根(방인근) : 對話에는 地方語를 써도 관게치 안켓지마는 說明에는 京語를 써야겟지오.(중략)

尙燮 : 任英彬君의 〈亂倫〉도 조하요. 그 行文이 아주 流暢하든데요.

鍾和(박종화) : 그런데 漢文을 너머 쓴 것이 덜 조하요.

　　　　　　－「조선문단 합평회 2월 창작 총평」, 『조선문단』 6호(1925년 3월)

憑虛(현진건) : 그런데 그거(쌍속으로) 웬 漢字를 그리 써는지?

春海(방인근) : 그래요. 釜山驛이니, 東京驛이니,

稻香 : 地名은 괜챤으나 그박게도 아니써도 조흘 데 漢字를 너머 써서!

　　　　　　－「조선문단 합평회 3월 창작 총평」, 『조선문단』 7호(1925년 4월)

『조선문단』 합평회에서 염상섭 · 나도향 · 현진건 · 방인근 등은 박종화와 조명희의 소설에 불필요하게 한자가 사용된 것을 비판하고 있다. 또 다른 작가들로부터 한문투를 지나치게 많이 쓴다고 비판받은 박종화 스스로가, 한문을 많이 썼다는 이유로 임영빈의 작품에 대해 부정적인 평가를 내리고 있다. 이를 통해 대부분의 작가들이 소설 작품은 순한글로 써야 한다는 원칙을 공유하고 있었다는 사실과, 그러나 이 원칙이 작가 지망생들이나 지식인 전체에 온전히 통용되지 않았음을 알 수 있다. 한자 남용을 피해야 한다는 논의 자체가 위와 같은 한자투성이 문장에 얹혀져 지식 청년들에게 전달되는 아이러니를 볼 수 있는 것이다.

창작만은 순한글로 해야 한다는 인식이 어떠한 사회적 배경하에서 작가들의 신념으로 자리잡게 되었을까? 김윤식 교수는 '순조선어 창작'이 1920년대 문학가들이 가진 일종의 강박이었다고 설명한다.[45] 최초의 한국 근대소설은 한글로 씌어진 것이 아니었다. 초기 이인직·이광수의 소설 창작에서 볼 수 있듯 '일본어로 쓰기' 또는 '이중어 쓰기 bilingual writing'가 한국 근대소설의 출발점에 놓여 있다. 최초의 신소설이라는 『혈의 누』(1906)나 이광수의 처녀작 「사랑인가愛か」(연재본, 1909)는 일본어식 표기법에 의하거나 일본어로 씌어졌다. 그러나 김동인과 염상섭은 좀 달랐다. 일본어를 통해 근대문학을 배운 그들 또한 '소설의 구상은 어쩔 수 없이 일본어로 한다' 했음에도 불구하고, 조선어로 써야 비로소 조선문학이라는 생각이 그들의 머릿속을 지배했다. 1920년대 문학가들은 조선어로 쓰기가 곧 '독립운동'에 버금간다고 생각했다. 그러나 이러한 설명은 순한글 창작을 만들어낸 문학 '내부'의 힘에 관한 탁월한 설명이기는 하나 불충분하다. 그 이전 단계에서부터 축적된 국문운동 등의 경과와 사회적 상황을 함께 고려하지 않았기 때문이다. 또한 결정적으로 이 설명은 순한글로 씌어진 고전소설, 구활자본으로 된 소설과 이인직 이래의 신문학이 외래의 힘에 의해 서로 단절되어 있다는 생각을 전제로 하고 있다.

1920년대 '순조선어 창작'에 대한 문학가들의 의식은, 무엇보다도 당대 독자의 책 읽기 경험을 반영한 것이다. 그리고 한편 1890년대 ~1900년대 이래 이어진 '국어국문운동' 정신의 계승·변용으로 볼 수 있다. 1890년대 이후 '문文'의 개념이 크게 변화하고 새로운 지향성을 가진 계몽 지식인들이 등장하면서부터, 소설의 문장은 순국문체 문장의 대표적인 매개가 되었다.[46] 그리고 단지 '표기'가 아니라 '문체' 차원에서는, 1900년대 이래 최남선·이광수의 작업이 선구성을 띤다는 점 또한 인정하지 않을 수 없다. 그들은 '시문체時文體'라는 기준을 만들고 스스로 순한글 문장 쓰기를 실천하였는데, 그것이 문학가들에게 하나의 모범으로서 권위를 인정받고 있었던 것이다.

국가기구가 없는 상태였기 때문에 한글 표기법과 문장은 '표준화' 되지 못한 채, 1920년대와 1930년대에 걸쳐 계속 '정리'되는 과정에 있었다. 그 '정리'는 자체로 문화적 민족운동의 일환으로 인식되었다. 달리 말하면 주시경 이래 여러 계보에 속한 국어학자들의 작업이 '권위'와 공감을 획득하기도 했지만, 그 권위는 한편 '민간'의 임의적인 것으로 인식될 수밖에 없었다. 또한 '국가기구'인 조선총독부가 일본인 학자와 조선인 학자를 동원하여 행한 조선어 정리작업 역시 배타적 권위를 갖지 못했으며 오히려 총독부가 했다는 이유 때문에 조선인 지식인들로부터 배척받기도 했다. 그리하여 '조선어로 쓴다'는 광범위한 합의에도 불구하고 그 '쓰는 방법'에 대한 혼란은 오래 지속되었다. 이러한 상황에서 1933년 발표된 〈조선어학회〉의 '한글 맞춤법 통일안'은 획시기적인 효과를 발휘하였다.[47] 국어와 표준어법의 문제는 그야말로 국가의 문제였던 것이다.

이러한 사정들로 인해 조선문학과 특히 소설은 일제시기 언어생활에서 매우 특별한 위치를 차지할 수밖에 없었다. 문학과 소설에서 '조선어 전용'은 단지 '좀더 많은 독자에 대한 배려'라는 측면을 넘는 명분과 효과를 가지고 있었던 것이다. 이는 곧 일제하 민족주의와 조선어문학이 갖는 이념적 · 기능적 연관이다. 한글로 쓴 소설은 그것을 읽는 조선인들을 '조선인'으로 '호명'하는 기능을 가지고 있었다.

3_책 읽기와 시각의 근대화

본다 · 듣는다 · 한다.

'본다' 는 것은 도대체 무엇인가. 근대 이후에 발명되어 세계를 지배하게 된 모든 것 – 책 · 신문 · 만화 그리고 영화와 TV를 우리는 '본다.' 이들은 무엇인가를 '보는' 도구이자 자체로 '보는' 목적을 이루기 위한 대상이다.

근대 이후 인간은 목적인 동시에 수단인 괴이한 물건을 잔뜩 만들고 사들여서 감각을 확장하는 데 골몰해왔다. 미디어와 문명의 발달사는 이런 사물의 발명과 개량의 역사이다.

한편 라디오와 오디오, CD를 우리는 '듣는다.' 중 · 고등학교 때부터 라디오 음악을 들으면서 책을 읽거나 수학문제를 푸는 버릇이 생겼는데, 라디오 소리가 '공부' 에 방해된다는 생각은 들지 않았다. 듣는다는 것은 너무 부분적이고 약하다. 시력을 잃지 않는 한 그것은 전적으로 보는 것 안에 포함되

미군이 개발한 개인 장비 랜드워리어. 이 시스템의 핵심기술은 무선 네트워크이다. 즉 개인 장비에 통신 및 항법 시스템이 달려 있고 병사는 본부와 계속 무선 교신하며 전투한다. 병사의 헬멧에는 디스플레이어가 달려 있고 야간 투시 적외선바이저가 있으며 소총에는 비디오카메라가 부착되어 있다.

는 보조적인 감각이 되어버렸다. 청각은 독자적인 감각이 아닌 것으로 퇴화하고 있다.

영화와 TV 안에 많은 소리가 있지만, 우리는 영화와 TV를 '본다.' 인간 자체가 멀티태스킹─시+청각 또는 시+시+청각이 가능한 존재임이 증명되고 있다. 엄청나게 보고 듣는 보조장치가 많이 만들어지고 보고 들을 대상이 많아지면서 더더욱 그렇게 되었다. 인간은 두세 개의 미디어 또는 다수의 감각 보조장치를 자기 몸에서 구동시키는 능력을 더욱 발전시키는 방향으로 진화하고 있는 것이다. 이미 오래 전부터 TV를 켜놓고 책을 읽거나 신문을 볼 수 있게 되었고, 모니터 화면을 보면서 음악을 듣는다. 개인들이 들고 다니는 전화기에는 컬러 화면과 카메라가 달려 있고, 핸드폰에서 송수신되는 음악과 영상 정보는 위성을 통해 중국 대륙과 태평양을 건너다닌다.

그리고 우리는 '한다', 인터넷과 컴퓨터, 채팅과 게임을. '한다'는 것은 화면을 '보면서' 우리도 뭔가를 입력하여 상호작용함을 말한다. 그런 까닭에 '본다'가 아니라 '한다'는 단어를 쓰리라. '본다'할 때와 달리 '한다'할 때에는 제대로 각오해야 한다. '한다'는 상호작용이기 때문에 그것을 하다가 당신이 바뀔 것, 즉 당신이 아니게 될 것 또는 중독되거나 죽을 수도 있다는 것을 각오해야 한다.

그렇다면 '읽는다'는 건 무엇일까. 독자들이 설마 지금 이 책을 소리 내어 읽으리라고는 생각하지 않는다.

[**'공동체적 독서/음독' · '개인적 독서/묵독'과 근대성**] 필사문화와 초기 인쇄문화에서 뭔가를 읽는다는 것은, 대개 한 사람이 집단 속에서 다른 사람들에게 읽어서 들려주는 사회적 활동을 의미했다. 개인이 책을 소유하고 혼자 묵독하는 오늘날과 같은 독서방식은 당시 대다수 사

람들에게 익숙한 일이 아니었다.

(1) 전기수傳奇叟는 동문 밖에 살고 있다. **언과패설諺課稗說을 구송하는데, 『숙향전』 『소대성전』 『심청전』 『설인귀전』 등이다. (중략) 읽는 솜씨가 훌륭하기 때문에, 주위에 사람들이 많이 모여든다.** 가장 긴요해서 꼭 들어야 할 대목에 이르면 문득 소리를 멈춘다. 그러면 그 다음 이야기를 듣고 싶어 다투어 돈을 던져주었다.

-조수심趙秀三, 「기이紀異」, 『추재집秋齋集』 권7[48]

(2) 1860년 12월 나는 성남城南의 직려直廬에 있었다. **긴 밤에 잠이 오지 않아 이웃집에 패관언서를 많이 갖고 있다기에 서너 종류를 빌려와서 읽게 하여 들어보았다.** 대개 한 편의 줄거리는 남녀의 혼인에서 시작하여 규방의 행적을 두루 서술했는데, 서로 같고 다름은 있으나 모두 허구이고 지리번쇄하여 참으로 취할 만한 것이 없었다.

-서유영徐有英, 「육미당기六美堂記 소서小序」[49]

(3) 이 칙은 스툰 솜씨로 씨노라 글시도 □구하고 **낙자도 만오니 보넌이나 든너나나 눌너 짐작하옵소서** 무인연 봄

-필사 38장본 『소대성전』 후기[50]

(4) **굶주린 때에 책을 읽으면 소리가 배에 낭랑하여 그 이치와 취지旨趣를 잘 맛보게 되어서 배고픔도 느끼지 못하게 되고,** 둘째, 차츰 날씨가 추워질 때 읽게 되면 기운이 소리를 따라 유전하여 체내가 편안하여 추위를 잊을 수가 있게 되며, 셋째, 근심·걱정으로 마음이 괴로울 땐, 눈은 글자에 마음은 이치에 집중시켜 읽으면 천만 가지 생각이 일시에 사라지게 되고, 넷째 감기를 앓을 때에 책을 읽으면 기운이 통하여 부딪힘이 없게 되어 기

침소리가 갑자기 그쳐버리게 된다.

-이덕무, 「이목구심서」, 『청장관전서』 권 50

(5) **무릇 글을 읽을 때에는 높은 소리로 읽는 것이 좋지 않다. 소리가 높으면 기운이 떨어진다.** 눈을 딴 데로 돌려도 안 되니, 눈이 딴 데에 있으면 마음이 딴 데로 달아난다. 몸을 흔들어도 안 된다. 몸이 흔들리면 정신이 흩어진다. 무릇 글을 욀 때에는 착란하지 말아야 하고 중복하지 말아야 하며 너무 급하게 하지 말아야 한다. 너무 급하게 하면 조급하고 사나워서 맛이 짧다.

-홍대용, 「담헌서」 외집 권1

근대 초기 높은 문맹률과 공존한 것은 구술문화와 공동체적 독서였다. 즉 공동체적 독서와 음독音讀으로 표현되는 전근대적 문화로서의 구술문화[51]는 1900~10년대뿐 아니라 1920~30년대에도 광범하게 잔존했다.

'공동체적 독서'는 하나의 읽을거리를 가족이나 지역·직업공동체가 공유하는 것을 의미한다. 이는 같은 책을 여러 사람이 돌려 읽는 윤독輪讀뿐만 아니라, 구술(구연)을 통하여 특정 공간에 모인 사람들이 책의 내용을 공유하는 현상을 가리킨다. 여기에는 도시와 농촌의 여염집 사랑방이나 안방에서 소규모로 이루어진 가족구성원들의 독서, 도시와 촌락의 장시에서 이루어진 구연을 통한 '독서'가 포함된다.

'공동체적 독서'라는 말이 꼭 들어맞는 표현은 아니지만, '집단독서·윤독·전독'보다는 더 낫다. '공동체적 독서'는 '함께 읽기'의 목적이, 한 자리에서 함께 읽는(듣는) 사람들이 책의 사상·정서에 공감을 이루는 데 있다는 점을 나타낸다. '공동체적 독서'는 이러한 목적을 이루는 데 훨씬 유리하기에 선택된다.

'음독音讀'은 훈독訓讀의 반대 개념으로 흔히 '소리로 읽음'이란 의미로 사용되지만 여기서는 '소리 내어 읽음'의 의미로 사용한다. 따라서 이때 음독은 묵독默讀의 대對개념이며 낭독·낭송·구연을 포함한다. 낭송은 인용문 (4)·(5)에서처럼 혼자서 책을 읽으며 암기와 감상을 위하여 읊조리는 행위를, 낭독은 (2)와 같이 다른 사람들에게 들려주기 위하여 보다 큰 소리로 책을 읽는 행위를 의미한다. 이에 비해 '구연'은 좀더 큰 규모의 청중을 상대로 하며 책을 읽는 행위가 연기演技의 차원으로 높아진 것을 일컫는 데 사용하고자 한다. 그래서 음독은 공동체적 독서와 긴밀한 연관을 가질 수밖에 없지만, 음독이 꼭 공동체적 독서라고 할 수는 없다.

근대 초기 조선사회에서 대규모로 이루어진 공동체적 독서의 대표적인 양상으로는 신문종람소의 '종람縱覽'과 시중市中의 소설 구연을 들 수 있다. 신문종람소는 일반인들에게 개방된 개인문고 혹은 소규모 도서관으로 '서적종람소' '신문 잡지 종람소' 등의 다양한 명칭으로 불렸다. 1900년대 이후 지방 도시들을 중심으로 지역유지와 일부 서적 관련기관들이 종람소 설립에 나서서, 지역민들의 독서 욕구를 충족시키고자 했다. 안창호 같은 운동가는 직접 종람소를 운영하기도 했으며, 현공렴·고유상·김기현·정희진 등과 같은 근대 초기의 대표적인 서적·출판 관련업자들이 종람소 설립 운동에 직접 참여했다.[52] 누구나 책을 소유하여 읽을 수 없는 상황이었기에 종람소 설치는 계몽운동의 주요한 방편이었던 것이다.

신문종람소에서는 아래 인용문에서와 같이, '유식한' 이가 지역민들 앞에서 신문 따위의 읽을거리를 낭독하고 설명하였다. 이로써 글을 읽을 수 없는 '무식한' 이들도 동서고금의 사정을 다 알 수 있었다.

동마다 넓은 집으로 신문종람소를 정하고 저녁을 먹은 뒤에 남녀노소가 각각 한 자리씩을 차지하고 둘러앉아 혹 담배를 피우고 혹은 아이를 안고 혹은 일거리를 하되, 유식한 한 사람이 높은 의자에 앉아서 신문을 낭독한 뒤에 뜻을 설명하면 내외국의 사정과 고금의 형편을 모를 것 없이 다 알게 되었다.[53]

– 김유탁, 「신문 광포廣佈 의견서」, 『서우』 9호(1907년 8월)

신문종람소의 '독서' 공동체는 1920년대 이후 경향 각지의 독서회·청년회와 야학으로 연결되며,[54] 신문·잡지를 돌려 읽는 관행은 1930년대에도 지속되었다. 전통사회의 음독과 공동체적 독서가, 근대에 이르러 다양한 계몽운동에 의해 더욱 성행했던 것이다. 그리고 식민지의 대중은 책을 사 보기에는 빈곤했다.

그런데 이와 같은 독서 양태는, 책·신문 발행부수 통계가 실제 향유자 수를 정확히 반영하지 못하게끔 하는 원인이 되기도 했다. 1921년 『개벽』은 총독부 경무警務 당국자의 말을 인용하여, "조선 내에서 구독되는 잡지수는 일본과〔及〕조선 발행의 것을 통하여 약 60종"이며, 그 중 "구독자의 총 인원수는 일본인이 약 16만 인, 조선인이 약 7만 인"이라 했다. 그러면서 "이 통계의 정확 여부가 의문"이라 했는데, 그 이유가 "우리 조선인은 지방가튼 데서는 일 신문이나 일 잡지를 일 촌一村 혹은 일 단체가 윤람輪覽함이 보통인 바"이기 때문이라 했다. 10여 년이 더 지난 1935년에도 「동아일보」 편집국장 설의식은 "조선은 특히 발행부수와 실 독자수가 엄청난 차이가 있"으며 "신문 하나를 가지고 일 가정 전체는 물론, 전 동리, 일 상점 전체가 보는 경우가 허다" 하다고 말했다.[55] 또한 오늘날 도서대여점이 성행하는 것과 유사하게 '신·구간 잡지 대여업'은 1930년대 중반 '소자본으로 인테리 청년'이 할 만한 사업으로 추천되기도 하였다.[56]

이러한 상황에서 문해력은 없지만 구술·구연문화를 통해 소설을 향유하는 계층이 광범하게 존재했다. 18~19세기 전기수傳奇叟와 강담사講談師를 통한 소설 향유 전통은 1910~20년대에도 여전히 계승되고 있었다. 달라진 것은 고소설 외에도 '신소설'이 구연 레퍼토리에 포함되었고, 그 소설들이 주로 대중용으로 제작된 구활자본 소설이었다는 점이다.

아래 인용문은 1900년에 태어나 1915~1917년 사이 서울 경성고보를 다닌 작가 한설야의 회고로서, 당시 서울 청계천변에서 행해진 매우 전형적인 소설 구연과 구연의 감상장면, 읽힌 소설의 종류와 구연 방식, 향유층, 반응양태까지 자세히 묘사되어 있다. 이를 통해 판매업자들이 구활자본으로 발간된 '신소설'을 상시적으로 구연하였으며, 이러한 구연이 소설 판매의 중요한 수단이었음을 알 수 있다.

거기에는 허줄한 사나이가 가스등을 앞에 놓고 앉아 있으며, 그 사나이는 무슨 책을 펴 들고 고래고래 소리 높여 읽고 있었다. 그 사나이 앞, 가스등 아래에도 그런 책들이 무질서하게 널려 있었다. **울긋불긋 악물스러운 빛깔로 그려진 서툰 그림을 그린 표지 우에 '신소설'이라 박혀 있고 그 아래에 소설 제명이 보다 큰 글자로 박혀 있었다. 그 사나이는 이 소설을 팔러 나온 것이며 그리하여 밤마다 목청을 뽑아가며 신소설을 낭송하고 있는 것이었다.** 그리고 그 사나이의 주위에는 허줄하게 차린 사람들이 언제나 삥 둘러서 있었다.

얼른 보아 내 눈으로 판단할 수 있는 사람은 인력거꾼, 행랑어멈 같은 뒷골목 사람들이었다. 거기에는 젊은 여인의 얼굴도 띄엄띄엄 섞여 있었다. 가운데 앉은 사나이가 신이 나서 점점 목청을 뽑을수록 사람들은 귀담아 듣느라고 숨소리를 죽였다.

하긴 그도 그럴 것이 가만히 들으려니까 그 사나이가 읽는 신소설에는 지금 그것을 듣고 있는 사람들의 설움과 비슷한 것들이 적지 않게 적혀 있는 것이다. (중략) 그들은 소설에 그려져 있는 것보다 더한 비극이 앞날에 자기들에게로 달려들 것을 방불히 내다보는 듯이 마침내 어떤 아낙네는 흑흑 느껴 울기 시작했다. (중략) 나는 그 뒤부터 매일같이 이 다리 밑 풍경을 찾아 다녔다. 신소설 장사치들은 동대문께 다리 밑에서 시작하여 종로 쪽 다리 밑으로 이동하면서 밤마다 소설 낭송을 했다.

구차한 사람들이 주머니를 탈탈 털어서 그 소설들을 샀다. 그 소설 내용은 거지반 다 가정비극이지만 이 비극은 이미 가정의 범위를 벗어나서 커다란 사회 문제로 되고 있었다.

— 한설야, 「나의 인간수업, 작가수업」 7

구연과 전기수에 대한 기록이 얼마간 남아 있기는 하지만, 어떤 계층에 속한 얼마나 많은 사람들이 도시와 농촌의 장터 그리고 안방과 행랑방에서 이들의 구연을 들었는지 정확히 규명하기는 어렵다.[57]

앞서 이야기한 음독의 여러 형태 중에서 공동체적 독서와 직접 결부되는 것은 낭독(구연)이었다. 그리고 전근대사회에서는 개인적인 독서의 경우에도 묵독보다는 낭송이 더 일반적인 독서 형태였다.[58] 하지만 도식적으로 공동체적 독서와 음독을 전근대사회의 독서형태라 간주하고, 개인적 독서와 묵독을 근대 이후의 독서형태라 보는 것은 곤란하다. 현대사회에서도 필요에 따라 공동체적 독서와 음독이 많이 행해지며, 반대로 전근대사회에서도 지배계급이나 식자계층의 독서는 자주 개인적인 묵독으로 이루어졌을 것이기 때문이다.

그러나 '구술문화에서 문자문화'로, '음독과 비개인적 독서'에서 '묵독과 개인적 독서'로의 이행은 전근대사회에서 근대사회로 이행하는 과정에서 경향적으로 관철된 현상으로 인정된다. 『고독한 군중』의 저자 리스먼D. Riesman은 '음독에서 묵독으로의 이행'이 영국에서

17~18세기에 걸쳐 일어난 변화라 명시하며 17세기까지 책 읽기란 예외 없이 소리내어 읽는 것을 의미했다고 하였다. 우리 고전소설의 산문이 그러한 것처럼 당시 영국의 산문도 음독을 고려하여 씌어졌다 한다. 일본의 경우에는 메이지시대(1868~1911) 초기가 '음독에서 묵독으로'의 이행기에 해당되며, 이 시기의 서생계층이 이행과정을 잘 보여주는 주체이다. 한편 맥루한·월터 옹Walter Ong은 음독과 묵독의 문제를 각각 구술문화와 문자문화에 결부시킨다. 이들은 '근대성' 문제를 직접 거론하지는 않으나, 구술문화와 문자문화 사이에 비약적 경계를 설정함으로써 사실상 양자의 구별을 근대성 문제와 결부시키고 있다.[59]

근대 초기 이러한 이행양상이 더욱 두드러져 보임으로써 독서 형태가 근대와 전근대를 나누는 하나의 기준이 되는 데에는 또 다른 이유가 있다. 그것은 이 시기에 그와 같은 이행이 이루어짐과 동시에, 공동체적 음독 또한 별도로 활발했기 때문이다. 신문종람소의 종람이나 소설 구연 같은 집합적 음독은 근대로의 이행기 이전에는 존재하지 않았던 현상이다. 특히 신문이나 사상서적을 매개로 행해진 공동체의 음독은, 계몽의 목적과 결합된 측면이 강하다는 점에 주목해야 한다. 그러하기 때문에 1920년대에도 이러한 읽기 방식은 당시의 노농운동과 결합하여 재생산될 수 있었다.

계몽사상의 확장과 전파를 위한 공공영역의 구축과 그 속에서 이루어진 공동체적 독서는 조선에서뿐 아니라 동서양을 초월하여 찾아볼 수 있는 현상이다. 일본의 경우 메이지시대 초기에 서생계층이 학교, 의숙, 결사 등의 정신적 공동체에서 낭송을 통하여 집단적-공동적으로 서책을 향유했다. 그들이 주로 '낭독'한 내용은 당대의 계몽주의와 입신출세주의, 정치주의였다고 한다. 메이지 초기 일본에서는 식자층의 수를 훨씬 상회하는 잠재적 독자층이 존재하는 불균형 상태가 있었다.[60]

영국에서는 17세기 말~18세기 초 신문잡지가 발달하기 시작하고

신문 읽어주는 사람. 18세기 프랑스

중세 수도원의 공동체적 독서

■아우구스티누스는 『성서』를 '현명한 입으
로써 읽는다'고 하였다. 중세에 묵독은 이단을
만드는 악마의 소행으로 인식되었다. 묵독하는
자는 독자적으로 텍스트를 해석하기 때문이다.

소설과 문필업이 활발하게 정치적 목적을 위해 활용되었다. 이때 계몽주의와 관련된 공동체적 독서가 성행했음은 잘 알려진 사실이다. 작가들은 커피하우스에서 정치적 후원자들과 만나고, 정치적 색채가 강한 작품을 사람들 앞에서 큰 소리로 읽어주었는데, 1708년경 영국 런던에는 이런 커피하우스가 무려 3천 개 이상 있었다고 한다.[61]

조선 후기 이후부터 '청청聽문예'가 활발해지고, 개화계몽의 시대가 열리자 '들어서 읽는' 공간이 크게 늘어난 배경에도 이와 흡사한 사정이 작동하였다고 할 수 있다. 사회적으로 소설에 대한 높은 관심이 형성되고 공론장(公論場, public sphere)에 참여하고자 하는 사회 성원들의 의지가 높아졌으며, 이에 걸맞게 인쇄술과 인쇄자본이 성장하여 책을 만들어내고 있었는데, 정작 그러한 욕망을 가진 사회 성원들은 스스로 책을 읽을 수 있는 문자해독력을 갖지 못했던 것이다. 이런 상황에서 공동체적 음독은 계몽 이념을 전파하는 데 더 효율적이고 대규모적인 방법이었다.

'공동체적 독서/음독'과 '개인적 독서/묵독'의 차이, 그리고 전자에서 후자로의 이행은 단순히 책 읽는 방법의 변화를 의미하지 않는다. 우선 음독과 묵독의 문제는 구술문화와 문자문화가 지닌 질적인 차이와 결부된다. 구술문화와 문자문화는 앎의 전유방식과 인간 사이의 소통을 가능하게 하는 문화적 매개의 문제에 있어 근본적으로 다른 문화로 이해되기도 한다. 커뮤니케이션 이론가들은 구술문화는 비개념적이며 상호적이고 종합적인 데 반하여, 문자문화는 개념적이며 일방적이고 분석적인 앎의 구조를 만들어낸다고 주장한 바 있다.

월터 옹은 인식의 개인주의 문제를 음독에서 묵독으로의 이행과 결부시켰다. 구술문화에 속한 사람들의 앎은 문자문화에 익숙한 사람들의 앎에 비해 한층 더 공유적이고 외면적이며 덜 내성적이다. 즉 청각에 의한 구술적인 커뮤니케이션은 사람들을 집단으로 연결시킨다.[62] 이에 반해 문자를 읽고 쓰는 것은 지극히 고독한 개인주의적 활동이다. '혼자 말없이 책 읽기'가 이단異端을 만들었다.[63] 이처럼 청각과 시각은 서로 다른 성격의 앎을 이루는 배경이 된다.

시각적 '텍스트성textuality'이 자리를 잡은 것은, 묵독이 일반화된 근대의 문화에서였다. 근대 이전의 문자 텍스트들은 기본적으로 소리 내어 읽히기 위해 만들어진 것이다. 띄어쓰기, 구두점, 단락 나누기 등의 발전은 근대로의 이행기에 두드러진다. 한마디로 묵독 자체가 문자문화를 안착시키는 데 결정적인 역할을 했다고 볼 수 있는 것이다.

또한 다분히 '매체결정론'적 과장이 섞여 있긴 하나, 맥루한은 18세기 말 프랑스 대혁명은 획일성·연속성·선형성을 원리로 하는 인쇄 커뮤니케이션 원리가 구술을 주된 수단으로 삼는 봉건사회를 압도한 정치적 결과라 주장한다. 혁명을 주도한 이들은 문자를 다루는 문학가와 법률가들이었다. 그런데 영국에서는 고대로부터 내려온 관습법인 구술 전통이 중세 의회제도에 의해 여전히 힘을 유지하고 있었기에 프랑스에서처럼 인쇄문화가 일거에 상황을 장악하지 못했고, 그 결과 폭발적인 '대혁명'은 영국이 아니라 프랑스에서 가능했다. 맥루한은 활자·화폐·바퀴 따위의 기계적·획일적·반복적인 '핫 미디어Hot media'가 봉건제를 무너뜨렸다고 주장한다. 이처럼 문자·인쇄문화를 근대와 민주주의의 필요요건으로까지 지나치게 격상시키고, 구술문화를 이에 대당對當항으로 설정된 비서구성·비민주성과 연결시켰다. 이런 논리를 뒷받침하기 위해 영국 봉건귀족의 권력과 지위가 글을 읽고 쓰는 능력이나 활자문화와 아무 관계가 없었기에 매슈 아널드 Mattew Arnold가 그들을 야만인으로 분류했다든지, 소련을 비롯한 현실 사회주의사회의 비서구성 혹은 '비민주성'이 인쇄문화를 충분히 겪지 못한 채 근대사회로 진입한 데서 연유했다는 점을 들기도 했다.[64]

[
묵독이 이단을 낳는다 :
근대문학과 묵독
]

문학 영역에서 볼 때 '공동체적 독서/음독'에서 '개인적 독서/묵독'으로의 이행이 중요한 것은, 이행이 소설 수용양상과 소설 서술의 변화와 깊은 연관을 갖고 있기 때문이다. 신소설에 나타난 대사 표기 · 단락 구분 · 한자 병기 등의 새로운 텍스트 조직은 묵독과 더 쉬운 책 읽기를 위해 도입된 것이며, 뒤늦게 나타난 일부 구활자본 소설이 오히려 이에서 후퇴하기도 했다는 사실은 중요하다. 이러한 사실을 통해 1910년대 중 · 후반을 기준으로 볼 때 독서방법이 변화하는 추세 속에서도 아직 많은 고소설 독자는 청각에 의존하거나 시청각을 병행하여 작품을 대하고 있었음을 알 수 있다. 아직 사람들의 시각은 청각을 압도하지 못하고 있었다.

그러나 '고독한 묵독'은 돌이킬 수 없는 추세였고 역사발전의 정방향이었다. '문학적으로' 좀더 중요한 문제는 '고독한 묵독'이 텍스트를 대하는 이의 내면을 변화시키고 이를 통해 서술자의 위상과 태도를 바꾸는 힘을 제공하여 결국 소설의 서술구조를 바꾸는 힘이 된다는 점이다.

인쇄된 텍스트가 출현함으로써 작가는 고정된 시점과 톤으로 서술하게 되었고, 이로써 작가와 독자 사이의 거리는 더욱 멀어졌다. 즉 구술문화의 작가나 구연자는 가지각색의 감성을 가진 실제적인 독자(청중)를 대면하여 경우에 따라 서사를 바꾸거나 유동적인 서술시점을 택할 수도 있었다. 그러나 인쇄된 텍스트의 저자는 그럴 수 없다. 독자와 작가의 거리가 무한대로 커진 대신, 작가는 서술에 대한 자신의 시점과 톤을 지킬 수 있었다. 그로써 '서술자narrator'라는 문학적 장치가 소설의 미적 자질이 되었다. 서술은 온전히 작가 개인의 것이 되고, 작가는 스스로 '내면성'을 가진 존재가 될 수 있었던 것이다.

■■■구활자본 『흥부전』은 민중들이 주로 사서 읽은 것이라 단락구분과 띄어쓰기가 전혀 없어서 우리가 읽기에는 오히려 어렵다. 이런 텍스트는 리듬감 있게 소리내어 읽고 또 그것을 들음으로써 즐기기 위한 독자들을 위한 것이었다. 그에 비해 『혈의누』는 ( ) 속에 대화자 이름을 표기하고, 띄어쓰기를 했을 뿐만 아니라, 말줄임표까지 사용하였다.

그리고 이때의 독자는 작가에게 직접적인 소통을 시도하지 않는 한, 실제적이지 않은 추상적인 상으로만 존재하게 된다. 이러한 과정에서 소설의 서술 속에 상정되는 독자가 바로 '모델독자model reader'나 '내포독자implied reader'이다.

비슷한 변화는 독자 측에서도 일어난다. 즉 혼자 책 읽는 독자는 무엇인가를 같이 듣거나 읽음으로써 타인들과 사상과 감성을 공유하는 대신, 고독하게 작자와 마주하여 그가 속삭이는 내밀한 이야기에 귀를 기울이게 된다. 앞에서 '묵독이 이단을 만든다'고 했는데 이처럼 해석의 개인주의가 묵독하는 독자로부터 나타난다.

비밀스러운 참여자 역할을 허락받은 독자야말로 개인적인 내면의식을 소지한 '근대소설'의 독자가 된다.[65] 그래서 또한 묵독하는 독자야말로 텍스트의 다이내믹한 면面적인 의미를 텍스트 바깥에 있는 해석의 코드(교양, 문화, 관습)로써 변용하여 형성할 수 있는 최초의 독자이다.[66]

열린 공간에서 목소리를 매개로 타인과 정서와 인식의 동화와 상호 작용을 목표로 하는 것이 공동체적 독서와 음독이다. 이에 비해 새로운 독서는 주변 풍경과 인간들로부터 자신을 완전히 차폐遮蔽하고, 시선을 한군데로 모음으로써만 이루어진다. 이러한 책 읽기는 극히 사적인 공간이 없으면 불가능하다.[67] 온 가족이 한 방에서 사는 가옥구조에서는 책 읽기뿐만 아니라 내면적인 글쓰기도 쉽지 않을 것이다.

한편으로 사적인 장소가 보장되지 않는다 해도, 즉 책 읽는 사람이 타자의 음성과 시선으로 가득한 장소에 있다 해도, 스스로를 주변과 단절시킬 수 있는 내면의식과 행동양식을 몸으로 익히고 있으면 책 읽기는 가능하다. 오늘날 많은 사람들은 교실과 도서관 심지어 지하철과 버스 안과 공원에서도 책을 읽는다. 젊은 세대에게 카페는 아예 공부하는 장소가 됐다.

도서관과 학교에서 '정숙'은 학생들이 몸으로 익혀야 할 중요한 규칙이다. 이러한 규율은 근대 초기의 도서관과 학교에서 집중 훈련되기 시작했다. 메이지·다이쇼大正시기(1912~1925) 일본 도서관과 학교기관에서는 음독하는 독자들을 저지하고 묵독을 확산시키기 위한 제도적 장치들을 도입했다 한다. 도서관마다 '잡담 금지'와 더불어 '음독 금지' 규정을 따로 둔 것은 물론, 학교 기숙사에서는 묵독하는 훈련을 위해 특별히 '묵독시간'을 정하기도 했다.[68]

조선에서도 고독하게 책 읽는 개인이 나타났다. 도서관과 학교뿐만 아니라, 기차와 전차에서도 자의식으로 충만한 고립된 '나'들이 발견되었다. 아래 인용문 (1)은 바로 이러한 행위를 하는 '나'를 드러낸 글이다. (1)은 무명 문학청년이 『조선문단』에 「독서」라는 제목으로 기고한 한 페이지가 채 안 되는 분량의 소품이다. 기차 차창의 풍경을 보며 '나'는 상념에 젖고, 그러다가 책을 꺼내들고 있다. 이 글에서 '나'는 주관적 시간의식을 가진 주체라는 점에서 더 흥미롭다.

(1) 나는 기차를 탔다. 녹색의 들을 미끄러지는 것처럼 달아난다. 산과 들과 나무와 풀과 전신주가 빼앵 빼앵 돈다, 나는 문득 생각하였다.

「세월이라는 것 시간이라는 것은 이것보다 몇 백, 몇 천백 배 빠를 터이지」

나는 공연히 멍-하고 앉은 것이 두려워 책을 꺼내어 읽었다.

　　　　　　　　　　　-C.T.K, 「독서」, 『조선문단』 1호(1924년 10월)

(2) 여학교 학생이 경의선 차중에서 『강명화 실기』 읽는 것을 나는 보았으며 학교 학생이 취운정에서 어떤 여학생을 붙들고 눈물 뿌리는 것을 내가 보았었다.

　　　　　- 박달성, 「남녀학생의 연병戀病과 문질文疾」, 『신여성』 2권 5호(1924년 5월)

(2)에서처럼 차 안에서 고립을 택한 승객이 책을 묵독하는 광경은 1920년대가 되면 자주 볼 수 있었던 듯하다. 그러나 그 이전 여럿이 어울려 소리 내어 책을 읽던 사람들은, 이와 같이 연애 문제나 시간의식 때문에 혼자 심각한 상념에 젖지는 않았다.

(3) 그러나 그 당시 도서관을 이용하는 독자란 지금과 같으리라고는 생각하면 큰 오해다. 기시其時에 도서관을 이용하려고 찾아오시는 분은 누구? 또는 어떠한 직업의 소지자인가 하면 갓 쓰고 말은 가죽신에 점잖게 오셔서 장죽을 무시고 다리를 도사리고 앉아서 책장을 넘기시며 음성을 내어 좋은 시나 읊으시는 노인들이 다수라고 한다. (중략) 그야말로 춘풍화기에

원산遠山에 아지랑이나 끼어 집에 있기가 갑갑이나 하면 식체食滯나 면할 겸 산보 삼아 상노 아이놈 시켜 장죽을 들여 가지고 오시었다고 한다.

- 윤지병, 「독서계 10년 : 10년간 조선의 변천」, 『별건곤』 25호(1930년 1월)

(4) 아무리 피곤하여도 이곳은 꼭 보아두어야 할 것이 지방문화를 위하여도 이것이 퍽 필요한 기관인 까닭 (중략) 바같은 그렇게 요란스러운데 안에서는 이렇게 많은 사람이 저마다 침착하게 걸터앉아서 기침소리 하나 안 내고 책들만 보고 (중략) 일 없이 오래 구경하여도 공부를 하는 데 방해이니까.

- 「2일 동안에 서울 구경 골고로 하는 법」, 『별건곤』 23호(1929년 11월)

(3)에 등장하는 것처럼, 1919년 공립도서관의 초기 이용객은 머슴 시켜 장죽 내어 와서 산보 삼아 도서관에 와서는, 도서관에서조차 낭송하여 책을 읽던 양반들이었다. (3)에 비해 (4)는 많이 달라진 1920~30년대 초의 도서관 풍경을 대조적으로 보여준다. 이 대조적인 풍경은 음독과 묵독의 교체가 이루어진 과정을 잘 보여준다. (4)의 화자는 시골 사람이 서울에 구경 와서 꼭 찾아야 할 장소로 도서관을 소개하고 있다. 도서관에서는 아무리 바깥이 소란해도 열람실에 앉은 많은 사람들이 저마다 '기침소리 하나 안 내고 침착하게' 자기 책만 바라보고 있다. 이러한 광경이 서울이 아닌 '지방' 문화에서는 아직 낯설었다는 것이다.

(5) 나는 내 일과 비슷한 소설을 구하여 거기서 위로를 얻으려고 먼져 단눈치오의 「프란체스카」를 보았다. 파오로의 애인 프란체스카가 슬퍼하면서도 파오로의 형에게 시집갔다가 마지막에 파오로와 정사情死하던 것. 거기서 내 번민에 대한 해결은 손톱눈만치도 못 얻었다. 그 다음에 나는 도스도

◇…경성도서관열람실…◇ (과사참조)

京城圖書館에서본

最近의 讀書傾向

법률·사회 등이 데일만코

공학 보는이가 데일적다

各圖書館

無料公開

그날짜는 이러하다

■ 1925년 10월의 경성부립도서관 풍경을 보도한 「조선일보」 기사. 청년 학생들이 한 자리씩 차지하고 앉아서 책을 읽고 있다. 도서관과 학교는 묵독이 수행되고 체득된 가장 중요한 공간이었다.

예프스키의 「불쌍한 사람」을 보았다. 마-칼의 애인 봐렁카가 자기가 사랑하지 않는 어떤 사람에게 맘없이 시집을 가고 마-칼의 부르짖음으로 끝난 것. 프란체스카가 번민은 좀 잘 그렸어도 이도 역시 불만으로 돌아갔다. 유도무랑(아리시마 다케오)의 「선언」을 보았다. 주인공의 애인이던 여자가 주인공의 벗에게로 만 것을 그렸으나 맨끝은 웃음 나게까지 함부로 되었다.

- 김동인, 「마음이 옅은 자여」, 『창조』 3호(1919년 11월)

(6) 그보다도 그 근원을 캐어볼 지경이면 아무리 굳센 양심의 힘으로도 좌우할 수 없는 이상한 힘이, 간단없이 움직이고 있었던 것을 간과할 수 없습니다.

『카라마조프 형제』 속에 있는, 소위 '카라마조프가의 혼'과 가튼 혼이, 우리 최씨 집에도 대대로 유전하야 내려온다는 것이 이것입니다.

- 염상섭, 「제야」(1922년)[69]

문학사에서는 한국 근대소설의 가장 앞자리에 놓이는 (5)·(6) 소설에 나타나는 주인공의 내면성에 대해 상당히 깊은 논의가 진행되었는데, 이들 주인공은 '책 읽는' 신세대 남녀이다. 1920년대 초 조선 작가들의 소설 쓰기는 특히 김동인·염상섭에서 두드러진 바, 유학생 시절 일본어 번역으로 읽은 투르게네프Turgenev·도스토예프스키·단눈치오Gabriel D'Annunzio·아리시마 다케오有島武郞 등에 대한 독서경험에 근거하였다.

그들의 소설이 문학사에서 완전히 새로운 것이기는 했지만, 이러한 독서경험의 작품화는 아직 작가로서의 내적 성숙 과정을 충분히 겪지 못한 상태에서 나온 결과물이기도 했다.[70] 그런데 이 대목에서 중요한 것은 저러한 소설을 통하여 고독한 책 읽기가 써서 고백하는 내밀한 행위로 전화하고 있다는 점이다. '책 읽기'의 고독함, 혼자 책 읽는 행위가 만들어내는 내면이 곧 소설 쓰는 작가 내면의 지층을 구성하는 것이다.

뒤에서 살피겠지만 '내밀한 책 읽기의 비밀스런 글쓰기로의 전화'는 김동인·염상섭 같은 '천재'의 내면에서만 일어난 변화가 아니라, 1920년대 평범한 모든 조선 청년 남녀의 마음에서 생겨난 사건이었다.

구술문화와 공동체적 독서의 재생산

구술·구연, 공동체적 독서는 일시적인 것도, 그리고 사회적으로 광범한 문맹을 보완하는 단순한 문화적 장치도 아니었다. 그것은 아주 오랜 습속이자 보편적인 커뮤니케이션 방식이었다. 그래서 그것은 유식자를 포함한 거의 전체 문화 향유자들에게 광범한 영향력을 갖고 있었다. 따라서 구술과 구연, 공동체적 독서는 인쇄와 문자문화가 지배권을 점차 확장시켜나간 1920~30년대를 거치며 그냥 '잔존' 했던 것이 아니라, 효과적인 커뮤니케이션 방법의 하나로서 계속 변형·재생산될 수 있었다.

신문종람소나 독서회, 대규모 웅변대회와 야담野談[71]대회, 만담과 같은 활동은 이전 시기에는 없던 새로운 구술문화적 행위로서의 의미를 갖는다. 흔히 1890년대와 1900년대를 일컬어 웅변과 토론의 시대라고 한다. 계몽개화와 함께 성립되기 시작한 공공영역이 연설과 토론의 장을 열어젖힌 것이다. 사람들은 광장과 사랑에 모여 토론하며 '만민공동萬民共同'의 공간을 만들어냈다. 일제의 국권침탈과 함께 이러한 공간은 일거에 제압당했지만, 1920년대가 오면 연설과 토론의 광장이 다시 열린다. 사회주의를 위시한 '사상'이 유입되고 일제가 다소 탄압을 늦춘 효과였다. 박영희는 1920년대 초 공공영역과 '사회'가 새롭게 구축되는 양상을 다음과 같이 회고하였다.

교회가 늘고, 학교가 늘고, 단체와 집회가 매일 늘어갔으며, 강연회가 낮과 밤으로 그치지 않았었다. 수년 동안에 안국동 네거리에만 사상단체 노동단체의 간판이 사십 개, 오십 개로 늘어가서 안국동은 서울서 문득 단체가로 면목이 새로웠다.

기독교회 안에는 반드시 엡윗청년회가 조직되었으며, 청년단체에서는 거의 날마다 강연회와 토론회를 열었었다. 정치 문제를 말할 수 없는 강연은 웅변술로 발전을 하여 그때의 대유행을 만들었었다.[72]

무단통치기의 침묵에서 벗어나 다시 웅변과 토론의 시대가 열리자, 각종 연설문집과 웅변술 관련 서적이 늘어나고 잡지에는 명사들의 '모범' 연설문이 실렸다. 활자로 박혀 읽히고 모방된 이 웅변과 토론은 그야말로 글쓰기에 의해 재구조화·재매개화된 말이다. 이를 가능하게 한 배경은 사회주의의 유입과 노농운동의 활성화인데, 이는 공동체적 독서를 확산시키는 데에도 상당한 영향을 끼친다.[73] 뿐만 아니라 유성기와 레코드·무성영화·라디오와 같은 전혀 새로운 최첨단 매체들이 구술문화를 위해 활용되었다. 따라서 이러한 토론·웅변·만담·야담 등의 말과 '구술'은 전대 구술문화의 단순한 반복 재생산이 아니라, 새로운 문화적 조건 사이에서 새롭게 배치된 것이었다.

새로운 배치를 주도한 가장 중요한 매개는 통신과 전기 테크놀로지였다. 특히 유성기와 레코드는 매우 폭넓은 기능을 하였다. 당시 대당 가격이 30~80원 정도이던 유성기는 경향 각지의 청년회 등에서 공동 구입하는 경우가 많았으며, 한 장에 평균 1원 정도[74]하던 유성기 음반은 1930년대 초·중반 한 해 평균 100만 장 이상 팔리고 있었다.[75] 유성기와 레코드문화는 1920년대 후반과 1930년대 초반 대중문화의 총아로서, 잡지 지면만 보더라도 1930년대 초반(1931~1934)에는 음악과 대중가요에 관한 기사와 광고가 문학이나 영화 분야를 앞지르고 있었다. 레코드의 확산속도는 법과 검열을 훨씬 앞질러 1933년 6월에 이르러서야 총독부는 레코드 검열계를 두고 뒤늦게 '취체取締'를 시작하였다. 이런 연유에서 그 이전에는 서양이나 동경에서 제한 없이 자유롭게 레코드가 유입되었고, 그 중 독일이나 소비에트 러시아에서 수입된 혁명가곡 레코드들이 '치안방해'를 이유로 뒤늦게 금지처분을 받기도 하였다.[76]

이처럼 영향력이 컸던 유성기와 레코드는 음악을 매개로 한 새로운 대중문화의 개화 정도를 보여주는 지표의 의미만을 갖지는 않는다. 유성기 음반 속에는 판소리나 잡가, 서구의 근대음악뿐 아니라 동화·만담과 영화의 줄거리·사극 같은 서사물과 시들이 담겼다. 그리고 그것은 아래 인용문에서 보듯 인민의 문해력을 높이는 데 주요한 도구가 되었으며, 문자를 소리로 전달하는 기능을 맡았다. 그리고 이런 흐름과는 반대로 무대에서 공연되고 다시 유성기 음반에 담겼던 신불출의 만담은 정기적으로 잡지 지면에서 활자화되기도 했다.

> 작년도에 있어 오-케 회사에서는 조선어교육 레코-드를 창시적創始的으로 제작하야 일반 학동에게 편의를 주게 하였으며, 코롬비아 회사에서는 「국어독본」 전부를 정확한 음으로 레코-드화 시킬 예정이다. (중략) 이와 같이 진보된다면 문화상 가치가 얼마나 많을 것인가.
> ―「엇더한 레코-드가 금지를 당하나」, 『삼천리』(1936년 4월)

청각문화와 시각문화는 늘 보완하는 관계에 놓일 수밖에 없다. 양자 간의 상호침투와 교호는 청각의 헤게모니가 점점 약해지고 시각 기호의 힘이 압도적인 우위를 점하기 시작하는 시점에서 훨씬 활발했던 것이다.

당시 조선에서는 소설이 새롭게 개발된 매스 커뮤니케이션의 방법

「춘향전」 전기식 취입앨범(1930년대)

신기한 듯 유성기에 귀를 대고 들어보는 갓 쓴 사람(1915)

■ 유성기와 레코드문화는 1920~30년대 대중문화의 총아였다. 당시 최첨단 매체였던 유성기와 레코드는 음악뿐 아니라 동화, 만담, 사극 등을 문자가 아닌 소리로 전달하는 기능을 맡았다.

으로 읽혔다. 거리의 전기수傳奇叟들을 대신하여 나타난 배우들이 라디오에서 소설을 낭독했다. 이들은 거리와 가정집에서 자주 구연된 신소설과 『춘향전』이나 『조웅전』 같은 작품뿐 아니라 이태준·김말봉 등의 '신문학' 소설작품들도 낭독했다.

> 문예봉 : 누구의 소설을 좋아 읽으십니까.
>
> 심영 : 이태준 씨 단편을 읽고 좋아서 라디오에서 소설낭독도 많이 해 봤습니다.
>
> 문예봉 : 참 그 분의 「성모」가 좋았어요. 그걸 읽고 또 영화 「마즈르카」를 보고 어머니의 역을 해보았으면 하는 생각도 가졌어요.
>
> 심영 : 김말봉 씨의 「편지」도 좋지요. 그걸 라디오에서 낭독하다가 울기까지 했으니까요.
>
> 문예봉 : 전 이광수 선생의 소설은 다 좋아요. 그리고 이태준 선생의 「제2의 운명」도 감명 깊게 읽었어요.
>
> ―「대담 : 명우 문예봉과 심영」, 『삼천리』(1938년 8월)

배우들 외에도 대형 베스트셀러 작가였던 방정환이나 윤백남은 스스로 대단히 인기 있는 구술연기자이기도 했다.[77]

구술 커뮤니케이션에 활용된 또 다른 첨단매체는 영화이다. 영화야말로 시대의 총아이자 테크놀로지의 결정체였는데, 처음 등장한 영화는 무성 '활동사진'이었다. 나중에 본격적인 극영화가 상영되기 시작하자 변사가 등장하여 영화의 내용을 설명했다. 아래는 1910년대 변사의 영화해설 중 등장인물을 소개하는 대목이다. 글로 옮겨놓은 아래 대목은 주로 구술되어 읽힌 고소설의 묘사 특징을 이어받고 있다.

여기 한 사람의 어여쁜 여자가 있는데, 그 여자는 어찌나 어여쁜지, 날씬

한 허리는 청풍이 세류를 흔드는 듯, 섬섬호치는 봄바람에 도화가 난만한 듯, 앉으면 모란이요 서면 작약 같으니, 필경은 이 사람처럼 기막힌 미인이었던 모양입니다.[78]

무성영화는 유성영화가 도입되고 난 뒤에도 상당 기간 영향력을 행사했던 것으로 보인다. 그러나 도시문화가 확산되고, 문맹률이 급격히 낮아지기 시작한 1930년대가 되면, 해설이 따라붙는 무성영화는 저급한 것으로 인식되어 도시 변두리로 밀려나게 된다.

> 최독견(동양극장 지배인) : 지금 연극을 보는 손님들이란 게 토-키를 보아낼 수 없고 또 그렇다고 제3, 4류 극장 해설자 있는 상설관엔 가기 싫구한 손님들이거든요. 말하자면 화류계 있는 여성들, 또 거기 따르는 한량 손님들이 토-키를 보아낼 재주가 부족하니까 연극을 구경하러 오는 셈이죠. 그러니까 주머니는 다-들 튼튼한 손님들일 밖에요. 뭐니뭐니해야 연극은 화류계를 놓치면 수자상으로 결손을 보게 되더군요.
>
> - 「좌담 : 영화와 연극 협의회」, 『삼천리』(1938년 8월)

최독견의 말에서 연극장의 주 관객층의 한 부류인 화류계 여성과 그들의 연인은, 주머니 사정은 넉넉했지만 유성영화('토-키')의 자막을 읽어낼 능력이 없었음을 알 수 있다. 그래서 그들은 연극을 보러 다녔는데, 해설자(변사) 있는 3, 4류 극장에 가는 일은 그들의 자존심이 허락하지 않았다는 것이다. 청각문화와 시각문화가 어떻게 헤게모니를 교대해갔는지 보여주는 한 가지 사례라 하겠다.

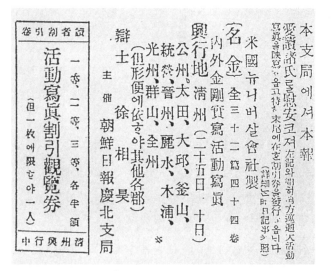

活動寫眞割引觀覽券

讀者割引券

一等、二等、三等、各半額
（但一枚에限호야一人）

清州奧州行中

本支局에서 本報
愛讀諸氏를慰安코저 左記와如히 地方巡廻 活動
寫眞을映寫호오니 左記割引券을發行호옵니다
（詳細と ○日記事를 照）

（名金）全三十二篇四十四卷

米國뉴니버살會社製
內外金剛實寫活動寫眞

興行地 清州（二十五日、十日）

公州、太田、大邱、釜山、
統營、晋州、麗水、木浦、
光州、群山、全州
（但形便에依호야其他各部）
※

辯士 徐相昊

主催 朝鮮日報慶北支局

지방순회 활동사진 상영 공고, 「조선일보」(1920년 7월 26일)

영화 〈아리랑〉의 한 장면

■1920년대 신문들은 판촉 및 사은행사의 일환으로 극장과 계약을 맺고, 독자할인 및 지방순회 상영을 주최했다. 「조선일보」의 광고는 미국 유니버설 영화 〈명금〉을 지방순회 상영한다는 내용인데 감독과 배우의 이름은 없지만 변사 서상호의 이름을 볼 수 있다. 아래는 1920년대 무성영화의 최대 히트작인 나운규의 〈아리랑〉.

['시각적 현대성'의 성립]

구술과 청각문화가 여전히 영향력을 발휘하고 있었지만, 근대의 문화는 완연히 시각의 문화, 또는 시각을 중심으로 지적 소통과 축적방식이 재배치된 문화이다.

서구에서는 구텐베르크 혁명과 원근법의 도입, 그리고 사진과 영화의 발명 등으로 이어지는 시각 중심성의 확립 과정이 2~3세기에 걸쳐 진행되었다. 그러나 조선에서는 다른 영역과 마찬가지로 시각 중심성의 확립 역시 압축적으로 전개되었다.

훨씬 많은 사람들이 글을 읽게 된 것, 활판인쇄가 도입되어 대량인쇄가 가능해진 것, 근대적 공연 공간에서 연극 · 영화가 상연되기 시작한 것, 신문이 발간되고 거기에 그래픽 광고와 사진 · 삽화가 실리기 시작한 모든 일들이 거의 동시에 일어났다. 한마디로 19세기 말에서 20세기 초 조선에서는 시각 미디어에 의한 문화적 혁명이 일어났던 것이다.

학자들은 "시각혁명" 또는 "현대성의 시각체제" "시각에 의존하는 표상적 지식의 일반화"[79] 등의 말로 이러한 문화의 급격한 변화와 그 의미를 설명하여왔다. '시각혁명'은 근대성의 성립 자체와 연관이 깊다. '보는 것'과 '(눈으로) 읽는 것'을 통해서 근대적인 인식과 주체가 구성된다고 보기 때문이다.

그러므로 근대 독자의 형성 문제는 책 읽기와 직접 결부되는 탈脫문맹의 문제에만 국한되지 않는다. 물론 문맹 극복이, 개인 주체가 독서대중의 일원으로 구성되거나 사회적인 차원에서 독서대중이 형성되는 데 있어 관건적 요소임을 부정할 수는 없다. 그러나 여기에 더하여, 근대 독자가 된다는 것은 문자해독 외에도 다른 감성적 · 신체적 조건을 필요로 했다.

1913년부터 제작·시판되었던
베스트 포켓 코닥 카메라

개화기의 사진관 풍경

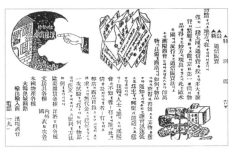

「대한매일신보」(1910년 2월 16일)에 실린 통신판매 광고

1930년대 조미료의 대명사이던 아지노모도 광고

■■■20세기 초의 시각 혁명을 보여주는 여러 가지 자료. 신문에도 다양한 비주얼이 사용되기 시작했고 그 첨단에
는 상품광고가 있었다. 위의 광고는 보내온 편지와 보낼 것, 주문받아 포장한 제품을 일러스트로 표현했다. 1930년
대 대표적인 조미료 아지노모도의 광고는 지금 보아도 어색하지 않을 만큼 그림과 광고 카피가 잘 어우러져 있다.

우선 그것은 새로운 시각문화와 도상기호icon에 적응하는 일이었다. 책 읽기는 책의 내용을 입으로 외워서 '연기'하는 것 또는 반복적 암송으로부터, 눈으로 꼼꼼하게 단어들을 읽으며 문장의 의미를 파헤쳐나가는 정독으로, 그리고 행들을 눈으로 빠르게 훑으며 의미를 간취하는 다독으로 이행해갔다. 전대前代의 '읽는다'는 행위가 타인이 다 들을 수 있도록 큰 소리로 낭독하는 것 혹은 중얼중얼 음송함으로써 신체 리듬에 텍스트의 흐름과 서술체를 맞추어가는 것이었다면, '책을 본다는 것'은 텍스트와 신체 사이의 새로운 관계를 의미한다.

묵독하는 정독을 위해서는 조용한 개인적 공간이 필요하며, 홀로 그 공간에서 부동자세를 취해야 한다. 인류가 처음부터 책을 읽을 만한 집중력과 오랫동안 부동자세로 있을 수 있는 인내력을 갖고 있었던 것은 아닐 터이다. 그래서 높은 집중력과 훈련을 요하는 이런 자세는 역사적으로 발전해온 것이 틀림없다. 또한 근대인들은 어려서부터 가정과 학교·도서관과 같은 '근대적' 공간에서 책 읽는 자세를 집단적으로 훈련한다. 부모와 선생이 행하는 이 '규율' 훈련에 적응하지 못하면, '주의 산만한' '열등생'이나 '지진아'가 된다.

그리고 읽을거리가 더 많아지고 사람들의 글 읽는 속도가 점점 빨라짐에 따라 주마간산走馬看山격으로 남독하는 방법이 발전한다. 읽는 것과 보는 것은 다르다. 신문과 잡지 보기는 '보는' 훈련을 하는 주요한 연습일 것이다. 신문·잡지를 본다는 것은 그야말로 '보는' 행위로서, 지면紙面 편집기술의 발전과 더불어 더 많은 사진·그림·만화의 삽입이 이를 가능하게 했다.[80]

묵독과 다독에 적합하도록 텍스트 인쇄와 편집도 변화된다. 구두점, 띄어쓰기, 장-절의 도입과 더불어 텍스트 속으로 문자기호를 보족하는 도상기호가 더 많이 인입된다. 활자매체는 대중화될수록 그림에 의존하는 경향이 커진다. 문자기호(텍스트)와 도상기호(그림)는 서로를

■■■1920년대 중반 이화학당의 수업 모습. 학생들이 학교에서 똑같은 크기와 모양의 책걸상, 자세, 머리모양을 하고 수업을 받고 있다. 학교에서는 이런 규율과 더불어 '가만히 앉아 있는' 훈련이 본격화되었다.

배격하는 듯하지만, 실은 변증법적인 대립물의 관계에 놓여 서로를 강화하고 보족하는 역할을 하기 때문이다.[81]

최초로 사진을 게재한 한국 신문은 선교사 언더우드가 발간한 「그리스도 신문」(1897년 창간)이며, 대한협회 기관지인 「대한민보」는 최초로 광고사진(1909년 8월 18일)과 인물사진(1910년 6월 7일)을 게재했다. 다양한 기능을 가진 사진을 통하여 비로소 신문은 '읽는 신문' 에서 '보는 신문' 으로 바뀐다.

한국 근대 만화사는 신문과 잡지에 게재된 삽화 · 풍자만화 · 만평으로부터 시작되는데, 그 중 1906년 발간된 『가뎡잡지家庭雜誌』의 표지그림이 가장 오래된 것으로 추정된다. 만화 삽입은 사진 삽입에 비하여 훨씬 급속하게 확산되었다. 『소년』(1908), 『노동야학독본』(1908), 『대한흥학보』(1909) 등의 잡지는 세련된 만화삽화를 실어 애국계몽사상을 펴는 데 활용하였다.

「매일신보」1면(1920년 1월 24일)

『조광』, 〈조선일보사〉(1935)

『신동아』, 〈동아일보사〉(1931)

『여성』, 〈조선일보사〉(1936)

■■■「매일신보」 1면은 전체 12단 중에서 7단이 광고로 채워져 있다. 광고에 삽입된 다양한 삽화 등은 '읽는 신문'에서 '보는 신문'으로의 변화를 느낄 수 있다. 잡지 전성시대였던 1930년대 잡지 표지들은 컬러풀하고 세련된 그림들로 만들어졌다.

특히 신문의 발전에서 만화는 중요한 역할을 한다. 시사만화는 '그림과 언어'의 복합체로서 단지 텍스트의 주장을 보족하는 역할에 그치지 않고 스스로 독자적인 표현과 언어를 지닌 텍스트가 된다.

비주얼한 광고 역시 중요한 역할을 하는데, 광고는 자본의 힘으로 텍스트와 그림·사진을 결합한 것이기 때문에 매우 큰 전달력을 갖는다. 맥루한은 사진·텔레비전 같은 시각매체가 인간을 문자문화적이며 사적인 공간으로부터, 복잡하고 전체 포괄적이며 집단적인 도상기호의 세계로 데리고 간다고 했으며 광고야말로 이를 행하는 첨병이라 하였다.[82]

이러한 시각기호와 그 텍스트들의 폭발성은 그림이나 화보 및 사진이 거의 없는 1900~10년대의 신문·잡지와 1920~30년대 신문·잡지를 비교하면 금방 알 수 있다. 신문과 잡지에 화보와 사진이 폭발적으로 도입되기 시작한 것은 1920년대 중반부터이다.[83] 그리고 1930년대 이후 신문·잡지에 삽입된 화보와 삽화·만문漫文·만화의 양은 전대와 비교할 수 없을 정도로 폭증한다. 당시의 책 광고들은 책 속에 저자 '근영近影'이 들어 있거나 화보가 포함되어 있음을 표나게 내세운 경우가 많았는데, 삽화와 사진이야말로 새로운 전달수단이었던 까닭이다. 그리고 '눈으로 보는' 새로운 물건 중에서 중요한 것 중 하나는 포르노그래피 상품으로 팔린 각종 사진집이나, 인체 해부도가 포함된 『남녀 생식기 도해』와 같은 노골적인 책들이다. 이들이 대중적 출판시장에서 차지하는 비중은 상당했다.

영화·연극 '보기'와 책 '읽기'

시각이 다른 감각에 비해 압도적으로 중요해지고, 근대적 의미의 개인적 공간이 출현했다. 전근대적 시각 경험은 풍부한 청각적·후각적 경험에 의해 보충되었다. 청각이나 후각은 일반적으로 사물의 거리나 관계를 분명히 표시할 수 없는데, 이러한 근접감각으로서의 청각과 후각은 인간에게 세계와 밀착되어 있다는 느낌, 즉 세계와의 일체감을 부여했다. 이야기나 연설이 청중과의 일체감을 근본 목적으로 하고 있음은 청각 커뮤니케이션의 특징을 잘 보여준다. 반면 시각은 집단을 배제한 지적 감각으로서, 보는 주체와 보이는 대상 사이에 명백한 물리적 · 심리적 거리를 설정한다. 이것이 원근감각이다. 응시나 관조는 시각 중심의 세계에서 시각적 인상을 구조화하는 특수한 방식이다. 시각 중심성이 자기 의식을 인식의 유일한 틀로 간주하려는 태도와 개인의 고립을 촉진한 것이다. 원근법에 의해 만들어지는 주체는 '나는 생각한다, 고로 존재한다'는 코기토cogito의 근대적 인식주체와 일치한다. 왜냐하면 원근감각을 지닌 주체는 대상의 세계와 분리된 가운데, 시각장의 중심에서 가시적 대상들에게 합리적 질서를 부여하여 그것을 조직 · 통제하는 존재이기 때문이다.[84]

이러한 맥락에서 1900년대부터 본격화된 연극과 영화 보기는 책 읽기와 관련해서 중요하다. 대중은 묵독을 위한 신체훈련과 비슷한 훈련을 연극과 영화 보기를 통해서도 새롭게 경험한다. 1890년대와 1900년대 활성화되었던 토론공간을 대체하며 등장한 극장과 영화상영관은 공공의 공간인 동시에 고립된 개인의 공간이다. 이 공간의 문화는 이전과는 전혀 다른 시각적 체험을 근간으로 했다. 서구적인 근대극장의 관객은 익명의 다른 개인들과 함께 동일한 체험을 공유하되, 객석의 개별 시선들을 하나로 모으는 수렴점으로서의 무대나 스크린을 쳐다보게 된다. 타인과의 대화나 교류는 중단되고, 부동자세로 한 곳만을 집중하여 응시해야 한다.

활동사진 · 환등 · 연극 · 무용 등 극장에서 이루어지는 집단적 문화의 향수가 조명에 의해 분절된 공간에서 이루어진다는 점 또한 개인의

과 동시에, 사진과 만화, 영화관람 같은 행위양식이 도입되어 폭발적인 힘을 갖는다. 그래서 분자기호로 이루어진 시각의 영역과, 도상기호와 영상기호로 이루어진 영역이 헤게모니 경쟁을 하게 된다. 즉 시각 중심성이 완연히 자리를 잡은 바로 그 순간부터 독서는 신문 읽기나 연극·영화의 관람 등과 교환 가능한 행위가 된다.

조선에서는 아직 문학이 자기의 확실한 지위를 얻지 못하였다. 그래서 자녀들의 부형이나 교육자 된 이의 다수는 문학을 무슨 독물毒物로 아는 모양이요, 또 청년 자녀들도 혹 소일거리로 소설권이나 사서 읽는다 하더라도, 그것은 대부분이 활동사진을 보는 대신이요, 별로 그것에 대하여 깊은 이해가 있는 것 같지 아니하다.

-이광수, 「문학강화」, 『조선문단』 창간호(1924년 10월)

현대적 시각성의 체제를 구축하는 데 있어 문자기호와 도상기호는 보완적 관계에 있다고 하였지만, 양자가 간 길은 결국 완전히 다르다. 소설 읽기가 우부우부愚夫愚婦의 오락거리로 인식된 것은, 그것이 가장 쉬운 책 읽기 영역에 놓인 때문인데, 그럼에도 불구하고 소설 읽기는 문자기호가 갖는 비간접성과 매개성 덕분에 수준 있는 취미나 '교양'의 하나로 자리잡을 수 있었다. 문해력 외에도 신체훈련과 집중, 정신적·경제적 여유 등을 필요로 하는 책 읽기와 달리 영화는 처음 수입될 때부터 대중적인 오락거리로 인식된 경향이 강했다. 1930년대가 되면 영화는 수많은 대중과 함께 지식인들을 스크린 앞에 불러모으게 된다.

일제시기 '문사'들은 영화비평을 씀으로써 가장 고급한 영화관객으로 행세하였을 뿐 아니라, 배우와 감독역을 맡아 직접 영화판에 뛰어들었다. 윤백남, 임화, 심훈, 안석영 등이 영화계에서 활약했다. 이는

■1920년대 학생의 눈과 몸. 『별건곤』 학생 응모 만화 당선작. 1920년대 학생은 책, 영화 등 많은 것을 보아내느라 여러 개의 눈이 필요했으며 목은 길게 늘어졌다.

■소설가, 영화감독, 배우였던 심훈. 『상록수』의 작가로 유명한 심훈은 영화배우로도 활약하였다. 왼쪽 사진은 영화 『장한몽』에 이수일 역으로 출현한 모습이다. 이 영화는 초반부에 주삼손이 이수일 역을 맡다가 후반에 심훈으로 바뀌어 관객들을 어리둥절하게 하기도 했다.

조선 영화계의 제작과 비평이 독립된 인력과 재생산 시스템을 갖추지 못하였기 때문만은 아니었다. 영화는 문학을 절실히 필요로 했는데, '영화의 문학화' 또는 '문학의 영화화'는 비단 조선 영화계에서만 존재했던 현상이 아니라 미국과 유럽의 영화사에서도 있었던 보편적인 현상이었다.[89] 그러나 영화가 의미 있는 교양이나 학적인 논의의 대상이 된 것은 훨씬 뒤의 일이다. 영화에 쓰이는 기호는 너무 대중적이며 강력하고 직접적이었으며, 영화는 예술과 무관해 보이는 기술과 자본 집약의 산물이었기 때문이다.

4_글쓰기와 연애편지의 시대

"난 싫어요. 난 싫어요. 당신 같은 사내는 난 싫어요."

이번에는 매몰스럽게 내어대는 모양.

"나의 천사, 나의 하늘, 나의 여왕, 나의 목숨, 나의 사랑, 나를 살려주어요, 나를 구해주어요."

사내의 애를 졸리는 간청…….

"우리 구경가 볼까." (..)

소리나는 방은 어렵지 않게 찾을 수 있었다. (..) 그런 소리의 출처야말로 자기네 방에서 몇 걸음 안 되는 사감실일 줄이야! 그렇듯이 사내라면 못 먹어하고 침이라도 뱉을 듯하던 B여사의 방일 줄이야. 그 방에 여전히 사내의 비대발괄하는 푸념이 되풀이되고 있다…….

나의 천사, 나의 하늘, 나의 여왕, 나의 목숨, 나의 사랑, 나의 애를 말려 죽이실 테요. 나의 가슴을 뜯어 죽이실 테요. 내 생명을 맡으신 당신의 입술로…….

셋째 처녀는 대담스럽게 그 방문을 빠끔히 열었다. 그 틈으로 여섯 눈이 방 안을 향해 쏘았다. 이 어쩐 기괴한 광경이냐. 전등불은 아직 끄지 않았는데 침대 위에는 기숙생에게 온 소위 '러브레터'의 봉투가 너저분하게 흩어졌고 그 알맹이도 여기저기 두서없이 펼쳐진 가운데 B여사 혼자 ― 아

무도 없이 제 혼자 일어나 앉았다. (중략)

"난 싫어요. 당신 같은 사내는 난 싫어요."

하다가 제물에 자지러지게 웃는다. 그러더니 문득 편지 한 장(물론 기숙생에게 온 '러브레터'의 하나)을 집어들어 얼굴에 문지르며,

"정 말씀이야요. 나를 그렇게 사랑하셔요. 당신의 목숨같이 나를 사랑하셔요? 나를, 이 나를."

하고 몸을 치수르는데 그 음성은 분명히 울음의 가락을 띠었다.

"에그머니, 저게 웬일이야!"

첫째 처녀가 소곤거렸다.

"아마 미쳤나 보아, 밤중에 혼자 일어나서 왜 저리고 있을꾸."

– 현진건, 「B사감과 러브레터」(1925)

「B사감과 러브레터」만큼 연애와 연애편지에 얽힌 1920년대의 정황을 잘 압축해 보여주는 소설도 드물다. B사감으로 하여금 히스테리로 '미치게' 한 것은 단지 그녀가 '노처녀'여서가 아니라, 기숙사 여학생들에게 쏟아진 연애편지와 '연애'에서 소외되었기 때문이었다. 한덩어리였던 연애+편지(=러브레터)는 당시 신세대들 사이에서 유행의 첨단이자 '코드' 그 자체였으며, 그 자체로 신성한 목적이었다.

삶의 새로운 양식으로서의 글쓰기

책과 인쇄기술이 근대에 발명된 것도 아니고, 그 발명이 곧 근대인을 탄생하게 한 것도 아니다. 구텐베르크 혁명의 의의는 오히려 책이 보급됨으로써 나타난 부가적 효과들, 곧 의무교육이 도입되고 문자생활이 일반화된 데 있다. 드디어 누구나 문자를 읽을 수 있는 '보편문식성(普遍文識性

: universal literacy)'[90]의 세계가 열린 것이다. 그러자 이제 글로 씌어진 말은 보다 강한 독자적인 힘을 갖게 되었다. 글을 쓰기 위해서뿐 아니라, 말을 하기 위해서라도 문어文語를 배워야 하는 상황이 도래한 것이다.[91]

구술문화적인 요소를 구축驅逐하는 데 좀더 결정적인 역할을 하며 문화적 변동을 야기한 것은 글쓰기였다. 글쓰기는 사회 성원 사이의 전면화된 소통수단으로 확대되는 한편, 개인들의 내면을 심화시켜 개인들을 더 고립되게 했다. 말하기와 달리 글쓰기는 완전히 '인공적人工的인 기술'이며, 단지 말하기의 보완물이거나 첨가물이 아니기에 전혀 새로운 감각의 세계를 열 수 있다. 즉 글쓰기는 말하기를 구술-청각의 세계에서 시각의 세계로 이동시키고, 말하기를 사고와 함께 '재구조화'한다.[92]

학교교육의 확대와 근대적 제도의 확산은 글쓰기를 교육하고 교육받아야 할 새로운 교양의 주요 항목으로 만든다. 뿐만 아니라 글쓰기는 마치 의식주처럼 근대적 제도에 편입된 인간이라면 누구나 갖춰야 할 삶의 필수 방편이 된다. 즉 누구나 읽을 수 있는 상황이 도래함과 동시에 누구나 무엇인가를 써야 하는 상황이 열린 것이다.

누구나 읽고 쓰는 것은 20세기가 개막된 이래, 전체 조선인에게 부여된 민족 지상至上의 사명이었다. 심지어 여성이나 피지배계급에게도 그러했다.

우리 목표는 조선 사람은 학령 이상에만 달한 아이면 가갸거겨를 다 아는 데 있고 **보통학교를 졸업할 연령에 달한 아이면 남자나 여자나 일상생활에 필요한 평이한 독서력과 글로 표현할 힘을 가짐에 있다.**

「글을 읽고 글을 짓는 것」 – 이것은 밥을 먹고 옷을 입는 것과 꼭같이 문화인의 필수조건이다. (중략) 어떤 의미로 보면, **말을 듣고 말을 하는 것보**

다도 글을 읽고 글을 써서 필요한 경우가 더 많아지는 오늘날의 문화생활의 특색이라고 할 수도 있다. 무엇은 글로 하지 아니하는 것이 있나 할 만한 형편이다.

- 이광수, 「글과 글 짓는 기초요건」, 『학등』(1935년 7월)

신식교육이 처음 보급된 1890~1900년대에 공교육 교과과정에서 국어와 작문은 중요한 과목의 하나였다. 1895년 7월 22일 공포된 〈소학교령〉은 "심상尋常과 교과목은 수신, 독서, 작문, 습자, 산술, 체조로" 규정하였고, 1900년 4월 4일자 '중학교 규칙'에서는 중등 심상과에 독서와 작문을 두도록 했다.[93] 그러나 1910년대 이후에는 상황이 바뀌어 조선어 과목의 비중이 줄어들고 일어 과목의 비중이 크게 확대된다.[94] 이때에도 작문은 중요한 학과 영역이기는 했다.

그러나 이처럼 공교육 과정에서 작문이 교육되고 있음에도, 1910~30년대 신간서적 목록이나 광고를 보면 글쓰기(또는 재구조화된 말하기)와 관련된 서적이 학교 밖에서 수없이 만들어져 팔리고 있음을 확인할 수 있다. 이러한 사회적인 '쓰기' 붐 아래에서 근대적 문학이 성립하고 작가와 독자층이 형성되었다는 사실에 주목할 필요가 있다(■자료실 : 표 7 〈1920년대 동아일보 광고에 나타난 편지 글쓰기 관련 주요 서적목록〉 참조).

글쓰기와 관련된 책은 크게 '(가) 실용적인 서식과 편지 쓰기 관련 서적 그리고 연설 · 웅변 및 토론 관련 서적'과 '(나) 독자들의 미문 충동과 관련된 비非/준準 실용서적, 편지 쓰기 교법과 문학독본' 두 부류로 나뉜다.

우선 (가)에는 척독(尺牘 = 간독簡牘),[95] 편지 · 서식서적, 토론 · 연설문집 등이 포함된다. '척독'은 원래 편지를 일컫는 말인데 이 시기에는 좀더 넓은 의미로 사용되었다. 즉 1910년대 이래 간행된 수많은 척독류의 책은 편지서식의 매뉴얼을 제공하는 실용서이면서, 새롭게 만들어진 근대적 제도와 관련된 제반 문자생활의 매뉴얼 북이었다. 예컨대 『척독완편尺牘完編』(1905년 최초 발간)·『신찬척독완편新撰尺牘完編』은 법규집이었고,[96] 회동서관의 『척독대관尺牘大觀』은 "각당칭호各黨稱號 / 가정에 대한 요언급서식要言及書式 / 결혼식 / 만장식輓章式 / 도리군면道郡里面 명칭 / 시운학詩韻學 / 상복제도喪服製圖"[97] 등과 같이 생활과 관련된 백과사전적 지식을 담고 있었다. 또한 『실지응용 작문대방』『최신서식대전』 등과 같이 여러 가지 실용적인 '문범文範'을 제시하는 책이 척독류에 포함된다.[98]

척독 관련 서적은 1900년대부터 나오기 시작하여[99] 1910년대와 1920년대에 가장 활발히 간행된다. 증언에 의하면 척독 출판은 고소설과 함께 1910년대 대중출판을 대표한다.

「그럼 그때 처음으로 출판한 서적은 무엇이던가요?」
「척독 같은 것이었지요.」
「그래 그것이 잘 팔렸습니까?」
「잘 팔렸습니다.」
「그리곤 어떠한 종류의 것을 계속해 출판했습니까」
「유행창가집 같은 것도 발행했지요」
(중략)
「그러면 그때 잘 팔니던 책이 무엇이었습니까?」
「역시 그저 척독류나 춘향전, 심청전 이런 것들이었지요」

－「척독류에서 산성產聲을 발한 영창서관의 금일」, 『조광』 38호(1938년 12월)

「어떤 종류의 것을 출판했어요?」
「네 종류야 머 척독 그저 이런 류지요?」

『최신척독』, 〈대성서림〉(1925)　　　　　　　　일본어 편지 쓰기 교범 『편지 쓸 때 편리하다』

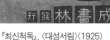『최신척독』 표지를 보면 '9판'이라 표시되어 있고 우체부 복장을 한 남자가 편지를 전하는 자세를 취하고 있다. 오른쪽은 1920년대 후반에 많이 팔린 것으로 보이는 일본어 편지 쓰기 교범으로 여러 대학 도서관에 이 책이 남아 있다.

한다. 하기에 기자는 이 분이 척독이나 이런 구소설류의 그러한 것의 출판을 좀 부끄러워하는 빛이 있으니 이제 누만금을 저축한 차제에 출판업자의 한 사람으로 응당 양심적 출판에 의향을 가진 것같이 보여

「앞으로는 어떠한 서적의 출판에 유의留意를 하고 있습니까?」

「네 장편 전집을 하나 내볼까 하고 생각하고 있습니다.」

「네 참 좋은 의견이십니다. 이렇게 우수한 서점에서 문예서적의 출판을 하셔야지 어디 되겠습니까?」

－「적수赤手로 성공한 덕흥서림의 현형現形」, 『조광』 38호(1938년 12월)[100]

글쓰기 서적은 전체적으로 1930년대보다는 1920년대에 더 활발히 간행된 것으로 보인다. 그리고 1910년대에는 '간독'과 '척독'이라는

제목을 단 책이 상대적으로 더 많이 간행되었고, 1920년대에는 편지 쓰기와 직접 관련된 책이 많이 나왔다. 1930년대에는 실용작문과 문학독본[101] 형식의 책이 더 많이 출판되었다. 그리고 1920년대 초·중반에는 한글로 된 글쓰기 교범과 예문집이 많이 출시되었지만, 1920년대 후반으로 가면서 일본어 글쓰기 실용교범이 광고면을 더 많이 차지했다.

이 책들은 성문화된 여러 근대적 제도에 적응해야 하는 필요에 의해 생활 필수품의 하나가 된 것이다. 물론 전대에도 행정·경제와 관련된 서식이 있었겠지만, 모두 새롭게 배우고 써야 했다. 이런 연유에 더하여 복잡한 새 서식과 행정상의 형식주의 때문에 '대서代書인'이라는 새로운 직업 계층이 새로 나타났고 횡포를 부리기도 했다.[102] 또한 새로운 필요에 의하여 '일선日鮮' 대역서식 서적도 많이 나왔고, 일본어와 영어로만 된 실용서식 교범도 허다하게 발간되었다.

20세기 초, 규범이나 상황에 맞게 글을 잘 쓴다는 것은 이전과는 다른 새로운 사회적 가치를 부여받았다.

① 시하時下 청년 가장 고통을 감感하는 자는 문장연습의 혜경蹊徑이 미새迷塞 하였음이니 여하히 사상을 표현하며 사물을 기재하여야 가할지 준적準的과 모범이 일무一無한지라 당당히 고등교육을 수료하고도 일상 체용의 간이문簡易文조차 구성하지 못하는 자 - 비비比比함이 어찌 당자當者의 죄과뿐이랴 (중략)

문사文思를 조장助長하고 사조詞藻를 함양하는 동시에 지식을 증진하고 수양에 보익補益할 요품要品이니 실로 청년자류靑年者流의 상시 피송披誦할 호서好書니라

　　　　　　　　　- 최남선 찬, 『시문독본』 광고, 『청춘』 14호(1918년 6월)

② 하고何故로 청년 필독의 요서要書인가

다만 문장 연습상의 유일한 계제階梯라고 연然타함 아니오

다만 상식 확충상의 절호한 재료라고 연타함 아니오

다만 정신 수양상의 최량한 반려伴侶라고 연타함 아니오

그보담 더욱 현대 청년의 신생명 발휘상에 근본적 활력을 여與하며 구원적久遠的 기조基調를 암시하는 자임 일서니라

- 『시문독본』 광고, 「동아일보」 (1923년 11월 17일)

③ "근대 청춘된 이 필독의 서"

우리는 이 책을 편집할 때에 문장이 정열적인 것, 사상이 웅건한 것, 행문行文이 유려한 명문인 것을 표준 잡았으므로 모든 교사와 학부형은 안심…… 또한 교육을 받았으면서도 자기의 의견을 변변히 발표할 줄 모르는 모든 청춘 남녀들도 이 책에 의하여 그 문장을 조련調練할 것인가 한다……. 더욱 30만의 중등학생에게 우리는 작문교범으로 이 책을 극력 장려…… 글 학자 장지영 교열(전문을 한글로 하였습니다).

- 『신문학선집新文學選集』 광고 『삼천리』 (1932년 3~4월)

④ 人の氣品才能を評價るも一行の文章からだ本書あれば如何なる文章も自由自在.

사람의 기품과 재능을 평가하는 것도 단 1행의 문장으로부터이다. 이 책이면 어떠한 문장도 자유자재이다(번역—필자).

- 『문장백과대사전』 광고, 『삼천리』 (1936년 12월)

위 인용문을 통해 글쓰기에 관한 당대 인식을 살펴보자. ①은 최남선의 『시문독본』 광고문안이다. 『시문독본』은 1918년에 처음 간행되어, 1920년대까지 꾸준히 많이 팔린 대표적인 글쓰기 책 중 하나이

다.[103] 『시문독본』은 글쓰기 책의 계보에서 중요한 위치를 차지한다. 이 책은 앞 시대인 1890년대 이래 간행된 국어교과서류의 정신과 체제를 따르고 있으면서, 그 이후 1930년대 간행된 『문장강화』류의 문학독본 등으로 이어진다.

『시문독본』은 기본적으로 "재료를 고금에 채採하고 체제를 내외에 찰察하"여 "초학 입문으로부터 계급적으로 현행하는 문장제체諸体에 습숙習熟하게 한 것"으로 구성되어 있었다. 당시 최남선과 이광수는 '시문時文'이라는 말을 통해 자신들이 생각한 근대 한글 문장체 개량의 방향을 제시하고 있었는데,[104] 이 책을 통해 그 구체적인 상을 추론할 수 있다. 『시문독본』은 실용적인 설명문류의 글뿐 아니라, 국내외 문학작품을 다수 수록함으로써 "문사文思를 조장助長하고 사조詞藻를 함양하는 동시에 지식을 증진하고 수양에 보익補益"하는 문학적인 기능도 가지고 있었다.

이러한 책들은 글쓰기를 "사상을 표현하며 사물을 기재"하는 매우 기본적인 능력일 뿐 아니라(①), 인품과 재능을 가늠하는 척도이자, 동시에 적극적으로 자기를 '표현' 해야 하는 '근대 청춘'[105]의 요건(④)으로 보았다. 1918년의 처음 광고에 비하여 사뭇 달라진 「동아일보」의 『시문독본』광고(②)도 이 책이 "현대 청년의 생명의 발휘"와 관계됨을 주장하고 있다. 청년들의 '생명'이 표현되는 방법은 곧 글쓰기였다.

①과 ③은 공통적으로 '학교 교육을 받았음에도 적절히 자기 표현을 하지 못하는 청춘'들을 위해 책을 만들었음을 강조하고 있다. 이를 통해 당시 많은 사회 성원이 글쓰기의 사회적 중요성에 공감하였지만, 학교 교육이 글쓰기를 배우고 싶어하는 대중의 이해와 요구를 담아내지 못했음을 확인할 수 있다. 일본어를 위주로 한 식민지 공교육이, 확장된 공적 영역과 심화된 사적 영역에서 분출되는 자기 표현 욕구를 담아낼 수 없었던 것이다. 한글(또는 일어)로 된 실용문과 '자아'를 표

[TIP 5] 『시문독본』목차와 일러두기

『시문독본』은 총 4책 1권 120개의 소단원으로 구성되어 있다. 각 소단원의 글은 길게는 3~4쪽 짧게는 1쪽 미만의 다양한 장르의 글들이다. 설명 · 논설문과 기행문, 전기문, 서간, 속담, 격언, 옛 설화, 시조 등으로 되어 있다.

『시문독본』(1918년판) 목차

一	입지	十一	생활	二十一	구습을 혁거(革去)하라
二	공부의 바다	十二	사회의 조직	二十二	참마항(斬馬巷)
三	천리춘색 一	十三	서고청(徐孤靑)	二十三	구인(蚯蚓)
四	천리춘색 二	十四	귀성	二十四	박연(朴淵)
五	천리춘색 三	十五	방패의 반면	二十五	콜롬보의 알
六	상용하는 격언	十六	만물초	二十六	시간의 엄수
七	제비	十七	수욕(水浴)	二十七	정몽란(鄭夢蘭)
八	시조 이수	十八	속담	二十八	이야기 세 마디
九	염결(廉潔)	十九	용기	二十九	검도령
十	구름이 가나 달이 가나	二十	콜롬보	三十	일본에서 제(弟)에게

책의 '예언例言'에서 최남선은 다음과 같이 책의 의의를 말하고 있다.

-. 이 책은 시문을 배우는 이의 계제階梯되게 하려 하여 옛것 새것을 모으기도 하고 짓기도 하야 적당한 줄 생각하는 방식으로 편차編次함.

-. 옛글과 남의 글은 이 책 목적에 맞도록 줄이고 고쳐 반드시 원문에 거리끼지 아니함 (중략).

-. 이 책의 문체는 과도기의 일 방편으로 생각하는 바이니 물론 완정完定하자는 뜻이 아니라 아직 동안 우리 글에 대하여 얼마만큼 암시暗示를 주면 이 책의 기망期望을 달함이라.

현하는 글을 잘 쓰기 위해서는 이처럼 과외의 독서와 학습이 필요했고, 그런 까닭에 글쓰기에 관한 책은 1910~30년대에 걸쳐 쉬지 않고 발간되었다.

가히 폭발적이라 할 수 있는 글쓰기에 대한 욕구는 몇 가지 요인을 배경으로 하고 있다. 그것은 앞서 말한 대로 글쓰기를 통한 자기 표현과 타인과의 커뮤니케이션 필요의 증대 그리고 자유연애이다. 즉 근대적 자아의식과 그 표현 욕망·낭만적 연애, 그리고 그 매개물로서의 문학·예술 등의 새로운 코드들이 글쓰기와 긴밀한 연관을 갖는다. 앞서 이야기한 글쓰기와 관련된 책 중 (나) 부류의 책이 이와 관련된다.

(나) 부류 즉 독자들의 미문 충동과 관련된 비非/준準 실용서적·편지 쓰기 교범과 문학독본류 책의 성황은 인용문 ①~③에 나타나 있는 인식을 공통 배경으로 하면서도, 당대인의 사적인 편지 쓰기와 문학과 미문美文에 대한 충동을 배경으로 한다. 1923~1925년 사이에 대형 베스트셀러가 된 『사랑의 불꽃』같은 서한문집이나, 훗날 이 분야의 고전이 된 이태준의 『문장강화』같은 책이 여기에 포함된다.[106]

이들 책에서 글쓰기는 새로운 제도와 규범에 맞게 쓰는 것뿐 아니라, 개성적으로 아름답게 써서 감동을 주고 사람의 마음을 끄는 것이 문제였다. 곧 당대의 청년학생들에게는 '미문'과 '명문'이 문제였던 것이다.[107] 책 제목에 '미문'을 내세운 『미문美文 일본서한문日本書翰文』 『신체미문학생서한집新體美文學生書翰集』같은 책이 두루 읽혔다.

누구나 무엇인가를 써야 하고 쓸 수 있는 이러한 상황에서, 아름답게 쓴다는 것은 어떤 의미를 가질까? 많은 젊은이들이 '문사'가 되기를 희망하고 문사가 존경을 받는 상황은 이러한 사정과 결코 떨어져 있지 않다. 그래서 편지 쓰기와 작문 교범의 글쓰기는 모든 면에서 1920~30년대 문학의 성격과 불가분의 관계를 맺고 있다.

[근대문학 발전은
연애편지 쓰기로부터]
당시 사람들의 편지 쓰기는
가히 폭발적인 양상을 보였
다. 편지는 가장 첨단적이면
서 생활에 밀착된, 신속 정확한 소통방편이었기 때문이다. 1935년 한
해 동안 조선 내에서 발착된 편지는 6억2천1백여만 장이라고 한다. 당
시 조선 인구를 약 2천만으로 간주할 때 한 사람이 30통 이상 편지를
쓰거나 받은 셈이 되며, 식자율을 15~20%로 추정하면 한 사람이 연
간 250~300통의 편지를 주고받은 셈이다.[108] 이는 1984~1985년의 수
준에 해당한다.

이러한 편지 '남발'의 세태에 대해 「조선일보」와 「매일신보」의 편집
국장을 지낸 김석송은 다음과 같이 말했다.

우편제도가 발달되기 전 옛날에는 단 십리에도 전인伝人을 하지 아니하
면 편지 한 장 보낼 수도 없고 받아볼 수도 없었으니, 그때의 편지는 오늘
날의 편지와 달라서 정말 반갑고 끔찍한 것이었다. 그뿐 아니라 꼭 필요한
사정이 있기 전에는 편지를 함부로 쓰지도 아니하였고 우연만한 일에는 편
지를 함직한 일에도 그만두는 일이 많았다. **그러나 지금은 1전 5리나 3전만
드리면 어느 두메 어느 섬 속이라도 자유自由로 통신을 하게 된 세상이라 자
연 편지를 많이 쓰게 되고 안 해서 괜찮을 일에도 편지를 하는 버릇까지 있
다. 이러한 방면으로 보면 편지가 많아지는 것은 문화시설의 발달에 따르는
자연한 일이라고도 할 수 있는 반면에 현대 사람의 문화기 관남용의 결과라
고도 생각할 수 있다.**

- 김석송, 「심두잡초心頭雜草」, 『조광』 4호

당시의 편지 주고받기는 마치 21세기 초 한국인의 핸드폰 사용처럼,
한편으로는 "문화시설의 발달에 따르는 자연한 일"이면서, "반면에 현

대 사람의 문화기관 남용의 결과"라는 것이다.

(1) 편지가 능하면, 입신출세가 빠르다. 교제든지 **상업 취인取引이든지 편지가 능하면 만인의 존경을 받게 되면 처세할 수가 잇스나**

- 『文章百科大辭典』 광고, 『삼천리』 (1936년 12월)

(2) 젊은 남녀가 자기 마음에 있는 생각을 **그 애인에게 보낼 때 졸렬한 문장으로는 감동을 주지 못한다. 그러면 어떠한 편지가 사람의 마음을 끄는가.**

- 『男女熱情の手紙』 好文社(동경)의 광고, 「동아일보」(1925년 7월 13일)

위 인용문은 각각 편지 쓰기 교범의 광고문안들로서, 당대인들에게 편지 쓰기가 갖는 의미가 무엇인지를 구체적이면서도 압축적으로 보여준다. (1)과 (2)에서처럼 편지는 세속의 욕망을 실현하기 위한 중요한 도구다. (1)은 보다 공적이며 실용적인 편지 쓰기를, (2)는 훨씬 사적인 차원에 속하는 편지 쓰기의 기능적 중요성을 강조한다.

(3) 편지와 그 주인공과 대조해보기 전에는 그 편지의 가치 여부를 판단키 어려운 것이다. 광우는 편지만 볼 때는 한 개 보통 여자로 가볍게 생각하였으나, 정작 만나고 보니 광우는 호감이라는 것보다 그 여자의 이상한 힘에 눌리고 말았다.(중략)
『네. 저도 그런 붉은 편지를 쓰는 경박한 모던 걸은 아닙니다.』

- 방인근, 『방랑의 가인』(1935)[109]

또한 편지 쓰기는 무엇보다도 남녀교제의 가장 중요한 수단이었다. (3)은 「동아일보」에 연재되어 인기를 끈 방인근의 『방랑의 가인』 일절이다. 음악가 안기영을 실제 모델로 한 이 소설에서 주인공 광우는 연

■경성우편국 건물. 1915년 9월 15일 경성우편국 건물이 준공됐다. 어느 도시에서나 우편국은 가장 크고 현대적인 건물이었다.

애 상대들이 보낸 편지로 그들의 인격과 자신에 대한 사랑의 진실성을 준별한다. 위 인용문은 소설에서 "화숙의 어디까지나 요염한 유혹의 편지"와 "옥희의 어디까지나 순진하고 애틋한 편지"를 대비한 후, 또 다른 여성인 김보패에 대해 판단하는 대목이다. 이에 대해 김보패는 자신은 "붉은 편지를 쓰는 경박한 모던 걸"이 아니라 한다. 여기서 '경박한 모던걸'들이 쓰는 편지쓰기의 표현이나 문체가 있었음을 짐작할 수 있다. 편지는 젊은 여성들의 일상에서 주요한 활동의 하나였던 것이다.

요컨대 편지를 잘 쓰는 능력은 상업과 입신출세에 필요한 요건일 뿐아니라, '사람의 마음을 끎'으로써 타인에게 존경받거나 사랑을 얻을 수 있는 수단이었다.

자유연애와 공공 공간의 창출은 당대인들에게 어떻게 하면 타인을 이성적으로, 또 감성적 · 육체적으로 설득할 수 있는가 하는 문제를 새롭고도 가장 중요한 삶의 과제로 만든다. '처세處世'가 모든 개인들의 문제가 되기 시작하였다고 보아도 될 것이다. 단독자로서 타자들과의 열린 공간에 던져진 개인들은, 이제 말과 글을 통한 타인과의 전면적인 교섭이 필요했다. 이러한 필요성은 공적 공간과 사적 공간에서 동시에 요구되기 시작하였다. 이로써 타인과 자아 사이의 심각한 욕망의 불균형 상태가 초래되고 타인의 욕망과 나의 욕망이 혼동되기 시작하였다. 허용되어 있거나 허용되지 않은 범위의 모든 수단과 교섭을 통해, 타인으로부터 자신이 원하는 바를 얻기 위해 타인을 설득하고 유혹하는 방법을 훈련해야 했다.

곧 개인들은 남녀관계에서는 '홀리는' 방법을, 토론과 웅변 또 문학에 있어서는 '감격'을 주는 방법을 스스로 연구하고 체득해야 했던 것이다. 예를 들어 "남녀가 다 알아야 할 대화 잘하는 일체의 비결을 상술"한 『(사람을 끄는) 좌담의 비결』(일본 〈진문관〉, 1926)은 "병인 위문, 담판, 교섭, 대금, 수납 차금 거절, 연회, 집회"에서의 화술뿐만 아니라, "예기藝妓 · 하녀와의 대화법"까지 수록했다.[110] 또한 『연설법대방』(〈東洋大學堂〉, 1925)은 모범적인 연설의 예와 더불어 연설에 필요한 표정과 자태에 대해 논했다.

편지 쓰기는 근대 부르주아 사회가 형성되는 과정에서 가장 유력한 자기 표현 형식이었다. 그래서 하버마스는 유럽의 18세기를 '편지의 세기'라 부르기도 했다. 편지 쓰기의 힘은 유럽 근대소설 형성의 한 동인이 된다.[111] 근대 초기의 시민은 자신과 타인들이 경제활동의 사적 영역에서 아직 독립되어 있다고, 즉 서로 '순전히 인간적인' 관계에 들어설 수 있는 인간들이라 이해했는데, 이러한 관계의 문학적 소통형식이 편지 교환이었다는 것이다. 편지를 통하여 개인은 스스로의 주체성을 발전시키는데, 이것이 소설형식과 결부되면서 1인칭 소설과 서간체 소설의 근저를 이룬다.

타자를 향한 담론이라는 외연을 가진 편지 쓰기와 내밀한 주체의 내면을 추구하는 일기는, 주체성의 실험형식으로서 기실 동전의 양면과도 같다. 양자 모두 수신인과 독자를 전제로 하고 있기 때문이다. 그러하기에 이러한 편지나 일기는 역설적인 의미에서 공개를 전제로 한 것이기도 하다. 편지와 일기를 남에게 보여주고 빌려주거나 남의 것을 베껴 쓰는 일도 자연스러운 것이며, 이런 과정 자체가 1인칭 소설과 서간체 문학과 같은 특정한 문학형식을 발전시켰다.

이런 견지에서 1920년대 조선에서 편지 쓰기가 폭발적인 양상을 띠는 사실과, 문학적 외피를 쓴 편지 쓰기 교범이 베스트셀러가 되고 꾸준히 반복 발간되는 현상을 이해할 수 있다. 1923년 발간된 노자영의 연애 서한집『사랑의 불꽃』은 폭발적으로 팔리며 수많은 아류들을 낳았다. 또한 서간문류도 1930년대까지 꾸준히 재생산되었으며, 당대의 잡지에는 자주 문인들의 서간문이 '문인 서한집' 등의 제하에 특집으로 묶이기도 하였다. 예를 들면『삼천리』1933년 3월호의「문인서한집」은 홍명희와 이광수, 모윤숙과 방인근, 박화성과 송계월이 주고받은 편지를 실었으며,『조광』1937년 3월호의「사랑의 서간집」은 김유정, 이헌구, 임화 등의 편지를 실었다.『삼천리』1938년 5월호의「문인서한집」은 이광수, 김소월, 현진건, 박영희, 박화성, 장혁주, 김기진, 이원조, 이헌구, 강경애, 나도향 등이 대거 등장한 특집이었다. 이광수의『춘원 서간문범書簡文範』(《삼중당》, 1939), 이태준의『서간문 강화』(1940)는 그 중 결정판에 해당하는 기획물이었다. 서간문집은 그야말로 베껴쓰기의 '모범'으로서, 독자들의 상황과 필요에 맞는 편지문 샘플을 제공하는 실용성을 수반하며 문학을 발전시켰다.

노자영의『사랑의 불꽃』은 "현대 신진 문사들이, 청춘의 열정과, 피와, 눈물과, 한숨과, 웃음을 좇아, 아름답고 묘하게 쓴 『러브렛터』(연애서간)집"이다. 이 책은 '편지의 시대'였던 당대의 문학과 연애·인생이 어떻게 종합되고 있는가를 극적으로 보여준다.

> 이 책은 현대 신진 문사들이, 청춘의 열정과, 피와, 눈물과, 한숨과, 웃음을 좇아, 아름답고 묘하게 쓴 『러브렛터』戀愛書簡집이니, 그 아름답고, 묘함은, 풀 속에 숨은, 한포기 백합화 같기도 하고, 달 아래 흐르는, 맑은 시내 같기도 하여, 句句마다 金玉이요, 節節히 香氣라. 청춘으로 하여금, 취하게 하고, 청춘으로 하여금, 울게 하지 아니하면, 마지 아니 하리라. 그 내용은, 예술화하고, 시화詩化하여, 이 책은 현대 신진 문사들이, 각각 붓을 든 것이니 시 이상의 시이오, 소설 이상의 소설이고, 소품小品 이상의 소품이다. 연애에 우는 자도 있고, 연애에 취한 자도 있으며, 연애에 죽는 자도 있어서, 피에 살고, 눈물에 사는, 청춘으로 하여금 같이 울게 하고, 같이 웃게 하리니, 연애를 알고자 하는 자나, 연애에 실패한 자나, 연애에 기뻐하는 자나, 다시 한 걸음 나아가, 청춘과 인생의 문제를 알고자 하는 자는 그 누구를 물론하고, 기어히 일독할 가치가 있음을, 절대 책임을 지고, 말하여 둔다.
>
> — 『사랑의 불꽃』 광고, 「동아일보」(1923년 2월 11일)[112]

위 글에서 편지는 '예술'로 승화된 문학 이상의 '문학'으로서, 수단이 아니라 그 자체가 목적으로 승화된다. 이러한 편지 쓰기를 배워야 할 사람은 연애와 생의 문제 자체를 알고 싶어하는 모든 이들이다.

이처럼 대중들은 '미문'이 '청춘을 취하게 하고 눈물과 감격'에 빠지게 하는 힘을 가졌다고 간주했다. 서간체의 미문은 낭만적인 문학과 연애를 결합하고 있는 실체였다. 이광수의 「어린 벗에게」(1917), 김동인의 「마음이 여튼 자여」(1919~1920), 전영택의 「생명의 봄」(1920),

■■■『사랑의 불꽃』광고, 「동아일보」(1924년 2월 28일). "청춘 남녀의 불타는 가슴을 휘저어놓은 꽃 같은 향기의 웃음과 눈물!"이라는 광고문안을 내세우고 있다. 서간체의 '미문'으로 씌어진 『사랑의 불꽃』은 연애의 상황에 맞는 모범 편지문을 제시해서 인기를 끌었다. 1920년대의 수많은 연애편지가 이 책을 참고로 씌어졌을 것이다.

염상섭의 「암야」(1922), 「제야」(1922), 「묘지」(1922), 나도향의 「젊은이의 시절」(1922) 등의 초기 근대소설은 모두 편지체로 씌어지거나 편지가 소설의 중요한 대목을 차지하였다.

그렇다면 과연 '미문'은 무엇인가. 박영희는 1920년대 초 문학을 회고하며 당시에 네 종류의 문장체가 있었다고 말한다. 그 첫째는 춘원 이광수류로 간결하고 평이하여 읽기 쉬운 문장이며, 둘째는 염상섭류의 길고 읽기 거북하지만 무게 있는 문장이다. 세번째와 네번째가 문제인데 각각 나도향·홍사용 그리고 노자영처럼 "낭만성이 많은 작가들"이 쓰는 문장이다. 세번째와 네번째는 사실 "대동소이"하지만 그중 "좀 저속미를 가진 문장이" 네번째 부류인 노자영의 문장이었다는 것이다. 인위적으로 꾸미고 과장하여 "분칠한 여자와 같이 아름다우면서도 속되게 보"이는 이 문장은, 얼른 보면 나도향류의 문장과 비슷하여 서로 혼동될 수 있는 까닭에 나도향과 노자영은 서로 싫어하였다고 한다. 그런데 "감격적인 까닭인지 처음 써보는 호기심에선지 「!」「?」표를 남용하는 경향"이 있었다는 이런 문장이 대중들 사이에서는 크게 유행하였다는 것이다. 그러면서 박영희는 노자영의 소설 「표박漂泊」의 일절을 예로 들고 있다.[113]

> 「장미의 꽃 한 송이!
> 누구에게 던질까?」…… 「아!! 혜선이가 나를 죽이누나?」……
> 「아!! 아름다운 처녀여!」

'!' 와 '?' 를 남용하는 영탄詠歎과 감상적 수사를 남발하는 이른바 '미문' 의 실체를 위 글에서 느낄 수 있다. 아래는 '논설' '기행' '창작' 혹은 '소설' 처럼 글의 종류를 일컬어 '미문' 이라는 관식구를 붙인 글의 일부이다.

> 순아! 그리운 순아! 한 번 스쳐가는 가을바람에 푸르던 나뭇잎들은 붉은 치마를 입고 한들한들 춤을 추다가는 죽음을 마주한 애원하는 듯이 오고 가는 사람들의 어깨를 툭툭 건드리는 것을 볼 때 내 안이 울어야 아니 울지 못하겠다 (중략)
> 오오 순아! 밤이면 밤마다 우는 벌레소리와 같이 불쌍도 하지…… 청춘을 애태우며 눈물을 동무하여 가지고 너를 사모하는 나의 마음을 어이 알 수 있겠으랴! 눈을 뜨면 너의 아리따운 환영! 눈을 감으면 너의 귀여운 꿈! 아아 나는 진정이지 마음 붙들지 못하겠다. 이리 하다가 멀지 않아 애달퍼라.
> - 「미문 : 보월생, 홍초지紅草紙」, 『신흥영화』 1 (1932년 6월)

결국 미문은 일반적으로 영탄과 감상적 수사로써 낭만적 심사를 표현하는 문체를 일컫는다 할 수 있다. 이러한 미문을 사용해야 하는 편지 중의 편지는 연애편지였다. 그리고 연애는 곧 편지 쓰기였다.

상대가 여성이요 그리고 연일 밤을 새워가며 편지를 쓴다면, 두말없이 다들 연애라고 이렇게 단정하리라.

- 김유정, 「생의 반려」, 『중앙』(1936년 8월)

낭만적 연애야말로 새로운 문학을 일으키는 중요한 힘의 하나로 작용했음을 알 수 있는데, 그 구체적인 작동기제는 앞에서 살핀 것처럼 연애편지 쓰기였으며, 이를 위해 매뉴얼로서의 '서간문집'을 읽어야 했다.

독서학자 모티머 애들러M. Adler에 의하면 연애편지 읽기는 가장 모범적이면서도 탐욕적인 텍스트 읽기 방식이다.[114] 보통 사람들이 이해관계가 없는데도 자발적으로 평소보다 훨씬 더 꼼꼼하게 글 자체를 잘 읽으려고 노력하는 경우는 단 하나, 사랑에 빠져서 연애편지를 읽을 때이다. 연애편지를 읽을 때 사람들은 자신의 능력을 최대한 발휘하여 단어 하나 하나를 음미하고 행간과 여백에 감춰진 의미까지 읽어내려 한다. 부분의 견지에서 전체를 읽고 전체의 견지에서 부분을 읽는다. 경험과 지적 능력을 최대한 민감하게 발휘하여 문맥을 해석하고, 애매한 구절과 암시·함축도 결코 지나치지 않는다. 말의 색깔, 문장의 냄새, 구절의 무게까지 알아차리려 하며 심지어 구두점의 위치까지도 고려한다. 만약 이러한 가설이 맞는다면, 한 개인의 성장 과정에서 연애소설 읽기나 연애편지 읽기·쓰기가 강렬한 문학체험의 첫머리에 놓인다는 사실을 당연하고 자연스러운 일로 이해할 수 있다. 그리고 연애 서간문집이나 감성적 사랑을 다룬 대중적 시집이 시대를 초월하여 베스트셀러가 되는 이유도 이해할 수 있다.

그러나 『사랑의 불꽃』이 대형 베스트셀러가 되고, 이와 유사한 연애서간문집이 쏟아져나오는 상황은 그 시대만의 징후이기도 했다. 전체 사회가 '사랑의 근대적 형식으로서의 자유연애'[115]를 처음 시작하고 있었으며, 그 열정이 근대적인 문화를 대중화시키는 하나의 유력한 힘이 되었던 것이다. 이를 두고 『조선문단』의 편집자 방인근은 "우리의 문학은 이제부터 시작입니다. 참말 전체가 처녀작 시대입니다"[116]라고 말했다.

근대소설은 가정과 개인의 사생활이라는 사적인 영역을 공적 영역으로 확장하는 기능을 가지고 있었다. 이 시기 소설은 특히 사랑과 '성性'의 문제를 중심으로 새롭게 발견된 내면성을 다루는 방법의 하나로 편지라는 사회적 소통방식을 활용하였다. 본격적으로 내면을 '고백'하는 서술자가 등장하고 한편으로 근대 여성의 생활이 소설의 중요한 소재가 됨으로써, 편지형식은 매우 유용한 형태가 되었던 것이다. 편지를 통해 이루어진 이러한 내밀한 고백의 주된 내용이 무엇이겠는가. 그것은 다른 무엇보다도 근대인의 '사랑'이 가져다준 윤리적 갈등과 번민들일 것이다. 김동인 · 염상섭 · 나도향 등이 내놓은 한국 근대소설의 중요한 초기작들은 바로 이러한 원리 아래 쓰어진 것이다.[117] 이를 위한 사회적 · 문화적 조건은 그들 앞에 매우 풍성하게 존재하였다. 그것의 속화된 표현이 바로 『사랑의 불꽃』이었다.

근대 독자 문제와 관련하여 '편지 쓰기'가 갖는 중요성을 정리하면, 첫째, 사회 성원들 사이에 새로운 내용과 형식의 의사소통이 필요하다는 요구가 편지 쓰기를 유례없이 중요한 사회적 행위로 부각시켰다. 이는 곧 읽고 쓰는 행위가 극적으로 그리고 전적으로 사회화 · 대중화됨을 의미한다. 이러한 환경에서 근대소설은 자라나고 있었다.

둘째, 의사소통의 새로운 내용을 구성한 것은 근대인의 공적 생활과 '연애'를 중심으로 한 사적 생활이다. 전자의 필요는 근대적 법률과 행정·상업서식을, 후자는 낭만적 취향의 연애편지 쓰기를 발전시키켰다. 특히 후자는 근대소설의 전개와 직접적인 연관을 갖는다.

셋째, 낭만적 취향의 연애편지 쓰기의 필요성이 대중의 문학관을 변화시킨다. 즉 고전소설적 '전기傳奇'로부터 대중성의 중핵이 변화하여, 새롭게 교육받은 젊은 세대는 문학은 낭만적 취향의 미문이라는 관념을 갖게 된다. 이에 일조한 책들이 각종 연애 서간문집들이다.

넷째, 1920년대 초의 문학은 서술구조 속에 편지를 적극적으로 수용한다. 그리고 낭만적 문학은 이러한 양상을 더욱 부추기는 방향으로 대중을 이끈다.

3 1920~30년대의 책 읽기와 문화의 변화

책을 대해서는 하품을 하지 말고, 기지개를 켜지도 말고, 졸지도 말아야 하며, 만약 기침이 날 때에는 머리를 돌려 책을 피해야 하며, 책장을 뒤집되 침을 묻혀서 하지 말고, 표지를 할 때 손톱으로 해서는 안 된다. 서산(글을 읽은 횟수를 세는 데 쓰는 물건 : 서수書數)을 하면서 번수를 기록할 때에는 뜻이 들어가면 헤아리고, 뜻이 들어가지 않으면 헤아리지 말아야 한다. 그리고 책을 베고 자서는 안 되며, 책으로 그릇을 덮지 말고, 권질을 어지럽게 두지도 말고, 먼지를 털고 좀벌레를 쫓으며, 맑은 날에는 햇빛을 쐬고, 남에게서 빌려온 서적의 글자가 잘못되었으면, 교정을 봐서 쪽지를 붙이고, 종이가 떨어졌으면 붙이고 꿰맨 실이 끊어졌으면 새로 꿰매어서 돌려줘야 한다.

– 박지원, 「원토原土」, 『연암집』 권 10

책을 대하는 박지원의 태도는 자못 감동스럽다. 글자가 잘못 되었으면 직접 교정을 봐주고, 실이나 종이가 떨어지면 직접 수선해야 한다는 것은 흔해빠진 공산품을 대하는 태도는 아니다. 책을 읽는 사람이 급격하게 늘어나고 그만큼 책의 수와 종류도 많아지면서, 책이 흔한 물건이 된 것이 1920년대부터였다.

독서인구의 급격한 증가

1920~1925년부터 독자층이 말 그대로 남녀노소로 확장되었다. 조선 후기 이래로 흔들리던 유교 신분제가 20세기 초 결정적인 타격을 받으면서 상민과 여성들이 교육받을 기회를 갖게 되었고, 학교에 보내면 '왜놈이 된다'고 생각한 많은 보통 조선인들이 1919년 3·1운동 이후에 태도를 바꾸어 일제의 공교육기관에 자식들을 보내기 시작했다.

한편 이른바 문화정치의 영향으로 1920년대 조선인 출판업의 규모는 1910년대와 비교할 수 없이 커졌다. 또한 조선은 좀더 근대화되고 큰 서적시장을 거느린 일본 출판자본의 영향 아래 들어가게 되었다. 늘어난 수요를 감당할 만한 인프라가 구축된 것이다.

읽힌 책의 종류도 헤아릴 수 없이 다양해지고, 새로운 독서인구의 능력에 어울리게끔 책이 좀더 읽기 편하게 만들어지기 시작했다. 책 만드는 기술이 나아져 값이 싸지고 읽기 쉽게 편집·장정됨으로써 책에 대한 접근성이 높아진 것과, 독자들의 수용능력이 향상되는 현상은 거의 동시에 진행되면서 서로 상승작용한다. 그리고 이는 책 읽는 방법 자체를 변화시킨다. 즉 앞에서 본 것처럼 음독에서 묵독으로의 이행이 더욱 촉진되고, 백 번 읽으면 저절로 뜻이 통한다는 '독서백편의자현讀書百編義自見'과 같은 전통적인 암기 위주의 반복적인 독서[1] 대신, 점차 넓고 얇은 소비적인 독서법이 생겨난다. 책이 많아짐에 따라 어떤 책을 선택할 것인가 하는 새로운 문제가 나타났으며[2] 전래의 눈으로 보면 남독濫讀이라 여길 만한, 이전에는 보지 못했던 상황이 벌어지게 된다.

> **4~5년 이래로 평양 청년 간에는 독서열이 팽창하여 (중략) 서적점까지**
> **4~5처 일어나 한때는 방향 없는 서적을 수없이 매입 진열하였으며 독서자**

은로학교(恩露學敎), 1915년

서당에서의 공부

■■■1920년대 이전까지는 서당과 사립학교가 초등교육의 상당 부분을 담당하였다. 위의 은로학교는 1907년 유길준이 일본에서 귀국하면서 흑석동 일대의 토지를 하사받아 건립한 초등학교이다. 아래의 서당 풍경과 잘 어울리는 기록을 소개하면 다음과 같다. "좁은 방안에 30명 가량의 장밋빛 옷을 입은 소년들이 바닥에 웅크리고 앉아 있다. 그들은 모두 함께 소리내어 책을 읽으면서 큼직하게 씌어진 중국문자가 가득한 책을 앞에 놓고 천천히 몸을 흔든다." -카를로 로제티의 『꼬레아 꼬레아니』 중에서, 1904년.

[TIP 6] 교육열과 입시경쟁의 의미

1920년대 이후부터 식민지시기 내내 조선인은 만성적인 취학난에 시달리게 된다. 교육 수요에 비해 학교가 너무 적었기 때문이다. 이는 단지 식민지 시기뿐 아니라, 20세기를 산 한국인이라면 거의 누구나 겪게 되는 입시경쟁의 서막을 의미했다. 일제하의 교육열을 어떻게 보아야 할까. 윤치호의 글은, 일제 정책과 근대화에 대한 조선인들의 태도를 구별해서 이해해야 함을 보여준다.

> 일본은 조선인들을 동화시키려 하지만, 그들 스스로도 동화가 불가능하다고 여기고 있다. 이 양극단 사이의 중용은 무엇일까? 난 잘 모르겠다. (중략) 그러나 난 이것 한 가지는 정확히 알고 있다. 우리는 배우고, 배우고, 또 배워야 한다. 깔끔함, 근면성, 능률, 응집력, 복종심, 때를 기다리는 법, 자유가 아무리 좋다 하더라도 방종으로 흐르지 않고 자유를 영위하는 법 등을 말이다. 일본인들을 증오하는 것 같은 상당수의 조선인들이 사실은 못난 사람들이다. 증오는 나쁘다. 우리가 그들을 증오하면 배울 수 없으니까.
>
> – 1921년 2월 18일, 『윤치호 일기』[3]

윤치호의 입장은 '실력양성론'과 긴한 관련이 있는데, 많은 조선인들이 이와 같은 생각을 갖고 있었다. 그러나 중립적 외관을 가지고 있는 근대적 가치 곧 '깔끔함, 근면성, 능률' 따위의 가치를 일본인들이 갖고 있다는 것이 문제를 복잡하게 했다. 한편 일제시기 일본인 교육과 한국인 교육 사이에 확연한 차별이 존재했음을 지적하고, 이 차별이야말로 교육열 높은 조선인들이 식민지배의 정당성을 근본적으로 의심하게 된 가장 강력한 이유였다고 보는 이도 있다. 이에 의하면 초등교육의 점진적 확대는 총독부 조선인들의 '동의'를 확보하기 위해 내놓은 개량적 정책이었지만, 조선인들에게는 '쟁취'였다.[4]

들도 방향 없는 남독濫讀의 기분이 많았었고 특히 어린 학생들 사이에 동화집『사랑의 선물』을 선두로『사랑의 불꽃』,『영원의 몽상』등 조선문 서적과 일본문 서적 신조사 출판의『웰텔총서』등의 연애서적을 애독하며 감상적 연애에 심취해 덤비는 경향이 많던 중 (중략) 적이 주목되는 바는 일반 청년의 독서경향이 주의主義서적으로 몰리는 것이라더라.

– 「평양의 독서 경향 : 연애보다는 주의서적에 관심」, 「조선일보」(1925년 12월 24일)

[**1920년대 조선문 출판물 허가 건수 추세**] 식민지시대 책 발간의 흐름을 살펴보는 데 있어 꼭 참고해야 할 중요한 자료가 하나 있다. 1929년 조선 총독부 경무국이 조사 발표한 〈연도별·종별 조선문 출판물 허가 건수〉가 그것이다. 이제까지 식민지시대 출판사 연구의 기초자료 역할을 해왔던 이 자료는 다른 공식적인 통계가 별로 남아 있지 않고 새로운 자료를 발굴하기 어려운 상황에서 중요한 위치를 차지하였다(■자료실 : 표 8 〈1920년대 연도별·종별 조선문 출판물 허가 건수〉 참조). 그러나 이 자료에 나타난 출판물 발간추세는 그야말로 '허가 건수'를 관료적인 통계로 처리한 것이라 이를 통해 책 읽기의 실제 양상에 접근하기란 매우 어렵다. 더구나 '당국'의 책 분류 기준과 그 구체적인 실례가 밝혀져 있지 않고, 출판 추세의 변화에 대한 설명도 없다.

이 자료를 통해서 얻을 수 있는 것은 두 가지이다. 하나는 1920년대와 1930년대 전체를 관통하는 출판경향에 대한 대체적인 밑그림이며, 다른 하나는 식민지 조선인에 의한 출판물 발간을 바라보는 사법적 감시자, 혹은 식민 지배자의 시선이다. 특히 후자는 일본과 조선의 지적 정황의 차이와 유사성, 그리고 식민지 지배자와 피지배자의 인식의 원근遠近을 보여준다는 점에서 흥미롭다.

특히 경무국 당국자가 붙여놓은 '조선인의 출판물 발행상황第四節 朝鮮人の出版物發行狀況'이라는 해제를 살펴볼 필요가 있다.

그 내용을 보면 우선 식민지시기 가장 많이 허가받고 발간된 종류의 책은 '족보'이다. 경무국 당국자는 조선인이 발간하는 신문·잡지가 주로 정치·경제·사상 문제 등을 취급하는 데 반하여, 단행본 중에는 이 분야의 책이 거의 없고 족보·소설·유묵遺墨문집 등의 발행이 많은 것이 특이하다고 했다. 그리고 단행본 출판물 허가 건수에서 비중이 가장 높은 족보·소설·유묵문집 등의 발간 추세에 대해 다음과 같이 해석하고 있다.[5]

첫째, 족보에 대해서는 '일본에서 찾아볼 수 없는 조선 특유의 출판물로서 1920년대 이후 출판 건수가 급격히 증가하는 추세'라고 했다. 비용이 많이 들고 그 배포 범위가 친족 내부에 불과한 데도, '조선인들이 족보를 가보로 여기는 까닭에 이런 문제에 대해서는 신경을 쓰지 않는다'했다. 그리고 조선인들은 '동성同姓 집단에서 족보 계보의 '정부正否'를 다투어 자신의 위치를 족보에 좀더 유리하게 표시하기 위해 어떤 수단이든 동원하는 누습陋習이 있고, 그로 인해 각종 폐해가 생기니 '취급'에 부단한 주의가 요구된다'했다.[6]

둘째, 경무국 당국자는 '신구新舊소설'이 대체로 '내지內地'의 강담본講談本과 비슷하게 그 제재의 대부분을 중국으로부터 얻어 충효, 무용武勇, 정절 등을 골자로 하거나 동양윤리적인 연애담을 소재로 한다고 했다. 그중 『조웅전』 『춘향전』 『심청전』 등을 대표적인 작품으로 꼽고 이 소설 독자들의 다수는 농민과 부녀자들로서, 농한기가 되면 이 소설들을 돌려읽고[7] 가정 오락물로 이용하여 출판허가 건수가 크게 늘어난다고 했다. 경무국 자료에 의하면 신소설과 구소설을 합칠 경우에는 소설이 족보보다 더 많이 출판되었다. 그런데 자료에서는 '신소설, 구소설, 문예, 시가' 서적을 구분하였으나 구분기준이 무엇인지 밝히고 있지 않다.

한편 '유묵문집'[8]은 스승이나 조상의 유묵을 후대에 전하기 위해 만든 출판물이다. 주로 유생[古老儒生]들 사이에서 반포되는 순한문 출판물인 까닭에 근래 청년들이 보기에는 난해하고 시세에 점차 떨어져 그 부수가 늘어나지 않고 있다 했다.

마지막으로 경무국 당국자는 정치·법률과 기타 과학 관련 조선어 출판물이 극히 적은 이유를 다음과 같이 풀었다. 이들 분야의 연구자는 '국어'와 그 외 외국어로 된 원서로 직접 정확히 읽어야 하기 때문에 '언문諺文'으로 된 번역서가 필요없다는 것이다. 또는 '조선에는 이들 방면의 독창적인 연구자가 없기 때문에 이런 종류의 책이 발간되지 않는다'고 하였는데, 이러한 해석은 제국 관료의 시각을 여실히 드러낸 것이라 하겠다.

경무국 당국자의 해설은 '조선인들의 교육기회가 점차 확대됨에 따라 장래에는 조선인들이 자체 출판물에 만족하지 못하고 체제와 내용이 보다 충실한 내지內地 출판물을 선호할 시기가 도래할 것이라는 예측으로 끝맺고 있다.[9] 이러한 예상은 여러 복합적인 이유에 의해 실제로 실현된다.

검열과 출판의 자유

일제하의 모든 출판물은 '출판법' 상의 허가제에 의해 발간되었다. 융희 2년(1908) 구한국법령 6호로 제정된 이 법은 수많은 개정 노력에도 일제시기 내내 유지되었고 심지어 해방 후까지 잔존했다. 이 법은 출판의 자유를 심각하게 저해하였다. 법에 의하면, 문서·도서를 출판하려는 자는 고본稿本을 첨부하고 지방장관을 경유하여 허가를 얻어야 한다. 만약 허가를 얻지 않고, '(1)국교國交를 저해하고 정체政體를 변괴變壊하든가 국헌을 문란紊亂하는 문서·도서를 출판했을 때는 3년 이하의 징역, (2)외교 및 군사기밀에 관한 문서·도서를 출판했을 때는 2년 이하의 징역, (3)전 이항二項의 경우 이외에 안녕질서를 방해하든가 또는 풍속을 괴란하는 문서·도서를 출판했을 때는 10개월 이하의 금고, (4)기타 문서·도서를 출판했을 때에는 100원 이하의 벌금'이 부과된다.

여기에 1925년부터 사회주의 민족해방운동의 확산을 막기 위해 발효된 치안유지법도 조선인의 언론·출판활동을 통제하는 데 활용되었다. 이러한 법령과 더불어 총독부는 경무국 아래 도서과를 설치하여 상시적인 사전·사후 감시체제를 만들었다. 그리고 1930년대에는 '치안방해' '풍속괴란' 등의 세부항목을 포함한 '검열표준檢閱標準'(1930년, 1937년 개정)을 정하였다.

검열표준은 감시를 실제로 적용하는 데 필요한 세부지침이었는데, 여기에는 '一. 황실의 존엄을 모독할 우려가 있는 사항' '二. 신궁·황릉·신사 등을 모독할 우려가 있는 사항' '五. 군주제를 부인하는 것 같은 사항' 등과 같이 일본 천황제를 부인하는 사항과 함께 사회주의, 무정부주의를 금압하는 포괄적인 내용이 들어 있었다.

이와 같은 법적 체계하에서 일제치하 내내, 사전검열과 압수·삭제·발행금지 등과 같은 전체주의적 출판정책이 시행되었다고 봐도 무방하다. 따라서 조선어로 된 출판물은 극한 탄압의 대상이 되었으며, 조선의 출판문화가 일제의 검열에 의해 크게 왜곡되었다는 것이 상식이다.[10]

그러나 법률의 적용은 시기와 정세에 따라 유동적이었으며 검열체제에 틈새가 있었다는 점도 중요하다. 잘 알려진 것처럼 조선어 출판물에 대한 일제의 탄압은 1910년대에 가장 극심했다. '애국계몽기'에 나온 역사전기물과 조선인들이 발간한 교과서류가 주된 탄압의 대상이었다. 장지연의 『대한신지지大韓新地誌』, 신채호의 『을지문덕』, 안국선의 『금수회의록』, 현채玄采의 『유년필독幼年必讀』, 이상익의 『월남망국사』 등이 대표적이다. 그러나 1920년대 중·후반에는 사회주의 관련 서적도 상당히 많이 유통되었으며, 능히 풍속을 '괴란' 할 만한 책들도 쏟아져나왔다. 1930년대 후반이 되면 조선어 출판물 자체가 불온시되기도 했다.

그리고 총독부는 조선에 거주하는 일본인과 외국인에게는 별도의 법체계를 적용하여 조선인에 비해 많은 자유를 주었으며, 일본 '내지'에서 조선반도로 건너오는 출판물에 대해서도 상대적으로 약한 검열 정책을 폈다. 이 점은 일제시기의 지적 풍토와 책 읽기를 이해하는 데 매우 중요한 요소의 하나다. 일본어를 배운 조선인들은 일본어로 된 책을 읽었고, 일본어 책을 읽을 수 있는 조선인은 점점 늘어갔다. '책 읽기의 근대'는 탄압과 부자유에 대한 정면도전에 의해서만이 아니라, 우회하는 방법을 통해 이루어지기도 했던 것이다.

현재 조선 사회의 추세로 말하면 조선 안에서 간행되는 신문잡지를 위시하여 일반도서는 검열제도가 엄중한 관계로 다소 표현에 미지근한 점이 있으나 그래도 **일본서 나오는 도서는 그렇게 심하지 아니함으로 웬만한 인사들은 일문을 통하여 새로운 지식을 흡수하기에 노력하는 까닭이라 하겠다.**
- 「조선일보」(1929년 10월 23일)

1931년 조선인 출판업자들은 "제도 외의 규정을 철폐"하고 "불허가제 및〔及〕전문全文 삭제제도"와 "편집기술상 간섭"을 폐廢하라는 진정을 제출하기도 했다. 그러나 이런 진정은 받아들여지지 않았다. 장기간 지속된 사전검열과 언론·출판의 부자유는 식민지인들에 의해 '내면화'되었을 가능성도 있다. 탄압과 부자유의 결과물일 수 있는 열등

안국선, 『금수회의록』(1908)   현채, 『유년필독』(1907)

■■■■『유년필독』은 현채가 저술한 초등학교용 교과서로 4권 2책으로 발행되었다. 애국사상 고취와 민족의 전통적 주체성 확립을 목적으로 하여 일제에 의해 금서로 지정되었다. 까마귀, 파리, 개구리 따위의 동물들이 등장하여 당시의 사회상을 강도 높게 비판한 『금수회의록』은 가장 먼저 판매 금지된 책의 하나다.

함이 다시 열등함과 열등감을 재생산하는 원인이 되는 것이다. 검열은 일본과 조선의 문화적 역량 차이를 더 크게 만들고, 앎의 식민성을 강화하는 구실을 하였다. 이는 위에서처럼 '웬만한' 지식계급 인사들이 '읽을 만한' 조선어 책이 없어지게끔 하는 원인이 되었으며, 1920년대 후반 이후에는 모든 출판 영역에서 남녀노소가 '자발적으로' 일본어 책을 선택하는 상황에 이르게 한다.

2_매뉴얼과 포르노그래피의 시대

『동아전과』『표준전과』를 기억하시는지. 무슨 뜻인지도 모르고 그냥 '전과'('전꽈'라 발음했다)라 불렀는데 알고 보니 '전과'는 '모든 과목', '과목 전체'를 말하는 '全科'였다.

전과는 과외도, 학습지도 별로 없던 시절 대표적인 초등학생용 보조교재였다. 말 그대로 전과는 국어부터 산수, 사회, 자연은 물론 음악, 미술, 체육, 실과까지 전 과목의 교과내용과 해설을 담은 아주 두꺼운 책이었다.

학기 초가 되면 부모님이 두툼한 전과 한 권을 사주셨고, 그 부피에 공포를 느끼기도 했다. 집이 썩 넉넉하지 않거나 형제 사이에 터울이 없는 집에서는 여러 형제가 한 권을 물려가며 보기도 했다. 굉장히 오래된 옛이야기로 들리지만 그리 오래 전 일은 아니다.

그런데 이 전과의 역사가 의외로 깊다. 일제시대 초등학생들도 전과를 보고 공부했다. 「동아일보」 책 광고면에는 당시 초등학생들을 위한 여러 종류의 전과가 등장하고 있다. 〈이문당以文堂〉에서 나온 『보통학교자습전과참고서』(1924)·〈박문서관〉에서 나온 『보통학교전과모범정해』(1925) 등이 많이 팔렸던 것 같다. 근대의 초등학생들이 그러하듯 일제시대 초등학생들도 공부를 열심히 해야 했다. 입학난이 심해서 도시의 초등학교는 면접시험을 봐서 학생들을 뽑았으며 '좋은' 중학교에 가기 위한 경쟁도 치열했다. 우리나라에서 독서의 근대는 교육열·입시경쟁과 함께 왔다.

근대의 책 읽기가 갖는 가장 큰 특징은 기능성이다. 이전의 책 읽기는 지고한 가치를 가진 지식과 사유思惟 그 자체였다. 책 읽는 계급은 절대 다수의 민중이 갖지 못한 능력을 가진 별난 존재였기에 도저한 책무감과 엘리트의식을 가지고 있었으며 선비들의 책 읽기는 숭고한 권리이자 책무였다.

독서는 '비생산적 유한계층'인 선비의 유일한 기능이기도 했다. 하루 종일 경전을 외는 것밖에는 할 일이 없던, 조선 '선비'의 책 읽기는 "지식의 환전가치나 정보의 효용가치를 기준으로 삼는" 오늘날의 기준으로 보면 이해하기 힘들다. 그러나 긍정적으로 보면 그것은 조금의 변화도 없이 되풀이되는 전근대의 물질적 삶과 일상 속에서, "나날이 경이로움과 지적 성취감으로 충만한 변화의 연속을 의미하는 정신의 삶 자체"였다. 그들이 독서를 통해 얻은 '앎'은 물질적 이익을 얻는 데 쓰일 것이 아니었다. 독서는 삶의 내적 충실과 대의의 길을 기하는 바탕이었다.[11]

그러나 근대로 접어들면서 책은 한편으로 상품이자 매체이면서, 또한 일종의 도구가 된다. 인간의 활동과 관련된 모든 일이 문자로 기록되고 책으로 인쇄된다. 가장 내밀한 사적 영역에 속하는 성性과 육체에 관련된 부분부터 자본주의적 공적 생활을 기술적으로 해나가는 방편인 '처세處世'에 이르기까지, 그리고 '천하지대본'인 농사農事 짓는 일부터 가정요리에 이르기까지, 세상의 모든 일은 이제 읽어서 알아야 하고 써서 전습傳習해주어야 할 대상이 된다. 머릿속에 기억되고 귀를 통해 구전되는 것은 이제 지식이 아니다. 모든 '앎'은 가시적인 형태로 축적된 것, 즉 책 속에 활자로 고정된 것을 가리키게 된다.

따라서 근대의 모든 책은 사실상 '매뉴얼manual'의 의미를 지닌다. 책 속에 담긴 지식과 정보는 모두 무엇인가를 위한 기능적 가치를 지

이용기, 『조선무쌍신식요리제법』(1924)

『양계법 촬요』 광고, 「독립신문」(1897)

■■■이용기라는 남성 저자가 쓴 최초의 한글 요리책인 『신식요리제법』은 1924년 '조선요리 만드는 법으로서는 이만한 것은 둘도 없다(無雙)'고 공언하면서 출간된 이후 일제시기 한 시대를 풍미한 음식책이다. 19세기말 「독립신문」의 『양계법 촬요』 광고에서는 '외국에서 개발된 선진 양계법을 도입하면 큰 이득이 있을 것'이라 하였다.

닌 것이다.

1896년 4월 창간된 「독립신문」 광고면에 등장한 최초의 책이 『한영자전』 『한영문법』과 『양계법 촬요養鷄法撮要』라는 사실은 시사하는 바가 크다. 그리고 1890년대 말 「독립신문」과 「황성신문」 광고면에 가장 자주 등장한 책은 "서양 음식 만드는 법을 국문으로 번역하여 본사에서 백혀 파는데 영국과 미국에서 쓰는 각종 식물 二百七十一 종류를 만드는 법을 다 자세히 번역하였는지라"라는 광고문과 함께 소개된 요리 매뉴얼이었다. 그리고 1920년대 전체를 보더라도 사상과 문학 영역의 서적보다 교재 수험서와 실용서의 비중이 훨씬 컸다.

1920~30년대 책 시장을 가장 넓게 점하였던 매뉴얼로서의 출판물 중에서 가장 대표적인 것은 수험준비서와 학습참고서이다. 중등학교 입시용 수험서, 보통학교와 중등학교 교과서 및 참고서들이 그것이다. 지금까지 존속하고 있는 '전과'라는 이름의 학습보조서와 과목별로 된 중등용 교재 및 입시준비를 위한 각종 문제집과 답안집이 허다하게 팔렸다.

교육열은 높았고 학교문은 좁았다. 뜨거운 중등학교 진학열은 매년 치열한 입시경쟁을 빚어냈다. 이러한 현상은 우선 일제가 허용한 교육기회가 식민지 민중의 교육열에 비해 턱없이 부족했던 데서 비롯하였다.

당대인들에게 '보통학교 졸업'과 '중학교(고등보통학교) 졸업'의 의미는 매우 큰 차이가 있었다. 1920년대 초 · 중반 「동아일보」 광고면에 가장 자주 등장한 조선어 책은 김연배가 펴낸 『고등보통학교입학시험준비서』였다. 그리고 『상업실습강의商業實習講義』『농업실습강의農業實習講義』라는 책의 광고는 다음과 같은 자극적인 구절을 동원하였다.

소학교 졸업생 제군

무학은 남자의 치恥

-「동아일보」(1928년 10월 5일)

농촌사회에서는 소학교만 졸업해도 '면서기'를 할 정도로 대접을 받았다 했지만 기실 1928년 현재, 소학교 졸업 학력은 남자의 '수치'인 '무학無學'에 해당하였던 것이다.

근대사회의 개막은 곧 학벌사회의 개막이기도 하였다. 교재 · 수험서가 가장 큰 시장을 형성하게 된 직접적인 원인은 바로 학벌주의였

조선교육연구회의 초등학교용 전과 광고, 「동아일보」(1924년 9월 7일)

고보·사범학교 각종 실업학교 수험준비서 및 순사·간수 시험 준비서 광고(「동아일보」, 1924년 3월 1일)

■■■ '하늘에는 해가 둘 없다'며 '최고'임을 내세우고 있는 전과 광고 바로 옆에 '남녀의 성욕과 성교에 관한 신연구'라는 제목의 '에로서적' 광고물이 자리잡고 있다. 아래는 순사·간수시험 준비서 광고이다. 식민지시대 보통사람들이 세칭 '일제의 개', 즉 순사·간수가 되기 위해 이러한 수험서들을 사보았던 것이다.

1920~1928년 동아일보 광고 빈도수가 높은 책*

	책명	저자/역자	출판 주체	광고빈도	최초광고연도	분야	비고
1	早稻田大學中學講義		早稻田대학출판부	42	1923	교재수험서	
2	結婚の當夜・夜の玉手箱		동경 국민사 특매부, 동흥당 등	39	1926	성	
3	早稻田大學女學講義		早稻田대학출판부	33	1923	교재수험서	
4	早稻田大學商業講義			30			
5	고등보통학교입학시험준비서	김연배	조선도서주식회사	27	1921	교재수험서	조선어
6	早稻田大學政治經濟講義 早稻田大學法律講義 早稻田大學文學講義		早稻田대학출판부	27	1923	교재수험서	
7	男女の密畵・女のひみつ・ 男女圖解生殖器新書・美人裸體 秘密寫眞・秘密まじない奧傳 등		동경 국민사 특매부	23	1926	성	
8	완벽자습 지나어집성		林家出版部	21	1921	어학	
9	남녀 정과 욕의 사십팔수		동경 호문사	21	1923	성	
10	(남의 호감 얻는) 교제의 비결(미인 나체사진첨부)		동경 동흥당	20	1925	성(사교)	
11	무쇠탈	민태원	동아일보사	19	1923	번역·번안소설	조선어
12	남녀성욕급성교의 신연구	澤田順次郎	동경 정문사	19	1923	성	
13	도해연구 남녀생식기전서	의학연구회 편		18	1924	성	
14	남녀생식기도해(미인나체사진첨부)		동경 동흥당	18	1926	성	
15	웅변연설법		덕흥서림	17	1921	연설토론	조선어
16	미인나체사진		동경 삼광사	17	1925	성	
17	男女美人法		동경 춘산당 진서부	16	1926	성	
18	早稻田대학전기공학강의		早稻田대학 출판부	16	1927	교재수험서	
19	女子の秘密・紙幣形珍畵・ 春色梅曆 등		동경 昭文堂	16	1928	성	
20	개척자	이광수	박문서관(자주 변경)	14	1923	소설	조선어
21	현대신어사전		동경 국민사 출판부	14	1926	시사	
22	고등보통학과강의・ 보통학교오륙학년학과강의		조선고등보통학회	14	1927	교재수험서	
23	동사년표		보문관	13	1921	학술	
24	早稻田대학법률강의		早稻田대학출판부	13	1923	교재수험서	
25	부부화합의 비결(미인나체사진첨부)		동경 동흥당	12	1925	성	
26	삼체펜습자사전		동경 국민사 출판부	12	1926	실용	
27	도해 여성의 적나라		동경 국민사 특매부	12	1926	성	
28	手紙新百科大辭典		동경 진문관서방	12	1928	글쓰기	
29	いろは引大辭典					실용	
30	現代新語大辭典					실용	
31	最新英和辭典					어학	
32	日常法律新辭典					법률	
33	靑年社交新辭典					청년	
34	五分間演說辭典					연설토론	
35	옥루몽		덕흥서림	11	1920	고전소설	조선
36	조선명필 추사서첩		덕흥서림	11	1922	경서,한문학	조선
37	나체미인	澤田順次郎	동경정문사	11	1923	성	
38	이상촌	정연규	한성도서주식회사	10	1921	소설	조선
39	입학시험준비서	김갑제	이문당	10	1921	교재수험서	조선
40	호신술비전	中澤蘇自	동경 삼광사	10	1925	실용	

41	애(愛)의 희생자	春園	덕흥서림	10	1925	신소설	조선
42	성교법 임신피임의 신연구		동경 삼광사서방	10	1925	성	
43	동양역대여사(女史)시집	곽찬	보문관	9	1920	경서,한문학	조선
44	쉑스피어와 그 생활	이교창	조선도서주식회사	9	1921	전기	조선
45	련애소설 사랑의 한	쉑스피어	박문서관	9	1921	번역ㆍ번안소설	조선
46	나의 참회	톨스토이	한성도서주식회사	9	1921	번역ㆍ번안소설	조선
47	사랑의 선물	방정환	개벽사	9	1922	아동	조선
48	제갈무후토정선생 토정비결		보문관	9	1922	복술	조선
49	무한애의 금상	노자영	한성도서주식회사, 청조사	9	1924	시집	조선
50	영원의 몽상	노자영	박문서관, 한성도서주식회사	9	1924	시집	조선
51	전고대방(典故大方)	윤희구	한양서원	9	1924	실용	조선
52	수험준비서	교육연구회	박문서관, 회동서관 등	9	1925	교재수험서	조선
53	위인 김옥균	오종섭	신구서림	9	1926	전기	조선
54	정열의 연애문집		동경 국민사 특매부	9	1926	글쓰기	
55	시문독본	최남선	신문관	8	1920	글쓰기	조선
56	옴풍영월신식창가집		신명서림	8	1921	창가	조선
57	구미신인물(歐米新人物)		보급서관,회동서관등	8	1921	전기	조선
58	연설급식사(演說及式辭)		동양서원 외	8	1921	연설토론	조선
59	오뇌의 무도	김억	광익서포,조선도서 등	8	1921	시집	조선
60	廣濟秘	이경화	보문관	8	1922	학술	
61	수지대사전(手紙大辭典)		동경 삼광당서원, 중앙서원	8	1926	글쓰기	
62	현대모범 수지대사전		동경 중앙서원	8	1927	글쓰기	
63	가정부업백과전집		가정부업연구소	8	1928	실용	조선
64	개조론	안확	조선청년회연합ー한일서점	7	1921	학술	조선
65	자각론						
66	만고달덕(萬古達德) 프랭클린		한성도서주식회사	7	1921	전기	조선
67	윌손						
68	자유의 신 루소						
69	위일손(威日孫)연설집		보급서관, 광동서국	7	1921	연설토론	
70	탐정모험소설 명금(名金)	예미손 호	신명서림	7	1921	번역ㆍ번안소설	조선
71	실용영선회화	최상호	신구서림	7	1921	어학	조선
72	실제적 피임법	澤田順次郎	동경 정문사	7	1923	성	조선
73	아귀도(餓鬼道)	澤田順次郎	동경 정문사	7	1923	성	
74	신정보통국어자습 고문		조선교육연구회	7	1923	교재수험서	
75	실지응용 최면술독습		동양대학당	7	1924	실용	조선
76	운세대감	小橋正則	동경 정문사	7	1924	실용	
77	독학자재 영어연구	이홍규	조선통신영어연구회	7	1925	어학	
78	보통학교전과모범정해		박문서관	7	1925	교재수험서	조선
79	갑오동학난과 전봉준	장도빈	덕흥서림	7	1926	학술	조선
80	최면술강의록	정신과학회	영광동본원(靈光洞本院)	7	1926	실용	조선
81	아이 낳는 법, 낳지 않는 법		동경 국민사 특매부	7	1926	성	조선
82	무선생 속수 영어독학	김동성	영창서관, 한흥서림	7	1926	어학	
83	서식대감		동경 중앙서원	7	1927	글쓰기	조선
84	小學卒業 立身案内ㆍ東京學校案内		진문관서방	7	1928	청년	
85	催眠術極意ㆍ手品種あかしㆍ柔道極意ㆍ魔術と忍術			7		실용	
86	マルクス エンゲルス全集		개조사	7	1928	사회주의	

* 「동아일보」 광고기사의 크기(단수)는 고려하지 않은, 기사의 빈도수이다. 위 책들의 대부분은 한자나 일본어로 제목이 달려 있었는데, 편의상 한글로 제목을 표시하였다. 당시 책들은 수개월 또는 수년을 두고 계속 광고되는 경우가 많아서 신문지상에 나타난 최초 광고 연도를 표시했다. 따라서 표의 연도는 책의 발간 연도와 일치하는 경우도 있고, 그렇지 않은 경우도 있다. 일본어 서적의 경우는 저자와 역자 이름을 생략한 경우가 많고, 조선인 서적의 저ㆍ역자의 이름은 가능한 대로 표시하였다. 그러나 전체적으로 당대의 책 광고에는 저ㆍ역자의 이름이 누락되어 있는 경우가 많았다. [12]

다. 그런 가운데 중학교에 진학할 수 없었던 많은 사람들을 위한 보완재도 있었다. 중학 과정의 독학·통신강의록이 바로 그것이다.

일제시기 가장 대표적인 독학교재는 와세다대학의 통신강의록이었다. '와세다 7대 강의록早稲田七大講義錄'은 『중학강의中學講義』를 비롯하여 중등과정에 해당하는 『상업강의商業講義』『여학강의女學講義』『문학강의文學講義』와, 고교(대학 예비과정) 이상의 과정에 해당하는 『전기공학강의電氣工學講義』『정치경제강의政治經濟講義』『법률강의法律講義』등으로 구성되어 있었다. 그 중 『중학강의』는 1920년대 전체 책 중에서 신문지면에 가장 빈번하게 광고가 실렸다. 이 통신강의 교재는 월정액(1원 : 1928년 현재)을 내고 회원이 되면 매달 한 권씩 집에서 우송받아 읽게끔 되어 있었다. 『중학강의』의 광고문안은 다음과 같이 일본어로 씌어 있었다.

これからの世の中は，中學卒業位の學力がなければ渡れません．この講義は中學で教へる凡ての科目を網羅し一年半の短かい時日に中學全科卒業出來る最も信用ある早稲田の講義錄です．中學校へ入學しない小學卒業生はゼヒ是れで勉强なさい．

이제 세상은 중학 졸업의 학력이 없으면 살아갈 수 없습니다. 이 강의는 중학교에서 배우는 모든 과목을 망라하여 1년 반의 짧은 시일에 중학 전 과정을 졸업하는 가장 믿을 만한 와세다대학 강의록입니다. 중학교에 입학하지 못한 소학 졸업생은 꼭 이것으로 공부하세요(번역-필자).

-「동아일보」(1928년 4월 19일)

조선어로 된 중학과정 독학교재도 있었고, 메이지시기 이후 일본에서도 허다한 중학강의가 발간되고 있었다. 그러나 이 모두를 누르고 와세다대학의 중학강의가 가장 권위를 인정받았던 것으로 보인다.

■ 일제시기 읽힌 책 가운데 광고가 가장 빈번하게 실렸던 『와세다대학 강의록』 광고(「동아일보」, 1928년 3월). 중학과정 독학 바람은 대정·소화기에 걸쳐 일본사회의 한 단면을 보여주는 사회현상이었다. 학벌사회가 구축되고 있던 조선사회도 이 바람에서 자유롭지 못했다.

그런데 이러한 수험·학습교재들 중에는 총독부의 보통문관시험·순사시험 응시자용으로 팔려나간 것이 상당하며, 1920년대 후반에는 고등문관·순사시험 응시자들을 위한 교재가 아예 따로 만들어져 팔렸다는 점이 주목된다. 조선 청년들이 일제 통치기관의 관료인 고등문관과 순사가 되기 위해 열심히 공부하였던 것이다. 식민지 청년들에게도 안정된 직장과 사회적 인정은 중요한 욕망이었다.[13]

한편으로 이러한 수험서들은 청년층을 대상으로 생산된 출세·처세술 관련 서적과 일종의 계열을 이루고 있다. 『교제의 비결交際の秘訣』『청년사교 신사전青年社交新辞典』과 같은 사교술에 관한 책들, 『조선관계의 진로朝鮮官界の進路』『소학졸업 입신안내小學卒業立身案內』『대동경 남녀 고학생 취직성공안내大東京男女苦學生就職成功案內』·『소자본 운영 청년취직법』과 같은 취직에 관한 책들, 그리고 『20세기 청년독본二十世紀青年讀本』『현대청년 수양독본』과 같은 '수양'에 관한 책들이 그것이다.

근대는 모든 개인들에게 '입신立身'과 '출세'를 요구하였다. 농경사회에서는 입신과 출세가 선택된 특정 계층의 사람에게만 부과된 의무이자 권리였으나 근대가 되자 달라졌다. 모든 사람이 사회의 한 구성원으로서 권리와 기능을 가지게 되었다. 이에 따라 학교교육과 취업을 통하여 타인들과 교통하고 나아가 타인들에게 영향력을 행사하려는 욕망이 모든 이의 욕망으로서 새롭게 계발되기 시작했다. 그러나 사회적 인정과 성공이라는 재화는 제한되어 있었으므로 남들보다 나은 학벌과 화법 그리고 사교술이 필요해지기 시작한 것이다.

또한 사회성원들의 욕망은 조절될 필요도 있었다. 자유롭게 추구하는 구성원들의 욕망이 부딪혀 거대한 사회혼란을 야기하지 않게끔, 각 개인들에게 새로운 윤리적 덕목이 요청되었다. 그것이 곧 '수양修養'이다. 치열한 경쟁 속에서 달성하지 못한 욕망을 다스리고, 경쟁의 룰을 내면화하게끔 하는 것이 수양이다.

이처럼 진학·취업·처세 등을 위한 각종 교범들이 다량 팔리기 시작했던 1920년대의 독서경향은, 일제에 의해 이식된 근대적 제도가 일부 식민지 민중들을 실질적으로 포섭하고 있었음을 보여주는 증거이다. '진학·취업·처세'와 같이 가치 중립적인 외양을 가진 근대적인 삶의 원리가, 식민지 조선 청년들로 하여금 총독부의 관리나 순사가 되는 일을 꺼리지 않게 만들기도 했다.

단순히 민족주의적 시각에서 보면 총독부 관리가 되고 출세하기 위해 노력하는 현상은 일제에 부역·협력하는 일, 즉 '친일파'가 되는 일이다. 그러나 1920~30년대의 식민지 일상인들이 처했던 삶의 실재는 '친일이냐, 저항이냐' 하는 이분법적 구도보다 훨씬 복잡하였을 것이다.

사회주의자였던 김기진은 조선인들이 앞다투어 학교에 진학하고 제도 속에 들어가는 과정을 '부르주아 문화(뿌르주와 컬트)'가 '교화'력

[TIP 7] 「동아일보」 광고 기사에 나타난 책 분류

1920~1928년 「동아일보」 광고면에 등장한 책들을 당대에 사용된 분류와 오늘날의 분류를 절충하여, 내용과 형태에 따라 분류해보았다. 오늘날 도서관에서 사용되는 문헌분류 기준을 엄밀히 적용하는 것이 오히려 당대의 실상을 파악하는 데 효과적이지 않다고 생각한 때문이다. 따라서 이 분류는 필자의 주관이 개입되어 있으며, 비판과 수정의 여지도 많다. 또한 이 분류는 상당 부분 광고문안과 책의 제목만을 가지고 분류하였다는 한계를 안고 있다. 광고에 등장하는 책들의 실물은 국내도서관에서 별로 많이 확인되지 않는다.

'글쓰기'에는 각종 문장독본·편지 글쓰기의 교범과 실용 척독서들, 또 일본어로 된 편지 쓰기 매뉴얼들을 포함시켰다. '교재수험서'에서 '어학'은 따로 분류하였다. '어학'은 독자적인 의의를 갖고 있다고 생각하였기 때문이다. 당

1920~1928년 동아일보 광고에 나타난 서적의 종별 건수

분류	건수	분류	건수
교재수험서	162	사회주의	79
글쓰기	82	학술	65
어학	56	전기	42
성	85	창가	35
연애사교	8	시집	27
실용	83	아동	25
경제	9	경서 한문학	21
농업	6	연설토론	21
법률	17	복술	17
신소설	78	시사	16
고소설	5	종교	16
소설	43	청년	15
번역·번안소설	59	기타	35
문학일반	15	미상	13

대의 언어적 상황 속에서 조선어와 일본어에 대한 학습 이외에도 영어, 에스페란토어, 중국어에 대한 공부는 중요했다.

'성性'에는 『지폐형 진화紙幣形珍畵』『아이 낳는 법, 낳지 않는 법』『도해 여성의 적나라圖解 女性の赤裸裸』『結婚の當夜』와 같은 종류의 책들이 포함되었다.

'사회주의'는 말 그대로 일본어로 발간되어 수입된 마르크스·엥겔스·레닌·스탈린 등의 원전과, 『사회주의 학설대요』『맑쓰사상의 진상』(1924) 같은 조선인 필자가 쓴 사회주의 사상 해설서, 그리고 『대삼영전집大杉榮全集』(1925)과 같이 일본에서 출간된 각종 관련 서적을 포함시켰다.

그리고 '청년'에는 청년 독자층을 대상으로 한 '수양'과 '처세'에 관련된 서적을 포함시켰다. 예컨대 『20세기 청년독본二十世紀靑年讀本』, 『대동경 남녀 고학생 취직 성공안내大東京男女苦學生就職成功案內』, 『소학졸업 입신안내小學卒業 立身案內』, 『동경학교 안내東京學校案內』와 같은 책들이 그것이다. '실용'에는 요리·스포츠·최면술 등에 대한 매뉴얼들이 포함되었다. 또한 많지는 않지만 축구·유도·정구 등의 경기요령과 규칙을 설명하는 매뉴얼이 팔렸으며, 일본에서 건너온 최면술 서적도 많이 눈에 띈다. 또한 광고를 보면 점복과 관련된 서적이 꾸준히 팔리고 있었음을 알 수 있다. 그래서 '복술卜術'을 일반 '실용' 서적과 분리하고 『남녀길흉 언문점서男女吉凶 諺文占書』『가정백방 길흉보감家庭百方吉凶寶鑑』 등을 이 범주에 포함시켰다. 이 자료에 나타난 문학 관계 서적의 분류기준에 대해서는 뒤에서 서술한다.

을 발휘하는 것으로 적절히 파악했다. 조선에서 지배계층에 속하는 사람들이 '먹고살기 위해' 또는 사람 대접을 받기 위해 경쟁적으로 자녀들을 초등학교와 상급학교에 진학시키고 있다는 것이다.

> 어린이의 부형은 양반이고 상놈이고 간에, 초등학교라는 곳에 자기의 자질子姪을 여아女兒를 입학시키지 않으면 사람 값에 못 가는 줄 알고―또 실상 말이지 초등학교를 안 보내더라도 자기네의 가정과 **조선의 풍속(인습) 사정 속에서는 자연히 학교에서 교화教化되는 이만큼 교화를 당할 것이요. 별 수 없겠지만―또는, 초등학교라는 곳에를 입학시켜서 졸업시키고 그 위로 중학, 전문학專門學 혹은 대학까지 배우지 못하면 먹고살 수가 없으리라는 불안한 심정을 가지고서,** 이 초등학교라는 곳에를 자녀를 물론하고 입학하게 만들어버렸다.
>
> ― 김기진, 「지배계급교화 피지배계급교화」, 『개벽』 43호(1924년 1월)

[**오락과 '취미'로서의 책읽기**] 자본제의 노동분업과 근대는 노동과 여가(오락), 정신노동과 육체노동, 전문지식과 상식을 전혀 만날 수 없는 양극兩極으로 만든다. 농경사회와 달리 노동하는 시간이 정해지고 시계가 근대인의 생활세계를 규율하면서 '여가'가 생겨난다. 이러한 여가를 '즐기는' 여러 방법을 '취미'라 일컫기도 한다. 취미는 '노동', 즉 먹고살기 위해 마지못해 하는 생업生業의 대립물이며 아비투스로서의 개인적 기호의 표현물이었다.

사실 여가는 노동시간의 극단적 연장에 따른 반대급부인 동시에 노동의 대립물로서 발생한 것이다. 노동시간이 하루 10~12시간으로 길어지면서 그 이외의 시간과 주말은 노동을 재생산하기 위해서라도 여가로 사용되어야 했다. 서구에서 여가문화는 통속적 독서문화와 스포츠의 개화를 낳았으며[14] 그 중에서 책 읽기는 주로 중간층의 취미 중 하나로 개발되었다. 책 읽기를 위해서는 적절한 교육과 시간과 공간이 필수적이기 때문이다. 노동계급의 읽을거리는 중간층이 읽는 것보다 간결히고 쉬울 뿐 아니라 값도 더 싸야 했다. 잡지와 신문 그리고 그 속의 연재물이 그에 적합한 요건을 갖추고 있었다. 이런 과정을 통해서 드디어 '독서가 취미'가 된다. 책 읽기의 다양한 기능에 '즐거움'과 '위안' '휴식'을 얻기 위한 기능이 본격적으로 추가된 것이라 볼 수 있다. 노동시간으로부터 겨우 분리된 짧은 휴식에서 강제된 여가를 즐기기 위한 것이라는 점에서 이러한 종류의 즐거움 또한 사실은 기능에 불과하다고 볼 수도 있다.[15]

근대의 다른 세계가 화해할 수 없게 양분되어 있는 것처럼, 책과 관련된 즐거움도 양극으로 나뉘어지는 경향이 있다. 한편에서는 책이 그야말로 노동 외의 여가시간을 활용하고 노동의 곤궁함을 잊기 위한 볼거리로서의 위상을 갖는다. 오락과 말초적인 자극을 위한 통속적 읽을거리가 대량생산되는 것이다. 그리고 다른 한편에서는 그야말로 무목적적인Disinterestedness 예술적 향유의 대상과 그에 대한 취미판단으로서의 '책 읽기'가 나타난다. 문학과 관련시킬 때, 전자는 대중 독자와 통속소설이 융성하는 배경을 이루고 후자의 흐름은 이른바 '고급' 독자 형성에 관련된다.

조선에서 취미로서의 책 읽기가 어떻게 나타나는지 살펴보자. 벽타碧朶의 「빈취미증만성貧趣味症慢性의 조선인」(『별건곤』 1호, 1926년 11월)은 취미로서의 책 읽기가 나타나는 과정과 사회적 인식의 변모를 잘 보여준다. 이 글의 대의는 '인간 본성으로서의 취미'를 누릴 요건을 결여하고 있는 조선 민중의 현실을 비판하고, 새로운 취미의 대상으로서 '민중적 읽을거리'를 주창하는 데 있다.

대구 덕산 초등학교 스모부(1930)

상투를 틀고 필드하키를 하는 조선인들(1900년대 말)

본정(本町)의 골프장(1930)

■■■1890~1920년대에 걸쳐 서구와 일본에서 대부분의 근대 스포츠 종목이 도입되어 소개되었다. 1920년대에 이미 조선인 부자들도 골프를 치고 있었다.

우선 글은 근대화의 도시집중을 취미와 연관시켰다. 인간은 본능적으로 사교적인 동물이며 이 "이 사교심리를 만족시킴에는 「취미」가 만흔 군중생활이라야" 하므로, 도회로 사람이 몰리는 것이라는 이야기다. 과연 취미는 도시민의 연극 · 영화관람을 통해 조선에서도 개화하여 '대중화' 되기 시작했다.

그러나 대다수 조선인들은 '취미' 로부터 소외되어 있었다. 취미생활을 할 물적 토대가 없었기 때문이다. 노동시간이 일정하지 않은 농업에 종사하면서 전통적 생활세계를 유지하던 조선의 대다수 농민에게 근대적 의미의 여가시간이 따로 있을 리 없었고, 무엇보다 다수의 농민은 절대 빈곤선상에 있었다.

취미 생활은 우에서 말한 바와 같이 그 범위가 구구불일區區不一하다. 그러나 일반적으로 보아 사교적 본능으로 우러나오는 것, 새 것을 보고 싶어하고 새 것을 듣고 싶어하는 것은 공통된 욕망인 것 같다. 도회 사람은 촌소식을, 촌사람은 도회 소식을 듣고 보고 싶어하며 이 나라 사람은 저 나라 일을 서로 알고 싶어한다. 그 중에도 진기한 소식을 더욱 알고 싶어하는 것이 취미성의 욕구이다. 이 점에서 **극, 활동사진 같은 것이 근자에 대세력을 갖게 되었으나 우리 조선과 같이 교통이 다 불편하고 물질문명이 남보다 뒤떨어지고 그리고 일반적으로 무산화無産化된 처지에서는 그것으로써 공통된 만족을 줄 수 업다.**

– 벽타, 「빈취미증만성의 조선인」

조선 농민들이 누리던 공동체적인 전통유희와 제의문화는, 일제와 개화된 지식인들로부터 협공을 받고 있었다. 근대적 경기장과 공연장 안으로 순치될 수 없었던 연날리기 · 제기차기 · 줄다리기 · 돌싸움 · 연희 등은 '야만' 과 '불온' 을 이유로 일제 경찰의 「경찰범 처벌규칙罰

소년들의 씨름(1895)

연날리기(1895)

궐련을 물고 바둑을 두고 있는 기생(1910)

무용가 최승희의 공연 모습(1930)

■■■식민지시대에는 전통적 오락과 근대의 엔터테인먼트 산업이 공존하기 시작했다. 경기장으로 끌어들여 '근대화' 될 수 없는 오락과 유희는 아이들의 것으로만 되거나 탄압을 받았다.

察犯處罰規則」과 교육령 등에 의해 금지되었다.[16]

또한 도시의 유산계급이 '개인적' 취미로 만들고 있었던 일상적 유락과 등산, 여행, 악기 연주 등은 민중계급에게는 언감생심이었다.

> 화류계에 출입하며 가무고취歌舞鼓吹와 주지육림酒池肉林에 흥겨워 노는 것을 위안으로 하는 사람도 잇지만 돈 없는 사람은 천만부당한 일. 등산, 기차여행 등을 취미로 아는 사람도 있으나 그것을 싫어하는 사람도 잇고 그것이 못 되는 사람도 만타하면 민중적 취미는 못될 것이다. 온천, 약수도 또한 그러하다. 뻬이오린, 만또린, 오루간, 피어노를 갖춰놓고 사이사이 한 곡조 울리는 것을 유일한 취미로 아는 신사숙녀가 있지만 그는 더욱 유산계급의 향락소위享樂所爲이고 대중적 취미는 못될 것이다.
>
> — 벽타, 「빈취미증만성의 조선인」

그래서 『별건곤』의 논자는 민중적 오락으로서의 '읽을거리'를 만들어낼 것을 주창하기에 이른다. "오직 값 헐한 인쇄물이 저급의 문체로 기록되어 아무리 심산유곡深山幽谷에라도 갈 수 있게 된다 하면 그에 의하여 사진으로 기사로 한 자리 수백 수천의 대군중과 섞여 놓고 먹고 마시고 노래하고 말하고 춤추는 감感을 일으켜 인간적 취미에 어느 정도의 만족을 줄 것이"기 때문이다. 이것이 곧 『별건곤』의 창간정신이었다.

『개벽』 같은 정론지를 대체한 『별건곤』처럼, 명백하게 자본주의적 오락의 도구가 된 읽을거리, 즉 '취미독물趣味讀物'들이 나타나기 시작한 때가 1920년대부터이다. 「동아일보」 「조선일보」가 증면을 단행하고 영화와 스포츠 기사, 부인란을 독립시킨 것은 1925년이며, 우편주문을 통해 일본에서 수입된 포르노그래피 인쇄물들이 대량으로 소비되기 시작한 것도 이 시기이다.

특히 주목할 것은 포르노그래피 인쇄물로, 이들은 전체 출판물 시장에서 결코 무시할 수 없는 비중을 차지하였다. 이 상업적 출판물은 주로 일본에서 건너온 것인데 여기에는 춘화와 사진 등의 시각 인쇄물, 피임·임신·해부학 등의 '의학'과 성교육을 빙자한 서적, 서사적 요소가 있는 패설悖說류 따위가 포함된다.

'법률적' '예술적' 범주로서 포르노그래피의 탄생은 역사적으로 근대의 탄생과 관계 있는 것으로 논의되어왔다. 서구의 경우 소설과 포르노그래피는 같은 사회적 배경 아래 상호 의존하며 성장해왔다고 간주되기도 했다. 즉 도시의 성장과 문자 해독층의 증가, 사생활의 존중과 같은 새로운 도시적 삶의 발전, 중산층이 지배하는 사회에서 공적 생활과 사적 생활의 엄격한 분리 등이 소설과 포르노그래피가 성장하는 데 공통적인 배경이 되었다는 것이다.[17]

1920년대 중·후반 조선사회에서 다량으로 팔린 포르노그래피 상품은 단지 성욕을 자극하는 성보조기구 같은 것만은 아니었다. 또한 단지 사춘기 남성의 관심대상이거나 점잖은 이가 입에 올리기 어려운 저급 문화상품만은 아니었다.

확대된 개인주의는 몸과 성性에 대한 당대인의 관심을 이전과는 다른 차원의 것으로 만들었다. 사람들은 몸과 성을 스스로 통제해야 했다. 성을 위한 몸과 생식을 위한 몸 모두가 스스로 의식하고 통제하거나 부릴 대상이 된 것이다. 그래서 '첫날 밤'을 위한 지식과 남성·여성의 '생식기 도해', 성의 생리학 모두가 중요한 앎의 대상이 되었다.

그리고 '자유연애'로 상징되는 낭만적이고 개인적인 남녀관계는 필연적으로 육체적인 사랑과 결부되지 않을 수 없었다. 당시 사회에서 가장 구체적이며 핵심적인 문제는 여성의 정조貞操였다. 이 문제는 1920~30년대에 쉼 없이 토론되었다.

이는 두 가지 힘이 서로 맞부딪치고 있었기 때문이었다. 조선의 여학생, 기생, 까페 걸, 여배우 등의 '모던 걸modern girl' 들은 혼전순결과 '일부종사一夫從事'를 공공연히 위배하고 가출과 이혼을 감행하였다. 여기에는 여러 가지 원인과 힘이 작동했다. 우선 자유연애론, 자유주의적인 여성해방론, 보다 급진적인 사회주의적 여성주의 등이 이념적인 배경을 이루고 있었다. 그리고 서구와 일본에서 유입된 성 개방풍조, 확산된 식민지자본주의가 빚어낸 여성의 곤궁함이 사회적인 배경을 이루었다.

물론 그에 대한 반작용도 엄청나게 강했다. 아직 유교도덕과 남성권력이 매우 강했기 때문에, 실제로 여성의 혼전·혼외성교는 자유롭지 않았다. 그것을 어기는 여성은 법률 외적인 방법으로 갖은 처벌을 받았다. 모든 대중적 소설은 한편으로는 정조 파괴를 다루면서 다른 한편으로는 정조 파괴를 패악으로 규정했다. 소설 속에서 정조를 지키지 못한 여성들의 운명은 비참했다. 이는 자유연애론 자체의 모순이다. '자유롭게 연애하되, 섹스는 절대 안 된다'는 것이 이광수 소설을 비롯한 대중소설의 한결같은 메시지였다.

사랑과 성의 모순적 관계, 몸에 대한 새로운 인식은 전체 사회 성원을 연결한 탐구 거리였다. 그리하여 이를 다룬 책들이「동아일보」1면의 광고면을 버젓이 차지하기도 했으며, "옛날 같으면 꽃을 보고도 얼굴을 붉"혔던 "묘령의 부녀들이 대담하게도 성性에 대한 서적을 빌어 내어다가 열심으로 탐독하고 있"었다.[18] 뿐만 아니라 양주동 같은 당대의 지식인도 "방간坊間에 유포하는 잡종 성서性書 5~6권"이나 "생리학의 생식기生殖器론 같은 것, 기타 성교육을 논한 서적"을 통하여 성교육을 받았다고 했다.[19]

그럼에도 불구하고 이러한 책들은 한편으로는 명백히 흥밋거리이자 포르노그래피였다. 이 흥밋거리 앞에 모인 사람들을 위하여 자본은 싸게 대량의 읽을거리를 생산해냈다. 마치 신문이 대충 한 번 눈길 주는

포르노그래피 광고 「동아일보」(1928)

일본 대정기의 부세화(浮世畵)

━━ 『여성의 적나라』『남녀 도해 생식기연구』『결혼 첫날밤의 지식』『남녀의 밀화』등 일본에서 수입된 값싼 서적들이 「동아일보」 광고면을 차지하였다. 또한 조선의 젊은이들은 일본에 우편주문하여 위의 부세화집과 같은 '그림책'을 사 보았다.

것으로 소비되고 곧 쓰레기가 되는 것처럼, 일부 책도 그러한 상태에 이르게 된다. 6~8권에 1원씩 하거나, '나체사진 무대진정無代進呈'을 내세운 덤핑 상품들도 허다하게 수입되어 팔렸다. 이러한 현상은 책에 대한 엄숙주의를 해체하며, 문자로 이루어진 지식의 탈신비화를 가속화한다. 그러나 한편으로 이에 대한 반발과 저항의 움직임도 커진다. 근대의 '기능적' 독서는 그와 정반대 경향의 독서 또한 확대시킨다. 즉 상품화한 활자매체 중의 일부는 신비하고 그 자체로 가치 있는 것으로 간주되며, 책은 '애장'하고 전문적으로 수집하는 물건이 되기도 한다.[20]

문학작품을 읽는 행위 역시 이러한 무목적적 독서와 관련이 있다.[21] 그것은 직접 여행과 유람을 즐길 수 없는 사람들이 간접체험을 하거나 특정한 기능을 획득하기 위한 수단이 아니라, 그 자체로 보다 고상한 취미의 대상이다. 이러한 고상한 취미를 위해 더 문학적이고 예술적인 것을 추구하게 되고, 그 고상한 취미를 다루는 일 자체가 직업이 되기도 한다. 여기서 작가와 평론가가 탄생한다.

[TIP 8] 농촌사회의 붕괴와 공동체적 오락의 소멸

이기영의 「서화」(「조선일보」, 1933년 5월 30일~7월 1일 연재)는 반복된 빈곤과 기형적 근대화로 인해 전통적 농촌사회의 공동체적·제의적 오락이 붕괴되고 대신 투전이나 골패잡기 같은 절망적인 오락(도박)이 만연하게 되는 과정을 잘 보여준다.

"예전에는 쥐불 싸움의 승벽도 굉장하였다. 각 동리마다 장정들은 일제히 육모방망이를 허리에 차고 발감개를 날쌔게 하고 나섰다. 그래서 자기편의 불길이 약할 때에는 저편 진영을 돌격한다. 서로 육박전을 해서 불을 못 놓게 훼방을 친다. 그렇게 되면 양 편에서 부상자와 화상자가 많이 나고 심하면 죽는 사람까지 있게 된다. (중략)

농촌의 오락이라고는 연중행사로 한 차례씩 돌아오는 이런 것밖에 무엇이 있는가? 그런데 올해는 작년만도 못하게 어른이라고는 씨도 볼 수 없다. 쥐불도 고만이 아닌가? 정말 대보름께 줄다리기를 폐지한 것은 벌써 수삼 년 전부터였다. 윷놀이도 그 전같이 승벽을 띠지 못한다. 그러니 노름밖에 할 것이 없지 않으냐고 돌쇠는 생각하였다. (중략)

그러나 하필 쥐불뿐이랴! 마을 사람들의 살림은 해마다 줄어드는 것 같았다. 사실 그들은 모두 경황이 없어 보인다."

3_책 읽기에 나타난 비동시적 근대

동서고금을 막론하고 세대 사이에 갈등이 없었던 시대는 없다. 아버지 세대와 아들 세대가 아무 문제 없이 서로를 이해하며 조화롭게 협력해간다면, 아마 어느 한 쪽이 완전히 무능하거나 거세당한 탓일 것이다.

서로 다른 세대는 생각이 다르고 환경이 다르며, 따라서 서로 다른 책을 읽는다. 너무 당연한 말 같지만 그렇지 않았던 시대도 있었다. 조선의 선비들은 세대 사이에 생각이 달랐을지는 몰라도 세대를 막론하고 비슷한 책을 읽을 수밖에 없었다. 사서삼경을 비롯한 경전급의 고전과 중국 역사서들은, '현재의 커리큘럼'으로 누백년 이상 계속 읽히고 암송되었다. 시대에 따라 유행도 있었겠지만 고전만큼 규정적인 힘을 갖지는 못했다. 그래서 조선사회의 변화는 느렸다.

그렇다면 근대 이후는 어떠한가? 근대 이후의 세대갈등은 좀 다른 듯하다. 세대간의 의식과 문화 차이가 너무 커서 아버지와 아들 세대는 별로 소통할 것 없이 갈등뿐이고, 그 차이는 '절단'이라 할 정도로 크다.

그러한 일들은 20세기에 들어서며 벌어지기 시작했다. 새 세대는 전 세대를 부정하는 것을 아예 자기 임무이자 깃발로 들고 나오기 시작했다. '낡은 것'과 전통적인 것에 대한 철저한 부정의식이야말로 세대를 건너 전달되는 이 시대의 전통이자 역사철학이다.

19세기 말 이래 조선사회가 처한 곤핍한 상황과 이에 대한 젊은이들의 깊은 자괴감이 세대단절에 시동을 걸었다. 그리고 사회변화의 속도가 빠른 만큼 세대교체에도 엄청난 가속이 붙기 시작하였다. 여기에는 식민지사회를 규정했던 실력양성론과 사회주의가 관련되어 있다. 두 사상 다 철저히 발전사관에 기초해 있었기 때문이다.

반복되는 세대단절과 갈등은 한국의 근대화 자체, 결국 20세기 이래 한국사회를 규정하는 특징이 되었다.

식민지시기에는 조선시대 내내 지속되어온 유교적 전통을 반영하는 책 읽기와 이전에는 결코 존재하지 않았던 의식을 드러내는 책 읽기가 충돌한다.

[세대 절단 : '사회주의'와 '문학'에
나타난 누벨바그]

조선에서 사회주의사상이 빠르게 파급되기 시작한 것은 3·1 운동 이후 민족주의의 무기력함이 드러나면서였다. 3·1 운동 이후 민중의 정치의식이 크게 고양되고 민족적·계급적 모순이 첨예화됨에 따라 민족개량주의는 설득력을 잃었다. 여기에 더하여 러시아혁명과 국제적으로 고양된 사회주의운동의 영향이 조선반도에 폭넓게 파급되면서 사회주의는 1920년대 초 국내 신문·잡지 등의 언론매체를 통해 폭발적으로 수용되었다.[22] 그 결과 최초의 전국적 노동조직인 〈조선노동공제회〉가 1921년에 결성되었고, 1924년에는 〈조선노동총동맹〉이, 1925년에는 1차 〈조선공산당〉이 결성되었다.

1920년대 초에는 사회주의를 지향하는 청년단체도 우후죽순 격으로 생겨나 각급 대중조직과 전위적 조직의 바탕이 되었다. 사회주의사상은 조선사회의 이데올로기와 사회풍조의 급격한 변화를 보여주는 바로미터이자 청년의 '누벨바그(신경향)'였다.

1923년 7월 『개벽』(37호)에 실린 「격변우격변激變又激變하는 최근의 조선 인심」은 1920년대 이후 격변해가는 사회심리를 논하면서, 그 중 제1항목으로 '문화파文化派의 비관과 사회주의적 기분의 신유행'을 꼽았다.

여기서 문화파란 다름아닌 '현대문명의 기초되는 자본주의적 경제력의 발달을 주안主眼'으로 삼는 민족부르주아 실력양성론자들이었다. 이들의 운동이 실패에 실패를 거듭하자, 일반 민중들까지도 사회주의에서 '독립에의 신복음新福音'을 찾게 된 것이다.[23]

> 이[玆]에 한 가지 주의할 일은 조선 사람에게 가장 쉽게 이 사회주의적 기분이 돌게 된 것은 유일의 원인이 어디 있느냐 하면 독립심獨立心의 변태성變態性이라 할 만한, 즉 조선독립의 희망에서 실망된 원기元氣를 새로이 사회주의상에 변태적變態的으로 그 희망을 펴게 된 것이라. **그들의 중中에는 당초부터 주의적主義的, 진리적眞理的 정신으로 사회주의를 주창하는 사람이 없지 아니할 것이나 그러나 일반 민중으로서의 대부분은 대개가 독립적 희망希望의 변태심變態心으로, 알고 하든지 모르고 하든지 실망의 여기餘氣를 스스로 사회주의적 신 이상에 부치게 된 것이라.**

—「논설 : 격변우격변하는 최근의 조선인심」, 『개벽』 37호(1923년 7월)

그런데 문제는 1920년대 초 청년들이 품었던 사회주의에 대한 새로운 '희망'이 세대투쟁의 의미를 띠었다는 데 있다. 『개벽』의 필자가 꼽은 '격변하는 인심'의 네번째 항목은 '선배의 배척과 청년 숭배의 기풍'이었다.[24] 당대의 청년들이 사회를 살펴보건대, 잘된 것은 도무지 하나도 없고 모두 "허위 미탄迷誕 실패 실신失信 무지의 소치所致임"을 깨달았으며, 그와 더불어 "더욱이 조선사회의 최근 역사에 이르러는 말할 수 없는 원한과 비통"에 이르게 된 책임까지도, "일반 사회는 이

소비에트 노동자 앞에서 연설하는 레닌.

1차 조선공산당 사건 공판 기사
(「조선일보」, 1925년 11월 27일)

■■■1920년대 조선의 청년들은 러시아혁명과 그 영웅 레닌에 대해 관심이 많아 『노국혁명과 레닌』 같은 책을 많이 읽었다. 조선공산당 사건 공판이 이루어지는 법정 앞에는 무려 1만여 명의 인파가 몰렸다고 한다. 사회주의에 동정적이었던 「조선일보」는 삽화와 사진 등을 동원하여 이 기사를 비중 있게 보도하였다.

제 비로소 새삼스럽게 그[其] 죄를 선배에게 돌리게 되었"던 것이다.

우리보다 앞서 난 선배들의 잘못으로 크나 적으나 인류사회가 이 꼴이 되어간다 인정한 그들은, 결국 역사라 하는 것을 그렇게 귀중히 보지 않게 되었으며(차 시상은 사회주의를 숭배하는 청년에게 가장 많이 있다) 역사를 귀중히 보지 않는다는 이면에는 적어도 선배의 인격을 유래由來와 같이 숭배치 않게 되었다.

- 「논설 : 격변우격변하는 최근의 조선인심」

이러한 세대의식은 결국 1920년대 초반 사회를 청년의 시대, 즉 "만 구일담萬口一談이 청년시대 청년시대라 하는 말은 소년행적少年行的 청년시대를 구가謳歌"하는 시대로 만들었다.

사실 '청년의 시대'는 1920년대 이전부터 열려 있었다. 1920년대 청년들의 선배격인 민족개량주의자들이 먼저 청년의 시대를 열어젖힌 것이다. 최남선·이광수의 활동과 사상에서 이를 볼 수 있다. 최남선은 '최초'의 근대적 월간잡지로 알려진 『소년』(1908년 창간)과 『청춘』(1914년 창간)을 발간하며 식민지시대의 문단과 사상계를 이끌 새 세대의 '진지陣地'를 구축했다.

'소년' '청춘'이라는 이들 잡지의 제호 자체가 상당히 상징적인데, 『소년』의 창간사는 "우리 대한大韓으로 하여금 소년의 나라로 하라, 그리하면 능히 이 책임을 감당하도록 그를 교도矯導하라"고 외치고 있다. 그러했기에 약관 19세의 소년 최남선이 만든 『소년』은 단순한 소년잡지가 아니었던 것이다. 5년 뒤에 발간한 『청춘』도 그러했다. 『청춘』 창간호에는 「어린이 꿈」이라는 시가가 실려 있었는데, 이 시도 동시童詩가 아니었다. 『청춘』 창간호의 권두언 「아무라도 배워야」가 나타내고 있듯, 『청춘』은 소년에서 노년에 이르는 각계각층을 대상으로 좀더 본

〈신문관〉에서 나온 『청춘』 창간호 표지.　　　　『소년』 창간호 표지

■■■『청춘』 창간호 표지는 그리스 귀족 복장을 한 청년이 범을 어르는 그림이다. 서구적인 것과 한국적인 것의 기묘한 '짬뽕'이 1910년대의 새 '청춘'을 규정했던 것이다. 최남선이 창간한 『소년』은 획기적인 근대 잡지였는데 당시 최남선은 불과 18세 소년이었다.

격적인 실력양성론을 표방하는 잡지였다. 이러한 사회개조의 전망은 『소년』 창간호에 실린 「해에게서 소년에게」가 전하는 메시지, 곧 전통적인 것과 구세대의 것을 모두 "싸린다 부슨다 문허바린다"면서 부정하는 것 이상이었다. 이 세대들에게는 '대한大韓' 자체가 '신생'이었으며, '소년'이자 '어린이'였다. 그리고 스스로 '소년'이나 '어린이'로서 그러한 이미지를 지닌 새로운 국가에 자신들을 동일화하고자 했다.

조선 자체를 구세대와 기존 질서로부터 전면 부정·완전 개조하여 '소년' '어린이' 혹은 청년의 것으로 만들어야 한다는 생각의 순도純度는 이광수가 더 높다. 1910년에 발표한 「금일 아한청년我韓青年과 정육情育」(『대한흥학보』, 1910년 2월)에서 이광수는 조선의 청년은 "부로父老의 세대들로부터 아무것도 배울 수 없는 불행한 처지에 있다"고 주장하였다. 여기서 조선 500년을 이어온 아비 · 할아비의 세대는 '앎이 없는 인물'들이자 '함(실천)이 없는 인물'들로 간단히 폄하된다. 이런 부정은 곧 자기 세대에 대한 절대긍정으로 이어진다. 그래서 청년들은 "피교육자가 되는 동시에" 스스로를 가르치는 교육자가 되어야 하며, "학생 되는 동시에 사회의 일원이 되어야" 했다. 이같이 과격한 세대단절 의식과 부정의식은 '고아 의식'으로 진단되기도 하였다.[25] 아래는 유명한 「자녀중심론子女中心論」의 일절이다.

우리는 선조도 없는 사람, 부모도 없는 사람으로 금일 금시에 천상天上으로서 오토噢土에 강림한 신종족으로 자처하여야 한다.

- 「자녀중심론」, 『청춘』 15호(1918년 9월)

스스로를 아비 어미 없이 '천상에서 강림한 신종족'으로 생각했던 이러한 의식이 「자녀중심론」을 이룬다. 자녀 중심주의는 부모 중심주의, 곧 유교적 가부장제 · 대가족주의 · 족벌주의 · 조상 중심주의에 대한 부정이며 부르주아 가족주의의 새로운 주창이기도 하다.

그러나 1920년대가 되면 불행하게도 이광수와 그 세대 자신들이 뒤이은 세대들에 의해 저처럼 완전히 부정당하게 된다. '청년의 시대'에 걸맞는 다양한 지향의 청년운동이 다시 개화하여 신사조로 청년들을 유도하고 있었던 것이다.[26] 이 신사조의 다른 이름이 곧 사회주의였으며, 전 세대에 대한 부정은 사회주의와 결합하면서 더 큰 폭발성을 지니게 되었다. 요컨대 '사회주의' 혹은 '사회주의적 기분'은 1920년대 초반의 신세대와 청년들이 선배 세대의 가치와 규범을 깡그리 무시하고, '내/네 멋대로 하는' 새로운 행동양식과 세대의식을 창출하는 이른바 '신경향'의 의미를 지니고 있었던 것이다.

이광수는 1925년에 쓴 「문예쇄담文藝瑣談」(「동아일보」, 1925년 11월 2

일~12월 5일)에서 20년 전과 당시 사회의 놀라운 차이를 가장 잘 보여주는 것으로 "양복, 맥주, 연애"와 더불어 "학교교육과 문예와 사회주의"를 꼽았다. 그 중에서도 특히 "문예가 오늘날 조선에서는 수십만 청년남녀의 정신을 지배하는 무서운 세력"이라 했다.[27] 이 시기의 문학 또한 세대투쟁을 위한 하나의 준거나 수단으로써 젊은 세대들을 매혹하고 있었으며, 사회주의의 풍미風靡와 궤를 같이하고 있었다.

문학은 전통의 영향이 가장 많이 남아 있는 영역이었기에 세대간 의식의 편차도 그만큼 컸다고 볼 수 있다. 개화계몽시대와 이광수세대에 걸쳐 갱신된 문文의 전통과 문학의 개념은, 1920년대에 또 한 번 달라졌던 것이다. 문학열에 감염된 1920년대 초의 새로운 세대는 예술가연하며 기성의 가치를 공공연히 무시했다. 그들은 학교 수업에 충실하지 않고, 기성세대가 싫어하는 패션을 즐기고, 술과 연애를 밝혔다. 경건주의자이자 계몽주의자였던 이광수는 이러한 새로운 세대의 문학관을 싫어했고, 그들을 계도하고자 했다.

> 근래 우리나라에서 문사라 하면,「학교를 졸업하지 말 것」,「물은 술, 불은 술에 탐닉할 것」,「반드시 연애를 담談할 것」,「두발과 의관을 야릇이 할 것」,「신경쇠약성·빈혈성 용모를 가질 것」,「불규칙·불합리한 생활을 할 것」 등의 속성을 가진 인물을 의미하게 되었습니다. (중략) 금일의 문사들은 석일昔日 문사의 결점을 고대로 계승하고, 게다가 퇴폐기의 일본 문사의 결점을 가미…….
>
> - 이광수,「문사와 수양」,『창조』8호(1921년 1월)

사실 1920년대 문학가들은 이광수의 영향을 받고 자라났다. 이광수는 그들에게 스승과 같았다. 하지만 1920년대의 문학가들은 적어도 이념 면에서만큼은 이광수를 넘어설 수 있었다. 그것은 아래에서 김기진이 쓰고 있는 것처럼 이념 지향적인 청년단체가 속속 생겨나던 사회적 맥락을 공유했기에 가능했다.

> 1919년 이래로 신문예계는 정히 장관이었으니 신시新詩류 소설류의 다수한 발표는 가지에 청년단체가 족생하던 사회 현상과 동일한 현상이며 문예이상주의 · 자연주의 · 낭만주의 (중략) 악마주의 · 상징주의 등의 조류가 잡연히 충일하여 (중략) 1919년 이래로 사회운동(소부르주아운동)의 지도정신이 박약하여 사상의 혼란, 운동의 혼란을 보이던 사회현상의 반영…….
>
> – 김기진, 「10년간 조선문예 변천과정」, 「조선일보」(1929년 1월 9일)

이러한 풍조를 반영하여 1920년대 중반 이후 사회주의 관계 서적과 문예서적은 신교육을 받은 청년들이 주축을 이룬 서적시장에서 양 축을 형성하고 있었다.

> 동시에 조선동포의 사상은 격변에 격변을 더하여 작년 우리 청년계의 독서열을 들으면 참으로 놀랄 만하였다. 제일로 대판옥포서점大坂玉壺書店의 말을 들건대 **조선 청년의 사상이 돌변하야 재작년까지 소설책을 그 중 수다히 사가던 터이더니 작년에 이르러서는 소설책도 적지 않았으나 소설책보다는 사상가의 저술이 맹렬하게 팔리면 맑스 『경제론』이니 해방解放과 개조改造는 나오기가 무섭게 팔리며 언제든지 있는 때보다 절종絕種될 때가 많았다.**
>
> – 「사상계의 신추향新趨向」, 「조선일보」(1923년 1월 1일)

위 기사는 사회주의사상과 관련된 책의 호조가 가장 눈에 띄는 '사상계'의 신경향이었음을 보여준다. 사회주의 계열 사상이 처음 소개되던 1920~1923년 사이에는 무정부주의를 비롯한 범사회주의 계통 서적들과 사회주의를 대중적으로 해설한 서적이 많이 발간되고 팔린다.[28] 정연규의 『과격파운동과 반과격파운동』, 김명식의 『노국露國 혁명과 레닌』, 『사회주의 학설대요』 등이 이 시기에 많이 읽혔다.

그러다가 1920년대 중반 이후에는 본격적인 마르크스주의 저작들이 읽히기 시작하고 더 나아가 소비에트 러시아에서 일본을 거쳐 건너온 레닌·스탈린·부하린 등의 원전들이 수용되었다. 이러한 현상은 코민테른이 조선 공산주의운동에 영향력을 갖게 되고, 조선의 운동 자체가 '목적의식성' 단계에 이를 만큼 성장한 것과 무관하지 않을 것이다.

1928~1929년경에는 사회주의 서적 수용이 절정에 이른다. 1928년 「동아일보」 광고면에는 〈개조사改造社〉, 〈평범사平凡社〉, 〈암송당巖松堂〉 등 동경에 소재한 일본 출판사가 펴낸 다양한 사회주의 관련 서적들이 소개되었다. 마르크스와 엥겔스의 저작전집을 비롯하여 『인민의 벗이란 누구인가』 『무엇을 할 것인가』 등 레닌의 정치 팸플릿, 그리고 『스탈린·부하린 전집』과 '자본주의문명의 붕괴'를 제1권으로 하는 『사회사상전집社會思想全集』, 유럽과 일본 등의 프롤레타리아문학을 모은 『신흥문학전집新興文學全集』 등이 그것이다. 조선 청년의 사회주의사상 수용은 폭넓고 수준도 높았던 것으로 보인다. '신흥사조에 몰두한 조선 청년'은 영어와 러시아어 원서까지 탐독하여 식민지 경찰당국을 긴장시켰다.

책 이름만 들어도 그것은 어떤 사상에 젖은 사람들이 보는 것이구나 하고 판단할 수 있는 『맑스 전집』 『맑스 엥겔스 전집』 『신흥문학전집』 『크로포트킨전집』 『경제학전집』 등의 전집물과, 『개조改造』 『스스메〔進め〕』 『문예전선文藝戰線』 『전기戰旗』 등 서적 잡지가 많이 구독되고 있는 고로 당국에서도 적이 놀라고 있는 터이라

- 「신흥 사조에 몰두한 조선 청년의 독서열」, 「조선일보」(1929년 10월 3일)

일본 〈개조사〉판 『마르크스-엥겔스
전집』 광고

일본 〈백양사〉의 사회주의 관련서적 광고

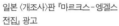두 광고는 모두 1928년 6월 「동아일보」에 실린 것이다. 〈백양사〉 광고에서는 『사적 유물론의 이론』 『마르크스 계급의식학』 『인민의 벗이란 누구인가』 등이 눈에 띈다.

심지어 1928년에는 일본에서 발간된 『마르크스·엥겔스 전집マルクス·エンゲルス全集』의 두 간행 주체 중 하나인 〈개조사〉가, 〈암파서점岩波書店〉〈홍문당弘文堂〉 등이 망라된 '마르크스·엥겔스전집 간행연맹マルクス·エンゲルス全集刊行聯盟'을 상대로 「동아일보」 지면을 통해 조선 독자들을 앞에 두고 번역과 마르크스 해석의 권위에 대한 지상誌上 논전을 벌일 정도였다.[29]

조선에 '내지內地' 일본과 동일하게 치안유지법이 적용되기 시작하면서 1926년부터 사상관계범의 수가 급증한다. 그 중 상당수는 사회주의운동과 직·간접으로 관련된 청년학생들의 '독서회' 사건에 연루된 사람들이었다. 독서회에서 '함께' 읽음으로써 조선의 학생·노동자는 '주의자'가 되어갔다. 이제 독서는 기성세대와 그들의 가치체계, 나아가 국가기구에 대항하는 새로운 공동체와 개인들의 무기로 활용되기 시작했다.

덧붙여 이러한 책 읽기를 통해 당시 조선인의 독서가 세계적인 동시 대성을 구현하며 전개되었음도 알 수 있다. 세계의 유행사조, 즉 구미와 동구의 사상과 문학작품은 곧 조선에 번역·수입되어 청년과 소년들에게 읽혔던 것이다.

어린이의 '발견'과 어린이 책

총독부의 「조선어 출판물 허가 건수」에 드러나 있는 것처럼, 1920년대 책 발간 추이에서 아동서의 폭증은 특기할 만하다. 총독부 통계에서 '동요' '동화' '아동독물'의 종수를 합치면 어린이 책은 신소설의 발간 종수에 육박한다. 단행본뿐 아니라 어린이 잡지도 1920년대 중반부터 크게 늘

『소학』

『동몽선습』

■■■『소학』은 주자(朱子)가 제자를 시켜 만든 책으로 소년을 위한 윤리수양서이다. 1187년에 만들어진 『소학』은 남송(南宋)시대 봉건제적 사회관계를 반영하고 있었는데, 조선 중기부터 본격적으로 이 땅에서 읽히기 시작하여 20세기 초까지도 필독서였다. 주자도, 이율곡도, 조선총독부도 모두 함께 아이들이 이 책을 읽어야 한다고 생각했던 것이다. 『동몽선습』은 천자문을 뗀 후 읽는 한국화된 유교윤리 기초학습교재이다.

어났다. 그리하여 이미 1920년대 말, 1930년대 초가 되면 쏟아져나온 많은 어린이 책 가운데에서 적절한 책을 고르는 일이 부모들의 중요한 관심사가 된다(■자료실 : 표 9 〈1920년대 아동물 출판 연도별 현황〉 참조).[30]

물론 근대 이전에도 아동을 위한 『소학小學』『동몽선습童蒙先習』 같은 책이 있었지만, 이는 어디까지나 더 높은 단계의 경전을 읽기 위한 준비단계의 윤리교과서였을 뿐, 근대의 '아동독물'처럼 독자성을 갖지는 못했다. 이 시기에 이르러 어린이 독서시장이 크게 팽창한 직접적인 원인은 우선 교육열이 높아지고 취학아동이 크게 늘었다는 데 있다. 그러나 그 근저에는 더욱 근본적인 변화가 있었다. 즉 '어린이'가 새롭게 '발견'되고 연령을 초월하여 동화가 대단한 위력을 발휘하였던 것이다.

조선의 어린이는 서구와 일본에서 발견된 '순진무구한 존재 · 인간성의 긍정적인 원형 · 근대시민의 씨앗'으로서의 '어린이'에 더하여, 위기에 처한 민족적 계몽의 대상으로 발견되었다. 특히 방정환을 비롯한 천도교 민족주의세력이 발견한 조선의 어린이는 '한울님'이자 '인내천의 천사'이기도 했다.[31]

그러나 '발견'된 어린이의 범위는 아직 확정되지 않았고, 당시 동화의 독자 또한 굳이 '어린이'에 한정되지 않았다. 1924~1927년 사이 『어린이』지에는 '어린이' 독자들이 보내온 사진이 게재되었는데, 스스로를 '어린이'라 생각하는 독자들의 연령대는 오늘날과 상당히 달랐다. 오늘날의 초등학생에 해당하는 '진짜' 어린이(7~12세)는 8.8%에 불과하고 중학생(13~15세)과 고등학생(16~18세)에 해당하는 틴에이저가 80% 이상을 차지하였으며, 19세 이상의 성인 독자들도 상당수 있었던 것이다(■자료실 : 표 10 〈1924~1927년 『어린이』지 독자연령 분포〉 참조).[32]

방정환의 번역 동화집 『사랑의 선물』은 어른과 아이들이 모두 읽는, 식민지시대 최대의 베스트셀러 중 하나였다. 방정환은 동경유학 중 알

아래 그림은 「동아일보」가 1천 호 기념호에 전국의 독자들로부터 3세 이하의 어린이 사진을 제공받아 몽타주하여 게재한 사진이다. 그야말로 '어린이의 발견'이다. 『어린이』지 광고에는 "먼저 당신이 읽고 어린 자녀에게 읽히라"는 문구가 들어 있다. 당대의 동화나 어린이 책은 조선의 성인들을 계몽하는 기능도 수행했다. 조선의 '어른'도 근대세계의 '어린이'였기 때문이다.

게 된 안데르센 · 페로 · 오스카 와일드 등의 동화를 모은 이 책 서문에서 "학대받고, 짓밟히고, 차고, 어두운 속에서 우리처럼, 또, 자라는 불상한 어린 영靈들을 위하야 그윽히 동정하고 앗기는 사랑의 첫 선물로 나는 이 책을 썼습니다"라 이야기했다.

『사랑의 선물』은 1925년 4월에 6판 12,000부에 이어 7판 2,000부가 매진되어간다는 광고와,[33] 1925년 8판 총16,000부 판매, 1926년 7월에 10판이 발행되었다는 광고가 나는 것으로 보아 1920년대 중반까지 2만 부 가까이 팔린 듯하다.

이러한 아동물의 폭발적 증가는 한편으로 신교육의 확대 · 식자율의 증가와 직접 관련이 있으며, 아동독자의 증가 자체가 대규모 독서대중의 출현을 예고하는 지표이기도 하다. 즉 계몽주의와 어린이의 존재는 떼어놓고 생각하기 어렵다. 1920년대 중반 이후 사회주의운동이 활발해지면서, 어린이운동이 분화하고 '어린이'의 이미지를 '노동하는 소년' '무산 소년'으로 생각하는 부류도 생겨났다.

'비非' 근대적 책 읽기 : 족보와 『정감록』 붐에 나타난 구세대의 불안

또 일제시기 출판물 발간추이에서 가장 눈에 띄는 것 중 하나가 족보, 유고문집 발간의 활발함과 지속성이다. 1930년대로 갈수록 족보나 유고문집은 발행허가 건수 자체가 줄어들고 전체 출판물에서 차지하는 비중도 줄어들었다. 하지만 1920년대에는 물론 1930년대에도 족보와 유고문집의 발간 종수는 '소설'이나 '사상' 영역의 출판물보다 더 많았다.

이들 '책'은 애초에 팔기 위해 찍은 것이 아니라서 시장에 나오지 않았으며, 따라서 소비자나 대중 독자도 갖지 못했다. 그런 점에서 이제까지 살펴본 책들과 다른 개념의 책이라 할 수 있는데 오히려 이 점이 중요하다. 족보 · 유고문집 등은 책 만들기 · 팔기와 책 읽기의 근대적 논리와는 무관한 세계로부터 나와서 근대적인 책의 세계에 공존하였기 때문이다.

1920~30년대에 '온존溫存'했던 봉건적 지주소작제와 마찬가지로 이들 출판물의 발간을 둘러싼 현상을 책과 관련된 사회사의 '봉건적 유제遺制'라고 간주할 수 있을까? 근대가 내포하는 '동시적인 것의 비동시성'이 바로 이 '책 아닌 책'들에 의해 구현되었다고 할 수 있다.

사실 조선왕조의 양반들은 족보를 찍는 데 그렇게 열성적이지 않았다. 족보 출판 붐은 1900년대부터 시작되어 1920년대를 거쳐 1920년대 후반 절정에 달한, 새롭게 나타난 현상이었다.

총독부 관리가 이를 조선의 특이한 현상이라고 지적한 바 있지만, 조선의 일부 지식인들은 이러한 현상을 강력히 비판하였다. 이들은 족보 발간 붐이 '구도덕'과 구 가족윤리의 엄연한 존재를 보여줄 뿐 아니라, '양반-상놈' 계급이 변형 · 재생산되고 있는 병리적 사회현상의 지표라고 인식하였다.

『개벽』의 한 논자는 "가문에서 경쟁적으로 각기各其의 족보수집修輯에 급급汲汲한" 사람들은, 아직도 신교육을 불필요한 "유희遊戲"로 간주하고 세계의 대세에 눈을 감은 완고한 무리들이라 단정했다. 앞서 말했듯이, 조선의 신세대는 사회주의와 여성주의 같은 세계사의 동시대적 진보에 분명히 몸을 띄워놓고 있었는데, 이 '완고한 무리들'은 그야말로 여전했던 것이다. 그들의 머리를 지배하고 있는 것은 '자녀 중심주의'보다는 여전히 유교적인 '조상 중심'이었다. 새로운 세대가 급진적인 자녀 중심주의를 주창했음에도 유교적 습속과 의식이 아직도 많이 남아 있었던 것이다.

우리 가정의 중심은 그 중심점을 자손에 두지 아니하고 조선祖先에 두었음에 큰 오류誤謬된 사상이었다. 다시 말하면 우리 가정의 중심은 미래를 표준치 아니하고 항상 과거를 표준하야 왔음이 경중輕重에 전도順倒된 자라 함이다. 본래 동양인의 윤리적 사상은 유교로부터 왔음은 말할 것도 업지마는 유교의 윤리는 모든 것이 과거를 표준하고 건설된 것뿐이었다.

- 백두산인, 「동양식의 윤리사상 변천개관(속), 가정윤리의 일단」, 『개벽』 17호(1921년 11월)

한편 배성룡과 같은 사회주의자는 족보발간 붐을 약간 다른 각도에서 비판했다. 그가 보기에 족보 발간 열풍은 민족적 단결을 저해하고 민중적 전진을 가로막는 퇴행이라는 점에서 해악적이었다.

다수인이 족보 수선修繕에 열중함은 그 하何를 의미함인가. 그 단결심의 범위가 협착狹窄하야 그 민족공존의 이상을 결한 자이라. 동족간同族間의 편협한 단결은 그 비례로 타족他族의 배척을 의미하는 것이니 고로 각 족族의 사이에 구거溝渠를 착착鑿하며 각 당파가 서로 오월吳越의 감감感을 포포抱하는 것이다.

차此 일사一事를 원할지라도 그 동정봉사同情奉仕의 범위 촬취포옹撮取抱擁의 경계가 가족 향당鄕黨 이외에 탈출치 못하였음을 추찰推察할 수가 잇다. 이와 같은 생활의 의식에서 하등何等의 민족적 일치단결이 유有할 것이며 하등의 민중적 대운동이 기하리오. 가족 향당鄕黨의 생활의식이 민족사회의 생활의식에 지至하는 수단이요 게제階梯이요 도정道程이니 그의 단결을 전연全然히 무용無用에 부付함이 아니건마는 **고루한 당파의 의식으로 동포간에 배척을 감위敢爲함은 이 사회생활 공동생활에 대한 이해를 결缺한 소치로써 각자의 인격 발전에 대 지장이 되는 것이다.**

- 배성룡, 「인격발전의 도정에 대한 사견私見」, 『개벽』 25호(1922년 6월)

족보는 유교적 족당族黨에 근거한다. 그래서 족보 발간 붐은 전근대적 파당의식 또는 종족의식의 발로이다. 그러나 근대적 민족과 개인의 형성은 족당의식에서 자유로울 때 가능하다. 각 개인은 우선 온전한 개인이어야 하고, 온전한 개인의 자격으로서 '국가'나 민족의 구성원이어야 하기 때문이다. 따라서 족보 열풍은 민족과 개인의 통일로 얻어질 "각자의 인격발전에"도 큰 지장이 되는 것이다. 실로 날카로운 비판이다.

그런데 족보 발간 붐의 당사자들은 족보 발간의 이유에 대해 좀 다른 이야기를 하고 있다.

> 그들이 그 족보에 열심하는 원인의 말을 들어보면 이르되 「지금 세상은 아무리 보아도 혼란 시대가 앞으로 있을 것은 명약관화한 일이니까 이 시대에 있어 우리 부형父兄된 자가 조선祖先의 계통을 편집하여 후대 자손에게 그 가계를 알게 함이 우리의 금일 큰 의무라」
>
> – 배성룡, 「인격발전의 도정에 대한 사견」

> 그리고 큰 난리가 있은 뒤에는 인종人種이 반이나 감減할 것이요 인종이 멸減한 뒤에는 이 세상 모든 일이 혼돈세계가 될 것이니까 우리 부형된 자가 이즈음에 조선의 명부를 수집修輯하야 대란의 후後, 남아있는 자손에게 유전하여줌이 무엇보다도 큰 일이라.
>
> – 「천지현황天地玄黃(속토분록續兎糞錄의 속續)」, 『개벽』 17호(1921년 11월)

족보편찬에 여념이 없던 사람들은 당시 사회를 극히 혼란스럽다고 진단하고, 족보 발간을 이러한 혼란에 대한 나름의 대응으로 생각했던 것이다. 그 혼란이 국권상실과 계급구조의 급격한 변동을 말하는 것인지는 분명하지 않다. 그러나 "큰 난리가 있은 뒤 인종의 반이 멸망할 것"이라는 구절에서 이들이 혼란과 급격한 사회변동에 매우 민감하게 반응하였음을 엿볼 수 있다.

무엇이 '종말'을 예감하게 할 정도로 그렇게 혼란스러웠던 것일까? 실재하는 사회적 혼란의 거대함이 저러한 미망을 만들어냈을 것인데, 혼란의 본질은 가치체계의 변동과 교란이었다.

정치상, 경제상으로 안정을 얻지 못하여 불안과 공포로 세월을 보내고 있는 우리 민족은 사상思想상으로도 아직까지 귀착점을 발견하지 못하여 오리무중에 방황하며 있다. 멧 천년 동안 유교의 사상—삼강, 오륜—의 전제專制 밑에서 신음하던 우리 사상계는 신사조新思潮—자유, 평등사상—의 유입으로 갑자기 해방을 얻게 됨에 구舊는 파훼破毁되고 신新은 건설되지 못하여 정치상 혁명시대의 그것과 같이 무정부·무질서의 상태가 되고 만 것이다.

여기에—이 무질서 상태로 인하야—여러 가지 희극, 비극이 생기게 된다. **정감록을 이용하야 50만의 미신자를 모아서 자칭 천자노릇을 하는 차경석車京錫이 잇고, 오늘 민족주의 내일 사회주의—자칭 신사, 자칭 유지有志로 미래의 대사상가를 꿈꾸는 사회주의자—사상투기업자思想投機業者가 있다. 자기의 「이상과 현실의 세계가 너머도 차이가 많다」 하여 비관의 눈물로 세월을 보내는 청년이상가가 있고 「세상이 말세가 되어서 안민구국지책安民救國之策—삼강, 오륜. 도모지 실행되지 않는다고 분분憤憤히 세월을 보내는 노년 유학선생이 있다.**

– 양명梁明, 「우리의 사상혁명과 과학적 태도」, 『개벽』 43호(1924년 1월)

이 글에 의하면 낡은 '미신'과 '삼강오륜' 그리고 새로운 '계급해방' 담론이 사람들의 눈앞에 난마亂麻 같은 혼란상을 펼쳐놓고 있었다. 곧 혼란은 가치체계와 '주의主義'의 차이, 세대간 소통불능의 상태에서 비롯된 인륜성의 위기였던 것이다.

이러한 '혼란'은 매우 현실적인 일이기도 했다. 족보 발간에 열을 올리는 이들 중에는 단지 삼강오륜이 무너졌다고 한탄하는 양반뿐만 아니라 '상놈'들도 있었다. 양반들은 "시골 동성同姓 모아서 / 족보한 다 돈 뺏고", '상놈'들은 "양반본을 꼭 떠서 / 밑도 없는 족보를 / 천연天然 꾸며놓고서 / 제 조상의 자랑"에 허리가 부러질 지경이었던 것이다. 또한 이 풍자시는 양반이 돈을 모아 족보 발간에 열심인 이유를 홍미롭게 설명하고 있다. 원래 양반이 하는 일이라는 게 "무릎 꿇고 앉아서" 가승세보家乘世譜 즉 족보나 외우는 것이었는데, "무슨 벼락 나려져" 일거에 세상이 바뀐 까닭에 갑작스럽게 "목구녁은 포도청 / 입에 풀칠 길업"게 되었다. 그러자 가승되는 물건들을 내팔아 "한끼 한끼 하다가"[34] 택한 수단이 바로 족보 발간이라는 것이다. 그러니까 족보의 대량발간에는 '양반'의 현실적·정신적 불안과 '상놈'의 불안한 상승 욕망이 합쳐 빚어낸 사회적 망탈리테가 개재해 있는 것이다.

한편 족보 발간에 열심인 사람들이 '인종의 반이 멸망'할 것이라는 종말론적 위기의식을 갖고 있다 하였는데, 1920년대 초·중반 대중들 사이에 많이 읽힌 책의 하나가 바로 종말과 후천개벽을 역설하는 『정감록鄭鑑錄』이다. 곧 족보열풍은 『정감록』 열풍과 사회적 맥락을 공유하고 있었다.

1920년대 초 총독부 당국이 '유사종교'와 '준準종교'에 대한 자유포교권을 허락하면서, 사회적 혼란을 토양으로 하여 '각종 신앙단체가 우후죽순처럼' 발흥하기 시작하였다. 신흥종교 붐은 몇 개월 내에 "삼천리 반도에서 졸연히 10여 수의 신종교가 출"할 정도였는데, 가장 큰 특징은 대부분의 신흥종교들이 동학 창시자인 수운 최제우를 교조로 삼았다는 점이다.[35]

1920년대 초반 조선의 상황도 많은 이들에게는 '난세亂世'였기에, 불안한 사람들은 동학이나 『정감록』과 관련된 비非근대적 유토피아니즘(=후천개벽)에 의지했다. 이에 대해 근대적 인텔리들은 계몽주의적 입장에서 그러한 사회현상의 배후를 비판하고 '과학적 태도'를 선양하였다.

근대에 소위 『정감록』이라는 허무황탄虛無荒誕의 글이 공연히 세世에 발포되며 그를 발행한 일선日鮮의 돈벌이꾼들은 연일 광고를 해가면서 야단법석을 하고 있도다. 개盖 『정감록』 등의 서류書類는 고석古昔의 특수계급에 속한 그 자들이 자가自家의 세력을 부지 확장하자는 술책으로써 그러한 운명적 관찰을 유포한 자者에 불과한 바라. 일본이 유신維新하고 중국이 혁명하는 그간에 있어 유독 조선의 대중이 그 따위 허황한 전설의 구수자拘囚者가 되어 자진자립自進自立하지 못한 그것을 생각하면 꿈에 생각하여도 기가 막히는 일이거늘 저 모리謀利의 종배徒輩가 이제 또 그것을 출판 경매競賣한단 말인가.

－「혹세무민의 정감록 발행에 대하야」, 『개벽』 34호(1923년 4월)

현재 우리의 사상계에 무엇보다도 부족한 것은 역亦－「과학적 태도」이다. (중략) **우리의 출판계에서 제일 잘 팔리는 책은 무슨 문학이나 과학의 명저가 아니오 『정감록』이다. 갑자甲子년은 아직 되지 아니하였는데 천자天子는 벌써 둘(김천자金天子, 차천자車天子)이나 되고 「최제우 씨까지 부활이 되었다」 한다.** 심지어 우리 사회의 유일한 지도자로 자임하는 일류의 언론기관에까지 소위 무슨 영학靈學이며 무엇이라는 제목하에 별별 기사가 기재된다. 그러면 이－미신적 사상을 소멸시키고 우리의 사상혁명을 완성케 할 유일한 수단은 「과학적 태도」일 것이다.

－ 양명, 「우리의 사상혁명과 과학적 태도」, 『개벽』(1924년 1월)

그러나 과학의 힘이나 과학지식은 사회적 혼란을 걷어내지도, 인간

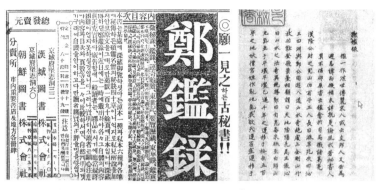

『정감록』 광고(「동아일보」, 1923년 7월)　　　　　　　　　『정감록』

■■■『정감록』은 조선 후기 이후 세상이 어지러울 때마다 민중들에게 영향을 끼쳤다. 1920년대에도 사회를 난세로 여긴 사람들 사이에서 이 책은 크게 유행하며 재출간되었다.

들의 불안을 치유하지도 못한다. 일제시기 내내 백백교 같은 유사종교와 종말론이 사회 문제를 일으켰다. 근대적 외양을 걸친 점술 관련 서적이 지속적으로 발간되어 팔리고 있던 상황도 이와 무관하지 않을 것이다.

한편 족보와 마찬가지로 유고 · 문집 또한 시장에서 유통되지 않은 출판물이다. 유고 · 문집은 양반가의 남성이 죽은 후 그가 생전에 쓴 여러 종류의 글을 묶은 것이다. 총독부 경무국 당국자는 유고 · 문집이 "고로유생古老儒生들 사이에서 반포되는 순한문 출판물인 까닭에 근래 청년들이 보기에는 난해하고 시세에 점차 떨어"지고 있다 했다. 실제로 이러한 책들은 애당초 '집안'의 범위를 넘어설 만큼의 부수를 제작할 의도도 없었으며, 대부분의 경우 활판인쇄가 아니라 전통방식을 따라 목판 혹은 목활자로 출간되었던 것으로 보인다. 그럼에도 유고 · 문집은 1930년대에도 전체 출판물 종수 순위에서 상위를 차지하였다.

책 읽기에 있어서 '봉건 유제'적 현상은 유교경전류의 출간에서도 보인다. 「구일舊日 독서자에 대하여」(「매일신보」, 1911년 5월 5일)라는 글을 보면, 아직 사서삼경에 매달려 있는 '독서자'들에게 세계 역사와 지리 등과 같은 새로운 지식을 섭취하라고 강력히 권고하고 있다. 그럼에도 불구하고 한문 경서는 1930년대의 도서목록에서 중요한 분야였고 꾸준히 책이 찍혀나왔다. 이러한 '경서'들은 19세기 이후로 인쇄술이 크게 개변될 때마다 소설과 더불어 가장 많이 새롭게 제자되는 출판 레퍼토리였다.

그리고 당대 일본어나 조선어 교과서(독본)에 『소학』과 『논어』를 포함한 유교경전 텍스트가 다수 포함되어 있었다는 점도 기억해야 한다. 사회주의나 여성주의처럼 인류사를 통틀어 가장 진보적인 사상이 1920년대 조선사회에 큰 충격을 주고 있었음에도, 교육된 공식적 이데올로기는 유교적 '충효'와 부덕婦德이었다. 국어 · 수신 · 윤리 · 역사 · 지리 등의 법정 교과를 통해 주입되었던 제국주의 국가이데올로기와 전래의 유교적 충효이데올로기가 어떻게 결합되었는지를 밝히는 것은 중요한 과제일 것이다.

영향력 면에서 소학교에 결코 뒤지지 않았던 서당에서도 『천자문』 『소학』 사서삼경을 가르쳤다. 또한 민중들 사이에서 광범위하게 읽힌 『조웅전』 『소대성전』 등 영웅소설에 담긴 세계상이나 표면적 주제 또한 유교적 충효사상에 근거한 것이었다.

경전 읽기에 나타난 유교는 과거의 유물이 아니라 현재하는 지배적 이데올로기의 일부였다. 습속習俗도 '장기지속'하지만 이데올로기와 관념 또한 일거에 바뀌지 않는다. 물론 1930년대에 들어서며 유고문집과 경서의 출간과 수용은 서서히 영향력을 상실해간다.

4_일본어로
책 읽기

일제시기 조선 사람들이 일본어로 교육받고 일본어로 된 책을 일상적으로 읽었다는 사실은 이야기되지 않고 곧잘 무시된다. 그러나 이는 일제시기의 문화 전체를 이해하는 데 매우 중대한 문제일 뿐 아니라, 일제시기에 교육받고 자란 1900~30년대생들이 이끌어간 해방 이후의 정치와 문화를 이해하는 데도 중요한 고리가 될 수 있다.

한국문학을 대표하는 소설가의 한 사람인 박완서가 펴낸 산문집 『두부』(2002)의 「내 안의 언어사대주의 엿보기」라는 글을 보면, 민감한 언어감각을 갖고 있었던 한 소녀가 일제 말기에 겪은 이중언어 상황이 잘 그려져 있다. 1931년생인 어린 박완서는 개성에서 서울로 전학온 뒤 일본어에 익숙하지 않아 학교생활을 엉망으로 한다. 그러다 일본어를 잘하게 되어 성적은 올랐는데, 이제는 어머니가 일본어를 읽고 말하지 못한다는 사실을 부끄러워하게 된다. 책을 좋아하는 나이가 되어서는, 책이란 물건 자체가 응당 일본어로 된 것인 줄 알았다. 그래서 소학교 때는 일본어로 번역된 서양 동화를, 사춘기 때인 중학생 시절에는 일본 귀족 자제들의 연애담을 소재로 엮은 일본 로맨스물을 탐독하며 문학적 소양을 길러갔다.

사실 이런 류의 회고담은 얼마든지 찾을 수 있다. 최일남, 최인훈, 김학철도 이와 유사한 회고담을 남겼다. 일본어 서적 독서경험이 그들의 소년기 경험세계에 지대한 영향을 미쳤던 것이다.

그런데 일본어에 의한 문화적 세례와 성장은 해방 후에도 중단되지 않는다. 박완서는 일본어로 된 문학서적들이 한국전쟁 후의 정신적 곤궁함을 메워주었다고 썼다. 한국보다 두어 발 앞서 있었던 일본 문화 또는 문학, 그리고 그 한국적 에피고넨들이 이미 성인이 된 박완서의 독서체험에도 깊이 영향을 미친 것이다. 그것도 '행복하게.' 이는 단지 문학 영역에서만 일어난 일은 아닐 것이다. 식민지시대에 이루어진 조선의 문화적 성취는 일본어의 영향을 빼고는 말하기 어렵기 때문이다.

그러나 모국어에 민감한 이 문학가는 자신의 문학적 체험과 언어감각 속에 들어와 있는 '일본'을 예민하게 인식하고 그것을 '청산'하거나 '극복'했을 것이다. 하지만 술 한 잔 들어가면 아무 거리낌 없이 일본 군가를 불러댔다던 박정희와 그의 다양한 '꼬붕'들이 만들었던 3공화국과 4공화국의 담당자들, 그리고 '한글 세대'가 완전히 장악하기 전까지 한국의 문화적 주류였던 학자·문학가들은 어떠할까.

이러한 양상이 야기하는 문제는 1990년대 일본 문화가 수입 개방되어 한국의 신세대들이 일본 게임과 음악, 재패니메이션에 매혹당하면서 자라는 것과는 전혀 다른 차원에 있다.

일본어 책을 읽는 여러 이유

일본어 서적 수입은 1920년대부터 폭발적으로 증가하여 1930년경에 이르러서는 일본어 서적이 수입된 책의 99%를 차지하게 된다. "초등학생으로부터 대학생에 이르기까지 읽고 배우는 책의 8~9할이 조선어 이외의 책"[35]이었으니 당연한 일인지도 모르겠다.

『숫자조선연구數字朝鮮硏究』(1930)의 저자는 이러한 현상이 "조선인이 스스로 선택한 결과가 아니라"고 거리를 두고 말하였다. 그렇지만 점점 일본어 책은 물 건너에서 '수입' 되었다기보다 책을 읽고 문자생활을 하는 조선인들의 삶 자체에 깊이 침투해갔다. 1920년대 중반 이후에는 정규 교육과정에서뿐만 아니라 일상적인 책 읽기에서도 일본어 책이 압도적인 비중을 차지하였다(■자료실 : 표 11 〈1920년대 외국 서적 수입액 증가 추이〉 참조).

1920년대 후반에는 일본어 책이 일간지의 책 광고면도 장악했다. 여기에는 책 읽기 이상의 사정이 있었다. 조선인 광고주의 수는 적고 조선 민간지의 광고단가는 일본 신문에 비해 훨씬 낮았으므로, 「동아일보」를 비롯한 언론사들은 회사의 명운을 걸고 일본에 가서 적극적으로 광고 유치에 나섰다.[37]

그러나 이것이 일본어 서적에 대한 조선인들의 실제 수요와 무관한 현상은 아니었다. 그 전에는 일본어 책이라 해도 제목과 목차·광고문안을 한글로 게재했지만, 이 시기에는 광고문안 전체가 일본어로만 된 경우가 많았다. 신문광고가 어떤 책이 팔리고 읽혔는지를 보여주는 하나의 시금석이 된다 할 때, 「동아일보」 구독자들은 일본어로 된 책을 살 수 있는 구매력과 일본어 해독력을 갖추고 있었음을 알 수 있다. 식민지 초기에는 일본어 책을 마지못해 택해야 했지만, 식민지화가 심화됨에 따라 일본어 책을 스스로 선택하는 경향이 늘어갔다.

조선어 책이 일본어 책에 대해 가질 수 있는 경쟁력이란, 조선어로 씌어져 대상 독자층이 더 넓다는 점과 책의 내용이 조선인의 정서와 생활에 잘 맞는다는 것뿐일 테다. 이 기준에 잘 맞는 책은 한글로 된 문학서적이다. 그런데 1927~1928년경이 되면 한글로 된 문학서적의 광고도 자취를 감추다시피 한다. 신문광고를 보고 한글 문학서적을 택하는 독자들이 줄어들었다는 증거이다.

식민지시대 일본어로 된 책을 읽는다는 것은 어떤 의미가 있을까? 결론부터 말하면 일본어 출판물을 읽는다는 것이 곧 '일선동화日鮮同

조선 보통학교에서의 일어교육

보통학교에서 학부모를 대상으로 한 일어교육

■■■조선인들의 교육열에 대한 총독부의 대응은 일본어 교육의 강화였다. 위의 그림에서 아이가 쓰고 있는 내용은 '쥐를 잡자'이다.

化'를 의미한다고 보기는 어렵다. 그러나 '일선동화'가 아닌 것이 곧 '저항'을 의미하지 않았다는 점도 중요하다.

1930년대는 조선인들이 충분한 일어 실력을 갖추지 못했던 1920년대와 상황이 달랐다. 1930년 18.5%에 불과했던 조선인 취학률은 빠르게 상승하여 1940년에는 45.7%에 이르렀고 남자의 경우는 60%를 상회했다. 또한 식민지 당국은 지속적으로 일본어 교육을 강화하였다. 그래서 1920년대와 달리 1930년대가 되면 매우 대중적으로 팔릴 책이 아닌 경우, 일본어 서적은 더 이상 조선어로 번역하거나 번안할 필요가 없었다. 일본어 책을 읽는 사람은 그만큼 늘어났다.

아래의 증언들은 1920년대 후반 이후, 적어도 문자를 통한 언어생활에서는 일본어의 헤게모니가 양적·질적으로 지식인사회와 일반 대중사회 양 편에서 모두 거대해지고 있었음을 보여준다.

(1) 현재 조선사회의 추세로 말하면 조선 안에서 간행되는 신문잡지를 위시하여 일반 도서는 검열제도檢閱制度가 엄중한 관계로 다소 표현表現에 미지근한 점이 있으나 그래도 **일본서 나오는 도서는 그렇게 심하지 아니함으로 웬만한 인사들은 일문을 통하여 새로운 지식을 흡수하기에 노력하는 까닭이라 하겠다.**

- 「조선일보」(1929년 10월 23일)

(2) 일본 내지는 선진사회로서 그 발달된 지식과 기술로써 만든 무수한 서적과 간행물이 도도滔滔의 세勢로 이입되는데 **조선 내의 교육 있는 지식분자는 거의 다 그것을 독파할 능력을 가졌으므로 한 걸음 앞선 사회의 진보된 학문과 지식과 문학을 원하게 된다.**

- 김한용, 「조선문단 진흥책」, 『조광』 3호(1936년 1월)

(1)과 (2)는 지식인사회의 풍조를 들어 일본어 출판물이 득세했던 이유를 보여준다. (1)에서 말하고 있는 것처럼 지식인들이 일본어 출판물을 볼 수밖에 없는 이유 중 하나는 검열이었다. 앞서 말한 대로 일제는 자국에서보다 식민지 조선의 언론 출판에 대해 훨씬 심한 검열과 어압 정책을 폈다.[38] 대신 총독부의 검열은 일본에서 수입되는 책들에 대해서는 비교적 느슨한 이중적 성격을 갖고 있었다. 일본에서 엄격한 검열정책이 시행된 것은 1937년 중일전쟁 발발과 국민정신 총동원 실시 요강 발표, 1938년 3월 국가총동원법 발효 이후이다.[39] 따라서 그 이전까지 일본인들은 상대적으로 출판의 자유를 누리고 있었던 것이다.

이에 비해 조선에서는 실질적인 출판의 자유가 없었기에, 일반인들이 접근할 수 있는 조선어 출판물은 아무리 급진적이라 할지라도 당국의 '허가' 범위 안에 속하는 체제내적 성격을 가진 것이었다. 그래서 민족해방의 이념을 알기 위해서라도 수입된 일본어 책을 봐야 하는 역설적 상황이 계속되고 있었다. 어느 체제에서나 국가기관의 감시는 사상과 성性에 관련된 분야에 집중된다. 조선어로 출판된 이 분야의 책은 '판매 금지'의 표적이 되었기에, 조선인들은 일본어로 된 책을 택함으로써 약간의 자유를 누릴 수 있었다.

한편 (2)에서는 '지식분자들'이 일본어 책을 보는 이유가 "한 걸음 앞선 사회의 진보된 학문과 지식과 문학"을 얻기 위해서라 말한다. 이러한 점은 지식분자들에게 일본어 책을 보는 매우 당연한 이유가 되었을 것이며, 그들 중 일부가 조선어 출판물에 대해 열등감을 갖게 된 이유가 되기도 했다.

(3) 방정환이 주간하는 월간잡지 『어린이』를 애독하는 것으로부터 독서에 눈을 뜨기 시작해 아귀처럼 탐식을 하다가 우리 글로 된 책을 더는 얻어

볼 수 없게 되자 이내 일본말 책으로 옮아붙어가지고 훨씬 더 넓어진 세계에서 글자 그대로의 섭렵을 해댔다.

일본 시인 사이조 야소四條八十 · 기타하라 하쿠슈北原白秋 · 노구치 우조野口雨情 들의 동시는 내 마음을 완전히 사로잡았다.

한 번은 일어시간에 선생님이 흑판에다 '곡자曲者'라고 써놓고 "이걸 읽을 줄 아는 사람 손들라"고 하는데 (중략) 다들 틀리게 읽는 바람에 선생님이 눈살을 찌푸리실 때 천천히 손을 들고 일어선 내가 "구세모노"라고 바로 읽자 선생님은 손뼉을 딱 치면서 "맞았다!"고 좋아하시는 것이었다. 그 바람에 나는 속으로 코가 좀 우뚝해질라 했다.

-김학철, 『최후의 분대장』[40]

(4) 아동독물兒童讀物로는 요사이 퍽이나 쓸쓸하고 한적한 기분이 떠돌고 잇다. 몇 해 전까지는 『어린이』니 『신소년』이니 『별나라』니 하며 여러 가지 좋은 아동독물이 많이 나오더니 요사이에 와서는 이 방면의 서적이라고는 『아이생활』 이외에는 이런 종류의 책들을 찾아볼 수조차 없는 현상이다. **그런 관계로 소년들은 서점에 들어오면 으레 현해탄을 건너온 그림책들을 뒤지는 현상으로 이 방면에 대한 일반의 관심이 너무 적은 듯하다.**

그런 관계로 해서 소년독물이나 유년독물류는 모두, 남의 손으로 된 것이 잘 팔리는 현상이라고 하며, 그 외에도 『킹キング』 『주부지우主婦之友』 『강담구락부講談俱樂部』 등의 월간잡지가 잘 팔린다고 한다.

-「서적시장 조사기 : 한도 · 이문 · 박문 · 영창 등 서시에 나타난」, 『삼천리』, 7권 9호(1935년 10월)

(5) 기자 : 어떤 남자를 배인配人으로?

이난영 : 남자답게 크고 건강한 스포-츠 맨이면 좋겠어요. 제가 원체 넉넉한 공부를 못하였으니 중학교 마친 분도 좋겠지요. 그리고 한 가지 공상을 말씀하라면 시인이나 소설가가 그리워집니다.

기자 : 지금 독서는 무엇을 하세요.

이난영 : 춘원春園 선생의 「그 여자의 일생」을 눈물과 감격으로 보고 있습니다. 잡지로는 『삼천리』와 『중앙中央』을 보고요 『주부지우主婦之友』와 『킹キング』를 봅니다.

-「인기가수의 예술ㆍ사생활ㆍ연애 : 화발풍다우의 이난영 양」, 『삼천리』(1935년 8월)

(3)과 (4), (5)는 독서시장의 저변을 이룬 어린이와 여성이 일본어 출판물에 장악되어가고 있었음을 보여준다.

(3)은 1916년 원산 태생인 작가 김학철의 회고이다. 이 글은 1920년대 중ㆍ후반 한 똘똘한 어린이가 열렬한 일본어 서적의 독자가 되는 과정을 보여준다. 1920년대의 어린이들은 개벽사의 『어린이』를 읽으면서 독서의 세계에 들어가는데 어느 정도 읽고 난 뒤에는 조선어 서적 중에는 별로 읽을 것이 없어서 이내 더 넓고 풍부한 일본어 책의 세계로 들어갔다는 것이다. 그리고 그렇게 할 수 있었던 어린이의 일본어 실력이 어느 정도였는지 보여준다.

(4)의 상황은 또 다르다. 1930년대 중반에 이르자 1920년대 어린이들을 책의 세계로 이끌던 『어린이』『신소년』『별나라』등 조선어 아동잡지가 모두 사라지고, 조선 어린이들이 "현해탄 건너온" 일본 그림책만 찾고 있다 했다. 그리고 이 글에서는 대중잡지 시장도 분야를 막론하고 일본 잡지가 장악해감을 보여준다.

이러한 점은 (5)에서 더 잘 드러나 있다. (5)는 〈목포의 눈물〉로 유명한 가수 이난영이 19세 때 한 인터뷰 기사인데, 신교육을 받은 조선 여성들에게 『주부지우』와 『킹』 같은 일본 대중잡지의 영향력이 대단했음을 알 수 있다.

「여고 인테리 출신인 기생, 여우女優, 여급 좌담회」(『삼천리』, 1936년 4월)에 참석한 여성들도 『주부지우』와 『부인공론婦人公論』 그리고 『킹』

과 『부사富士』 등의 종합 대중잡지를 읽고 있다고 하였다. 배우이자 카페 '매담'으로서 "서울에 딴스홀을 허하라"라는 선언으로 유명한 복혜숙(당시 29세)은 조선 잡지와 신문과 더불어 『부인공론』을 매달 구독한다고 했고, 문학을 좋아하는 '딴사(댄서)' 김운봉(24세)도 『개조』 『부인공론』 『킹』 『주부지우』 등의 일본 잡지를 본다고 했다. 수송동에서 끽다점 〈은령銀鈴〉을 운영하는 이광숙도 『부인공론』을 구독하였으며, 여고보를 졸업한 후 낙원카페 여급이 되었다는 정정화(19세)도 『부사』의 독자였다.

『킹』 『주부지우』 『부인공론』 『강담구락부』는 모두 당시 일본에서도 가장 많이 읽히던 대중잡지였다. 1920~30년대는 일본 잡지사상 최고의 전성기이기도 했는데, 〈강담사〉의 『부사』는 1929~1930년 사이에 무려 600만 부가 발행되었고 『주부지우』는 85만, 『부인공론』은 20만(1931), 『킹』은 75만~100만 정도의 독자를 가지고 있었다.[41] 조선은 이와 같은 거대한 시장의 일부였다. 일본 여성잡지 구독은 1930년대 중반 조선 '모던 껄'들의 자격이거나 유행이었을 수도 있다(■자료실 : 표 12 〈1933년 9월 대구지역 조선인 대상 잡지 판매현황〉 참조).

일본어 책의 문화적 헤게모니와 양적 우세는 1930년대 후반으로 갈수록 확고해지고 있었던 것으로 보인다. 책을 읽는 부모 형제가 있는 가정에서 태어난 아이들은 부모 형제가 읽는 책을 보며 자란다. 집에 어떤 장서가 있었는지가 그들의 독서경험에 중대한 영향을 끼칠 것이다. 1900년대에 태어난 독서인들이 유년시절에 처음 접한 책들은 구활자본이나 한적 등이었다. 이에 비해 1930년대에 태어난 이들은 일본어로 된 동화와 동시, 잡지를 읽으면서 자랐다. 1932년생인 소설가 최일남은 다음과 같이 회고했다.

내 또래들은 마찬가지이겠으되 일본어 책을 선택의 여지없이 닥치는 대로 읽었다. (중략) 국민학교 상급학년 무렵부터 빠진 독서삼매경의 대상이 하필이면 사무라이 소설이었으니…….

어쩌다 집안에 굴러다닌 『강담구락부』라는 잡지가 최초로 눈에 띈 책이었으므로 밤낮없이 그걸 끼고 살았다. (중략) **육당이나 춘원에 앞서 나쓰메 소세키, 아리시마 다케오를 먼저 만나고, 소월이나 지용보다 이시가와 다쿠보쿠, 기다하라 하쿠슈에게 대뜸 접근한 사연 역시 엇비슷하다. 그 다음 읽은 것이 일본 신조사판 세계문학전집이었는데, 단테의 『신곡』이 이 전집의 첫째 권이라는 이유만으로 죽자사자 달라붙은 기억이 새롭다.**

– 최일남, 「이태준의 상허 문학독본」[42]

최일남이 거론한 육당이나 춘원은 1910~20년대생들에게 가장 영향을 많이 끼친 책들의 저자이다. 그러나 1930년대생인 최일남은 나쓰메 소세키夏目漱石, 아리시마 다케오有島武郎 같은 일본 작가들과 유명한 〈신조사新潮社〉판 세계문학전집을 통해 고급한 문학적 체험을 시작하게 되었다는 것이다. 거기에 더하여 사무라이 소설과 『강담구락부』가 평범한 조선인 가정에 굴러다니는 문화적 환경이 조성되었다고 전하고 있다. 이를 볼 때 1950~60년대 한국사회와 문화를 이해하는 데 있어 일본의 영향이나 식민지의 후과後果는 결코 무시할 수 없다.

[한글과 조선어의 위기]

1936년 6월 『삼천리』에서 연 좌담회는 조선어와 조선어문학의 위상에 대한 중요한 논의를 담고 있다. 이화전문 문과과장 김상용 · 보성전문 교수 유진오 · 연희전문 교수 정인섭 · 보성전문 교수 손진태 등과 「동아일보」 「조선일보」 「조선중앙일보」 등 3대 신문의 학예부장인 서항석 · 홍기문·김복진 및 『삼천리』 주간 김동환이 참석한 「삼전문학교 교수·삼신문 학예부장 문예정책 회의」의 제1논제가 '문예운동의 모태인 한글 어학의 장래를 위한 대책 여하'였다.

좌담의 모두冒頭 발언에서 사회자인 김동환은 이 주제를 정하게 된 배경을 말한다. 그것은 아일랜드의 모어인 켈트어Celtic와 인도어가 식민지 상황에서 제국의 언어인 영어에 의해 잠식되어 사라지고 있다는 데, 조선에서도 이와 비슷한 상황이 벌어지지 않을까 하는 우려였다. 즉 식민지의 피지배 언어인 조선어와 한글의 존립을 낙관할 수 있는가 하는 의문이 있으며, 이에 대해 낙관론과 비관론이 엇갈리고 있는 상황이었던 것이다.

참석자들은 우선 이 문제와 관련된 견해를 표명하였다. 첫 발언자인 김상용은 "주민의 전부가 한글말을 용어로 하고 있고 문학의 전부가 한글로 되어 있는 오늘에 있어 이 문제를 토의함은 아직은 시기상조"라 답했다. 대부분의 참석자들이 이러한 의견에 대체로 동감을 표한다. 아직은 걱정할 필요가 없다는 것이다. 그러나 다음과 같은 비관론도 있어 주목된다.

정인섭(연희전문학교 문과교수) : (중략) 오늘날 현상을 말한다면 작가 측에서는 특별한 애착을 가지고 한글의 미화, 방언의 발굴 등에 정열을 퍼붓고 있지마는 한편 독자층을 생각하여보면 **한글 어학물에 대한 흥미가 감퇴하여지고 있는 것이 사실이여요. 그 원인은 사회정세가 변하여짐에 따라 저절로 실용어, 공용어에 끌려가는 점, 또 한 가지는 학교교육이 그래서 이 추세는 조선 출판시장에 나타난 한글 출판물과 딴 곳 출판물과의 대비에서 분명하여집니다.** 그러나 이 경향이 언제까지 갈 것이냐 하는 데 대한 예단은 할 수 없으나 한 개의 언어맥言語脈이 그리 쉽사리 사라지는 예가 없습니다. 부득이해서 실용어로서 사라지는 한이 있을지라도 고전어古典語, 학

■일본인들이 장악한 1930년대 본정 거리. 지금의 충무로에 해당하는 본정 거리에 일본어 간판이 즐비하다.

술어學術語로서라도 명맥을 가지고 있지요. 현재 라틴어가 이것을 설명하고 있지 않습니까.

– 「삼전문학교 교수 · 삼신문 학예부장 문예정책 회의」, 『삼천리』(1936년 6월)

한글 출판물에 대한 일반 독자층의 흥미가 줄고, 실제 생활에서도 조선어가 실용어이며 공용어公用語인 일어에 밀리는 상황에서, 조선어가 라틴어처럼 문학과 고문헌 속에만 보존될 운명을 맞을지도 모른다는 우려이다. 그런데 이러한 우려가 1930년대에 처음 제기된 것은 아니었다. 강도는 약했지만 이병기도 1929년에 다음과 같은 비관론을 말한 바 있다.

조선말 교육이 나쁘고 아이들이 일본말을 더 잘 배우는 고로 조선말로 된 서책의 독자가 비록 줄지는 않을망정, 교육이 보급되는 것같이 그 비례로 늘지는 않으리라 생각합니다. 우선 신문독자로 말하더라도 조선서 발행되는 신문보다 일본 신문의 부수가 많으니까요. (딴은 조선내에 사는 일본인의 읽는 부수도 가산된 것이지만) 조선문단의 장래는 …… 퍽 비관이야요.

- 양주동, 「문예사상문답 - 이병기」, 『문예공론』 창간호(1929년 5월)

1930년대부터 이러한 위기가 시작되었음에도, 식민지시기 문학과 국어학 연구에 의해 한글이 발전해왔고 민족문자로서의 권위를 획득한 것도 사실이었다. 개화계몽기 이전에는 '언문'이라 하여 2등 국민의 문자 취급을 받고, 다시 일제시기에 이르러 위기에 처했음에도 한글은 독자적인 지위를 만들어낸 것이다.

홍기문(조선일보 학예부장) : (중략) 우리 「한글」은 몹시 그 동안에 신문화운동이 있은 뒤 약 2, 30년 간에 장족長足의 진보를 해와서 예전에는 문학상으로 한어漢語의 보조어격補助語格으로밖에 사용 못 되든 것이 근래는 완전한 주어主語로서 승격되었고 언어 자체로 보아도 퍽이나 순화되어왔습니다. 그래서 시조와 민요와 신화 전기류에밖에 극히 좁은 범위로 사용되던 **「한글」이 이제는 이 땅 문사들의 노력의 결과로 예술용어로서 최선최상의 문자가 되었습니다.** 그래서 이제는 우리의 사상감정을 표백表白함에 있어 「한글」이상 가는 어학語學이 없다 하게 되었지요. (중략) 20**년래 조선 문학자의 노력의 결과로 이제는 「한글」을 가지고 시, 소설을 지을 수 있을까 하든 썩은 관념을 완전히 타파하고 났으니** 이런 큰 승리가 어데 있습니까

그런데 금후의 문제는 아까도 토의합디다만은 **나는 x자卷 계급에서 「한글」을 호불호好不好하든 말든 어학으로서 길이길이 깃들 줄 알기 때문에** 김상용 씨 관찰모양으로 나도 낙관하는 터임니다.

- 「삼전문학교 교수 · 삼신문 학예부장 문예정책 회의」

한글과 조선어가 국민어의 위상을 다지게 된 것은 문학과 문화운동에 의해서만은 아니었다. '조선 민중을 조선어로 교육할 것'은 부르주아민족주의자로부터 사회주의자에 이르는 민족운동 전 세력의 당위였다. 1928년 1월 「제3차 조선공산당 당대회 결의안」의 교육관련 강령에는 "一, 일어를 국어로 하는 것을 폐지하고, 그 대신 조선어를 사용할 것. 一, 소·중·대학교에서 조선어를 교수할 것. 一, 보통학교를 무료로 실시하고 노·농민의 자제에게 물질적 보조를 줄 것" 등이 포함되어 있었다. 이러한 '강령'은 사회주의운동의 지향점, 즉 '반제반봉건' 논리와 그 표리가 일치한다.

그리고 1931년 12월 3일자 「동아일보」 사설 「초등교육과 용어문제 ─마땅히 조선어로 하라」는 그 내용이 강경해서 놀랍다. '당국의 소위 동화주의가 시대적 착오임은 당국도 이미 각성한 바 오랬을 것이다. 새삼스러이 노노 하랴 않지마는 아직도 초등학교의 공학을 부르짖고 조선어 무용론을 운운하는 자 그 뿌리를 뽑지 못한 금일 오인吾人의 이러한 논평도 반드시 무용한 반복이 아닐 것이다'라 했다. 조선인 중에도 조선어 무용론자가 있었음이 암시되어 있는데, 1920년대 후반부터 1930년대 중반까지 「동아일보」 「조선일보」는 전국적인 문자보급운동과 '민족문화 창달운동'을 벌였다. 이 운동을 두고 신문을 좀더 팔아 사세를 확대해보겠다는 장삿속을 지적하는 의견도 있었으나, 그 운동의 의의는 부정하기 어려운 '민족주의'를 내포하였으며 실질적인 성과를 거두기도 했다. 물론 그것은 실력양성론 혹은 자치론에 입각한 문화주의적 운동의 기본 한계를 갖고 있었다.

그러나 어렵게 이룬 국민어로서의 지위는 불안했다. 좌우의 '합의'나 문화운동 등을 통해 조선어와 조선어문학의 위상이 높아졌음에도 불구하고 현실은 달랐던 것이다. 정치권력에 의한 강제와 문화적 격차의 확대재생산 때문에 일어와 조선어는 각각 지배계급(민족)과 피지배

〈문자보급반을 기다리며〉, 「조선일보」(1934년 7월 9일)

算 術 教 材

數字의읽는법과쓰는法 (一)

(1) 다음數字를 차례차례 한자씩 쓰고 읽는법을 가르칠것

一	二	三	四	五	六	七	八	九	十
1	2	3	4	5	6	7	8	9	10

(2) 다음數字를 읽고 쓰게할것

4	9	2
3	5	7
8	1	6

3	6	1
9	8	5
2	4	7

7	5	8
1	6	2
3	9	4

「문자보급교재」에 포함된 산술 교재

■■■위 삽화에는 문맹인 부부가 나누는 대화가 캡션으로 붙어 있었다.

"이 길로 가지 말라는 말이지?"

"아니야, 서울서 문자보급반이 온단 말이야."

「조선일보」가 발행한 1936년판 「문자보급교재」속에는 아래 그림과 같이 산술 교재가 함께 포함되어 있었다.

계급(민족) 언어로서 다른 사회적 역할을 부여받게 되었다. 당위와 현실의 괴리, 일상과 공적 생활의 괴리가 분열적schizophrenia 상황을 빚고 있었다.

한글과 조선어는 일상적 언어생활을 장악하고 있는 민중과 민족의 언어이면서, 위에서 말한 것처럼 문학과 문헌에 보존되어야 할 언어였다. 그럼에도 조선어는 '고급' 언어는 아니었다. 홍기문의 말에서도 현실에서 한글을 천대한 계급은 역시 일본어로 된 제도에 편입된 식識자 계급[43]이었음이 나타나 있다. 조선어는 공용어가 아니었고 고급문화를 영위하기 위해서는 무조건 일본어를 잘해야 했기 때문이다.

이중언어, 이중구속 : 장혁주의 운명

조선문학은 이러한 모순적인 상황 속에서 '민족문학'으로서 보존되어야 했다. 일제시기 조선어 민족문학이 순결하게 지켜졌다는 식의 거짓된 문학사적 상식과 무관하게, 조선 근대문학은 시기마다 '조선어' 주의를 중심으로 불안하게 진동하며 발전했다. 작가들 스스로 조선어를 시기마다 다르게 대우했으며 '분열' 적 상황에 처했다.

현실 자체가 모순적인 거대한 분열적 상태에 있었기 때문이다. 일제하 언어생활의 다중성은 식민지인의 이중적이고 분열된 자의식을 형성한 힘이자 그것을 보여주는 척도라 할 수 있다. 식민지적 '이중구속 double bind' [44]의 전형이라고 할 만한 상황이 일본어로 된 책 읽기를 둘러싸고 빚어졌다.

그러한 분열은 아래에서처럼 '미친 짓' 으로 불릴 정도의 것이었다. 다음은 이광수의 『흙』(1932)의 한 구절이다.

「자네 신문 잡지도 안 보네 그려?」

하고 물었다.

「내가 신문을 왜 안 보아? **대판조일, 경성일보, 국가 학회잡지, 중앙공론, 개조, 다 보는 데 안 보아? 신문 잡지를 아니 보아서야 사람이 고루해서 쓰겠나.**」

하고 갑진은 뽐내었다.

「그런 신문만 보고 있으니까 조선 농민이 요새에 풀뿌리, 나무껍질 먹는 사정을 알 수가 있겠나? 자네는 조선 신문 잡지는 영 안보네 그려?」

하고 숭은 기가막혀 하였다. (중략)

「그 어디 조선 신문 잡지야 또 보기나 하겠던가. 요새에는 그 쑥들이 언문을 많이 쓴단 말야. 언문만으로 쓴 것은 도무지 희랍말 보기나 마찬가지니, 그걸 누가 본단 말인가. 도서관에 가면 일본문, 영문, 독일문의 신문 잡지 서적이 그득한데, 그까짓 조선문을 보고 있어? 그건 자네같이 어학 힘이 부족한 놈들이나, 옳지 옳지! 저기 저 모심는 시골 농부놈들이나 볼 게지, 으하하!」

하고 갑진은 유쾌한 듯이 좌우를 바라보며 웃는다.

「왜 자네네 대학에도 조선문학과까지 있지 아니한가.」

하고 숭은 아직도 갑진을 어떤 방향으로 끌어보려는 뜻을 버리지 아니하였다.

「응, 조선문학과 있지. 나 그놈들 대관절 무얼 배우는지 몰라. 원체 우리네 눈으로 보면 문학이란 것이 도대체 싱거운 것이지마는 게다가 조선문학을 배운다니, **좋은 대학에까지 들어와서 조선문학을 배운다니, 딱한 작자들야.** (중략) 춘향전이 어떻고, 시조가 어떻고, 산대도감이 어떻고 하데마는 참말 시조야. 미친놈들.」

하고 갑진은 가장 분개한 빛을 보인다.

「미치기로 말하면.」

하고 숭은 기가 막혀 몸을 흔들고 웃으면서,

「미치기로 말하면 자네가 단단히 미쳤네.」

- 이광수, 『흙』(1932)[45]

경성제대 법문학부를 졸업한 『흙』의 김갑진에게 '언문'은 희랍어처럼 낡은 것이며, '언문만으로 된 것' 뿐 아니라 조선문 신문 역시 어학 실력이 없는 시골 농투성이나 보는 것이다. 제대로 된 신문과 학문은 조선어를 취급하지 않으며, 조선어로 씌어져 있지도 않다. 또한 춘향전·시조·산대놀음 따위로 구성된 조선문학과 '대학'은 양립할 수 없다. 전자는 시대에 뒤떨어진 구시대의 유물이며 후자는 근대성의 거대한 상징이기 때문이다. '좋은 대학'까지 와서 왜 조선문학을 공부해야 하는지 알 수가 없다.

소설 속 이광수의 화신인 허숭이 김갑진을 '미쳤다'고 보는 것은 그가 민족적 현실에 대한 자기 의식을 전혀 갖고 있지 않아서이다. 일어와 영어·독일어의 세계에 사는 김갑진이 허숭이 그토록 목을 매는 '풀뿌리 뜯어먹는' 조선 농촌의 현실에 무감각한 것은 당연하다. 여기서 민족적인 것과 근대적인 것이 대립하며, 경성제대 법학과를 졸업한 변호사 김갑진에게는 후자만이 의의가 있다. 적어도 이광수는 이러한 분열증적 상태를 치유하는 방법을 가지고 있지 않았다. 그래서 '미친' 김갑진이 갑자기 개과천선하는 『흙』의 결말은 더욱 분열증적이다.

조선 문학가들은 스스로 자기 모순에 처할 수밖에 없었다. 그들도 김갑진처럼 조선어로 된 우리 문학이 열등하며 문학가가 되기 위해서는 일본어 책을 비롯한 외국어 책을 읽어야 한다는 것을 알고 있었다. 하지만 그럼에도 '조선문학'이 있어야 하며, 그것이 순조선어로 이루어져야 한다는 민족주의적 강박관념도 갖고 있었다. 앞의 『조선문단』 합평회에서도 알 수 있듯이 그러한 인식은 대부분의 작가에게 뿌리깊었다.

문학가들의 분열적 의식은, 조선문학의 외연이 어디까지인가에 대한 문학가들의 자문自問과 일본어 창작에 대한 태도에서도 드러난다. 『개조』를 통해 '동경 문단'[46]에 등단(1932)하고 창작집 『권이라는 남자權と云ふ男』(1934)를 상재하여 화려하게 일본문단의 중심부로 접근했던 장혁주는 일본어로 소설을 썼다는 이유로 관심과 구설수의 대상이 된다. 더 정확한 이유는 장혁주의 일본어 소설이 조선 현실을 소재로 한 경우가 많았으며, 그가 동경에서 귀국해서는 조선어로 소설을 썼기 때문이었다. 장혁주는 질시와 동경의 대상이자, 조선문학의 외연과 내포를 둘러싼 논란의 중심 소재였다.

(1) 본사측 : 『개조』에 입선된 장혁주 씨 「아귀도」를 어떻게 보셨어요.

빙허 : 좌와! 그런데 광진화랑廣津和郎이 평한 것을 보았는데 이것은 소설로서 빛나기보다 「사실」이 더 힘 있다고 하였더군. 정말 사실의 힘이 너무 강했어.

서해 : 우리 보기에는 그리 찬성할 점도 없었지만 어쨌든 퍽이나 역작이었습니다. 묘사가 억세고 거칠면서 사람의 가슴을 ?리는 점, **제재가 남조선 농촌에서 이러난 눈물겨운 점, 조선문단의 수준에 달達하고 남은 작이지요.** 다만 결말에 가서 너무 미약하게 맺은 것이 불만이더군.

본사측 : 그 작품에 확실히 조선 현실상現實相 우又는 조선 정조情調가 드러났습니까.

성해 : 그런 것도 아니지요. 도리어 과장이 아닌가 하는 점도 많더군요.

- 「문사좌담회」, 『삼천리』 4권 6호(1932년 5월)

(1)은 장혁주가 등단과 함께 곧 조선문단 중진의 칭찬과 관심의 대상이 되었음을 보여준다. 과연 일본문단에 조선인 청년 작가가 조선의 현실과 정조를 어떻게 드러내보였는가가 관심거리였다. 그러나 여기

서의 관심은 다분히 피상적인 수준이었다. 그러나 아래 (2)와 (3)은 이 문제가 치열하게 논쟁해야 하는 핵심 문제임을 보여준다.

(2) 김광섭 : 『개조』나 『중앙공론』에 자기의 작품이 한 편만 발표되면 곧 **안하무인眼下無人이 되는 것 같아요.** 그래서 그 쪽으로 출발하려는 사람이 문단인 중에서도 많은 것 같습니다.

정인섭 : 요전에 유진오 씨가 **장혁주 씨의 국어로 쓴 작품을 문제삼았는데 장씨의 작품은 조선문학 안에 들어가지 않습니다.**

- 「조선문학 건설을 위한 조선문단 좌담회」, 『신동아』(1935년 9월)

(3) **세계인류의 일부분이라고 한다면, 인류의 근본 경향에는 동일한 저류라 하지 않을 수 없을 것이외다. 그렇다면 조선인으로 영어로 혹 불어로 중어中語, 에스페란토, 기타 그 어느 것이나를 가지고 문학을 한다 할지라도 하등何等의 상관이 없을 것이오. 다만 우리는 그 작품의 우수성을 찬미하거나 증오하거나 할 뿐이면 좋을 것이외다. 다른 말로 표현했다고 시기하는 비열한卑劣漢들**—다른 말로 표현한 작품에 오히려 조선 생활이 더 잘 표현되어 있어서 그것을 꼭 조선어만을 아는 대중에게 읽히고 싶다고 느낀다면 그것을 번역해서 발표할 도리를 생각하는 것이 옳을 것이외다. (중략) 나는 최후로 형에게 제弟의 충정哀情을 드리나이다. 문학은 결코 시기와 증오에서는 일호—毫의 수확은 고사姑捨하고 이 두 가지는 문학의 페스토균菌이라고 하지 않을 수 없습니다.

- 장혁주, 「문단의 페스토균」, 『삼천리』(1935년 10월)

(2)에서는 '조선문학의 독자성'이라는 소주제를 토론하기 위한 화제로 장혁주를 거론했다. '안하무인'이며 '조선문학이 아니라'는 김광섭과 정인섭의 발언에 대해 장혁주는 (3)과 같이 격하게 반응했다. 문

■장혁주. 대구에서 태어나 3·1운동
에도 참가했으나, 뛰어난 일본어 실력으
로 일본문단에 화려하게 데뷔하자 오히
려 일부 조선인 작가들의 시샘을 받아
'왕따'를 당한다. 해방후 결국 일본인으
로 귀화한다.

단에서 장혁주에 대한 비난은 이들이 처음은 아니었다. 문단의 중견급
에 속하는 주요한과 김동인에게도 비판적 언사를 들었음을 밝힌 장혁
주는 "내가 동경문단에 진출했다고 자랑하고 다닌 일도 없고 행 향간鄕
間에 있어 숨어 있거늘 어찌 내가 남의 미움을 살 짓을 했을까"라며,
근거 없는 "매도 냉소 욕설"을 일삼는 인간들을 '문단의 페스트균'이
라 칭했다. 한편 위 글들은 조선문학의 규정 문제를 담고 있다. 조선인
이 쓴 일본어 소설이 조선문학일 수 있는가 하는 점이다. (3)에서 장혁
주는 비 속문屬文주의를 주장하고 있다. '조선 생활'을 표현했다면 표
기언어는 문제가 아니라는 주장인데, 일어로 소설을 썼던 그로서는 이
런 입장을 취할 만했을 것이다.

『삼천리』의 「『조선문학』의 정의 이렇게 규정하려 한다!」(1936년 8월)
는 문제를 발본화하고 장혁주 문제를 아예 설문에 포함시켰다. "A.조
선「글」로 B.조선「사람」이 C.조선 사람에게「읽히우기」" 등의 세 항
목이 조선문학 규정 문제의 근본이라 하고, A에서는 한문으로 쓴 박지
원의 『열하일기』, 일연의 『삼국유사』가 조선문학에 속할 수 있는가와

더불어 타고르나 예이츠가 영어로 쓴 작품이 각각 인도문학과 아일랜드문학에 귀속될 수 있는지를 물었다. 이는 표기법 문제, 속문주의에 관한 질문이다.

B는 작가의 국적 문제인데, "작가가 「조선 사람」에게 꼭 한하여야 한다면 나카니시 이노스케中西伊之助가 조선인의 사상감정을 기조로 하여 쓴 「汝等の背后より(너희들의 배후에서)」는 어떻게 되는지 물었나.

마지막으로 C는 독자 지향성 문제로서, 장혁주가 동경문단에서 일본인을 대상으로 발표한 작품과 강용흘이 영미인 독자를 겨냥하여 쓴 「초가집」 등은 모두 조선문학이 아닌가를 물었다.

설문에 대해 이광수, 박영희, 김광섭, 이태준은 매우 강경한 속문주의를 주장했다. 이들은 일제히 '한글로 된 문학만'이 조선문학이라 답했다. 이태준은 "외국인이 썼더라도 조선말이면 그것은 훌륭히 조선문학이리라 생각"한다고 했다. 그러니까 장혁주의 일본어 소설은 결코 조선문학의 범주에 속할 수 없다. 답변에서는 또한 강경하고 협애한 속문주의를 주장하기 위한 예로 한문학이 등장하였다. 이광수는 "박연암의 『열하일기』 일연선사의 『삼국유사』 등은 말할 것도 없이 지나支那문학일 것"이라 단언하고 국민문학은 결코 작가의 국적에 의해서가 아니라, "오직 그 씌어진 국문을 따라 어느 국적에 속하는 것"이라 했다. 이와 같은 강경한 속문주의에서 조선문단 주류의 '순조선어 문학'에 대한 강박증을 엿볼 수 있다.

그러나 이와 같은 강경론만 있는 것은 아니었다. 임화는 '역사적인 국민문학의 구성'이라는 틀에서 문제를 파악하여 역사와 현실의 맥락을 고려할 것을 주장했고, 서항석·이병기·김억 등은 A B C의 조건을 재구성·재조합함으로써 조선문학의 성립범위를 융통성 있게 생각할 수 있다 하였다. 따라서 이들은 장혁주의 문학을 '광의의' 조선문학에 포함될 수 있다고 판정하였다. 이외에 염상섭은 독특하게 속인屬人

주의를 주장했다. "제1 조건이 조선 사람인 데에 있고 외국어로 표현하였다고 반드시 조선문학이 아니라고는 못할 듯합니다. 조선의 작품을 번역하였다고 금시今時로 외국문학이 되지 않음과 같이 외국어로 표현하였기로 조선 사람의 작품이 외국문학이 되리라고는 생각할 수 없습니다"라고 했다.

흥미로운 것은 장혁주 자신도 이 문제에 답해야 했다는 점이다. 그는 『삼천리』에서 제시한 세 가지 조건 외에 "「조선을 제재한 것」이라는 조건을 더 하나 넣고 싶"다고 하면서 만약 네 가지 조건이 모두 완비되어야 한다면 "박연암도 일연선사도, 나카니시 이노스케는 물론 강용흘이나 장혁주 일부 소설도 조선문학에는 넣지 못할 것이라고 생각"한다고 간단히 썼다. 이러한 주장은 기실 앞에서 본 「문단의 페스토균」의 강경한 논조에서 상당히 많이 후퇴한 것이다. '조선 민중의 정서와 사상이 조선문학의 성립조건이라는 주장'은 강경한 속문주의 앞에서 패퇴했다. 이러한 패배는 한국소설사에서 이름이 지워진 장혁주의 운명을 느끼게 한다.

모윤숙 : 장혁주 씨의 작품에 대하여는 종래에 여러 가지로 비평의 대상이 되어 왔는데, 이번 나온 작품을 보면 작의 가불가佳不佳는 차치하고, 위선爲先 **그 지문이 마치 외국작품을 직역하여놓은 것 같은 어색한 대목이 많습디다.**

최정희 : 그러한 느낌을 누구나 받을 것이죠. **아직 조선글에 익숙지 못하고, 작作에 연소점燃燒点이 분명치 못해요.**

한 개의 사상事象을 구체적으로 붙잡지 못하고, 그냥 서술적으로 평면묘사平面描寫만 하여버린 흠이 있습디다. 솔직하게 말하면 씨는 다시 향토적으로 고쳐 출발하여 주었으면…….

이선희 : 수법에 있어서 어색한 것만은 곧 느껴지겠더군요. 씨는 **조선말**

공부를 하고 조선의 정조를 이해하도록 힘씀이 좋을 것 같습디다.

- 「여류작가 좌담회」, 『삼천리』 8권 2호(1936년 2월)

인용문에서 신랄한 비판을 서슴치 않는 여성작가들은 장혁주의 선배도, 평론가도 아니며 당시로서는 눈에 띄는 성취를 이룬 소설가도 아니었다. 장혁주가 조선어보다 일본어에 더 능숙했던 것이 사실이라 해도, 그의 글에 나타난 조선어 문장과 '조선 정조'의 밀도가, 저 신인급 작가들이 일제히 비판해도 좋을 만큼은 아니었다고 생각된다. 이를 통해 장혁주에 대한 기성 문단의 비우호적인 태도가 저렇게 비판할 수 있는 배경이 되었음을 알 수 있다. 그리고 위 인용문은 유독 장혁주가 다루는 '조선 정조와 조선어'가 그를 질투하는 다른 작가들에게 철저한 관찰과 비판적 검토의 대상이 되었음을 보여준다. 이는 장혁주가 '조선어로만 창작'을 모토로 하던 조선문단 내부의 타자他者가 되었음을 의미한다. "되지 못한 소설이라도 조선말로 써 보려고 할 마음이 도시 나지 아니한다. 그것은 동경문단에서 발표해서 호평을 받던 작품도 그와 같이 조선 문인들이 매도를 한다니 만약 조선말로 썼더라면 또 얼마나한 욕을 할까 하는 생각"[47]을 했던 장혁주는 『춘향전』 각색(1938)과 일련의 대중소설 창작에 나서는 등 '조선 공부'에 힘쓰는 모습을 보이다 결국은 다시 일본어 소설 창작으로 귀결한다.

어떤 면에서 조선문학의 정체성 문제와 관련하여 '조선어' 외에 '조선 민중의 감정과 사상'을 포함시켜야 한다는 장혁주의 주장은, 실제로 조선어가 피지배계급이 사용하는 2류 언어가 되고 있었다 해도 순진한 발상이었다. 적어도 표면적으로는, 조선문학의 언어적 정체성에 대한 문단 주류의 신념이 대단했기 때문이다. 일본어 창작 문제는 해방 직후 '문학자의 자기비판'이라는 주제로 다시 거론된다. 일제 말기에 장혁주만큼 일본에서 성공적인 작품활동을 펼친 김사량은 장혁주

최정희   모윤숙

■■■두 여성 작가는 1930년대 『삼천리』의 기자로 활동하며 문인으로 성장했다. 일본어로 작품활동을 한 장혁주에게 비판적인 태도를 취했던 두 사람 다 1930년대 말과 1940년대에는 일본어로 소설을 썼고 모윤숙은 특히 '진한' 친일활동을 했다.

의 주장을 더 급진화 · 발본화시켜 일본어 창작을 변론했다.[48]

> 김사량 : 우리말로 쓰는 것보다도 좀더 자유스러이 쓸 수 있지 않을까, 탄압이 덜 할까 생각하고 일어로 썼다느니보다 **조선의 진상, 우리의 생활 감정, 이런 것을 〈리얼〉하게 던지고 호소한다는 높은 기개와 정열 밑에서 붓을 들었던 것이오만은** 지금 와서 반성해볼 때 그 내용은 여하간에 역시 하나의 오류를 범하지 않았나 생각하고 있는 것을 솔직히 고백하는 바입니다.
>
> – 「문학자의 자기비판」, 『중성衆聲』 창간호(1946년 2월)[49]

탄압을 피하려는 소극적인 이유에서가 아니라, 제국 한가운데서 조선의 진상과 생활을 알리겠다는 보다 적극적인 의도로 일본어 창작에 나섰다는 것이다. 그러나 해방 후 김사량은 그것조차 '오류'였다는 태도로 자세를 낮출 수밖에 없었다.

1946년 임화는 「조선 민족문학 건설의 기본과제에 대한 일반보고」

에서 1930년대 말부터 시작된 일본의 노골적인 군국주의화 이후 조선 문학의 대일 공동전선戰線 과제가 "첫째, 조선어를 지킬 것. 둘째, 예술 성을 옹호할 것. 셋째, 합리정신을 주축으로 할 것"이었다고 했다. 그 리고 조선어 수호가 첫번째 과제였던 이유에 대해서는 "우리나라의 작 가가 조선어로 자기의 사상, 감정을 표현할 자유가 위험에 빈瀕하고 있 었던 것이 당시의 추세"였고, "모어의 수호를 통하여 민족문학 유지의 유일한 방편을 삼고 있었기 때문"이라고 했다.[50]

['순한글 창작'이라는 신화]

임화의 '보고'는 과연 실체 적 진실이었을까? 결과적으 로 '모국어 수호'가 민족문 학 유지의 유일 방편이었겠지만, 사실 문학가들 스스로 그 원칙을 배 반했다.

장혁주와 정반대의 경우라 할 수 있는 일도 있었다. 당대의 식자층은 일상대화 중에 일어를 섞어 쓰는 경우가 많았다. 그것은 『흙』의 김갑진 처럼 '구별 짓기'위한 것일 수도 있고, 이미 그 계층에서 일본어를 섞 어 쓰는 일이 일상화되었기 때문일 수도 있다. 당시 여러 소설작품의 대사 속에는 이러한 상황이 반영되어 일본어 대사가 자주 등장한다.

그런데 대중 소설가인 김말봉이 『밀림密林』(1936)에 쓴 일본어 대사 때문에 논쟁이 벌어진 일이 있다. 평론가 김문집은 『신가정』의 「김말 봉론」을 통하여 김말봉의 국어, 즉 일본어 실력 부족을 비판하였다. 그 는 글의 첫머리부터 "말봉 씨에게 충고하고 싶은 것은 소설에 함부로 국어를 쓰지 말라는 것과 부득이 쓰는 경우일지라도 그것이 참말의 국 어이려니 하는 생각만은 빼라는 것이다"라는 고압적인 언사를 동원했 다. 김문집은 이러한 충고 뒤에 무려 5페이지에 걸쳐 일본어 강의를 했다는데, 글의 말미에 "대담히도 조선 청년 가운데서 참으로 국어를 하는 사람은 한 사람도 보지 못하였다고 단언"했다. 김문집은 일본에서 중등학교와 대학을 다녀 남보다 일본어에 특히 자신감을 가지고 있었던 듯하다. 응당 가져야 할 일본어 실력을 조선 청년들이 충분히 갖고 있지 못한 것을 나무라는 태도가 깔려 있는 것이다.

이에 대한 김말봉의 반론이 더 흥미롭다. 김말봉은 자신과 같은 '무명'이 "모르는 것을 모른다고 나무라는 데는 일언의 변명이 있을 까닭이 없다"고 한 후, 문제가 된 "さ お花を 差し上げませう そして お辞儀を しませう"[51]라는 대사가 여성이 쓴 '국어'로는 부적절한 듯해도, 소설 이야기의 맥락에서는 결코 그렇지 않을 수도 있다고 했다.

'일본어를 일본어답게' 구사해야 함을 비평의 근거로 삼고, 제대로 일본어를 구사하는 조선인은 한 명도 보지 못했노라고 호언하는 김문집과, 전개되는 서사의 상황에서는 그런 부적절한 일본어도 쓰일 수 있음을 방어의 근거를 삼은 김말봉의 태도는 솔직하다. 이를 통해 '순조선어주의'가 이들 세대의 조선인들 사이에서 어떻게 해체되고 있었는지 알 수 있다. 1930년대 후반 정확한 일본어 구사력은 조선 작가나 지식 청년 전체가 가져야 할 자질이 되어가고 있었던 것이다. 장혁주의 조선어 문장이 어색하다고 비판당하던 일과 비교될 만하다.

역사의 아이러니는 이뿐 아니었다. 장혁주의 소설뿐 아니라 박지원의 산문조차 '조선문학이 아니다'라 단정했던 이광수나 이태준, 그리고 장혁주에게 조선어와 조선 정조를 더 공부하라고 충고했던 최정희 · 모윤숙 등은 모두 일본어로 소설을 썼다. 뿐만 아니라 이무영 · 유진오 · 한설야 · 이효석 등 좌 · 우파를 막론하고 거의 대부분의 조선 작가들이 중일전쟁 이후 일제히 일본어로 작품을 쓰기 시작했다.[52]

일본어 창작행위 전체를 '친일'로 볼 수도 있고, 그 중에서 공공연히 일제의 '신체제'를 찬양하고 '내선일체'를 선동한 것만을 친일문학으로 볼 수도 있다.[53] 실제 일본어 창작은 강요된 경우가 적지 않았기 때문이다. 그러나 앞에서 살폈던 것과 같이 강경한 속문주의가 '민족문학파'와 조선문단의 주류적 입장이었기에, 일본어 창작 자체는 조선문학의 심각한 자기 부정이 아닐 수 없었다.

그래서 1930년대 말~1940년대에 걸쳐 조선어의 위상은 또 한 빈 변화를 겪게 된다. 조선인들이 처한 '이중언어적 상황'이 일본어 사용에 대한 일방적인 강요와, 일부의 '자발적' 참여로 인해 달라지고 있었던 것이다. 이전에는 조선어의 위상이 낮아지고 있는 가운데에도 문학이 분명 조선어의 보루 역할을 하고 있었으나 이제는 아니었다.

이 시기 '조선어'의 문화적 위상 변화에 대해 『국민문학國民文學』의 편집인이던 최재서는 "조선어는 최근 조선의 문화인으로서 문화의 유산이라기보다는 차라리 고뇌의 종種이었다"[54]고 적실히 요약한 바 있다. 이러한 '고뇌'가 일본어 글쓰기에 나선 일부 작가들의 내면이었다. 그러나 막상 민족문학파를 대표하던 이광수 자신은 별다른 고뇌를 보이지 않고 쉽게 일본어 창작으로 나아갔다. 더하여 이광수는 일어와 조선어의 뿌리가 같고, 조선어는 더 우월한 '국어'의 일부이기에 '없어질' 운명을 가진 '지방어'라 주장하기도 했다. 이에 의하면 조선문학도 일본문학에 흡수될 한시적인 운명을 지니고 있었다.[55]

이러한 상황을 거쳤기 때문에 백철은 『조선신문학사조사』(1947)에서 1940년대를 일컬어 "수치에 찬 암흑기요 문학사적으로는 백지白紙"이기에 없었던 일, 즉 '부랑크blank'로 돌리자고 했다. 문단의 주류와 좌·우파가 모두 관련되었기에 그러한 '은폐'가 가능했다.

조선 문단은 일제시기를 거치면서 한편으로는 제국주의의 탄압을 받고 이에 저항했지만, 한편으로는 탄압에 적응했다. 그리고 무엇보다도 스스로 제도로서 정립했다. 문단의 소속원으로서 검열을 받고 허가된 문학작품을 발표하는 것 외에 다른 문학은 없었다. 카프가 해산된

시나리오 작가 오영진이 일본어로 쓴 「맹진사댁 경사」(1943년 3월)

가야마 미쓰로오(香山光郎)로 창씨개명한 이광수가 발표한 소설 「가천교장」(1943년 9월)

평론가 최재서가 쓴 「징병제 실시의 문화적 의의」(1942년 5~6월)

■1940년대 초에는 노골적인 친일작품 이외에도 많은 문학작가들이 '자연스럽게' 일본어로 작품활동을 하곤 했다. 모두 『국민문학』에 실린 작품들이다.

1930년대 중반 이후 문단의 좌우 전체는 스스로 '기성'과 '전통'이 되고자 했고, 문학에서 민족 문제를 오직 언어의 문제로만 국한된 것으로 호도했다. 그러나 그것마저 지키지 못하고 거의 모든 작가가 일본어로 문학작품을 썼다. 이를 합리화하기 위하여 일제 말기의 상황 자체가 도저히 저항이 불가능하였다는 상황논리가 반복적으로 동원된다.

그러나 저항의 가능성은 1930년대 중반 이후 저항주체에 의해 스스로 차단된 측면도 있다. 1930년대 중반 이후 조선 사회주의 운동가들이 일본 지식인들처럼 대규모로 전향한 것도 아니고, 사회주의운동 전체가 전멸한 것도 결코 아니었다. 중일전쟁 발발과 전시 계엄 선포가 조선 사회주의운동 전반에 일시적인 침체를 가져오기도 했지만, 1937~1939년 사이 침체 국면에 들었던 사회주의운동은 1941년을 기점으로 다시 활발해지는 양상을 띠었다. 군국 파시즘체제는 오히려 일군의 지식인과 노동계급을 체제 바깥으로 내몰았다.[56]

[계급문학론의 민족문학]

일제 말기의 정황 때문이 아니라도 '조선어냐 아니냐'라는 기준으로 '조선문학'과 민족문학의 개념을 정립하려는 문단 일각의 노력은 불완전한 것이었다. 물론 '조선어냐 아니냐'는 핵심 문제임에 틀림없다. 그러나 민족문학으로서 '조선문학' 작품이 온전한 정체성을 갖기 위해서는 민족 문제, 즉 식민지의 현실을 다루어야 한다. 민족문학파는 조선문학의 정체성 문제를 논하면서 '민족적인 것'을 정면으로 다루지 못했다. 언어 문제를 빼면 조선문학의 정체성이 '조선정조' '조선심'을 다루는 데 있다는 식의 모호하고도 내용 없는 논의에 머물렀을 뿐이다. 민족의 정체성이 '민족성'을 비롯한 정서적인 차원에 있다는 류의 논리는 민족개량주의 또는 문화민족주의[57] 자체의 큰 맹점이다. 정치와 권력의 문제를 결여한 '민족주의'나 정체성은 불구적이기 때문에, 이광수가 처했던 자기 모순 즉 '민족개조론'과 같은 영역에 귀착될 가능성이 높았다. 문화민족주의는 '문화적으로 일본인에 비교될 만한 수준'이상을 결코 말하지 않는다.

다음의 좌담은 당시 문학가들이 이 문제를 애써 외면하려 했거나, 민족개량주의 관점의 근본적인 한계가 문학에서 '민족'의 문제를 소거했음을 보여준다.

이무영 : (중략) 조선문학의 독자성—다시 말하면 본질적이나 현상적으로는 어떻게 외국문학과 다르며 지리적, 정치적, 민족적—이런 데서는 어떻게 다르다는 것을 말씀해주셨으면 합니다. (중략)

홍효민 : 조선말로 썼다면 거기에 벌써 독자성이 있지 않습니까.

서항석 : 조선말로 쓴 것이라고 모두 조선문학의 독자성이 있지는 않겠지요.

정인섭 : **조선문학의 독자성이라면 민족적 요소라든가 지리적 요소 같은 것이 그 독자성이겠지요. 그러나 민족주의 문학은 아닙니다.**

정지용 : 어떤 민족이 문학을 소유했다면 벌서 거기에 독자성이 생기는 것입니다. **그러니까 우리 문학의 독자성이라면 과거 우리의 고대문학을 탐구함은 될지언정 카프에 일임한다는 것은 위험천만한 일이다.**

서항석 : 지리적 관계가 크겠지요. (중략)

정인섭 : 우리 문학에는 역사상 생활상에 큰 불안이 늘 떠돌아서 대체로 보아 작품 속에 음울하고 멜랑코리한 데가 있습니다.

유진오 : (중략) 그러나 지리적으로는 큰 변화가 있겠지마는 사회적, 정치적으로 금후의 조선이 변한다면 지금까지의 멜랑코리하던 그 독자성도 자연 변해가리라고 생각합니다. (중략) 로서아만 보더라도 (중략) **혁명 후**

의 작품을 보면 명랑하고 건전합니다. 그것을 본다면 문학은 정치적 영향을 받아서 변하는 것이라고 봅니다.

정지용 : 그러난 나는 조선문학이 그렇게 음울하다고 생각지 않습니다. 춘향전 같은 것을 보더라도 그 안에는 풍자가 있고 명랑이 있습니다. (중략) **그러나 이것은 혁명 전 로서아의 멜랑코리와는 다르다고 봅니다.**

정인섭 : **이데올로기의 독자성을 요구하는 겝니까.**

이무영 : **그것은 어려울 것 같습니다. 다만 우리는 여기에서 조선문학의 독자성이 어디 있느냐를 밝히어서 이후 작가들이 작품행동에 도움이 되게 하려는 것이지요.** 유치진 씨 말씀 좀 하시지요.

유치진 : 물론 한 입으로써 이것이 우리 문학의 독자성이라고 내세울 수는 없을 겝니다. **그러나 식민지 백성들의 생활을 그리는 데 독자성이 있지 않을까요.**

이무영 : 그러면 이렇듯 여러 가지 독자성 중에서 우리는 이의 취택을 어떻게 했으면 좋을까요.(중략)

엄흥섭 : 글쎄요. 조선문학의 독자성이라면 우울 불안의 기분인데 우리는 여기에서 명랑성을 조장시켰으면 합니다.

조선문학의 독자적 정체성을 '음울'이나 '멜랑콜리'한 정서에서 찾으려는 안일한 생각은 유진오나 정지용에 의해 쉽게 논파되고 있다. 조선문학에도 명랑한 요소가 얼마든지 있으며, '한'과 같은 어두운 정서 또한 역사적으로 형성된 것이므로 조선이 사회 정치적으로 변화하면 얼마든지 바뀌리라는 타당한 주장이다. 그리하여 좌담의 논의는 정서 문제를 정치 문제와 결부시킬 수 있다는 유진오의 제기나, 이 발언에 대한 정지용의 우파적 대응에 의해 핵심을 향해 나아간다. 정인섭이 "이데올로기의 독자성"이라 표현한 것이 핵심이다. 그러나 이는 곧바로 사회자 이무영에 의해 제지당한다. 그런 문제를 토론하는 것이

애초에 불가능하다는 사실을 아는 이무영이 침묵을 지키던 유치진에게 발언 순서를 넘겼는데, 유치진은 오히려 더 구체적으로 우리 문학의 독자성이란 "식민지 백성들의 생활을 그리는 데" 있다며 핵심을 짚어낸다. 그러자 사회자 이무영은 유치진의 발언을 무시하고 화제를 옮겨, 다시 내용 없는 민족성의 '음울성'과 '명랑성'의 문제로 넘어간다.

문제의 핵심 소재를 알고 있으면서 피해가는 사회자나, "우리 문학의 독자성이라면 과거 우리의 고대문학을 탐구함은 될지언정 카프에 일임한다는 것은 위험천만한 일"이라는 정지용의 태도는 정치성과 계급성을 몰각한 채 '조선어'와 '전통'만으로 민족문학이 충분하다고 믿었던 민족개량주의의 태도이다. 정지용의 발언은 좌담의 맥락에서 상당히 뜬금없게 들리는데, 카프의 정치성이 '민족문학'에 닿아 있음을 알고 지나치게 앞서나간 탓이다.

1935년 『삼천리』「조선문학의 주류론主流論, 우리가 장차 가져야 할 문학에 대한 제가답諸家答」에서는 민족문학 · 계급문학 · 해외문학 세 갈래 중 무엇이 장래 조선문학의 주류가 되어야 할지 작가들에게 물었다. '조선문학'의 정체성과 정통성이 어떻게 자리매김되어야 하는지 물은 것이다. 이에 대해 우선 대부분의 작가들은 '해외문학'(세계문학의 일원으로서의 조선문학)이 문제에 끼어들 수 없음을 지적하고, 박종화가 말한 것처럼 1920년대부터 제기되어온 '계급문학과 민족문학 사이의 문제만이 이 설문에 대한 답이 될 것'임을 말했다. 설문이 행해진 1935년은 카프가 공식 해산한 해이다. 논의는 1925년 당시 싹트고 있던 계급문학을 소재로 조선문학의 진로가 민족이냐 계급이냐의 문제를 놓고 전면 토의했던 「계급문학 시비론」(『개벽』, 1925년 2월)의 재연과 같이 보인다.

설문에 대하여 김억 · 노자영 등은 "계급문학이란 문학 그대로의 계

이태준   이효석   유진오

━━유진오와 이효석은 경성제대 출신으로 사회주의에 동조적인 '동반자 작가'로 작가생활을 시작했다. 일제 말기
에 두 작가 다 일본어로 작품 활동을 했는데, 유진오의 친일은 노골적인 데가 있었다. 역시 일본어로 작품활동을 하기
는 했지만 비교적 '친일' 문제로부터 자유로웠던 이태준은 해방 이후 유진오를 지목하여 일제 때 호의호식하던 자가
해방 이후에도 그럴 수는 없다는 요지의 공격을 하기도 했다.

급적 의식을 목표삼는 것으로서" "문학품文學品을 선전수단으로 사용
하자는 것(김억)"이라거나 "민족문학을 무시하고 계급문학만을 고창高
唱하는 사람이 있다고 하면 그는 맑쓰나 엔겔쓰를 자기 할아버지로 아
는 문학도일 것이니 조선은 그의 땅이 안이오. 이 민족은 그와 아무 관
련이 없다(노자영)"는 정도로 낮은 수준의 민족주의적 인식을 드러냈
다. 그리고 정지용은 "민족은 계급을 포괄한다. 그러나 계급이 민족을
해소치 못한다. 계급문학이 결국 민족문학에 포화飽和되고 마는 것도
자못 자연이다" 하여 민족문학의 우위를 확인하고자 했다.

　흥미롭게도 설문에 대한 답에서 이효석과 유진오가 이제는 존재하
지 않게 된 카프의 입장을 대변하였다. 먼저 이효석은 "현재의 조선문
학이 반드시 말씀하신 삼三 유파에 나뉘어 각기 지배하에 놓여 있다고
만도 볼 수는 없으나 주류가 계급적으로 흘러야 할 것은 마땅한 일이
라고 하여야 할 것입니다"라고 전제한 후 당장의 계급문학이 침체를

면치 못하고 있지만, "도리어 이러한 형세에 있어서는 일주一籌를 사양하여 사실주의의 길의 투철透徹을 꾀하며 일층 문학수준과 표현기술의 고도화를 책策하는 것이 현명도 하고 자정自定된 길이라고 생각"한다는 진단을 내놓았다. 이효석이 말한 바는 1930년대 후반 카프 출신 작가들이 실제 모색한 길이기도 했다. 한편 유진오는 계급과 민족의 문제를 정면에서 거론했다.

민족문학파와 계급문학파의 두 가진데 물론 후자가 조선문학의 주류가 될 것이며 또 되어야 한다고 생각합니다. 이유는「민족과 계급」이라는 대단히 거창한 문제를 밝혀야만 천명闡明될 것이므로 간단히 말할 수 없으나 오늘날 세계의 엇던 나라를 물론하고 특히 식민지 또는 반식민지의 지위에 잇는 약소민족은 (略) 업는 것입니다. 이것은 기분이나 정열이나 신념의 문제가 아니라 이성과 과학이 가리키는 바입니다. (……) 계급문학이라면 (중략) 민족의 엄연한 현실적 존재를 무시하는 것이라고 생각하는 듯 합니다만 이것은 대단히 큰 오해입니다. 계급문학은 민족이 현대에 있어서 여러 가지 요소로써 얽매어지고 또 그 자신의 특수한 성질을 충분히 구비하고 있는 한 통일체라는 것을 엄숙히 시인하되 그것의 우상화를 배척하며 그것의 역사성을 고조高調하여 역사의 추진력은 민족이 아니라 계급의 어깨에 있다고 주장하는 데 지나지 않습니다.

— 「조선문학의 주류론, 우리가 장차 가져야 할 문학에 대한 제가답」, 『삼천리』(1935년 10월)

검열에 의해 생략된 부분이 있지만, 식민지 또는 반식민지 문학의 민족주의 문제를 해결하는 데 있어 계급문학이 유력한 고리임을 주장하는 문맥임을 알 수 있다. 유진오는 계급문학이 분리하고자 하는 것은 초계급적·초역사적인 민족주의임을 논리적으로 피력하면서, 계급문학이 가진 민족문학으로서의 정당성과 온전함을 인정하고 있다. 민족문학운동으로서 계급문학운동이 가진 성격과 정당성[58]은 당대에는 충분히 인정되지 않았다. 특히 1920년대 '민족-계급문학 시비론'은 염상섭 · 양주동의 절충론적 시각을 제외하면 민족-계급의 대립각을 뚜렷이 하는 데 더 집중되었다.

초기 계급문학 주창자들이 펼친 논의는 우파 민족주의자들에게 '사회주의 조국이 있을 뿐 민족을 몰각한다'는 식의 비난을 받을 만한 여지도 있었다. 여기에는 코민테른comintern과의 관계 때문에 민족주의자들과의 관계에서 분립과 연합 사이를 오갈 수밖에 없었던 조선 사회주의운동 전체의 고민이 내재되어 있다. 그러나 '악명 높은' 〈12월 테제〉와 〈신간회〉 해소 문제 등에서 나타난 좌익적 노선에도 불구하고, 전체적으로 보았을 때 민족주의 정치와 구분되는 독자 영역을 형성한 사회주의운동이 사회주의와 민족주의의 단절을 주장한 것은 아니었다.[59] 일제시기 사회주의자들은 일반적으로 '제국주의는 자본주의이며, 민족해방은 곧 계급해방'이라 사고하면서 계급 문제 해결을 강조했다. 그러나 우익으로 오해받는 게 싫어서 민족주의적 용어를 잘 사용하지 않았다 한다.[60]

민족 문제와 계급 문제에 대한 변증법적 인식은 운동이 성숙함에 따라 가능했을 텐데, 유진오의 논의에서 보듯 카프 작가들은 민족과 계급 문제에 대해 다음과 같이 명징하고 유연한 인식을 갖고 있기는 하였다.

언어 그 생활양식에 있어 민족적 국민적이 아닌 계급은 아직 이 지상에 있을 수 없는 것이며 또 계급적 문화는 다 각자의 민족적인 표현형식 방법에 의존하고 있는 것은 지금에 있어서 진실이기 때문이다. (중략)
즉 형식 내용에 있어 다 국제주의적이고 또 공통한 언어를 사용하는 한 개의 공통한 문화로 융합되어가는 도정으로서 형식에 있어서는 민족적이

여학생 체육복(1940년경)

건설현장으로 가기 전 정신교육을 받고 있는 노동자들(1930)

■■■■전 민족이 일제에 의해 동원되고 있던 일제말기, 교육현장에서도 '인고단련(忍苦鍛鍊)' '불요불굴(不撓不屈)'의 군대식 규율과 내핍생활이 강조되었다. 그에 따라 여학생의 체육복도 천을 적게 쓰고 간편성을 강조하는 형태로 만들어졌다. 아래 '정신교육' 현장에서 일장기 옆에 충(忠)자와 효(孝)자가 크게 쓰여 있다. 파시스트들도 '충효'를 좋아한다.

고 내용에 있어서는 국제적인 문화의 번영 그것이 국제주의 문화의 민족적 정신인 것이다. 그럼으로 **국제주의적 정신으로 관철된 문학은 능히 민족어에 유의할 뿐만아니라 문학어로서 민족어의 완미한 개화를 위하여 의식적으로 노력해야 하고 또 한편으로 그 모든 이상을 실현케 하는 일체의 가능성이 개관적으로 존재하고 그것은 우리들의 문학에게만 부여된 귀중한 사명인 것**이다.

– 임화, 「언어와 문학」, 『예술』 1(1935년 1월)

윗 글에서 '국제주의적 정신으로 관철된 문학'이란 곧 계급문학을 뜻하는데, 현단계에서 계급문학은 민족적인 표현형식, 즉 민족어에 의존할 수밖에 없다. 그래서 계급문학은 '민족어의 완미한 개화'를 위해 노력해야 하는 사명을 지닌다. 한데 이렇게 설정된 계급문학의 민족문학적 과제는 사실상 민족문학파가 설정한 것과 별반 차이가 없다. 여기에 계급문학과 1930년대 후반 민족문학론 전체가 지닌 딜레마가 있다.

이러한 논의와는 무관하게 실제 '작품 행동' 면에서 민족과 계급의 문제는 1930년대 후반 이후 완전히 잠적한다. 『만세전』(1922)처럼 식민지 상위계층 소속원으로서 모순적인 자기 정체성을 치열하게 탐색하는 소설을 민족주의 진영에서는 발견하기 어렵다. 또한 1930년대 중반까지 카프 작가들은 노동자·농민의 현실과 계급 문제에 의탁하여 민족 문제를 다루어왔으나, 두 차례의 검거사건 이후 벌어진 전향과 탈이데올로기의 시대인 이른바 '전형기'에 처하면서 이런 소설들도 창작되지 못한다. 한마디로 민족 문제와 계급 문제가 함께 방향을 잃은 것이다.

김두용은 「전형기와 명일의 문학」(「동아일보」, 1935년 6월 7일)에서 이를 정확히 진단하고 있다. "최근에 와서 조선 프롤레타리아운동과 그 문학의 진영이 무너지게 됨을 따라 조선의 민족주의문학은 다시 진출하게 되었"으나, 그것은 민족문학으로서의 값을 갖지 못하고 있다. 조선에 현존하는 '민족문학'은 "조선 2천만 민중의 이익을 대표하는" 문학이기는커녕 "조선의 민족부르주아의 이익을 옹호하는" 문학도 되지 못한다. 단지 "조선의 위대한 현실에 대하여 눈을 감고 그로부터 회피하고 인간성 문제에 몰입하여 작가의 심경을 그리고 연애를 탄미嘆美하고 로만스를 작성"할 뿐이다. 결국 민족의 문학으로서 "조선문학을 대표할 만한 문학은 조선 프로문학뿐이다." 그러나 그 문학 역시 조선 프롤레타리아의 미약함과 정치적 조건의 불리함으로 말미암아 "성장키 곤란한 처지에 있다"는 것이다.

김두용은 부르주아민족주의가 부후腐朽해짐에 따라, 그에 기반한 문학에서 건강성이나 '민족성'을 발견할 수 없다는 점을 지적하였다. 이런 견지에서 볼 때 1930년대 중반 불어닥친 복고와 전통의 바람은, 이러한 부후성을 전통의 문제로 치환하여 활력을 얻고자 한 문화민족주의자들의 기획의 하나다. 임화는 이를 '조선적' '민족적'이라는 이름 아래 "온갖 '골동품'들을 부활시키"는 반동적인 흐름으로 평가했다. "시조에의 관심, 『춘향전』의 재평가, 문학고전의 발굴" 등을 넘어 "오늘날 이 조선이 가진 객관적 생활로부터 자유로 언어의 ○○와 주관적 인상의 감미한 몽환 가운데 소요하면서도 역시 조선어를 말한다는 단순한 이유로써" 골동품들을 부활시키고 있었기 때문이다.[61] 임화는 이러한 행태를 1920년대 '신문학' 자체의 정신, 즉 "낡은 한문과 한문학적인 모든 것으로부터 해방되려는 문학적 의욕과 모든 구시대적(봉건적인) 생활에 대한 강한 반감"을 부인하려는 반동적인 흐름으로 보았다.

한데 이 흐름은 "일방 과거 프롤레타리아문학을 위하여 불소한 공헌을 한 소위 진보적인 연구자들"까지 휩쓸 정도로 강대했다. 여기서 임화는 반동적 복고가 아닌 과학적 문학사로 나아가야 함을 요청하고 있는데, 「역사적 반성에의 요망」에 담긴 비판이 기실 그 자신에게 향해 있어서 아이러니하다. 임화는 스스로 모순을 범하고 있다.

　임화는 자신이 「언어와 민족」에서 보여준 인식이 사실 민족과 계급 문제에 대한 우파적 해결임을 자신의 글을 통하여 증명한다. 곧 그가 「언어와 민족」에서 제시한 '민족어의 완미한 개화'라는 민족과 계급의 화해선은 너무 오른쪽으로 기 있다. 그것은 앞에서 살펴보았던 이광수나 이태준의 '조선어 절대주의' 이상의 내용도 갖지 못한 채, 부후해진 민족주의적 태도와 상통하기 때문이다. '민족어의 완미함'은 복고적이며 봉건적인 시조나 가사들을 모두 복권시킬 수도 있었다. 실제로 이태준 · 정지용은 고전문학과 내간체 등에서 조선어의 온전한 상태를 발견하고자 했다. 골동품 속에 남은 조선어의 '완미'를 발견하고자 한 것이 전통 부흥론의 시도였기 때문이다. 이와 같은 임화의 모순은 카프 문학의 역사적 소명이 종결되었음을 보여주는 것이기도 하다.

　읽기와 쓰기의 문제는 이어져 있다. 그나마 작가들 사이에서 '일본어로 쓰기'가 부분적으로 논의의 대상이 된 것은, 쓰기가 주체적 실천의 의미를 가졌다고 이해하는 경향 때문이다. 그러나 읽기도 주체의 실천이며 읽는 행위 또한 주체로서 호출되기 위한 중요한 기제이다.

　이러한 점을 고려할 때, 소설 읽기는 그저 '문화적'인 소비행위가 아니다. 서로 다른 언어와 내용으로 이루어진 소설을 읽는 행위는, 단지 '구별되는' 취향의 차이에 의해서만이 아니라, 일본 제국주의가 설치한 근대적 공적 영역과 제도에 어떻게 적응할 것인가, 또는 '반도인 半島人'으로서의 단일한 정체성이 아닌 식민지 자본주의체제 아래서 복잡하게 분화한 계급 · 계층적 정체성이 어떻게 실현되는가 하는 문제와 관련되어 있는 것이다. 계급 · 계층의 분화는 민족 문제와 착종하여 굴절된 채로 반영되고 의미를 생산해낸다.

　'조선어로만 된 것'이라는 원칙이 고수되던 상황에서 '일본어로만'

읽는 『흙』의 김갑진과 '일본어로도' 글을 쓴 장혁주의 행위는 동일하게 '미친' 것으로 여겨질 수 있었다. 그러나 '신문학'이 개시된 이래 금과옥조였던 이 원칙이 쉽게 무너진 것은, '일본어로 읽기'가 강력하고도 광범위한 헤게모니를 가지고 있었기 때문이다. 1930년대 이후 조선의 '신문학' 독자가 일본어 문학책과 소설을 읽는 것은 전혀 이상한 일이 아니었다. 그리고 1930년대 중반 이후의 조선문학은 현실에서 나타나는 민족·계급 문제를 몰각한 채 고전문학의 '전통'을 복원해야 한다는 언어적 차원 이상의 정체성을 갖지 못하였다. '문단'은 당국의 인정을 받아야 할 '제도'였고, 작가들 스스로 '기성'이 되어갔던 것이다. 일제가 인정하지 않는 '민족'의 가치나 계급의식은 작품 속에 담길 수 없었다. 이처럼 이 시기의 조선문학은 민족과 계급의 '주의主義'로부터 멀리 이탈해 있었고, 그렇기에 조선 문학작품을 읽는다는 행위가 곧 '민족'이라는 대주체의 호출을 받는 것은 아니었다. 게다가 가치 중립적인 외관을 가진 '진학' '취업'을 위해 식민지 하급관리 시험에 응시하고자 했던 1930년대 말 식민지 평균인들에게 조선어로 된 문학의 정체성이란 그리 중요한 문제가 아니었다.

4 문학 독자층의 형성과 분화

1_신문학 독자층의 형성과 분화의 동인

　　　　　　식민지시대 사람들은 성별 · 나이 · 학력 등에 따라 어떤 책과 소설을 읽었을까? 이를 효과적으로 살펴보기 위해 아래의 가상 설문조사를 제시한다.

식민지 시대 소설 독자 연구를 위한 가상 설문지

다음은 당신의 신상에 관한 정보입니다. 이 정보는 결코 다른 목적으로 사용되지 않으며, 비밀이 보장됩니다.

- 성별 : (남/녀)
- 나이 :
- 직업 :
- 학력 :
- 거주지 :
- 월수입(평균) :
- 하루 노동시간 :
- 구독하는 신문 · 잡지 :
- 취미 :

1. 근래 읽은 소설 책의 제목을 써 주세요. :
2. 소설 책 외에 근래 읽은 책 제목을 기억나는 대로 써주세요. :

근래 감명 깊게 읽은 소설책	『옥중화』	『무정』	『무쇠탈』	『재생』	『고향』	『레―ミゼラブル』
기준 연도	1915	1920	1925	1930	1935	1940
성별	남	여	남	여	남	여
연령	40	20	16	25	27	17
직업	농업	기생	학생	주부	교사	학생
거주지	서울 근교	평양	부산	서울	대구	서울
학력	서당에 다닌 적 있음	보통학교 중퇴	고보 2년 재학	보통학교졸	전문학교졸	고보 5년생
월수입(원)	?	불규칙 80내외	―	100(남편)	65	―
하루 노동시간	10시간 내외 (불규칙)	8~12?	―	불규칙	8~10	―
책 입수처	장터	친구에게 빌려	서점	신문연재로 읽음	우송	도서관
취미	?	신파극 관람	영화 관람	?	스포츠	독서
구독 신문잡지	없음	없음	『어린이』	『동아일보』	『조선일보』, 『改造』 등	『삼천리』, 『婦人公論』
근래 읽은 다른 소설이나 책	『조웅전』	별로 없음	『男女性慾及性交의新研究』, 『사랑의 불꽃』 등 다수	『마의태자』	『마르크스 엥겔스 全集』 등	『珍珠婦人』, 『復活』, 『사랑』 등

위의 표는 1915~1940년 사이에 행해진 위의 설문조사 결과, 소설 독자의 전형이라 할 만한 사례를 모은 것이다. 이는 아래에서 논의할 당시의 책 읽기 경향과 사회사적 사실을 종합할 때 '상상할 수 있는' 독자의 상이다.

근대적 대중독자와 엘리트적 독자층의 등장

앞에서 구활자본 소설과 '청문예' 독자인 '전통적 독자층'에 대해 다루었는데, 여기서는 대중소설·번안소설·신문 연재 통속소설·일본 대중소설·야담·일부 역사소설 등의 향유자로 구성되는 '근대적 대중 독자', 그리고 신문학의 순문예작품·외국 순수문학 소설·일본 순문예작품 등의 향유자로 구성된 '엘리트적 독자층'에 대해 논의하고자 한다.

식민지시기 '근대적 대중 독자'와 '엘리트적 독자층'도 '전통적 독자층'이 읽던 소설들을 읽었으며, 각 군은 당연히 서로 교집합을 가지고 있다.

그러나 '근대적 대중 독자'와 '엘리트적 독자층'이 구활자본 고전소설(딱지본) 및 신소설·신작구소설 등을 읽었다 하더라도, 그 수용의 사회적·문화적 맥락이 다르다는 점이 중요하다.

우선 '근대적 대중 독자'와 '엘리트적 독자층'은 출현하고 성장하는 경로 자체가 '전통적 독자층'과 사뭇 달랐다. '전통적 독자층' 대부분이 19세기 방각본 소설에서 구활자본 소설로 이어지는 전통 속에서 형성·재편되어온 데 비해, '근대적 대중 독자'와 '엘리트적 독자층'은 명백히 근대적인 제 제도의 힘에 의해 형성되었다. '근대적 대중 독자'와 '엘리트적 독자층'은 근대적인 제도의 의례를 스스로 실행하고 그에 대한 인식을 내면화하고 있었다. 또한 '전통적 독자층'의 독자군을 만들어내고 확대한 힘은 그들에게는 이미 주어진 것이자 극복하고 개신改新해야 할 것이었다. 그 힘이란 근대적 인쇄문화·매체와 문자문화·대중문화의 공간 등이다. 이에 대해 좀더 살펴보자.

첫째, '근대적 대중 독자층'과 '엘리트적 독자층'을 형성하고 분화하게 한 힘은 전습傳習된 구술문화적 환경이 아니라, 명백하게 헤게모니를 얻어가던 문자문화의 글쓰기와 책 읽기의 힘이었다. 교육체계가 제도화·일상화되자 그 안에서 개별 주체들이 독서와 글쓰기를 실행하고 그에 대한 인식을 내면화하여 갖춘 힘이 이와 관련된다. '전통적 독자층'과 달리 근대적 대중 독자 전체는 최소한 보통학교에서 근대적 학교교육을 이수하였으며, 문자매체를 일상적으로 읽고 생활에 필요한 글을 쓰는 사람들이었다.

따라서 둘째, 이러한 소설 독자들은 이전 시대와 전혀 다른 1920~30

년대의 독서문화를 배경으로 가지고 있다. 1910년대에 비하면 1920년대는 매체와 출판물이 가히 홍수를 이룬 시대이며, 나아가 1930년대에는 근대적인 출판·독서문화가 안정적으로 재생산되고 조선의 교육·출판역량이 크게 성장했다. 이로써 식민지 조선에도 자본주의사회에만 있는 미디어 소비의 특징적 양상이 모두 나타나기 시작한다. 이는 취향과 이데올로기 면에서 평균화된 '대중'이 상업화한 신문과 잡지를 일상적으로 '소비'하고 더 이상 책 읽기가 엄숙하거나 신비한 행위가 아니라 일상적이면서 한편으로 분열증적인 행위로 행해지는 상황을 의미한다. 『주자가훈朱子家訓』이 여성 나체 사진집이나 『인형의 집』과 함께 읽히고 레닌의 사회주의운동 팸플릿이 총독부 순사시험 답안집이나 미두米豆 투자요령 해설서 광고와 신문의 같은 면에 나란히 실리기 시작했다.

셋째, 보다 새로워지고 확대된 도시 대중문화가 또 하나의 유력한 배경을 이루었다. 구활자본 소설과 유교경전을 주로 읽던 전대의 독자들이 전통적 생활조건과 촌락공동체를 배경으로 갖고 있었던 데 비하여, '근대적 대중 독자'와 '엘리트적 독자층'은 첨단적인 도시 생활양식과 이에 부응하는 소비적 대중문화를 누리고 있었다. 이들에게 소설 읽기는 영화·라디오·대중연극 등을 향유하는 행위와 병치된 공간에서 교환 가능한 하나의 행위로서, 가장 대중적이라고 하기는 어렵지만 매우 유력한 도시 대중문화의 하나였다.

넷째, '근대적 대중 독자'와 '엘리트적 독자층'에게 가장 중요한 매개자는 학교 교육과 신문 저널리즘이었다. 이전에는 독자와 작가(작품)를 이어주는 제도화된 매개자가 존재하지 않았다. 뿐만 아니라 전통적인 독자층은 다른 권위에 의지하여 책을 선택하였다.

수용의 첫번째 국면인 책의 선택과 관련된 제 요소들 가운데에서 학교교육은 특히 중요하다. 책이나 작품 선택은 일종의 전쟁이다. 독자

민영휘가 설립한 근대적 교육기관인 휘문의숙(徽文義塾) 1906년 10월 11일

서당 풍경(1909)

■■■모든 면에서 차이점이 많은 두 교육기관은 오랜 기간 공존하였다.

의 선택은 순수하게 독자 스스로의 주체적 판단에 의해 이뤄지지 않는다. 그것은 온갖 사회적 힘들이 개입하여 각축한 결과이며, 사회적 권위와 권력에 의해 유도된 결과이다. 학생들이 책을 선택하는 데 있어 가장 권위 있는 기준은 교과서와 교과과정, 그리고 교사의 장르인식과 취향판단이다.[1] 그리고 학교교육은 책에 대한 독자들의 인식 자세에 영향을 끼쳐 졸업한 뒤에도 영향력을 지닐 수 있다.

신문 저널리즘 또한 중대한 매개자 역할을 한다. 신문과 잡지는 책 광고를 통해 출판업자와 독자를 연결할 뿐만 아니라, '신간소개'와 문학비평을 고정적으로 게재함으로써 선택과 수용에 큰 영향력을 행사한다. 특히 식민지 조선에서는 신문 저널리즘이 중요한 역할을 맡았다. 별로 다양한 매체가 없던 당시, 신문은 가장 유력한 문화적 매개이자 이데올로기적 기구였으며 읽을거리 그 자체였다. 그리고 어떤 면에서 당시 신문지면의 구성과 기능이 사실상 소설의 성격을 결정하였다고 할 수 있다. 소설사의 전기轉機를 만든 새로운 소설들은 거의 독자적인 문예지가 아닌 신문연재를 통해 발표되었다. 근대소설이 '문학'으로서 장르규범을 만들어온 과정을 생각함에 있어서, 소설이 저널리즘 속에 포괄된 글쓰기였다는 점을 고려하지 않을 수 없다.

다섯째, '전통적 독자층'이 주로 읽던 고전소설 · 구활자본 소설과 '근대적 대중 독자'나 '엘리트적 독자층'이 주로 읽던 소설은 생산과 유통 면에서도 차이가 있다. 고전소설 · 구활자본 소설에 속하는 상당수의 소설은 이름 없는 작가들에 의해, '지적 재산권'의 개념과는 동떨어진 영역에서 생산 · 유통되었다.[2] 그러나 대중소설 · 신문연재 통속소설 · 일본 통속소설 · 야담 · 역사소설들과 순문예작품 · 일본 순문예작품 등은 원고료나 인세를 받는 직업적 작가들이 생산한 소설이다. '전통적 독자층'은 장터에서 소설책을 구입하거나 가전家傳되고 있던 소설책을 읽고, 혹은 촌락공동체 내에서 행해지는 구연을 통하여 소설

서울 성문밖의 촌락공동체

화신 백화점 거리

■ 초가집이 맞닿아 연결되어 있는 전통적인 촌락공동체와, 복선전차가 운행되고 금융기관·상점 등이 늘어서 있는 근대화된 도시가 공존하였다. 이러한 공존은 그 공간을 살아가는 사람들의 의식의 비동시성과 분열의 배경이 되었다.

을 접했다. 그러나 '근대적 대중 독자'와 '엘리트적 독자층'은 신문·잡지의 '신간소개'와 광고를 통해서 또는 학교 교사의 지시나 추천에 따라 책과 소설에 대한 정보를 얻고, 도시의 서점이나 우편주문을 통해 책을 구해 읽었다. 구입이 어려울 경우에는 도서관을 이용하였다.

　형성은 곧 분화의 과정이기도 하다. '근대적 대중 독자'와 '엘리트적 독자층' 사이의 분화와 감각의 차별화는 어떤 과정을 거쳐 형성되었을까? 서로 구별되는 사회적 존재로서의 '대중mass'과 '고급high-class'의 층을 형성하는 일반적인 힘이 '근대적 대중 독자'와 '엘리트적 독자층'을 갈라지게 만든다. 달리 말해 이 분화와 차별화는 비단 문학과 소설영역에서뿐만 아니라, 책 읽기의 전반적 영역과 예술 향유·일상생활의 매너·대중문화에 대한 태도 등에서 '대중-통속-저급'과 '순수-본격-고급'이 만들어지는 과정과 연관이 깊다.

　신교육과 도시문화를 접한 새로운 독자들이 '대중'의 규모로 늘자마자, 이들은 내부에서 분화를 겪는다. 이러한 분화는 '실재'인 동시에 머릿속에 각인되는 인식이며 실천되는 행위양식이다. 즉 구분되는 독자들이 우선 각기 다른 양의 소득과 문화적 토대와 상징자본을 소유하여 경향적으로 다른 사회계층에 속한다는 점에서 이 분화는 실재이다. 다른 한편으로 이 분화는 부르디외가 말했던 '구별 짓는' 행위양식의 계급 계층적 머릿속 토대로서 실재를 반영하여, 사회 성원들의 머릿속에 계급적 자기 인식을 만든다. 그리고 이 인식에 따라 구별되는 취향의 체계와 서로 다른 방식의 행위양식을 취한다. 분화의 동인인 교육의 확대와 도시 대중문화의 확장은 사회구성원들이 소유한 문화자본의 양과 질을 지속적으로 차별화시켜 다시 취향과 아비투스의 차별적 확대재생산과 대물림을 가능하게 한다. 문학사에서 독자층의 분화는 1920년대 초·중반에는 문학 장場의 규칙을 확립하는 문제와 결부되며, 1920년대 후반과 1930년대에는 대중소설과 신문 연재소설에 대한 태도의 문제로 드러난다.

'전통적 독자층'은 여전히 많은 수의 대중을 점하기는 했지만, 수용 맥락의 면에서나 수적 비중에 있어서 쇠퇴할 운명에 놓인다. 실제로 구활자본 고전소설의 출판은 1927년을 기점으로 하락세로 들어갔다.[3] 그리고 '근대적 대중 독자'와 '엘리트적 독자층'의 분화 과정과 마찰은 1920~30년대 소설사 자체를 구성하는 요인이 된다. 곧 이는 예술 대중화 문제·신문소설의 융성·단편양식과 장편양식의 질적 차이·1930년대 후반 소설의 통속화 등의 문제와 직접적으로 관련을 맺는다.

한편 각 독자층에 속하는 이들의 사회·경제적 배경을 살펴보면, 우선 가장 규모가 큰 '근대적 대중 독자'는 초등학교에서 중학교(고등보통학교) 정도의 학력을 가진 도시 거주자들이 대다수를 차지하고, '엘리트적 독자층'에는 전문학교 이상의 과정을 이수했거나 그에 준하는 학력과 문학에 관심을 가진 층이 주로 포함된다. 정규 문학교육을 이수하였거나 자생적으로 형성된 '고급' 취향을 가진 문사 지망생과 이른바 전문독자들도 여기에 포함된다.

독자층의 직업과 계층을 살피면, '전통적 독자층'에는 노동자와 농민·'양반' 그리고 '부녀자'와 같은 사회적 신원을 가진 존재들이 상대적으로 다수를 차지한다. 이에 비해 '근대적 대중 독자'는 도시 봉급 생활자·학생·'신' 여성 등이 대표한다. 사실상 이들이 식민지시대 독자 '대중'을 구성하게 된다. 그리고 '엘리트적 독자층'은 '근대적 대중 독자'에 속하는 직업인과 계층 구성원들 중에서 특별히 양육된 존재들이다.

독자층의 새로운 형성과 분화 과정에는 소설 장르에 대한 새로운 인식이 요청되었다. 1910년대 후반부터 '신문학'을 맡아 이끌 담당자들이 새로이 등장하기 시작하였다. 『창조』『폐허』『백조』등의 동인들이 그들이다. 그들은 소설을 국민국가 형성State Building의 매개로까지 격상시켰던 1900년대와 1910년대 일부 지식인과는 상당히 다른 생각을 갖고 있었다.

현금現今 조선사람 중에 대개는 아직 가정소설을 좋아하오, 통속소설을 좋아하오, 흥미 중심 소설을 좋아하오. 참 문학적 소설은 읽으려 하지도 아니하오. 그뿐만 아니라 이것을 경멸하고 조롱하고 불용품이라 생각하고, 심한 사람은 그런 것을 읽으면 구역증이 난다고까지 말하오.

(중략) 인생사회에는 있지 못할 로-만쓰를 구求하오.

간단하게 말하면, 조선사람의 소설관은 몇백 년 전 서부 유-롭프 그대로요. 즉 대단한 시대 지遲의 소설관이오.

이러한 사상으로라도 소설을 보는 사람은 상인이나, 노파이나, 학생들뿐이요. 이 사람들은 아직 낫소. (그들이 흥미로나 혹은 갑갑하여 시간이나 보내노라고 본다 하더라도)—조선의 양반, 학자, 신사, 학교 교사, 예수교 중추中樞인물— 스스로 이 이름을 자기 어깨에 올려놓고 또 사회에서도 이 칭호를 허락하는— 들은 어떠하오?

그들은 소설을 보지도 아니하고 보려고도 하니하오. 그뿐만 아니라 타인이 소설을 보는 것을 방해하오, 금하오.

…… 그들 중에 어떤 부분— 양반, 학자, 신사 - 은 **『소설이란 잔재자殘財者나 볼 것이다, 부랑자나 볼 것이다, 패가망신한 자식이나 볼 것이다. 우리 신사紳士들은 볼 것이 아니다』** 하오.

…… 나머지 부분— 교사, 예수교 교역자— 은『소설을 보면 사람 버린
다 즉 타락한다. 청년들은 소설 곁에도 가면 안 된다』하오.

- 김동인, 「소설에 대한 조선 사람의 사상을」, 『학지광』 18호(1919년 1월호)

이 글에서 김동인의 인식에 포착된 당대의 소설 독자는 구래의 관념
을 갖고 '가정소설'이나 '통속소설'을 읽는 상인·노파·학생들이다.
'양반·학자·신사·학교 교사·예수교 중추인물' 등의 사회적 주류
들은 소설을 읽지 않는다 한다. 그래서 새 지식인들은 "참 문학적"인
것을 가운데 놓고 소설을 '예술'의 하나로 격상시켜야 했다. 그러기 위
해 한편으로 "부랑자, 패가망신한 자식"이나 소설을 본다고 생각하는
양반·학자·신사 또는 "소설을 보면 사람 버린다"고 생각하는 "교사,
예수교 교역자"의 관념과 대결하고, 다른 한편으로 "가정소설, 통속소
설, 흥미 중심 소설만을 좋아"하며 소설을 단순히 오락이나 흥밋거리
로 파악하는 대중적 관념과 대결해야 했다. 김동인과 그 동료들은 '예
술이 신의 섭리이며' '참예술가' 또는 소설가는 신적인 존재("인령人
靈")[4]라는 새롭고도 낯선 관념을 가지고 있었다. 이는 '예술의 자율성'
을 위해 기꺼이 고립을 감수한 관념이었다.

그러나 조선시대에 소설은 분명 문文의 중심에 있지 않았거니와, 특
히 한글소설은 사대부계급의 남성이 드러내놓고 읽을 수 있는 글이 결
코 아니었다.[5] 김동인의 언급이 다소 과장되었다 하더라도, 소설을 천
시하는 상황은 1910년대에도 일각에서는 재생산되고 있었던 것이다.

1920년대 초 '진정한' 신문학 독자는 소수에 불과했다. 그러나 이들
은 새로운 매체와 교육에 의해 육성되고 있었기에 전체 소설 독자층을
재편하는 축이 될 수 있었다. 우선 그들은 소유한 상징자본의 규모와
사회적 위상 면에서 기존의 소설 독자들과 완전히 달랐다. 그들은 새
로운 엘리트로서 '중추계급'이 될 터였다. 그래서 1910년대 중반에는

1918년 도쿄 유학시절의 김동인과
그의 작품집인 『감자』와 『배따라기』

초기 해외 유학생(1900년대)

■■■자칭 '천재'였던 김동인은 평양 부호의 아들로, 유성기・금시계에 수만금을 쓰고, 최고급 수
입양복과 모자를 걸치고 다닌 명품족이기도 했다. 아래의 유학생들은 유학을 다녀온 기념으로 양
장으로 된 서양책을 들고 기념촬영을 하였다. 새로운 엘리트로서 '중추계급'을 이룬 유학생들이
신문학 담당층을 이루었다.

유학생들이 '소설 철학' 등과 같은 새로운 '문약文弱'에 빠져드는 것이 오히려 경계의 대상이 될 정도였다.[6] 그들이 받은 새로운 교육에 의하면 소설은 분명 근대적 교양과 예술적 취미의 본령이었다.

또한 소설에 대한 달라진 관념은 보다 대중적인 데로 확산되고 있었다. 이러한 확산이야말로 독자층의 분화를 예비하는 힘이었다. 즉 신교육을 받은 층이 소설 독자층에 합류함으로써 소설의 질과 형태의 분화가 더욱 확연해지고, 소설의 분화가 다시 수용자들의 분화를 확대재생산하는 힘이 된 것이다. 소설의 생산과 유통과정에도 그와 같은 분화의 양상이 반영되었다. 생산자들은 수용자의 구매력과 관심·취향에 맞게 다양하고 차별적인 상품을 생산해냈고 그 차별성은 소설책의 언어(일어/조선어)·가격·출판형태·광고방법과 광고지면의 분화로 드러났다. 당시의 소설 광고문안을 보자.

(1) 1개월에 1천 부씩 매출되는 것은 차서此書뿐이 아닐까? 여하간 출판계에 첫 소리요 시대 요구에 적응한 까닭이다. 저자는 말하되 「이 단편들은 나의 생명이다 잘나든, 못나든 다 나의 정신의 아들들이다」 하였다.

이 단편집은 작자 춘원이 자기의 생명으로 아는 작품들이다. 더구나 불음불미不淫不靡하고 역사적이요 참고적이요 통속적이요 문예적으로만 충만된 것이다.

－『춘원단편소설집』 재판발행 광고, 「동아일보」(1924년 1월 8일)

(2) 소설은 재담이 아니다. 한담이 아니다 음담은 더구나 아니다. 소설은 인생의 고귀하고 심각한 전생적全生的 경험을 시현示現하는 영靈의 기록, 혈血의 기록이라야 한다. 이것이 작자의 예술관이오, 이 예술관을 구체화한 것이 본서에 조집條集한 명편名篇이다.

－『춘원단편소설집』 광고, 『조선문단』 창간호(1924년 10월)

위 광고문은 앞의 김동인의 글과 논의전개 방식이 거의 비슷하여 흥미롭다. 소설은 '재담 · 한담 · 음담이 아닌 다른 무엇', 즉 예술이며 생명과 영혼의 기록이라는 것이다. 이러한 점을 당대 최고 인기작가이자 신문학의 '권위'인 이광수를 내세워 주장하고 있다. 중요한 점은 1910년대 후반에 김동인이 소수 유학생들이 보는 잡지에서 외롭게 주장했던 바가, 일반인들이 보는 신문과 잡지의 광고담론이 되어 있다는 점이다. 그리고 "불음불미不淫不靡하고 역사적이요 참고적이요 통속적이요 문예적으로만 충만된 것"이라는 언사에서 신문학의 대중화 정도를 짐작할 수 있다.

한편 (1) (2)는 동일한 상품을 서로 다른 독자를 대상으로 광고한 경우로서, 양자의 강조점에 미묘한 차이가 있다. 문학청년이 주로 보는 『조선문단』의 광고에서는 '예술'이 강조되고 있으며, 보다 대중적인 매체인 「동아일보」 광고에서는 작가 이광수가 더 중요한 강조점으로 되어 있다.

2_1920~30년대 소설 수용의 변화추세

1900~30년대에 이르는 소설 읽기의 길지 않은 역사는 문명의 압축이다. 그것은 조선의 전통과 최첨단의 서구문명이 조우하던 최전선의 하나였다.

한국 근대 문학사에서 가장 독특하고 중요한 작품의 하나인 박태원의 「소설가 구보씨의 일일」은 1934년에 씌어졌다. 첨단적인 의식과 경험을 가진 모더니스트이자 룸펜 인텔리겐차인 청년이 하룻동안 서울의 거리를 모험하며 겪는 내면의 여정이 소설의 내용이다. 첨단적이고 실험적인 이야기 기법과 근대의 양상을 탐색한다는 '고현학modernologio'을 내세운 이 소설은 소설이 만들어지는 과정 자체를 소설화한 것으로 유명하다.

그런데 '소설이 만들어지는 과정 자체'는 고현학과 내면의 탐색으로부터만이 아니라, 1909년생인 소설가 구보(곧 박태원)의 당대 대중에 의해 읽혔거나 읽히고 있는 국내외 작가들의 소설에 대한 치열한 자의식으로부터 만들어진 것이기도 하다. 한마디로 소설가 구보는 그 자체로 1900년대 이래의 소설 읽기의 역사를 압축하고 있는 인물이며 「소설가 구보씨의 일일」은 그 소설들의 상호 텍스트이다.

어린 시절부터 병약하고 근시인 구보의 책 중독증은 『춘향전』을 비롯한 온갖 '얘기책'에서 비롯된 것이며, 구보를 본격적으로 문학청년으로 성장시킨 것은 이시카와 타쿠보쿠石川啄木, 아쿠타가와 류노쓰케芥川龍之介 같은 일본 대작가들이다. 또한 소설 속에서 씌어지고 있는 「소설가 구보씨의 일일」은 그 자체로 동시대 전세계 모더니즘 소설의 최고 수준을 보여준 제임스 조이스James Joyce의 『율리시즈』(1922)의 기법과 구성방법으로부터 직접적인 영향을 입은 글로벌global한 것이다. 한편 구보는 동시대 조선 작가가 쓴 소설 중 가장 대중적인 최독견의 『승방비곡』(1927), 윤백남의 『대도전』(1930) 등에 대한 대타적인 인식을 토로하기도 한다.

우리 고전소설로 유년기 독서경험을 시작하고, 일본 작가들의 작품으로 본격적인 문학수업을 거쳐 서구 작가들의 독자가 되는 구보의 문학적 성장 과정은, 당대 문학적 지식인들이 공유한 전형적인 과정이기도 하다.

[**"프랑스 혁명이 낳은 탐정소설을 읽어라"**] 민태원의 『무쇠탈』은 1920년대 초·중반에 가장 많이 읽힌 소설의 하나이다. 『무쇠탈』은 프랑스 소설가 알렉산드르 뒤마(Alexandre Dumas : 1802~1870)의 『철가면』(1848)을 번안한 소설인데, 「동아일보」에서 연재되어 인기를 끌었다 한다. 그러다 단행본으로 묶여 나온 후 1면에 4단 4단, 5단 4단 정도로 크게, 그리고 가장 빈번히 「동아일보」 광고면을 차지했다. 이 소설의 독자는 『춘원단편소설집』을 읽었을 독자들에 비해서는 보다 규모도 크고 더 대중적인 성향을 가졌을 가능성이 높다.

『무쇠탈』 광고는 카피가 조금씩 바뀌면서 1923년과 1925년 사이 「동아일보」에 계속 게재되었는데, 이를 통해 당대 대중적 소설 수용의 요소를 살펴볼 수 있다. 1920년대 초의 광고문안이 어떠한지 볼 필요가 있어 띄어쓰기만 현대식으로 바꾸고 한자는 고치지 않았다.

(A) **佛國革命이 산출한 正史實蹟의 탐정소설**

동아일보의 독자치고야 누가『무쇠탈』을 모를 이 잇스리오!

此書는 일즉이 滿天下 讀者諸氏의 熱烈한 歡迎을 博하엿슬 쑨 아니라 譯筆의 流麗함은 그야말로 秋水를 疑할지라 엇지 尋常 一般의 飜譯書에 比할 바리오. 弊社에서 이에 此書를 上梓함은 오로지 我讀者 諸氏의 渴仰에 副코자 함이라.

-『무쇠탈』광고문안, 「동아일보」(1923년 10월 4일) 1면 소재

(B) 보라! **正史實蹟인 人類史上 一大驚異를!**

義氣男兒 安宅昇과 絶代佳人 方月姬의 白熱的 戀愛는 怒濤가 쒸고 黑雲이 소용도는 佛國革命을 背景삼아 發展되엿다! 그네의 戀愛生活은 첨부터 쯧쌋지 불쏫의 連續이며 鮮血의 자취여니와 이에 거듭 玲瓏한 羅梅信의 策略과 縱橫한 羅漢旭의 奸智가 얼키고(하략)

-『무쇠탈』광고문안, 「동아일보」(1923년 11월 20일) 1면 소재

『춘원단편소설집』광고문에서 독자를 설득하는 방법과『무쇠탈』의 광고담론이 사뭇 다르다는 것을 확인할 수 있다. 비교적 '고급' 독자들을 겨냥한『춘원단편소설집』광고가 소설이 '예술'임을 강조하면서 계몽적 어법으로 설득하려 하고 그 근거로 이광수의 권위를 내세우는 데 비해,『무쇠탈』의 (A)는 보다 대중적인 어법을 사용하고 있다.

『무쇠탈』광고문안이 대중을 설득하는 방법은 당시 대중소설 광고의 보편적인 특징과 함께 1923년 당시『무쇠탈』광고만의 특징이라 할 만한 것도 있다. 우선 이를 상세히 살펴보자.

(B)의 경우가 당시 대중적인 소설 광고의 보편적인 양상을 보여준다. 신문의 소설 광고는 (B)처럼 두 가지 특징을 갖는데, 이는 비슷한 시기의 문예잡지에 등장하는 소설 광고문안들과 눈에 띄게 다른 점이

■1920년대 초 베스트셀러 소설인 『무쇠탈』. 이 소설의 무대는 대혁명기의 프랑스인데, 주인공의 이름만 안택승과 방월희 등으로 살짝 바꾸었다.

기도 하다. 첫째, 소재와 내용에 따른 소설 장르를 강조했다. 『무쇠탈』의 경우는 탐정소설이라는 점을 강조하고 있다. 다른 예를 들면 "불란서 혁명이 산출한 세계적 명편"이라는 『여장부女丈夫』는 『무쇠탈』의 아류작인 듯한데, 이 소설의 광고는 한 권을 통해서 "혁명/연애/탐정소설을 겸"했다는 점을 강조했다.[7]

해당 소설이 어떤 장르에 속하는가, 즉 연애소설인가 탐정소설인가 하는 점이 소설을 선택하는 독자들에게 중요한 정보였던 것이다. 대중소설은 그 자체가 장르소설genre novel로서의 특징을 지닌다. 장르가 작가와 독자 사이에 긴밀하게 협의된 관습화된 공식을 의미한다면, 독자는 여러 텍스트들에 통용되는 공식을 바탕으로 친숙한 기대지평에 따라 편안히 독서과정을 즐길 수 있다.[8] 쉽게 말해 연애소설인지 탐정소설인지 미리 알고 있으면, 독자는 자기가 알고 있는 연애소설과 탐정소설의 일반적인 이야기 전개방식을 머릿속에서 가동시키며 작품을 대하게 되는 것이다. 그리고 이는 '신소설' '가정소설' '실업소설' '탐정소설' 등의 분류명을 작품명 앞에 붙이던 1900년대 이래의 소설 읽기와 선택의 관습이, 당시에도 이어지고 있었음을 말해주는 것이기도 하다.

둘째, 신문의 소설 광고는 엽기·충격적이거나 애상적인 줄거리를 소개하는 경우가 많다. 당대의 책 광고는 오늘의 광고처럼 간결한 카피로 마케팅의 컨셉을 압축해서 전달하는 경우보다, 5호 이하의 활자로 빽빽하게 책의 줄거리와 목차를 소개하는 경우가 더 많았다. 주인공의 이름과 줄거리를 소개하면서 독자의 정서적 반응을 직접 유도하는 것은 소설 광고의 일반적 양상이었다. '누가 무엇을 어떻게'로 요약되는 소설의 대체적인 '줄거리'야말로, 서사예술로서 소설의 뇌수 같은 요소이며, 소설 수용에서도 최초이자 최후의 요인이다. 따라서 이는 가장 대중적인 요소이기도 하다.

예를 들어 1925년 4월 11일 등에 게재된 조일제 작 『(장한몽 속편) 리수일과 심순애』(《조선도서》)의 광고는 "심순애의 기후 신세는 어떻게" "최만경에게 농락되었던 리수일의 최후는"이라는 의문문 형식을 취하며 독자의 관심을 끌고자 했다. 그리고 〈보문관〉의 소설 『애지화愛之花』 광고는 "보아라 박재완 김나란의 깊은 연애" 운운했고, 『화중왕』은 "리형자의 개결한 지조로 만사의 일생을 구하여" 운운, 『쌍봉쟁화』는 "남정운의 비행과 박종순의 성심과 리정옥의 조행을 보아라" (「동아일보」, 1923년 1월 25일)라고 했다.

한편 위 광고문에서는 『무쇠탈』만의 독특한 요소가 보이기도 한다. 가장 먼저 눈에 띄는 것은 "불국혁명佛國革命이 산출한 정사실적正史實蹟" 즉 프랑스 혁명 과정에서 있었던 실제 사건을 소설화했다는 내용이다. 사실 '철가면'은 실존 인물이긴 하나 프랑스 혁명과는 무관한 사람이다. 원작자인 뒤마가 이 인물을 루이 14세의 형으로 소설화했는데, 광고에서 이를 실제 인물이라 소개한 것이다. 당시 소설 광고는 소설이 실제 있었던 일을 그린 것이라 선전하는 경우가 많았고, 이는 소

■ '연애' '비극' '탐정' 소설을 겸했다는 딱지본 소설 『사랑은 원수』((세창서관)). 어떤 장르의 소설인가가 대중의 작품 수용에 미치는 영향은 매우 크다. 그래서 무리하게 연애소설이기도 하고 비극이며 탐정소설이기도 한 작품이 등장한다.

설 수용의 중요한 요인이었다. 그런데 여기서 특이한 사실은 '프랑스 혁명'이 독자 대중의 관심을 끌 수 있는 코드였다는 점이다. 혁명사상이 청년들 사이에 널리 퍼지고 있었던 1920년대 초반에는 프랑스 혁명과 러시아 혁명에 대한 일반인의 관심도 컸다. 앞에서 본 『여장부』의 광고도 프랑스 혁명에서 소재를 얻었음을 내세우고 있는데, 소설 이외에도 여러 종류의 책에서 프랑스 혁명과 러시아 혁명을 다루었다.

그리고 (A)는 '동아일보의 독자치고야 누가 『무쇠탈』을 모를 이 잇스리오!'라는 설득의 전략을 썼다. 이 소설이 「동아일보」에 연재되었던 것을 상기시키며 대중적 상식의 권위에 호소하고 있는 것이다. (A)의 또 다른 중요한 특징은 소설의 서술법이 뛰어나다는 점을 내세웠다는 것이다. 소설의 메시지나 줄거리가 아니라, 형식적 완결성을 강조하는 방식은 고급 독자를 겨냥한 것이라 볼 수 있다. 그런데 광고문안에서 강조된 설득의 논법이 "역필譯筆의 유려流麗함은 추수秋水를 의疑할지라" "엇지 심상尋常 일반一般의 번역서飜譯書에 비比할 바리오"와 같은 국한문체 문장에 얹혀 있다. 이는 당시 번역·번안 소설이 많이 발간되었다는 점과, 번역·번안의 완결성에 대한 독자의 요구가 있었음을 보여준다.

(B)와 관련해서 주목할 것은 『무쇠탈』의 인물을 소개하는 데 사용된 "의기남아義氣男兒" "절대가인絶代佳人"과 같은 어휘이다. 이로써 『무쇠탈』 독자들과 「동아일보」 독자들 중에 신소설이나 고전소설의 독자들이 포함되어 있거나, 아직 신소설·고전소설을 읽는 독자가 다수임을 알 수 있다.

'의기남아 절대가인'은 고전소설과 신소설에서 사용되던 대표적인 상투어, 즉 클리셰cliché의 일종이기 때문이다. '절대가인'은 1910년대에 만들어져 『옥중화』와 더불어 엄청난 판매고를 기록한 『옥중화』 계열 『춘향전』 이본의 제목이기도 했다. '책략'이나 '간지奸智' 같은 어휘소도 이러한 맥락에서 파악할 수 있을 것이다. 그러나 한편으로는 주인공 남녀가 불꽃이 일고 피가 튀는("불꽃의 연속이며 선혈의 자취") 뜨거운 연애("백열적 연애")의 주체이기도 했다는 점은 고전소설의 내용을 넘어서 있다. 고전소설과 신소설도 남녀의 사랑을 다루었지만, '피가 튀는 뜨거운 연애'는 1920년대 청년들을 사로잡던 시대정신 중 하나인 낭만적 자유연애를 염두에 둔 것이다.

이처럼 1920년대 초반 대중소설 수용의 코드는 그 문체와 "절대가인" 같은 어휘에서 보듯 고전소설로부터 이어져온 요소와, 프랑스 혁명이나 "백열적 연애"와 같은 전혀 새로운 요소들이 함께 공존했다.

그럼 지금까지 살펴본 『무쇠탈』 광고의 특징을 김동인의 창작집 『목숨』의 광고문안과 비교해보자.

- 朝鮮서「목숨」만치 **재미잇고도 무게잇는 創作小說**은 드물 것이다.

- 한껏 **洗鍊된 筆致 고나서 무엇을 깁히 생각하게 하는 그의 作風.**

- 그의게는 **獨特한 創作法**이 잇스며 우리는 만흔 囑望을 그의게 품고 잇다.

- 現下 創作家로서「김동인」君을 니즐 수 업고 더욱 **創作에 뜻 두는의**

  게 큰 參考가 될 줄 確信한다.(하략)

－김동인 창작집『목숨』광고,『조선문단』 8호(1925년 5월)

위는『조선문단』의 신문학 독자들을 대상으로 한 광고이다.『조선문단』은 '창작'을 매개로 신문학의 대중화를 꾀한 대표적인 잡지인데,『조선문단』의 이와 같은 기획은 '창작집'『목숨』의 광고문에도 드러나 있다.

우선『무쇠탈』광고와는 문체가 완전히 달라서 현재형의 '~다' 종결체를 사용하고 있고, 작가 김동인을 특히 내세운다는 점이 눈에 띈다. 그리고 광고에서 가장 빈번하게 사용된 단어는 다름아닌 "창작"이다. 광고문의 매 행마다 '창작'과 '작'이 등장하고 있다. 뒤에서 다시 논의하겠지만 이는 당시 문단에서 '창작'이 갖는 커다란 의미를 말해준다.『무쇠탈』의 민태원이나『장한몽』의 조일재는 대형 베스트셀러 작가였지만 번안가나 번역가에 머물렀다. 이에 비해 그야말로 무명이며 약관인 1920년대 초의 '신문학' 작가들은 직접 새로 쓴 작품을 들고 나왔던 것이다.

그들의 작품이 기실 일본이나 러시아 소설을 흉내낸 치기 어린 것에 불과하다 해도, '창작'을 내세움으로써 그들은 신문학을 담당한 주류가 될 수 있었다. 위에서 김동인의 '세련된 필치와 독특한 작풍'이 무엇을 가리키는지 구체적으로 말하고 있지는 않지만, 글쓰기와 문학에 뜨거운 열의를 품고 있었던 당대 청년들에게 '창작'만큼 호소력 있는 단어는 없었던 것이다.

「동아일보」에 실린 1920년
대 문학 관련 서적 광고현황
을 중심으로 당시 소설 수
용의 경향에 대해 살펴보자(■자료실 : 표 13 〈1920~1928년 문학관계 서적 연도
별 광고현황〉 참조).

먼저 이 책의 자료에서 사용한 문학 관계 서적의 분류기준에 대해
말할 필요가 있겠다. 이 분류는 기존 소설사 연구의 분류와 평가를 염
두에 둔 것임을 미리 밝혀둔다. 먼저 '소설'은 원저자의 신원이 확실한
조선인의 작품으로, '신문학'의 범주에 속하는 생산·유통의 경로를
경유한 작품을 지칭하였다. '고소설'과 '번역·번안소설'에 대해서는
특별한 설명이 필요하지 않을 것으로 보인다. 1928년부터 「동아일보」
광고면에 처음으로 등장한 번역·번안되지 않은 〈개조사改造社〉의 일
본어 소설들도 여기에 포함시켰다. 그리고 기존 소설사에 신소설 혹은
신작구소설로 분류되거나, 작자명과 그 내용이 불분명한 소설들은 '신
소설'의 범주에 포함시켰다. 이 범주에 속한 소설의 분류에는 오류가
있을 수 있다. 구체적인 실례는 다음 표의 사례들을 참고하기 바란다.

(1) 당시 신문 광고 지면을 가장 많이 차지한 소설은 '신소설'이다.
분류기준이 다르기는 하지만 총독부의 발행허가 건수 통계에서도 '신
소설'은 소설 중 가장 많은 종수를 차지했다. 1920년대 신문을 볼 정
도의 문화적 수준을 가진 독자들이 가장 많이 찾았던 문학서적이 신소
설이었던 것이다. 1920년대 초·중반 「동아일보」에 자주 광고된 이 범
주의 소설로는 『박명』 『애愛의 희생자』 『경중화鏡中花』 『애원성哀怨聲』
등을 들 수 있다.

이 소설들은 20세기 이전에 창작되어 필사본이나 방각본으로 발간
된 소설과도 다르고, 최남선·이광수에서 동인지시대 작가들로 이어
지는 '신문학'의 권내에도 속하지 않았다. 1920년대 전체를 놓고 볼

1920~1928년 광고빈도 수가 높았던 소설 및 문학서적*

제목	저자(역자)	출판사	광고빈도	최초광고연도	분류
무쇠탈	민태원	동아일보사	19	1923	번역 · 번안소설
개척자	이광수	박문서관(자주 변경)	14	1923	소설
옥루몽	남영로	덕흥서림	11	1920	고전소설
이상촌	정연규	한성도서주식회사	10	1921	소설
애(愛)의 희생자	향원(香園)	덕흥서림	10	1925	신소설
련애소설 사랑의 한	쉑스피어	박문서관	9	1921	번역 · 번안소설
나의 참회	톨스토이	한성도서주식회사	9	1921	번역 · 번안소설
쉑스피어와 그 생활	이교창	조선도서주식회사	9	1921	전기
영원의 몽상	노자영	박문서관, 한성도서주식회사	9	1924	시집
무한애의 금상	노자영	한성도서주식회사, 청조사	9	1924	시집
위인 김옥균	오종섭	신구서림	9	1926	전기
오뇌의 무도	김억	광익서포, 조선도서주식회사	8	1921	시집
구미신인물(歐米新人物)		보급서관, 회동서관등	8	1921	전기
탐정모험소설 명금(名金)	예미손 호	신명서림	7	1921	번역 · 번안소설
자유의 신 루소		한성도서주식회사	7	1921	전기
윌손		한성도서주식회사	7	1921	전기
만고달덕(萬古達德) 프랭클린		한성도서주식회사	7	1921	전기
동명왕 실기	장도빈	한성도서주식회사	6	1921	전기
사회소설(연애소설) 단쇼		문창사/암송당	6	1922	번역 · 번안소설
英鮮雙擇 偉人의 聲	장도빈	한성도서주식회사	6	1922	전기
반항	노자영	동양서원	6	1923	소설
노라(일명 인형의 가)	입센/양백화	영창서관(한성도서주식회사)	6	1923	번역 · 번안소설
신월(新月)	타고아/김억	문우당	6	1924	시집
개소문	장도빈	고려관	6	1925	전기
신소설 박명화		박문서관	5	1921	신소설
가정소설 박명	백대진	신명서림	5	1921	신소설
세계백걸전		보급서관, 회동서관 등	5	1921	전기
성길사한(成吉思汗)		한성도서주식회사	5	1921	전기
고려태조		보급서관, 회동서관 등	5	1921	전기
고대희랍열사 데모스테네쓰		한성도서주식회사	5	1921	전기
연애비극 의문		영창서관	5	1923	신소설
경중화		보문관	5	1923	신소설
구미위인열전	홍병선	봉문관, 대동서원	5	1923	전기
역사소설 민중전실기(閔中殿實記)		대산서림	5	1924	신소설
반역자의 母	고리키	평문관	5	1924	번역 · 번안소설
나나	쫄라/홍난파	박문서관	5	1924	번역 · 번안소설

제목	저자(역자)	출판사	광고빈도	최초광고년도	분류
세계문학걸작집	오천원 역	한성도서주식회사	5	1925	번역·번안소설
생명의 봄	전영택	박문서관, 설화서관	5	1926	소설
다각애	이상수	정문사	5	1926	소설
심춘순례	최남선	박문서관, 신구서림	5	1926	문학일반
新興文學全集**	평범사	평범사	5	1928	번역·번안소설*
마의태자	이광수	박문서관/신구서림	5	1928	소설
애원성(哀怨聲)		박문서관	4	1921	신소설
송도말년 불가살이전		광동서국	4	1921	신소설
인도의 천사 타코-ㄹ		한성도서주식회사	4	1921	전기
비사맥전(比斯麥傳)		박문서관	4	1921	전기
사회소설 죄악의 씨		문창사	4	1923	신소설
법률적 소설 이혼의 재판		한양서원	4	1923	신소설
흑진주	듀마/박용환	조선도서주식회사	4	1923	번역·번안소설
인육장사	에리사벳/이상수	박문서관	4	1923	번역·번안소설
연애서한소설 청탑(靑塔)의 사랑	또스로에브키/ 홍난파	신명서림/경성서관	4	1923	번역·번안소설
세계명부전		한성도서주식회사	4	1923	전기
의문의 시체	송완식	영창서관	4	1924	신소설
사랑과 설움	파췌/이상수	문우당	4	1924	번역·번안소설
생명의 과실	김명순	한성도서주식회사	4	1925	소설
애정진수(또는 연애진수) 사랑나라	막쓰 오렐/광야(曠野)	태화서관	4	1925	번역·번안소설
라인미화(美話)	고한승 편	박문서관,신구서림	4	1925	번역·번안소설
그 전날 밤	투르게네프/조명희	박문서관,신구서림	4	1925	번역·번안소설
이순신전	장도빈	고려관	4	1925	전기
을지문덕전	장도빈	고려관	4	1925	전기
원효	장도빈	고려관	4	1925	전기
연역 서상기	–	대동서관	4	1925	고전소설
젊은 꿈	이광수	박문서관	4	1926	소설
(장편소설) 폐허의 울음		청조사	4	1928	소설
(서정시집) 내 혼이 불탈 때		청조사	4	1928	시집

* 1920~28년 「동아일보」 서적 광고에서 해당분야의 책을 추출한 것이다.
** 『신흥문학전집』은 번역·번안소설이 아니라 그냥 일본어로 된 책이다.

때 구활자본 고소설이 활발하게 팔리고 있었으나 신문광고에는 거의 등장하지 않았고, 신문학 소설집의 광고는 주로 문예잡지나 월간 종합지에 실렸다는 점에 유의할 필요가 있다. 이를 통해 1920년대 중반에 본격적으로 나타나 신문학 작품을 읽기 시작한 독자나, 구활자본 소설을 주로 읽던 전통적인 고소설 독자와는 다른 소설 선택의 성향체계를 지닌 광범위한 독자군이 있었음을 알 수 있다. 바로 이들이 1920년대 초 '대중 독자'의 면모를 지니고 있었던 것이다. 1900년대나 1910년대에 주로 창작되어 읽힌 다양한 '신소설'과 '신작구소설' 계열의 작품이 당시 '대중성'의 척도를 보여주고 있었던 것이다.

(2) 그러나 독서경향을 조사 보고하는 각종 기사에 의하면, 대중들이 『춘향전』『조웅전』등의 고소설을 많이 읽고 있으며, 총독부 경무국 허가건수나 발간 추이에서도 고전소설의 비중은 꾸준히 높았던 것으로 되어 있다. 그런데도 고전소설은 신문에 광고할 필요가 없었다. 고전소설 독자는 신문 독자층과 달랐고, 고전소설의 유통체계가 근대적인 유통망에서 벗어나 있었기 때문이다.

이 책의 광고 통계자료에서 그나마 '고전소설' 범주에 속한 단행본 광고의 절반을 신문관에서 펴낸 『옥루몽』이 차지하고 있다. 19세기에 남영로南永魯가 쓴 이 소설은 『청춘』지에도 상세한 광고가 자주 나왔다. 곧 『옥루몽』은 1910년대부터 이미 잘 나가던 소설이었던 것이다. 1920년대 중·후반에도 〈박문서관〉〈회동서관〉〈영창서관〉 등의 대형 출판사에서 이 소설을 펴낸다.

고전소설 최고의 걸작으로 꼽히는 『구운몽』의 영향을 받았으면서도, 그 스케일과 묘사의 생생함에서 『구운몽』을 능가하는 최고의 고전 영웅소설이라 평가받는다[9]는 이 소설의 신문관본은 '전4권 900페이지 / 견고한 책 묶음과 아름다운 삽화 / 정가 1원 90전 / 우송료 18전'[10]이었다.

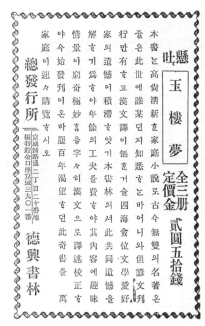

■한문현토체 『옥루몽』 광고. 『옥루몽』
이 한글본만 있고 한문 번역본이 없어 '문
학애호가의 유감이 쌓였기에 이 공동 유감
을 풀기 위해' 책을 펴낸다는 내용이다.

『청춘』 제5호(1915년 2월)에 실린 광고문은 다음과 같다.

　"高尙淸新한 家庭小說로 古今無雙의 名著"
　趣味情景이 窮奇極妙ᄒ 舊小說의 精英으로 定評이 自在홈
　天上一朶雲이 地下에 落來ᄒ야 千色萬相을 묱ᄒ고 玉京六仙官이 人
界에 謫降ᄒ야 亂波重浪을 起ᄒ니 幻奇ᄒ 局面에ᄒ 風雲이 忽變ᄒ고 紆
曲ᄒ 徑路에ᄒ 情趣가 橫溢ᄒ딕……

어려운 한자단어가 많아 읽기가 쉽지 않은 이 광고문안은, 『옥루몽』
이 고상한 내용을 갖고 있는 '구소설'의 걸작이며 『구운몽』처럼 도교
사상의 영향을 받은 작품임을 말하고 있다. 분량이 무려 900페이지에
값이 1원 90전이나 하고 『청춘』과 「동아일보」에까지 광고를 했다는 것

은,『옥루몽』이 '고소설'이지만『조웅전』『춘향전』등의 독자와는 다른 문화자본을 소유한 독자들을 상대로 한 소설임을 드러낸다. 또한『옥루몽』의 독자층이『청춘』「동아일보」독자층과 겹치는 부분이 있다는 점도 주목할 필요가 있다.『청춘』은 1910년대의 신지식인 청년층이 주로 보던 잡지였기 때문이다.

(3) '소설'이라는 명칭으로 분류된 신문학 소설작품의 광고는 1920~1922년 사이에는 거의 보이지 않다가 1923년경부터 본격적으로 등장한다. 이를 통해 이광수의『개척자』, 노자영의『반항』과 같은 소수의 작품을 제외하면 아직 이 범주에 속하는 단행본 소설이 본격적으로 발간되는 단계가 아니었음을 알 수 있다. '신문학'은 아직 미숙하여 단행본을 낼 만한 작가가 거의 없었고 독자들의 인정도 받지 못했다고 보인다. 이인직, 이해조, 안국선, 김교제 등의 '신소설' 작가들과 이상협, 조일제, 민태원 등의 번안물 작가들의 책이 주로 읽히고 있었다. 물론 여기에『무정』이후의 이광수도 포함된다.

(4) 1920년대 후반으로 가면서, 신소설 및 고전소설 광고는「동아일보」지면에서 거의 사라져 1927~1928년이 되면 찾아보기 어렵게 된다. 물론 이때에도 신소설과 고전소설이 읽히지 않은 것은 아니다. 농촌지역에서는 구활자본 신·구소설이 여전히 위세를 발휘하고 있었다. 그러나 이들 소설은 이미 구축된 근대적 유통체계에서 자리를 잡지 못하고 문화적 장악력을 잃어가고 있었다. 이 부류에 속하는 작품이 새롭게 창작되는 경우도 거의 없었다.

(5) 위 통계에 의하면 번역·번안된 외국소설은 1921년과 1923~1925년 사이에 가장 많이 발간된다. 1921년에는 셰익스피어와 톨스토이의 번안작품이, 1923년에는『무쇠탈』(민태원 역) 광고가 빈번했고, 1924~1925년경에는 고리키의『어머니』와『체홉 단편집』등 보다 본격적인 번역소설이 등장하였다. 계몽적인 메시지나 흥미로운 줄거리

만을 전달하고자 했던 1900~10년대에는 줄거리를 축약하여 번역하는 경개역梗槪譯이나 인물과 배경을 자의적으로 바꾸는 번안역이 성행했지만, 서구적 장편·단편소설 양식에 대한 이해가 깊어지면서 번안과 경개역 소설은 사라져간다.[11]

1928년경에는 소설 광고가 전체적으로 크게 줄어드는 가운데 외국소설 광고가 크게 늘어난다. 특히 1928년 〈개조사〉판의 일본 근대작가 소설집, 즉 『신선명작집新選名作集』이라 묶인 『永井荷風(나가이 가후)集』 『葉山嘉樹(하야마 요시키)集』 『小山內薰(오사나이 가오루)集』 『谷崎潤一郎(다니자키 준이치로)集』 등의 시리즈물과 정연규가 일본에서 쓴 소설 『さすらひの空』 등이 「동아일보」 광고면을 차지했다. 이는 특기할 만한 사실이다. 다른 분야의 서적과 달리 문학 분야에서 일본어 서적 광고가 이때 처음 등장하기 때문이다. 또한 1920년대 후반에 이르러 일본어 소설이 대중적으로 읽히기 시작하였다고 했는데, 이들 소설은 일본문학 가운데에서도 '수준이 높은' 본격 문학에 속하는 종류들이다.

(6) 이광수의 소설이 모든 계층에서 가장 대중적으로 읽히고 있음을 광고를 통해서도 확인할 수 있다. 위의 자료에서 이광수는 『개척자』 『무정』 『마의태자』 등의 소설로 광고 빈도수에서 모든 국내외 작가를 압도했다(29회). 이광수는 『무정』(1917년 신문연재, 1918년 단행본 발행)을 필두로 1920년대까지 모두 7종의 소설 단행본을 냈는데, 그 중 『일설 춘향전』을 제외한 모든 책이 「동아일보」 광고면에 등장한다. 이광수 소설의 영향은 일제 강점기 전체를 관통한다. 『무정』(1918)에서 『사랑』(1938)에 이르는 20여 년 동안 그는 언제나 '대중적으로 읽힌' 유일무이한 신문학계의 작가였다. 다른 작가들과 비교하면 이광수의 인기는 더 실감난다. 염상섭은 1920년대에 총 7종의 소설집을 상재했는데 그 중 3종만 총 4회 광고되었을 뿐이다. 염상섭 소설은 업자들 사이에서 '안 팔리기로 이름 높았다'고 하는데, 사실 이는 비단 염상섭의 경

이광수 캐리커처 　　　　　　『무정』 초간본 표지

■■『무정』은 1917년에 「매일신보」 연재되고 1918년에 단행본으로 묶인다. 순결을 잃은 청순가련한 기생이 자살하려 기차를 타고 가다 여자 동경 유학생을 만나 감화를 받고는 대오각성하여 일본 유학을 가게 된다는 기묘한 줄거리를 갖고 있다.

우만은 아니었다.

한편 「동아일보」 광고면을 살펴보면 정연규·노자영·민태원 소설이 많이 읽혔으며 외국작가로는 톨스토이 작품이 많이 읽혔음을 알 수 있다. 그리고 소설가는 아니지만 장도빈이나 최남선도 중요한 저자였음을 알 수 있다.

(7) 소설 이외의 문학 분야 서적과 관련해서 짚어야 할 사실은 1920년대 초반에 전기와 창가집류도 많이 팔렸다는 점이다. 이는 1900년대나 1910년대부터 이어진 대중 독서경향이다.

1900년대에 활발히 간행된 영웅전기는 "일본적 식민주의 담론의 확대에 앞장섰던 신소설에 대응하면서, 민족공동체 의식의 구현, 외세에 대한 저항과 자주독립을 강조"[12]하는 애국계몽기의 대표적인 반식민주의적 서사물이었다. 때문에 이 시기에 발간된 영웅전기물들은 1910년 이후에는 대부분 금서가 되었다. 그러나 위인 전기물은 1920년대 초·중반을 통하여 꾸준히 발간되었다. 이 시기 전기 발간의 특징은 1900~10년대의 그것에 비하여 훨씬 다양해졌다는 점이다.『비사맥전』(비스마르크전)과 같이 전대에 이미 다루어진 전기도 있고 정치·군사적 영웅을 다루는 경향도 여전했지만, 아인슈타인·셰익스피어 등 문화 방면의 인물을 다룬 책들도 발간되었다.

또 하나 눈에 띄는 특징은 1920년대 중·후반으로 갈수록 외국 인물을 다룬 출판물이 줄어드는 대신 조선 위인의 전기가 많아졌다는 점이다.『위인 김옥균』『대원군과 명성황후』등 최근세사 인물들도 다루어졌다. 이러한 전기물이 많이 발간된 것은 당시 문화민족주의와 관련이 깊은 것으로 보인다. 당대의 민족주의 세력은 저항적 민족주의를 포기한 대신, 문화적인 면에서의 '조선적인 것'과 그 정체성을 대단히 강조하는 경향이 있었다. 또한 1900년대의 역사전기물이 역사적 인물을 영웅적으로 비장하게 형상화하고 이를 애국계몽운동의 현재적 필요성을 역설하는 수단으로 삼은 데 비하여, 1920년대 이후의 전기에서는 '전통'과 더불어 흥미의 요소도 강조되고 있다. 이러한 두 가지 특징은 1930년대 중반 이후의 역사소설 붐이나 야담·전설 붐과 연결된다.

한편 창가집은 1920년대 초반부터 후반에 이르기까지 꾸준히 이어졌고 그 종류도 무척 다양했다. 당시에는 19세기 이래 만들어져 민중의 인기를 얻었던 전통 민요풍의 잡가와 서구와 일본 음악의 영향을 받은 창가가 함께 유행했다. 전자와 관련된 책으로는『증정 유행평양 수심가增訂流行平壤愁心歌』『남도 새타령』, 후자와 관련해서는『음풍영월 신식창가집』『현대유행 일선日鮮창가집』따위가 있다.

또한 이와 함께 서구 음악에 대한 관심이 커지고 본격적으로 서구 음악교육을 받는 층이 늘면서, 보다 본격적인 서구 가곡과 이를 좇아 작

『물새발자옥』, 임홍은 편집(1939)　　　『조선동요백곡집』, 홍난파(1929)　　　『조선동요선』, 김소운 엮음(1933)

동요는 일제시기에 가장 중요한 '콘텐츠' 중의 하나였다. 『조선동요백곡집』은 홍난파가 편찬한 책으로 〈반달〉〈퐁당퐁당〉〈달마중〉 등 가장 많이 불리었던 작품들이 수록되었다. 『조선동요선』은 일본어로 된 한국 동요집으로 일본 이와나미 서점에서 간행되었다.

곡된 노래들도 인기를 끌었다. 홍난파는 『조선동요백곡집』『유년창가집』『세계명작 합창창가집』 등과 함께 『창가교수법』을 단행본으로 묶어낸 바 있다. 그 외 어린이, 청년학생, 여학생용 창가집이 따로 만들어지기도 하였다.

난세의 사람들, 역사소설을 읽다 : 1930년대 중 · 후반 소설 읽기

1920년대 후반에서 1930년대까지 나타나는 일반적인 독서양상의 변화는 소설 수용양상에도 적용된다. 전체적으로 독서인구가 크게 늘고 사회성원이 보유한 문화자본의 양이 차별적으로 재생산됨에 따라, 소설 독자층 또한 이러한 경향에 따라 나뉜다. 우선 1930년대 중반 이후 소설 수용양상에 있어 두드러지는 몇 가지 새로운 경향에 대해 살펴보자.

1935년 『삼천리』에 실린 「서적시장 조사기調査記 – 한도漢圖 · 이문以

文 · 박문博文 · 영창永昌 등 서시書市에 나타난」은 1930년대 중반 소설 수용양상의 몇 가지 특징에 대해 여러 가지 중요한 증언을 담고 있다. 이 조사기의 대상이 된 〈한성도서〉〈이문당〉〈박문서관〉〈영창서관〉 등은 당대 조선에서 가장 큰 서점이자 출판사들이다.

아래 인용문을 통하여 ① 독서인구와 출판시장의 확대 ② 일본어 출판물의 헤게모니 강화 ③ 전통과 복고 바람 등 1930년대의 중요한 독서경향을 확인할 수 있다.

> 나날이 번창하여 가는 서울 장안에는 ① 안국동을 중심으로 삼고 관훈동을 뚫고 종로거리로 나가는 좁은 거리와 창덕궁 돈화문 앞으로 내려오는 좁은 거리 등으로는 무수한 서점들이 어깨를 나란히 하고 날로 늘어가고 번창하여감을 보게 된다. 약 5, 6년 전보다도 훨씬 서점들이 많아진 것을 바라볼 수 있는 현상이다.
>
> 더욱이 근자에 와서는 종로 「야시夜市」에 모이는 고본古本 매상배賣商輩들의 족출簇出함도 확실히 근년에 와서 보는 사실이다.
>
> ②서울의 거리거리에 넘치는 이 수많은 서적들 중에는 물론 저- 현해탄을 건너오는 서적의 수가 절대다수한 수를 점령하고 있겠지마는 조선 안에서 더욱이 조선사람 손으로 되어서 나오는 서적도 전보다 훨씬 많아져가는 현상이다.
>
> 이는 물론 학구學究 방면에 오로지 헌신하는 학자들, 전문가들이 날로 늘어가고 많아가는 데도 그 원인이 있겠지마는 한편으로는 ③조선의 고전을 찾아보려는 학구적 양심을 가진 학도들이며 한글의 문헌에서 우리의 「넋」과 「얼」, 모든 특색이며 자랑이며 모든 문화적 유산을 알아보자는 학생들 내지 일반 민중의 심리현상의 발현이라고 하겠다(번호—필자).
>
> - 「서적시장 조사기」, 『삼천리』 7권 9호(1935년 10월)

①에 의하면 서울 안국동과 종로 주변에 서점들이 늘어나고, 고서나 딱지본을 팔던 청계천 주변의 노점도 많아졌음을 알 수 있다. 출판계가 전체적으로 활황을 맞고 있었던 것이다. 그리고 앞에서 본 것처럼 ②일본어 서적이 이 활황의 주역이었다. 그러나 ③처럼 '전통'과 '조선역사'에 대한 관심도 나름대로 높아지고 문화적 시효가 다 된 듯한 고서나 딱지본을 찾는 사람도 늘고 있었다. 어찌 보면 이 두 경향은 상충한다고 볼 수도 있다. 그러나 전통에 대한 관심이 높아지고 고본도 잘 팔리는 현상은 시장 전체가 커지면서 나타난 부가적인 현상이라 이해해야 하겠다.

이에 덧붙여 당시의 경향을 몇 가지 살펴보면 다음과 같다. ④ 1930년대 중반에도 역사소설이 많이 읽히고 있었다. 그 가운데 『마의태자』 『단종애사』 『이순신』 등 이광수의 역사소설이 다른 신문예작품을 압도하였다. 이광수의 역사소설이 잘 나갔다는 사실은 조선 전체에서 가장 규모가 컸던 위의 4개 서점 관계자가 공통적으로 증언하고 있다.

④그 외의 문학서적류로 사화史話, 역사소설류가 가장 많이 팔리는데, 그 중에서도 춘원 이광수 씨의 작품으로는 「마의태자」 「이순신」 등의 사화물이 단연 수위를 점령하고 있어 모두 4천 부를 넘기고 있으며, 그 다음으로는 이은상 씨의 「노산鷺山 시조집」이 좋은 성적을 내어 2,500부를 돌파하여 모다 재판이 절판되고 3판 인쇄에 착수 중이라고 하며, 그 다음에는 춘원의 순문예작품인 「무정」 「개척자」 「재생」등이 출판된 지 오래된 관계도 있겠지만 4천 부 가까이 판매되고 근자에 출판된 「흙」 소설 역시 호평이어서 3판을 인쇄중이라고 하니, 아마 4천 부는 무난히 돌파할 모양이다.

-「서적시장 조사기」, 『삼천리』

보고는 〈이문당以文堂〉 관계자의 말을 빌어 역사소설 호조에 대한 나름의 사적史的 분석까지 곁들이고 있다. 1920년대 초 · 중반 독서층의 최대 관심사는 무엇보다도 '연애'여서 『사랑의 불꽃』을 비롯한 일련의 '사랑' 도서들이 엄청나게 읽혔는데, 이 관심의 폭발성이 잠잠해지면서[13] 독서층이 다른 문제에 관심을 갖게 되었다는 것이다. 그리고 1935년 현재 독자들의 관심을 딴 데로 쏠리게 한 힘은 "세계 사조思潮의 격변과 외래 사조의 격랑"이었다고 한다.

역사소설을 많이 찾는 이러한 사회심리는 객관적 배경을 갖고 있었다. 독일과 이탈리아에서 파시스트들이 집권하고 독일이 재무장을 시작하면서, 1차대전과 러시아 혁명 이후 조성된 일시적 평화국면이 깨지고 전세계에 전운이 끼기 시작했다. 더구나 일본 또한 만주사변(1931)과 2 · 26 쿠데타 음모사건(1936) 등으로 급격하게 군국파시즘을 노골화하면서 중국과의 대전을 준비하고 있었다. 조선반도 역시 이러한 격동에서 자유로울 수 없었다. 국제정세의 변화는 전대미문의 세계대전을 예고하면서 긴장감을 부추기고 있었다. 난세가 예고되고 있었던 것이다. 언론과 출판계도 이에 발맞추어 관련된 기사와 책을 쏟아냈다.

「문학문제토론회」(『삼천리』, 1934년 7월)에 참석한 김동인 · 박영희 ·

장개석

히틀러

이들은 1930년대 미디어에 가장 자주 등장한 세계 최대의 뉴스메이커였으며, 우리 조선인들도 이 세계사적인 악당들에게 아주 관심이 많았다.

김억 등이 역사소설 붐에 대한 의견을 교환한 바 있다. 김동인은 "역사소설이 오늘같이 자꾸 퍼지는 것은 신문사에서 요구하니까 그렇게 된 것뿐이지 필연의 이유는 없다"고 했다. 이는 당시의 역사소설이 흥미 위주로 흐르는 사실에 주목한 평가라 볼 수 있는데, 한편으로 저널리즘의 요구가 곧 사회 분위기의 요구라는 점을 무시한 발언이기도 하다. 이에 대해 박영희는 좀더 적극적인 견해를 내놓았다. 그는 김동인의 말에 바로 반박하며 "역사소설이 나오고 생장하여감은 필연의 세勢로", "우리들의 붓은 제한을 받으니까 현대물의 취재에서 느끼는 부자유를 여기서는 얼마큼 면할 수" 있어서 작가들이 역사소설 창작에 나선다고 주장했다. 역사소설 창작이 '현대생활' 즉 식민지 현실을 그리는 데 따르는 제약에서 벗어나기 위한 일종의 알레고리라는 설명이다. 또한 이는 역사소설 붐이 민족주의 · 혹은 사회주의 이념의 우회적 발로라는 보다 적극적인 의미 부여이기도 하다. 흥미 본위이거나 이념의

신채호, 『을지문덕』(1908)

이광수, 『세조대왕』(1940)

〈박문서관〉의 역사소설전집 광고

■■■『세조대왕』은 1931년 발표된 이광수의 장편소설을 〈박문서관〉에서 신선역사소설전집 전5권 중 다섯번째 권으로 재출간한 것이다. 〈박문서관〉의 역사소설전집 광고에는 『세조대왕』(이광수), 『무영탑』(현진건), 『대춘부』(박종화) 등이 포함되어 있다. 역사소설 붐은 언제나 정치적 격변, 영웅대망론과 관계가 깊다.

[TIP 9] 〈삼천리사〉의 『시국 판푸레트』와 『평화와 자유』

1935년 김동환의 〈삼천리사〉는 파시즘의 대두, 한반도 주변정세의 변화와 임박한 세계대전 가능성과 관련된 대규모 기획 단행본 시리즈물을 내놓았다. 저명한 12명의 필자를 동원하여 '세계만방의 정치문화의 동태를 요연하게 정리한 이 대중 기획물의 이름은 『시국時局 판푸렛트』였다. 필진에는 홍명희, 허헌, 이여성, 김명식, 이광수, 안재홍, 서춘, 김경재 등 날고 기는 좌우파 출신의 당대 논객들이 망라되어 있었다. 권당 50~100페이지 분량에 20~30전 하는 이 기획물의 1권은 안재홍의 『중국의 금일今日과 극동의 장래』, 2권은 김경재의 『1936년 위기와 국제정세』, 3권은 김명식의 『독재정치와 의회정치』였다.

이는 1932년 〈삼천리사〉가 기획해서 내놓은 단행본 『평화와 자유』의 연장선상에 놓인 것이기도 했다. 『평화와 자유』는 국내외의 민족 지도자와 저술가를 총망라하여 그들이 쓴 정치·국제관계 논문과 민족주의자·사회주의자의 진로와 관련된 문건을 엮은 회심작이었다. 서재필, 안창호, 이승만, 윤치호, 송진우, 최린, 안재홍, 허헌, 여운형, 홍명희, 이광수, 신흥우, 김동환, 민태원, 주요한 등의 글이 실린 이 책은 1935년 9월 현재 5쇄를 찍고 있다 했다. 그러나 일제 후반기에 이 책은 금서가 된다.

우회로라는 이러한 설명은 모두 어느 정도의 타당성을 갖고 있다. 실제 1930년대의 역사소설이 이런 경향을 띠고 있었으며, 신문·잡지가 조장한 역사물에 대한 일반의 관심이 상당히 컸기 때문이다.

한편 민족문제에 '우회적'으로 접근하는 방법이라는 점에서 역사소설 창작은 특히 민족개량주의자들의 구미에 맞았다. 1930년대 이광수·현진건 등의 역사소설이 이에 해당하는데, 특히 이광수는 『마의태자』『단종애사』『이순신』 등의 작품을 "민족정신 밀수입의 포장으로" 썼음을 공언한 바 있다. 그러나 인기를 끈 이광수의 역사소설은 문제도 많았다.

한편으로 그의 소설은 공공연히 민족개량주의 노선의 타당성을 역사적으로 뒷받침하고 민족운동의 급진화 경향에 제동을 걸려는 의도를 지니고 있었다.[14] 또한 이광수는 역사적 사실의 형상화 방향을 그 특유의 '민족성' 문제로 다루었다. 조선 민족이 가진 열등한 기질 또는 우수한 성품으로 역사와 인물을 해석하는 빈곤한 역사의식을 드러낸 것이다.

또한 1920년대 후반 이후에는 단행본이나 본격적인 역사소설뿐 아니라, 야담·설화 등도 나름대로 한 영역을 이루고 있었다.

"문단의 걸작적 기현상": 1930년대 말 출판문화의 융성

앞의 「서적시장 조사기」에 의하면 '신문학' 작품의 독자는 여전히 소수이지만, 이전에 비해 훨씬 다양해진 독서경향에 힘입어 그 수가 크게 늘어나면서 하나의 '독자층'으로 뚜렷하게 자리를 잡고 있음을 알 수 있다.

⑤ 기외에도 김동인 씨의 「여인」이나 이태준 씨의 「달밤」 등의 문예작품

등도 모두 2, 3천 부가 매진되는 중으로 재판 인쇄에 들어갔다고 한다.

그 밖에도 심훈 씨의 작품 「영원의 미소」 등 4, 5종의 문예작품을 출판키 위하여 인쇄에 부쳤다고 한다. 이 서점에 나타나는 것으로만 보더라도 전선全鮮 각 지방에서 들어오는 주문이 수 3년 전보다도 훨씬 증가되는 현상이라고 하며, 특히 **조선 사화史話와 문예작품에 대한 일반대중의 인식이 확연히 높아져가므로 요사이 출판되는 서적은 아무리 안 팔린다 하더라도 4, 5천 부쯤은 팔 승산이 보인다 한다. 몇 해 전만 하여도 아무리 소리를 치고 잘 팔린다 하더라도 4천 부를 넘기기는 심히 어려운 일**인고로 서적출판이라고 하는 사업은 심히 어려운 사업이었으며 어떠한 필요성에 의한 희생적 각오 밑에서 다소간의 손해를 보아가면서 늘 출판하던 것이 근자에 와서 절대로 손해볼 염려는 없고 아무리 하더라도 4천 부는 돌파한다고 한다.

－「서적시장 조사기」, 『삼천리』

인용문은 김동인 · 이태준 등의 단편집이 재판을 찍고 있다고 하였다. 이른바 '순문학' 단편집이 재판을 찍을 만큼 독자층이 늘어난 것이다. 김동인 · 이태준은 비교적 대중적 인지도가 높은 경우에 속하는데, '문예작품에 대한 인식이 확연히 높아진 일반대중'은 이들뿐 아니라 "『카프작가 7인집』이나 『카프 시인집』 등의 새로운 문예서적류"도 '그 다음에 가는 호성적好成績'을 기록하게 했다. 사실 1920~30년대 독서 관계 기사를 통틀어도 '신문학' 범주에 속하는 작품이 잘 팔리고 있다는 보고는 흔하지 않다. 1920년대의 기사는 신문학 독자가 극소수라는 사실을 한탄하는 내용이 대부분이었으니, 이야말로 1930년대 들어 가장 크게 달라진 점이다.

그리고 1930년대 중 · 후반에는 일시적으로 출판문화의 전성기가 열렸다. 그 증거의 하나가 1936년 이후 시작된 소설 선집 · 전집 · 문고 발간 붐이다. 1938~1939년 사이에만 무려 7종의 문학전집이 출간되었다. 이러한 소설 선·전집은 정전正典화 과정을 밟고 있던 조선문학의 '명작'이나 당대 인기 장편소설을 묶은 것들이다. 1938~1939년에 〈조선일보사〉〈박문서관〉〈한성도서〉〈삼문사〉〈영창사〉 등 5개 출판사에서 발매한 문학전집은 무려 70여 권에 달하였고 이들은 총 20여만 부, 각각 2~3천 부씩 팔려나갔다.[15] 또한 〈박문서관〉의 『박문문고』나 〈학예사〉의 『조선문고』도 발간되어 가히 대중출판의 시대를 맞고 있었다(■자료실 : 표 14 〈1920~30년대에 발간된 주요 전집류 도서〉 참조).

〈한성도서〉에서 발행한 『현대 조선 장편소설 전집』의 제 1, 2권인 이기영 작 『고향』 상·하편은 각각 무려 6쇄를 찍었고, 심훈의 『직녀성』은 5쇄, 이광수의 『이차돈의 사』와 이태준의 『제이의 운명』이 각 4쇄, 김기진의 『청년 김옥균』, 함대훈의 『순정해협』은 3쇄(이상 1쇄는 1000부)씩을 찍었다.[16]

이렇게 상당한 부수가 팔린 장편소설들이 일률적인 대중소설이 아니라, 각각 성격이 다른 경향소설·역사소설·애정소설들이라는 점에서는 독자 대중의 취향이 다양해지고, '신문학' 작가들도 그에 걸맞는 창작활동을 할 수 있었다는 사실을 알 수 있다.

비슷한 시기 〈박문서관〉이 발행한 『현대 걸작 장편소설 전집』도 상당히 많이 팔렸다. 이광수의 『사랑』 전편前篇은 1쇄·2쇄를 각 2천 부찍고, 3~6쇄를 1천 부씩 찍어 무려 8천 부를 판매하였으며, 『사랑』의 후편도 4쇄(4천 부)를 판매하고 있었다. 그 외 현진건의 『적도』, 박종화의 『금삼의 피』와 더불어 대중들에게 읽히지 않기로 유명했던 염상섭의 『이심』도 2쇄를 팔고 있었다.

이러한 장편전집에 묶인 작품 외에도 김남천의 『사랑의 수족관』(〈인문사〉, 1940)도 초판을 낸 지 보름 만에 매진되었고 재판 또한 곧 매진되었다고 한다.[17] 또한 1939년 10월에 발간한 박계주의 베스트셀러

『순애보』(「매일신보」 1939년 1월 1일~8월 31일 연재)는 초판(4 · 6판, 630 면, 1원 80전) 1천 부가 보름 만에 매진되었고 재판도 계속 잘 나가 나 중에는 1판을 무려 5천 부씩 찍었다고 한다.[18] 그리고 또 다른 베스트 셀러『찔레꽃』(1938)은 1941년 1월 현재 4판을 팔고 있었고, 1년 후인 1942년 1월에 5판을 찍었으며, 다시 한 달 만에 6판을 찍었다.[19]

이러한 양상을 두고 김문집은 "양질면에서 출판문화의 전성全盛"이 라 불렀다. 그는 출판문화와 문학발전의 관계를 논하며 "조선의 출판 문화도 이제야 본격적인 코스에 들어서서" "근대문화의 선상線上에" 섰다고 주장했다.

조선의 출판이 근대문화 선상線上에 떠오르기는 겨우 이 2, 3년 이래의 일이다. 이 땅의 출판문화라 하면 당연하게도 그는 문예출판의 권내圈內에 서 논위論爲할 과제밖에 더 아니지마는 2, 3년 전까지의 문예출판물과 그 후의 것과는 하나의 세기적世紀的 경계선을 그어서 분류치 않고는 감상할 수 없을 만큼 그 형식의 다름이 있다. **몇 년 전 책이 너무나 야시품연夜市品 然했는데 대해서 요즘 책은 꽤 서책품書柵品답게 그 장정, 제본, 용지 등의 면목을 일신했다는 것이다.** (중략)

요컨대 일신—新된 금일의 출판문화의 면목은 문화 향수자의 경제력적 총화總和의 소성所成이어서 이는 결코 그 발생적 지반地盤과 성장적成長的 원동력을 전혀 독자 의식에서 섭득攝得하고 있는 문학 자체의 발달의 반영 은 아니란 것이다. 출판문화는 발달치 않아도 문학은 발달할 수가 있다. 이 와 반대로 문학이 절멸絶滅하여도 출판문화는 이에 순사殉死치 않는다. 그 러나 수용자需用者의 양적 경제력 없이는 출판문화는 지속 지양止揚되지 못 하며 대상(독자)의 질적 의식의 확대 없이는 문학은 왕성할 수 없는 것이다.

- 김문집, 「문단의 걸작적 기현상과 그의 사적 의의」, 『삼천리』 11권 7호(1939년 6월)

김문집은 그 원인을 분석하며 독자의 문학감상 능력이 질적으로 향상된 것은 아니로되, 문학 향수자의 경제적 능력의 향상이 출판문화 흥성의 기반이 되었다고 주장하였다. 이에 대해 김남천은 약간 다른 방향에서 같은 현상을 해석했는데, 새로운 문학작품의 수요가 많아지고 신문학 독자층이 넓어진 것은 "전혀 기업적 관점에 입각한 현상"[20]이라는 것이다. 이전에 비해 규모가 훨씬 커진 출판자본이 보다 적극적으로 수요를 창출해냈다는 설명이다.[21]

김문집은 장정·제본·용지 등 책의 외형적인 면의 성장 또한 출판문화 전체의 발달을 보여주는 징표라 했다. 일반적으로 양자는 함수관계에 놓이는 것이 사실이다. 그러나 이러한 책의 성장은 오래 가지 못하였다. 세계대전을 벌인 일제에 의해 '총동원'이 선포된 이후 1938년경부터 시작된 '용지난'이 1940년경부터 본격화되었기 때문이다. 「동아일보」와 「조선일보」 등 일간지가 폐간된 것도 용지난과 무관하지 않다. '출판문화의 융성'은 불행히도 오래 가지 못하고 종결되었다. 이 '융성'의 수준은 1960년대가 되어서야 회복될 것이다.

1930년대 후반의 독서인구 팽창은 사회 전반의 문화역량이 크게 높아지면서 대중문화의 전성기가 열리는 현상의 일환이었다. 1930년대에는 독자뿐 아니라 연극·영화의 관객과 라디오 청취자 수가 폭발적으로 증가하고, 전체 신문 지면에서 문화면이 차지하는 비중도 급격히 늘었다. 1930년대 일간지 문화면 기사의 양은 1970년대 수준을 능가하는 정도였다.[22] 이는 단지 군국주의로 급선회하던 제국주의권력이 정치면을 축소시킨 탓이거나, 억눌린 민족의 정치적 욕구가 '문화'를 통해 우회하여 분출한 것이라고만 볼 수 없는 현상이다. 1930년대 후반, 식민지 자본주의가 심화되며 자본주의적 도시 대중문화가 꽃을 피우고 있었던 것이다.

■단성사에서 상영된 〈의리적 구토〉광고. 〈의리적 구토〉는 한국에서 제작된 최초의 무성영화 (1917년 10월 27일)로 온전한 극영화라기보다 '활동사진 연쇄극'이었다 한다. 광고에서 한강철 교, 장충단, 청량리, 전차, 기차 등의 촬영장소를 일일이 표나게 밝혀놓은 점이 흥미롭다.

■단성사에서 상영된 〈춘향전〉 개봉광고(1935년 10월 4일). 방년 19세의 문예봉이 주연을 맡은 이 영화에 대한 일반의 기대와 관심은 개봉 전부터 대단하여, 『삼천리』는 마치 오늘날의 TV 연예프로그램이 그렇게 하듯이 촬영현장을 방문하여 문예봉 양이 촬영준비를 위해 화장대 앞에서 어떻게 하더라는 기사를 실었다. 영화는 흥행에도 성공하여 개봉 2주 만에 제작비를 넘는 수입을 올렸다. 당시 〈춘향전〉과 흥행경쟁을 벌인 불운한 수입외화는 〈후란다쓰의 개〉였다.

앞서 말한 대로 이 시기 독자층도 상당히 큰 규모로 늘어난다. 그러나 문학은 이전과 달리 영화·라디오와 문화의 중심적 지위를 나누어 가져야 했다. 근대적 교양과 오락으로서 중심적 지위를 누리던 소설 읽기는, 1930년대 중반 이후 선택 가능한 대중문화 향유의 한 양식으로서 그 위치를 재조정받게 된다.[23] 대신 영화와 라디오가 대중에게 엄청난 흡인력을 발휘하고 있었다.

이광수의 『무정』은 1910년대 말부터 1920년대 중반까지 가장 많이 읽힌 소설의 하나인데, 1918년에 처음 발간된 이 책이 1만 부가 팔리는 데는 7년의 시간이 필요했다. 그러나 1938년에 처음 발간된 『사랑』은 1년 6개월 만에 1만 부가 팔렸다. 독자가 얼마나 많이 늘어났는지 짐작할 수 있다. 또한 재판을 거의 찍은 적 없는 염상섭의 소설이 2쇄(2천 부)를 찍게 되기까지 약 14~15년의 시간이 필요했던 데 비해, 영화관객은 1934년 650만에서 불과 5~6년 만인 1939년에 1,722만 명으로 세 배나 늘어났다. 근대적 시각체제의 중심이 눈으로 읽는 데서 화면을 보는 데로 넘어가고 있었던 것이다. 그리하여 이미 두 세대 전에 영상 이미지를 통해 모든 것을 사고하는 '영상 세대'가 등장하고 있었다. 그들은 문자시대를 건너뛰고 있었던 것이다.

영화가 대중의 생활에 파고든 침투력은 대단한 것이었고 앞으로 더하리라고 예측할 수까지 있다. (중략) **우리는 영화에서 배우고 영화와 같이 사색하고 철학한다.**

– 박노춘, 「영화와 여학생」, 『영화 연극』 1호(1939)

[TIP 10] 1930년대 출판사의 마케팅전술

〈한성도서〉 지배인 김진호는 1930년대 중반 대형 출판사의 마케팅 전술을 다음과 같이 소개했다.

첫째, 도서목록을 꾸며둔다. 목록을 원하는 사람이 있으면 일일이 보내주고 네임 카드(명함)를 관리하는 방법으로 고객을 관리한다.
둘째, 책을 짊어지고 지방 대도시인 평양, 대구에 가서 임시 특판을 개설한다. 회사나 공장 같은 데 가서 수십~수백원 어치를 한 번에 판매한다.

그리고 신문과 잡지에 싣는 광고 마케팅 효과에 대해서는 '출판한 서적이 재판 삼판을 보게 되면 신문에 광고를 낸다. 이것은 신독자新讀者 개척을 위한 선전수단이 된다. 그리고 이와 동시에 '조선 내의 유수한 여러 잡지 등에 광고를 낸다. 이것도 만흔 효과를 준다'고 했다. 그 외에 '관리되는 독자에게 『학등學燈』이란 월간잡지를 무료로 진정進呈하는 등, 독자 한 명이라도 관계 맺은 사람을 안 놓치려 노력'한다.[24]

3_식민지 중간층 문화와 소설 읽기

1935년 8월 4일 일요일.

조선의 농업이 양적인 면에서나 질적인 면에서나 향상되었다는 점에 대해서는 의문의 여지가 없다. 많은 농작물이 도입되어 농민들에게 큰 이득이 되었다. 가격도 올랐다. 농민들은 세금만 아니었다면, 조선왕조 치하에서보다 더 잘 살았을 것이다. 농민들이 질 좋고 가격도 비싼 농작물을 통해 벌어들인 소득을 닥치는 대로 집어삼키는 세금만 없었더라면 말이다. 당국은 세금을 거두기 위해 조선의 농민들과 지주들이 벌어들인 건 제 아무리 적은 금액이라도 빠짐없이 찾아낸다. 이로 인해 조선의 농민들과 지주들은 사상 유례없이 가난에 찌들어 살고 있다.

1935년 9월 29일 일요일.

(전략) 일본이 조선에 근대적인 발전과 편의를 도입하는 데 놀랄만한 업적을 쌓았다는 건 의심할 여지가 없다. 농업은 양적인 면에서나 질적인 면에서나 상당히 발전했다. 조선왕조 치하에서는 수천 명에 불과한 양반들만이 '글방'에서 아무짝에도 쓸모없는 한서漢書를 배웠다. 그런데 총독부의 시정 이후로는 수십만 명의 젊은 남녀들이 계층을 막론하고 교육을 받아왔다. 예전에는 나룻배와 오솔길밖에 없었는데, 지금은 다리가 놓이고 신작로가 뚫렸다. 따라서 일본인들은 자기들의 업적을 자랑할 만하다. 지난 25

년 동안 우리 조선인들은 뭘 배웠고, 또 뭘 했던가? 우리는 물질적인 면에서
든 도덕적인 면에서든 전보다 더 나은 민족이 되었다고 자부할 수 있는가?

– 『윤치호 일기』²⁵

[도시 대중문화로서의 소설 읽기]

1930년대로 가면서 소설 수용의 경로는 오늘날과 비슷한 양태로 굳어졌다. 식민지 시대 사람들도 학교에서 이뤄진 '국어'와 문학 수업, 신문 잡지 구독, 도서관 대출, 서점에서의 구입, 우편 주문 구입 등을 통해 책을 고르고 읽었다. 사랑방이나 장터 등 전통적인 책 읽기 공간은 1930년대에도 잔존하기는 했지만 빠른 속도로 주변화되고 있었다. 그리고 전통적인 책 읽기 방법 자체가 변하면서, 신문학 작품 자체가 음송이나 낭독이 아닌 새로운 책 읽기 방법에 적합하게 창작되고 있었다.

1920~30년대 영화·라디오·레코드 문화의 수용자, 즉 대중문화 수용자 전반이 그러하듯이[26] 신문학 독자도 도시 '중간층'으로 상정될 수밖에 없다. 구성원들에게 전습(傳習)되거나 새롭게 창출된 독서관습, 또 이를 가능하게 하는 성향의 체계와 행위양식, 소득과 교육 수준 등을 고려할 때 그러하다.

일간지나 월간 잡지·단행본을 개인적으로 또는 가족 단위로 소비하기 위해 구입하거나 또는 도서관에서 대출해서 읽으려면 경제적 여건과 문화적 훈련이 필요하다. 그리고 그 책을 안정적인 시간 내에 소화할 수 있는 여가시간과 주거양식이 보장되어야 한다. 이러한 시·공간적 요인은 구술적·공동체적 방식에 의해 책을 읽고 소설을 수용하는 '청문예'와는 큰 차이가 있다. 도시에 거주하는 핵가족, 8~10시간 이하의 노동일이 근대적 독서와 소설 수용의 관건이 되는 시·공간적

요소임을 잊어서는 안 된다.

『숫자조선연구』에 의하면 1928년 현재, 37개 업종에 종사하는 조선인 노동자의 1일 평균임금은 2.022원, 1일 평균비용은 1.234원으로 0.788원의 평균 '실득實得' 즉 순소득이 있었다. 이에서 실업일수를 빼면 1개월 실소득은 11.578원이다. 꽤 많은 액수이지만 이는 특별한 직종에 종사하는 소수의 숙련노동자를 포함한 평균치이고, 조선 노동자 중 가장 많은 수를 차지한 '보통 인부'의 경우 1개월 소득은 -2.306원이었다.[27] 대략 1920년대 말 도시 노동자계급이 월평균 18~35원의 임금을 받는다고 보면 이들은 월평균 잡지 하나를 사보거나 영화 또는 연극 1편 정도를 관람할 수 있었다(■자료실 : 표 15 〈1930년대 도시 생활자의 생계비와 노동시간〉; 표 16 〈식민지 시기 조선인과 일인의 직업 분포 변화〉; 표 17 〈1940년 현재 조선인의 직업별 인구 구성〉 참조).[28]

[**1931년 서울 월급쟁이의 삶**]

'중간층'이라는 개념은 보편적인 동시에 상대적인 개념이다. 즉 '중간층'은 자본주의사회에 존재하는 부르주아 또는 프티부르주아 일반의 행동양식과 사회적 지위를 가지고 있음과 동시에, 식민지 조선의 사회구성에 의해 결정되는 지위이다.

식민지 중간층은 총독부 각급 기관의 중하급 관리, 전문직 종사자, 언론인, 교직원 및 교사, 상업 및 서비스업 종사자, 부재지주층 등의 직업군으로서 중등학교 졸업 이상의 신식교육을 받고 도시에서 일상성을 유지해나간 계층을 의미한다. 그런데 유감스럽게도 식민지 조선의 도시 중간계층의 삶에 대해서는 별로 조사·연구된 바 없다.

식민지 중간계층은 식민지 근대성이 갖는 양면성 가운데 자리하고

미쓰코시 백화점 4층 식당(1930년대)

화신상회 창립기념 대 매출 행사(1931)

■■■1930년대가 되면 식민지 자본주의도 소비자본주의의 양태를 띠게 되고, 소비행위로 신분과 계층을 표시하는 식민지인들도 나타났다. 백화점과 고급 레스토랑은 그 대표적인 공간이 되었을 것이다. 식민지 자본주의의 발전은 '소비의 욕망'을 표출할 수 있는 기회를 제공하였으며, 이러한 행사로 인해 그 욕망은 수시로 자극받았다.

있었다. 그 한 측면으로 식민지 도시 중간계층은 자본주의하의 일반적인 중간 '계급'으로서 안정적인 재생산 과정에 놓이지 못했다. 절대빈곤 자체가 1920~30년대에도 만연해 있었고,[29] 중간계층의 삶 역시 항상 불안한 편이었다. 고등교육을 받았다 해도 안정된 직장을 구하는 일은 그리 쉽지 않았다.[30] 1930년대 중·후반에 들면서 식민지 중간계층이 온전한 의미의 근대적 중간계층으로 형성될 가능성을 맞기도 했으나,[31] 1937년 이후 일본이 급격히 군국주의화하고 조선도 전시동원체제에 포함됨으로써 그러한 가능성은 차단되었다. 이러한 점이 식민지 중간계층에 대한 논의가 진전되지 않은 중요한 원인의 하나이다.

그러나 또 다른 측면에서 보면 일제의 지배 이후 조선에서 자본주의적 근대화가 지속적으로 전개됨에 따라 이의 혜택을 누리는 계급 계층이 실재했다고 할 수 있다. 식민지 근대화론이나 수탈론(내재적 발전론) 같은 '근대화'에 대한 상이한 가치평가나 해석과는 별개로[32] 자본주의적 근대화는 몇 가지 뚜렷하고 새로운 사실을 만들어냈다. 극단적인 빈부격차가 있다는 점에서 차이가 있긴 하지만 조선의 경우에도 다른 서구제국의 식민지국가와 마찬가지로 계량적인 면에서 경제가 실질적으로 성장하고 인구성장과 도시화도 이루어졌다. 높은 출생률과 50% 이상의 유아사망률, 40세 미만의 평균수명, 기근과 아사의 반복이라는 농촌경제사회에서 전형적으로 나타나는 전근대적 현상도 호전되고 있었다.[33] 전체 경제규모가 확대됨에 따라 개인 생산도 상승하였으며, 이에 따라 일부 계층은 근대적 소비자본주의의 수혜자가 되었다. 또한 앞에서 말한 바와 같이 1920년대 이래 교육열이 뜨거워지면서 민족성원의 다수가 일제의 초등·고등교육제도에 급격히 인입된다. 이는 해방을 위해 '민족의 실력'을 양성하는 과정이기는커녕, 식민지 규율권력을 내면화하는 과정이기도 했다.[34] 이러한 과정에서 근대적 계층·계급의식이 만들어지고 있었다.

1931년에 씌어진 「월급쟁이의 철학」(『혜성』, 1931년 8월)[35]은 식민지
중간층의 생활과 의식상의 모순을 잘 보여준다. 글의 필자는 우선 월
급쟁이의 범위를 '월급을 받아먹고 사는 정신노동자'로 한정하자면서
여기에 관과 민의 하위직 종사자들을 꼽았다. 식민지 지배의 고급 대
리인인 지배계층 소속자들의 직급명은 괄호 속에 넣어 설명하고 있다.
관에서 "자격 있는 월급쟁이"는 "면서기(면장을 빼놓고) · 군직원(군수
를 빼놓고) · 도직원(지사와 각부 과장을 빼놓고) · 부직원(부윤과 각 과장,
계주임을 빼놓고) · 총독부(총독과 각국 과장과 계주임을 빼놓고) · 순사 이
상(직함이 없는) 경부 이하 · 재판소의 판검사(직함 없는)와 서기 · 철도
종사자" 등이다. 그리고 민간에서는 은행원 · 회사사무원 · 상점사무
원 · 신문기자 등이 해당된다.

이러한 하급관리와 기업의 샐러리맨은 모두 "정신노동자"들로서,
"먹고살 것만 있으면 이놈의 짓을 오늘이라도 그만두겠다"고 말해보

지 않은 사람이 없다. 이 월급쟁이들은 "노동자가 그날 그날의 밥벌이에 몰려 그 생활을 벗어나려고 하는 것과 마찬가지로" 그달 그달의 빚에 졸려 돈에 몰리는 생활에서 벗어나려고 애쓴다. 한마디로 결코 넉넉하지가 못했다. 이렇게 쪼들리는 생활에서 벗어나는 방법은 '인생역전逆轉' 즉 '돈 많은 집에 데릴사위로 들어가' 거나 "하늘에서 금덩어리가 뚝 떨어져 내려오"는 수밖에는 없다. "월급쟁이는 그가 월급쟁이인 이상" "숙명적으로 간난뱅이를 벗어나지" 못하기 때문이었다.

문제는 실제로 그들의 생활이 이토록 빈한한 편이고, 거기서 벗어날 가능성이 별로 없는데도 나름대로 "지식계급인 관계로 그들의 꿈은 크고 호화롭다"는 데 있었다. 그 꿈이란 '부잣집 딸' 그 중에서도 "자기 회사 중역이나 또 상관의 딸"이 있으면 그 사위가 되어 진급이 되고 중역이나 국장·과장이 되는 것이란다. 이미 장가를 든 사람은 계속 승급·진급하여 "중역, 국장의 자리에 앉고 자식을 잘 기르고 사위를 얻고" 하는 것이 바람이었다.

이러한 꿈, 즉 결혼이나 승진을 통한 계층상승의 욕망은 자본주의사회에서 중간층이 항용 갖는 평범·소박한 것일 테다. 그럼에도 그 꿈이 현실로 될 가능성이 "천에 하나, 만에 하나도 드물다"는 것이 문제다. 식민지시대 도시 중간층은 부르주아 혹은 프티부르주아적 정체성을 가지고 있었지만, 실제 생활이 빈한하고 그 개선의 가능성이 낮을 뿐 아니라 일제가 허락해놓은 체제 편입과 계층상승의 가능성이 현저히 협애했던 탓에 불안정한 상태에 놓여 있었던 것이다. 이처럼 낮은 가능성이 그들로 하여금 식민지인으로서 자의식을 갖게 하거나, '민족해방'의 이념에 경도되게 했는지는 불분명하다. '상관'의 딸을 부인으로 맞고 부잣집 사위가 될 꿈을 꾼다고 했는데, 그 상관과 부자는 사실상 일본인이다. 계층상승을 위해서라면 일본인과의 결혼도 문제가 아닐 수 있다는 것이다.

그러므로 식민지의 도시 중간계층이야말로 일제에 대한 '저항(반일민족해방투쟁)과 협력(친일) 사이의 회색지대'[36]를 이루고 삶을 영위하던 사람들이다. 식민지시대를 '광복'에 이르기 위한 목적론적 과정으로 기술하는 민족주의적 역사기술의 차원에서는, 일제통치하 조선인이 식민지인으로서 일관된 자기 정체성을 가지고 있었을 것이라 전제하는 경향이 있다. 그래서 이러한 역사서술에서 모든 식민지 조선인은 반일투사 아니면 친일부역자로만 등장한다. 그러나 이는 복잡다단했을 사실과는 거리가 있는 거짓 전제일 가능성이 많다.

식민지 조선사회 구성원의 자기 동일성은 모순적이었으며, 민족성원으로서의 정체성과 더불어 근대적인 혹은 전근대적인 계급 계층의식이 모순의 복합적인 차원을 이루고 있었다고 보아야 한다. 또한 계급 계층적 의식의 강도와 지향성도 민족성원으로서의 정체성과 영향을 주고받는 관계에 놓일 수밖에 없었을 것이다.

앞서 논한 바와 같이, 식민지시대 조선문학이 내포한 '민족성'의 차원은 복잡하다. 그 첫번째는 민족개량주의 혹은 문화민족주의의 차원이다. 이들의 '민족'은 이광수류의 부르주아민족주의를 근간으로 한 것으로,[37] 1930년대에는 조선문화의 '전통'과 '순조선어'를 강조하는 것으로 현상했다. 둘째는 카프의 '민족'으로 이는 사회주의운동이 지닌 반제 민족해방투쟁으로서의 의미와 본연적으로 매개될 수 있다. 이들 양자는 공통적으로 '조선어' 문학을 기반으로 하였다. 조선어는 민족의 언어이자 중간층과 달리 식민지 체제에 거의 편입되기 어려웠던 노동자 · 농민계급의 언어였기에 이 차원에 대한 합의는 자연스러웠다. 이러한 기반 위에 놓인 1920~30년대의 신문학은 한편으로는 식민지 부르주아와 프티부르주아의 의식을 반영하고 그들의 공적 · 사적 생활을 그려낸 것이거나, 다른 한편으로는 사회주의사상에 입각하여 식민지 민중계급의 지적 · 정치적 대변자 역할을 자임했던 지식인 문학으로서의 성격을 갖는다.

그러나 1930년대 후반의 소설은 이러한 '민족'의 문제가 내파하며 민족과 계급 문제의 긴장이 와해됨을 보여준다. 다른 차원에서 해석하면 식민지의 뒤틀린 공공영역과 민족해방투쟁의 장으로서 공장과 농촌의 공적 공간, 그리고 새롭게 탄생한 근대인의 사적 영역(연애와 육체)을 함께 그릴 수 있는 문학적 역량이 소진되었음을 의미한다. 이처럼 민족과 계급의 긴장, 공·사의 변증법적 관계가 소탕된 1930년대 말의 소설에서는 식민지 상층의 사적 생활이 환각의 차원에서 그려진다. 김말봉의 『찔레꽃』,[38] 김남천의 『사랑의 수족관』, 이효석의 『화분』 같은 소설이 그 극명한 예라 할 수 있다. 이들 소설은 일종의 트렌디 드라마로서 식민지 중간층의 계층상승욕이 투사된 사적 영역을 그려내고 있다. 대중 독자들의 환영을 받은 이 소설들은 당시 민중의 실제 생활과는 전혀 무관한 은행 두취頭取·영화제작자·재벌가의 세계를 그렸는데 이는 식민지 중간층이 가지고 있던 역사적 전망이 빠르게 소진된 것과 결코 무관하지 않다.

신문 연재소설의 문화적 위상

지금까지 신문 연재소설의 성격은 시의성, 분량과 서술구조의 스테레오타입stereotype, 단절기법 등을 중심으로 논의되었다.[39] 주로 부정적인 측면에서 거론되어온 이러한 신문소설의 성격을 독자 지향성 문제로 재해석할 필요가 있다. 그리고 신문소설의 특징은 그 자체가 매우 보편적인 근대 대중문화의 한 제도이기 때문에 비롯된 것임을 명심할 필요가 있다. 그래서 '순수문학', 문학 '예술'을 염두에 둔 고답적이고 형식주의적인 태도로 신문소설을 비판하는 것은 아무런 설득력이 없다. 신문소설은

'소설'이면서 동시에 신문의 짜여진 판 속에 존재하는 하나의 글쓰기라는 점이 중요하다. 따라서 신문소설을 논의할 때는 다음과 같은 점들이 전제될 필요가 있다.

(1) '신문'은 근대적 활자문화의 첨병으로서 공적 공간과 사회세계를 연결하는 통로이자 모자이크이다. 즉 신문의 각 페이지와 기사들은 모두 상호텍스트 관계인 동시에 극단적으로 파편화되어 있다. 신문은 세계의 모든 사상事象을 대상으로 하여, 현실에서 결코 병존할 수 없는 적대적인 것을 한 자리에 존재하게 한다. 또한 신문은 현실과 사실을 조각조각 맞추고 재편성하여 1일 단위의 세계상을 보여준다.[40] 신문에서는 어제의 파편적인 사실들은 모두 쓰레기가 되고, 인간의 기억도 이에 따라 하루 단위로 만들어지는 경향이 있다.

(2) 신문이 세계를 보여주는 방법, 즉 '편집'은 기본적으로 스테레오타입이다. 신문은 세계를 파편과 모자이크로 보여주면서도, 세계가 24시간 단위로 끝없이 지속될 것이라는 사고에 기초해 있다. 'Show must go on'의 명제야말로 신문의 원리이다. 그러하기에 기사의 서술과 편집 및 배치는 변하지 않는 상투성에 기초해야 한다. 스테레오타입화한 신문소설의 서술은 기실 이러한 신문의 기사편집과 배치의 상투성에 조응한 것이다. 신문의 이러한 모자이크성과 상투적 성격을 김기진은 다음과 같이 정확히 정리해서 말하고 있다.

신문독자는 너나 할 것 없이 매일 그날에 발표된 것만 읽고 나서 직시 그 소설이 재미있다거니 재미없다거니 해가며 비평하고 싶어한다. 전편을 통해서 힘준 곳이 뚜렷하건만 토막토막 짤끔짤끔 맛을 보는 독자는 어느 곳에 얼마나 힘이 들어갔는지 잘 모른다. 이 한 가지 조건만도 작가에 있어서는 그가 잡지나 단행본으로 일시에 읽히기 위하여 창작하는 소설에 비해서 신문에 쓰는 소설을 다르게 써보게 하기에 충분한 작용을 한다. (중략)

작가는 그래서 독자들이 재미를 느끼도록 인물의 등장, 사건의 운반, 전사실과 우ꓦ사실의 조직 등을 안배하고 나서는 묘사의 옷만 입혀 벌리려고 한다.(중략) 이런 구상에만 열중하는 고로 모든 신문소설이 동형이 된다. 이데올로기의 차이와 문장취미의 차이를 제하고 작품 제작과정의 방법이 모두 똑같은 것이 된다.

- 김기진, 「신문장편소설시감」, 『삼천리』(1934년 5월)

(3) 신문소설을 통한 작가와 독자의 소통은 직접적이다. 독자의 반응은 즉시 편집자와 작가에게 전달된다. 소설 텍스트의 표층적 서사요소, 즉 줄거리 · 배경 · 주인공의 성격 · 표면적 메시지 등에 독자의 관심과 이해 요구가 거의 직접적으로 반영된다. 따라서 신문소설은 독자의 사회심리와 문화적 유행을 '날것'으로 보여주는 매개라 할 수 있다. 이는 신문소설의 생산자인 작가와 매개자로서의 신문소설이 독자들의 지향성에 수동적으로 적응한 경우라 하겠다. 이와 반대로 신문 편집자와 신문 소설가는 흥미를 불러일으켜서 궁극적으로 판매부수를 높이기 위해 독자들이 갖고 있는 평균적인 수준의 윤리적 · 이념적 감각을 자극할 수도 있다.

식민지 조선의 신문소설들도 이러한 요건에 잘 들어맞았다. 조선 신문소설의 독자야말로 그 계층적 부면이 폭넓었고,[41] 신문 연재소설에 대하여 편집자나 작가에게 즉각적이고 직접적인 반응을 나타냈다. 작가와 편집자들 역시 이러한 독자들의 반응에 민감하게 '피드백' 했다. 특히 편집자들은 작품 내용을 독자들의 수준과 취향에 맞추게끔 자주 작가들을 압박했다. 작가들은 때로 이런 상황에 대해 불평하거나 문학 발전의 저해요소라 생각했지만, 스스로 자기 소설의 서술방법을 신문의 특성에 적응시켜갔다.

김기림의 「신문소설 '올림픽' 시대」(『삼천리』, 1933년 2월)는 바로 이

염상섭, 『삼대』의 제1회(『조선일보』, 1931년 1월 1일)

홍명희, 『임꺽정』의 제1회(『조선일보』, 1928년 11월 21일)

■■■지금은 신문연재소설 자체가 별로 없지만, 1980년대까지 연재소설은 신문 판매부수를 좌우하는 가장 중요한 콘텐츠였다. 한국 문학사·미디어사에서 소설과 신문의 관계는 매우 특별하다. 문학사에서 중요한 장편소설은 거의 신문에 연재되었다.

러한 관점에서 당시 신문소설들이 신문독자들의 유행과 정서구조를 어떻게 수렴 또는 자극하는지를 보여주고 있다. 즉, 구체적인 작품에 나타난 매우 구체적인 시의성이 마치 신문기사처럼 얼마나 생생한 실제적 생활감각으로 살아 있는지, 그러나 그것이 얼마나 휘발적인 요소가 강한지를 설명하고 있다. 김기림은 이광수의 『흙』에 나타난 허숭과 윤정선의 갈등이 "도시의 홍진紅塵에 시달린 무리의 감정을 잘 세탁해"주는 한편, "현대를 호흡하는 조선의 일부 지식청년 내부에서 암투를 계속하는 심적 갈등의 상징"이라 했다. 곧 당대 청년들의 가슴속에 허숭처럼 민족주의적이면서 관념적·이상적 삶을 추구할 것이냐, 아니면 김갑진·윤정선처럼 현실적으로 개인의 행복을 추구할 것이냐 하는 갈등이 있었다는 것이다. 그리고 또 중요한 것은, 당시 이광수라는 작가가 "젊은 층으로부터 가장 많은 화살을 맞고 있는 점點"이다. 이광수의 대중적 영향력은 일면 권위인 한편 그 자체가 논란거리로서의 의미를 가졌다는 사실이다. 『흙』은 논란과 화제를 불러일으킬 수 있어야 한다는 신문소설의 요건을 잘 갖추고 있었던 것이다.

다음으로 역시 인기를 모은 방인근의 『마도魔都의 향香불』에 대해 논했는데, 이 작품의 표면적 의의는 '대도시 뒷면의 사건을 캐내 백일하에 꺼내보임으로써 점잖은 척하는 부르주아(신사 숙녀층)의 허위를 폭로'하는 데 있는 듯했다. 다각多角으로 얽힌 유한계층의 연애행각을 소재로 하였기 때문이다. 그러나 실제 제목에서 암시된 목적을 달성하기는 어려웠다. 왜냐하면 그렇게 하면 "유력한 층으로부터의 제재와 간섭이 상당히 심할" 가능성이 있었기 때문이다. 이 소설이 세태를 그리는 방법은 그야말로 소재적이며 표피적이다. 즉 "쎼파–트맨 스토아(department store : 백화점)"가 무대가 되는가 하면, 여자 전문학생과 대학생(가정교사) 연인 사이에 '젊은 비둘기(젊은 애인)'를 두고 싶어하는 "불량 매담madam"이 끼여드는 식이다. 여기에 당대 대중문화의 지배적인 코드인 "엽기 취미와 '에로티즘'을 가미加味하여" 일종의 칵테일을 빚었다고 하였다.[42] 또한 김기림은 근래 전개되는 이야기를 보면 주인공 영철이가 애인인 애희에게 크리스마스 선물로 목도리를 선사했다는 둥 "바야흐로 가경佳境"인데, "때마침 겨울이라 목도리 없는 젊은이의 마음을 자못 '센티'하게 만들 것"이라 했다.

이 소설이 도시민의 유행과 계절감각을 자극함으로써 인기를 끌고 있다는 이야기인데, 이로써 방인근의 작품은 신문소설로서 온전함을 획득한다. 소재의 표피성과 일회성, 도시 대중문화 코드에 정확히 부합하는 것이 저널리즘과 신문소설이 공유하는 세계상이자 요건인 것이다.

이러한 점들에 더하여 조선의 신문이 갖는 특징과 이에 조응하는 신문소설의 특별함이 있다.

(1) 신문은 잡지나 단행본보다도 훨씬 강력한 소설 생산과 수용의 매개였다. 신문은 다른 매체에 비해 훨씬 많은 구독자 수를 확보하고 있었으며, 단편 장편을 막론하고 식민지시대 대부분의 소설이 신문에 발표·연재되었다. 특히 조선 신문학사에서 장편소설과 신문의 관계는 '특별하고도 기이'하였다.[43] 소위 순수문학의 입장에 선 작가와 평론가들은 저널리즘이 문학의 수준을 '저해'한다고 여겼다. 그렇지만 신문의 입장에서 보면 문화면이 비정상적으로 넓은 지면을 차지하고 그 중에서도 '문학'이 특권적 지위를 누린 것은, '정치적' 언로가 봉쇄된 식민지시대였기에 가능한 '비정상적인' 일이라고 생각할 수도 있다.[44]

그러나 1900~10년대에 이어 1920~30년대 대중적 소설 독자의 상당한 부면이 신문구독과 윤독을 통해 형성·유지되었다는 점에 유의해야 한다. 『삼천리』 7월호(1935)는 「조선문화와 민중과 신문」 특집을 통해 '연재소설의 독자가 전 독자의 몇 파센트로 보십닛가'라는 설문을 했다. 이에 대해 당시 「조선일보」 편집국장이던 김형원은 신문소설을 가정부녀나 보던 것으로 알던 시대는 지났고 "현대인에게 신문소설만이 가장 보편적으로 위안을 드리는 소재"이며, "조선일보로 말하면 90%가 소설 애독자"라 답하고 있다. 또한 「조선중앙일보」 편집국장 김동성은 "신문소설의 독자는 점점 늘어 50%는 되리라"라고 답했다.

다른 분야의 대중문화와 마찬가지로 신문소설 또한 1930년대 중반에 그 절정을 맞는다. 김기진의 「신문장편소설시감」(『삼천리』, 1934년 5월)에 의하면 1934년 현재 4개 신문에 무려 15~16종, 즉 한 신문당 3개 이상의 신문 연재소설이 연재되고 있었으니, 가히 '신문소설의 올림픽시대'라 할 만했다. 이처럼 '올림픽' 화하자 마치 현재 신문기사들이 섹션화되어 있듯이 연재소설을 역사 · 추리 · 애정물로 나누어 각각 다른 지면에 배분할 수 있었다.

(2) 조선의 민간지는 기본적으로 식민지 자본가의 손에 운영되며 식민지체제를 유지 · 지탱하는 기능을 수행하였고, 1930년대 이후에는 사주나 광고주의 노골적인 자본의 논리에 지배당하게 된다. 즉 1930년대 이후에는 부르주아저널리즘화가 심화되면서 '민족 정론지'라는 허울과 계몽성을 벗어버리고 상업적인 기사와 지면이 급격히 늘어났으며, 이때의 신문소설도 결국 유한 가정부인과 식민지 중간층의 구미에 맞게 귀착되는 경향을 띤다고 볼 수 있다.

그러나 식민지시대의 민간지가 식민지인의 민족적 공기公器로서 최소한의 요건을 갖추었다는 사실[45] 역시 신문소설의 또 다른 배경을 이룬다. 이는 앞서 살핀 대로 식민지 중간층의 체제내적 성격이 '식민지'적 구속성에 의해 제한될 수밖에 없었던 것과 같은 맥락을 가진다. 신문의 기능과 그 일부인 신문소설 또한 부르주아저널리즘의 성격과 중간층 지향성을 제한받을 수밖에 없었던 것이다. 민족주의자와 사회주의자 모두 민간신문을 중요한 매체로 활용할 수밖에 없었고, 신문은 총독부의 간섭과 억압적 정책에 맞서기도 해야 했다. 그래서 식민지 중간층의 계층적 이해를 넘어서는 내용과 역사전망을 가진 작품들, 예컨대『고향』『황혼』『인간문제』등을 비롯한 프롤레타리아 문학의 가장 중요한 작품들이 신문에 연재되고 인기를 끌 수 있었다. 이것이야 말로 조선 신문소설의 가장 큰 특징이라 할 수 있다.

(3) 따라서 신문소설이냐 아니냐 하는 기준으로 순수소설과 통속소설이 구별 정립했다고 문학사를 파악하는 것은 잘못이다. 이러한 관점은 앞에서 말한 조선의 신문과 신문소설이 가지고 있던 복합성과 포괄성을 놓치기 때문이다. 조선에서는 순수·대중소설의 양립이나 분화 자체가 제한적이었다. 그래서 신문소설을 매개로 한 순수·대중소설 문제에 대한 논란[46]은 일종의 적응현상으로 보아야 한다. 즉 신문소설을 중심으로 넓게 포진한 소설 독자와 그 분화를 어떻게 끌어안을 것인가 하는 문제였던 것이다.

아래 좌담은 이상에서 논한 신문소설의 기능과 독자 문제, 그리고 이에 대한 작가의 자세까지 상세하게 보여준다. 1930년대 후반이 되면 출신의 좌우를 막론한 대부분의 작가들이 신문소설을 매개로 한 전반적인 '통속화' 또는 대중소설로의 수렴현상을 당연하게 받아들이고 있었다.

이번 소설들은 어떤 사회 어떤 층에서 더욱 많이 읽어주기를 기대하고 쓰십니까. 또는 신문소설의 대중성이라는 데 대하여 어떤 용의를 가지고 집필하여 나가십니까.

이효석 : ①신문사로서는 가정에서 아버지나 치어머니나 늙은이나 아이나 다 함께 읽을 수 있도록 쓰라는 주문이었으나 써가면서 보니까 역시 청년층 특히 지식층의 독자를 상대로 나가게 됩니다. ②대중성이라는 데 대해서도 **예술적일 것보다는 흥미 중심이여야 하고 하루하루를 자미滋味있게 꾸며 다음을 기대하도록 하라는 주문이여서 될 수 있는 대로 그렇게 되도록**

명념銘念은 하고 있습니다.

김남천 : 「조선일보」에는 현재 세사물歲史物과 농촌물과 현대물의 세 작품이 실리고 있는데 졸작은 그 중 셋째 번에 해당합니다. ③이 세 작품이 맡은 독자층이 각각 다를 것이라 생각하여 나는 주로 도회인 오락영화나 구경할 줄 아는 독자를 대상으로 생각했습니다. 용어나 작중 인물의 취급이나 전체의 구상도 이 점을 많이 고려했습니다. ④신문소설의 비결은 가정 내의 부인 독자를 상대로 해야 한다는 것이 알려져 있는 상식이고 또 과거의 성공한 신문 소설가는 모두 이러한 방법을 썼습니다. 그러나 나 같은 사람까지 그런 비결에 붙들릴 필요야 없겠지요.

유진오 : ⑤나는 주로 젊은 사람들이 많이 읽어주기를 기대하고 씁니다. 대중성은 물론 무시할 수 없는 것이기 때문에 내 깐에는 흥미를 끌도록 구성에 노력하고 있는데 어떻게 되었는지. 다만 한마디 말할 것은 작가는 대중의 취미에 영합하여, 그리로 자신을 몰입시킬 것이 아니라 아무쪼록 그들의 취미를 존중하면서도 그것을 보담 높은 곳으로 끌어올려야 한다는 것입니다. ⑥이번 소설에는 조선 사람의 현실에 맞지 않을 정도로 소위 「문화식」 생활과 감정과 사고가 나오는데 이것도 내 깐으로는 우리가 현실을 좀 더 그런 방면으로 끌어올릴 필요가 있다고 생각하고 해보는 시험인데 혹 너무 동떨어지지나 않았나 염려입니다(번호—필자).

- 「좌담 : 신문소설과 작가의 태도」, 『삼천리』 12권 4호(1940년 4월)

우선 일반적인 신문소설 독자의 신원을 살펴보자. ①과 ④에서 드러난 바, 신문소설의 독자는 가정주부를 비롯한 신문독자 전체이다. 1938년 「매일신보」에서 신문 연재소설을 공모하면서 제시한 심사기준에도 이러한 점이 포함되어 있다. 공모 소설이 상정해야 할 대상 독자는 '가족 전체'여야 했다. 가족 전체가 읽기 위해 필요한 대중성은 "一, 읽기 쉬운 문장이어야 할 것. 二, 매일매일 흥미를 끌고 나가야 할 일. 三, 대중이 이해하기 쉬운 사건이 전개되어야 할 일"로 이루어진다. 그리고 '가족 전체'라는 기준은 '미풍양속'과도 관련이 있었다. "四, 할머니 할아버지 어머니 누나 등 온 가족이 한 자리에 같이 앉아서 읽을 수 있도록 미풍양속에 배천됨이 업서야 할 일. 五, 현실을 정화하여 써 독자로 하여금 고상한 감정을 파지하도록 할 일"이 그것이다.

다른 한편 주목되는 것은 ③김남천의 발언이다. ③의 이야기는 같은 신문소설이라 하더라도 소재와 유형에 따라 그 독자는 서로 다른 문화적 지향성과 계층적 귀속성을 갖고 있음을 뜻한다. 한 소설이 ① 과 같이 모든 계층, 세대의 독자들을 포괄할 수도 있지만 한 신문에 실린 여러 개의 신문소설이 각각 다른 독자를 겨냥할 수도 있는 것이다. 그런데 김남천은 자기 소설의 독자는 "주로 도회인 오락영화나 구경할 줄 아는" 이들이라 했다. 바로 이들이 1930년대 말 대중 독자의 중핵을 차지한 존재들이며 김남천의 말처럼 영화의 관객이기도 한 것이다. 영화와 신문소설은 도시 대중문화로서 수용자를 공유하고 있었다.

②와 ⑤에서는 작가들이 신문소설의 논리와 대중성의 권력을 인정하고, 그것을 현실로 받아들이고 있다는 점이 나타나 있다. 1930년대 초반 대중소설 집필을 '매문'이나 '과외' 활동이라 매도하던 태도와 비교할 만하다. 이무영은 「신문소설에 대한 관견」(『신동아』 4권 5호, 1934년 5월)에서 신문소설을 쓰는 것은 곧 '매문'이라며 신경증적인 태도를 보인 바 있다. 굶어 죽을지언정 신문소설을 쓰고 싶지 않은데 써야만 하는 자신이 불쌍하다는 것이다.

필자 자신도 작가적 양심을 전혀 버리고 싶지는 않다. **아사餓死할지언정 저널리즘의 사도가 되고 싶지는 않다.** 이러한 결심을 한 것은 한두 번이 아니었다. 그러면서도 **신문소설을 쓰게 되는 자신을 돌아볼 때 어떤 때는 눈물이 나도록 자신이 불쌍하여진다.** 남과 같이 작가로서 일가를 이루지도 못한 채 이대로 통속작가로 흘러버리는가 생각하고는 며칠씩 잠을 못 잔 때가 많다.

- 이무영, 「신문소설에 대한 관견」

저러한 위선과 강박관념은 1930년대 후반으로 가면서 차츰 엷어지고, 점점 신문소설의 대중성을 현실로 인정하는 방향으로 수렴된다.

한편 ⑥에는 1930년대 후반 신문소설의 이념적 지향이 잘 드러나 있다. 유진오는 자신이 신문에 연재하고 있던 『화상보華想譜』에 "조선 사람의 현실에 맞지 않는 「문화식」 생활과 감정과 사고"를 썼다고 밝히고 있다. 『화상보』는 전체 조선 사람 중에서 한 줌도 안 되는 재벌 2세, 식물학자, 서양 유학을 다녀온 소프라노 가수, 피아니스트 등이 애정행각을 벌이는 이야기이다.

이런 소설은 대중의 실제적 상태가 아닌 허위적인 욕망을 그리고 있는데, 이는 부르주아 이데올로기와 그 생활양식을 공공연히 정당화하고 나아가 그것을 선전하는 기능을 갖는다. 이는 유진오의 소설뿐 아니라 1930년대 후반 소설에서 공통적으로 나타나는 경향이다. 부르주아의 생활을 '폭로' 하기 위해서가 아니라, 식민지 부르주아계층의 사적 생활과 감성을 보편적인 것으로 미화하거나 부르주아화한 소설가의 의식상태를 드러내놓고 있는 것이다.

4_식민지
여성의
책읽기

황진이 · 허난설헌 · 신사임당 같은 뛰어난 여성 문인이 모두 조선 중기 때 나왔고, 조선 중기까지만 해도 여성의 사회 · 경제적 지위가 결코 낮지 않았다고들 하지만, 어디까지나 조선은 극단적인 남성중심 사회였다. 조선의 여성 문인이란 수백만 분의 1이 될까 말까 한 극히 예외적인 존재였을 뿐이다.

조선이 우리에게 물려준 것은, 식민지 자본주의 · 제국주의 파시즘과 유교 전통의 결합으로 탄생한 유교와 철저히 남성 중심적인 사회였다. 그래서 근대 이후부터 지금에 이르기까지 남성 중심주의와의 전투는 보편적 인권옹호를 위한 중대한 과제가 된다.

남성 중심주의의 균열은 여성의 책 읽기로부터 비롯되었다. 문학을 매개로, 책 읽고 글 쓰는 여성이 예외적인 존재로서가 아닌 인간의 이름과 '보편'의 한 부분으로 등장했다.

더불어 초기 페미니즘의 거센 물결이 1920년대부터 식민지 조선사회를 타격했다. 노라 · 엘렌 케이 · 로자 룩셈부르크 · 알렉산드라 콜론타이 같은 이름이 배운 젊은 여성들을 매혹했다. 조명희의 소설 「낙동강」(1927)의 여자 주인공은 여고보까지 나와서 교사가 되는데 그 신분이 '백정의 딸'이다. 그 전에는 '인간도 아닐' 이 조선 처녀는 자신의 이름을 독일 여성 혁명가 로자 룩셈부르크를 따라 '로사'라 했다. 예나 지금이나 억압당한 여성들에게는, 아버지와 그 아버지들이 물려준 씨족의 이름을 거부하는 행동이 중요한 모양이다.

물론 남자들의 '저항'도 만만치 않았다. 보수적인 남성들은 평등과 성적 자유를 외친 신여성을 매춘부시했고, 지식인 남성들은 여성의 책 읽기를 보바리즘Bovarisme으로 폄훼하려 했다.

남성 우월주의자들, 이른바 '마초macho'들은 책 읽는 여성들에 대해 페미니즘 자체에 대해서와 마찬가지로 본능적인 공포심과 열등감을 갖고 있다. 책 읽는 여성 또한 요부처럼 '이빨 달린 질vagina dentata'에 대한 공포, 또는 일종의 거세콤플렉스를 증폭 자극하기 때문일 것이다.

[조선 여자들, 책 읽기 시작하다]

1933년 김동인은 「신문소설은 어떻게 써야 하나?」라는 글에서 신문소설의 독자가 대부분 '가정부인과 학생'이라는 점을 지적하고 그들이 신문소설에서 원하는 바가 무엇인지를 말한 바 있다. 가정부인 독자의 경우 소설에서 '모성애, 가정적 갈등, 눈물, 웃음, 안타깝다가 원만한 해결'을 바라며, 학생들은 '연애, 모험, 괴기, 활극, 삼각·사각의 갈등' '공포, 해석키 어려운 수수께끼'를 기대한다고 말한다.[47] 이는 신문소설의 독자층을 대상으로 한 논의이지만, 여러 가지 중요한 점을 시사하고 있다. 우선 이를 통해 여성의 일부와 학생이야말로 1920~30년대 도시 대중문화의 중핵을 차지하였음을 알 수 있다. 왜냐하면 김동인이 지적한 신문소설의 수용코드는 당대의 대중문화 영역 전체에서 공통된 것이었기 때문이다. 연극·영화의 관객인 동시에 일본 대중소설과 각종 '취미' 잡지의 독자이기도 한 도시의 대중소설 독자는, 가정비극과 '연애' '모험' '탐정'으로 코드화된 문화상품을 즐겼다. 다시 말해 가정비극과 '연애' '모험' '탐정' 은 대중소설과 경쟁 또는 상호보완 관계에 놓였던 대중연극과 영화의 생산 수용 코드이기도 했다.

그래서 학생과 여성의 소설 수용양상은 곧 식민지 중간계층의 소설 수용양상이며, 이를 통하여 대중문화 전체의 수용양상을 유추할 수 있다.

소설 읽기는 원론적으로 비기능적 · 비실용적 독서를 대표한다. 소설 읽기는 삶의 실제적인 문제를 해결해주지 못하며, 무엇보다도 생업에 바치는 시간 외에 상당히 긴 '책 읽을 시간' 과 독립적인 공간을 필요로 하기 때문이다. 중간층의 소속원들과 학생 · 여성이 소설의 주요 독자가 될 수밖에 없는 데에는 이러한 매우 객관적인 이유가 있다. 학생들은 사회적 생산관계로부터 일정하게 유리된 존재이다. 그들이 소설작품을 읽는 이유는 삶의 성장과 관련하여 익혀야 할 '교양' 즉 삶과 세계에 대한 전반적이고 포괄적인 이해와 통찰력을 기르는 데 문학작품이 소용되기 때문이다. 따라서 학생들에게 소설을 읽는다는 것은 '교과' 를 이수하는 것과 완전히 다르지 않은 일이기도 하다.

여기서 말하는 여성 독자는 주로 여학생과 가정부인으로 구성된다. 여학생은 학생 일반의 계층적 특징과 함께 여성 독자로서의 특징도 보유한 존재들이다. 그리고 '가정부인' 은 여학생과 깊은 관련을 맺는 존재로서 무학無學이며 농촌의 가족노동 인구를 구성한 대다수 기층의 여성들과는 다른 존재들이다.

여성 독자와 관련하여 또 중요한 점은, '책 읽는 여성' 이 새롭게 구축된 근대 사적 영역의 한 주체라는 것이다. 사적 영역은 사랑과 성 · 결혼의 문제로 점철되는데, 근대소설은 바로 이러한 여성 최대의 관심사를 다루며 발전해왔다. 그래서 여성이 소설을 읽는 것은 단지 그들이 시간과 경제적 여유를 가진 계층의 소속원이기 때문만은 아니다. 여성들이 소설을 읽는 이유는 소설 영역을 넘어선 근대적 로맨스 · 멜

장옷을 입은 양반가의 여성

식민지시대 농촌 여성

경성의 도시 인텔리 여성

■■■사회의식의 차이만큼 동시대를 산 그녀들의 패션과 표정에도 차이가 많다.

로드라마의 수용 전체와도 연관되어 있다. 사랑과 성·결혼과 관련된 '서사' 즉 연애 이야기와 결혼 이야기의 수용은 상당히 보편적인 사회적·심리적 원인을 가지고 있으며, 이러한 서사는 모든 근대 대중예술의 중요한 재료가 된다. 그러하기에 조선에서뿐만 아니라, 서유럽과 동아시아의 소설 발전과정 전체에서 여성 독자의 기여는 공통적으로 관찰되는 현상이다.

이미 19세기 말부터 여성 교육의 필요성이 제기되었음에도 1920년대 여성 독자의 수는 그리 많지 않았다. 1930년 현재 한글과 일어를 읽고 쓸 수 있는 여성은 전체 여성의 1.9%, 한글 또는 일어를 읽고 쓸 수 있는 여성은 10.5%에 머물렀다. 우선 문맹률이 절대적으로 높았고, 객관적으로 "특별한 부호富豪 가정에서 편히 호화로운 생활을 하지 못하는 일반 가정부녀는 책 읽을 틈을 얻을 수" 없었다.[48] 그래서 1910년대와 1920년대 초의 여성 독자는 곧 극소수의 초기 신여성·여자 유학생을 의미하였다.

1925년 10월의 통계에 따르면, 경성부립도서관 출입자 중 여성은 16명에 불과했다(남성은 4,768명).[49] 그 후로 4년이 지난 1929년 4월 여성 출입자의 수는 141명으로 9배 가량 늘었지만 그럼에도 여성 도서관 이용자는 남성의 100분의 1에 불과했다(■자료실 : 표 18 〈1929년 4월 경성 부립도서관 이용자 현황〉 참조).

그러나 여성 독자의 수는 급격히 늘어가고 있었고 그 수용태도의 독특함과 강렬함 때문에 당시 작가들은 이미 여성 독자의 중요성을 포착하고 있었다. 책 읽는 여성은 식민지시기 최고의 '문제적' 존재였던 신여성 또는 모던 걸만큼 눈에 띄는 존재였다. 드러난 외양이나 성性과 관련된 일을 빼면 독서는 아마 신여성의 행태 중 가장 두드러져 보이는 것이었을 수도 있다.

왜냐하면 1920년대 중반 이후 보다 대중적인 규모로 행해진 여성의 책 읽기는 남성이나 여성 전체에게나 "천유여千有餘년 전으로부터 지금까지" 경험하지 못한 미증유의 사실로 당대인의 머릿속에 각인되었기 때문이다. 여성의 책 읽기를 가능하게 한 본격적인 양성평등, 인간평등 시대의 개막은 "누구보다도 조선 여자의 더할 수 없는 행운이 돌아온 기회"[50]이기도 했다. 1929년에 「조선일보」는 여자들이 도서관에 많이 출입하며 공부하는 일이 "최근에 기이한 사회적 현상"[51]이라 했다. 결국 '여성의 책 읽기'는 사회 변화를 보여주는 극명한 한 지표였다.

여성의 책 읽기가 전혀 새로운 '근대'의 사실이면서 동시에 계층적 차이를 내포한 사회적 사실이었다는 점을 염두에 두고, 여성의 책 읽기에 대한 논제로 다음과 같은 점을 제시하고자 한다.

(1) 여성은 '식민지 속의 식민지'였던 존재였기 때문에 여성 독서의 양상은 심각한 여성 내부의 모순과 함께 식민지 전체의 중첩된 모순을 보여준다. 유/무식의 문제에 있어 여성 내부의 불균등·불평등은 남성 내부의 계급적 차이에 비할 바가 아니었다. 남성 독자층 내부에서 나타나는 독서의 '비동시적인 것의 동시성'과 계층적 차이는, 여성들 사이에서 보다 더 분명하고 중층적이었다.

1920년대 초 신문과 잡지에는 일본 또는 서구에 유학을 다녀온 극소수 여성이 주역으로 등장하고, 여성잡지와 여성 대상 기사가 넘쳐났다. 이미 1924년에 민간신문의 '가정' 면이 독립하여 여성 독자를 끌고자 하였다. 그러나 1929년 오늘날의 중학교에 해당하는 공·사립 여자고보에 입학한 여성은 조선 전체에서 1,465명에 불과했다. 한마디로 다수의 여성은 책 같은 것과는 무관한 삶을 살아가야 했다. 그럼에도 여성의 무지도 남성의 그것처럼 '죄악'이나 수치였다. '문맹이며 돈과 시간이 없어도 '책을 읽어야 한다'는 아이러니컬한 권고가 계속

〈탐구〉 이유태 작(1944)

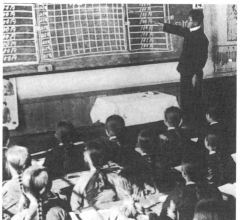

초등여학교에서 수업을 받고 있는 학생들

일제시대 여성 노동자

■■■여성들 내부에서 유/무식의 불평등은 매우 극심했다. 여성의 무지도 '죄악' 시되었지만 문자문화를 영위할 수 있는 여성은 소수에 불과했다.

되었다.

또 하나 건너뛰지 말아야 할 사실은 한글과 일본어를 읽을 수 있었
던 저 1.9%의 소수들, 그리고 문자문화와 무관한 삶을 영위한 대다수
의 여성들과 더불어 18세기 이래 두텁게 형성되었던 전통적인 여성 소
설 독자층이 여전히 유지되고 있었다는 점이다.

전통적인 남성 소설 독자층이 빠르게 해체·대체되어간 데 비해 오
히려 전통적인 여성 독자층은 그렇지 않았다. 그들은 전통 가정의 유
교적 습속 속에 갇혀 아예 사회 일반의 풍조와 무관했기 때문에, 독서
성향을 변동 없이 유지할 수 있었다.

경북 지역에 거주한 양반가 여성들의 소설 수용양상은 이와 관련하
여 매우 좋은 실례를 제공한다. 이들을 대상으로 소설 수용양상을 조
사[52]한 바에 따르면 1910~20년대 소설 독자층이었던 이 여성들은 완
전히 다른 경향을 보여준다. 동시대·동년배의 도시 '모던 걸'들이
『강명화 실기』『인형의 집』『부활』에 등장하는 새로운 여성들의 운명
에 매혹당하여 그네들과 자기를 동일시할 때, 경북 양반가 출신 여성
들은 『옥루몽』『창선감의록』『유씨삼대록』 등을 읽었다.

이 여성들이 작품을 선택한 기준은 작품의 문체와 윤리적 성향의 아
속雅俗에 대한 판단이었다. 그들은 '록錄'계 소설이 '전傳'류 소설보다
내용과 형식 양 면에서 상스럽지 않아 이 소설들을 좋아한다고 했다.
유교적 여성윤리의 '주체'이자 대상인 그네들은 『이씨효문록』과 『창
선감의록』을 '자손들에게 권하고 싶은 책'으로 꼽으면서 "충효 겸전兼

俊한 내용과 절묘한 사기史記 "시집살이의 어려움을 해결하는 데 도움이 되기 때문"을 이유로 꼽았다. 당시 농촌지역에 『춘향전』과 그 이본들이 엄청난 규모로 살포되고 있었음에도, 이들의 독서목록에는 기생 이야기이며 자유연애를 주제로 한 『춘향전』을 찾아볼 수 없다.

이들의 다수는 '언문을 깨우치기 위하여' 성례成禮 전후에 13~16세쯤 처음 소설책을 잡았다 한다. 그리고 학교나 서점, 도서관 등에서 소설책을 사거나 빌려 본 도시의 여성들과 달리 그들이 읽은 것은 가전家傳본이었다.

(2) 1920~30년대에는 한글이 한문이나 일어처럼 그 자체로 문명의 도구가 아닌 주변계층의 문자, 곧 '언문'이자 '암클'로 간주되는 상황이 잔재하고 있었다. 여성운동단체 〈근우회〉의 기관지 『근우槿友』 창간호의 「편집 사고社告」는 전체 회원이 "통독하시도록 하기 위하여 순언문으로 편집을 하려 하였삽던 바 편집 시 일상관계와 또는 논문의 수준이 종전 계획대로 되지 못(하)였음"[53]을 강조하였다. 그리고 일제가 중등 여학생을 위해 따로 편찬한 『여자고등조선어급한문독본女子高等朝鮮語及漢文讀本』(1924)은 한문의 비중이 압도적이었던 남학생용 교재보다 조선어 사용 비중이 훨씬 높았다.[54]

조선시대 내내 한자는 지배계급과 남성의 문자였다. 그리고 식민지시대의 한글은 한문과 일어가 문화적 헤게모니를 교체해가는 사이에도 그 틈바구니에서 여성의 문자, 즉 내부 식민지인의 문자로서의 의미를 지니기도 했다. 식민지 조선문학이 여성지향성을 갖고 있다고 운위되는 것도, 식민지 문자로서 한글의 위상과 무관하지 않을 것이다.

(3) 그러나 신교육을 받은 1.9%의 여성이 가진 힘은 대단했다. 앞서 말한 대로 그들은 전체 사회변화의 표징이었기에 집중적인 관심의 대상이었으며, 그만큼 작가와 지식인들에게 영향력을 끼치고 있었다.

그러나 이 특별한 계층의 독서는 수용의 세 가지 국면의 첫번째, 즉 책 선택에서만큼은 남성들의 그것과 다르지 않았다. 그들 여성이 독서인이 된 경로도 남성들과 거의 동일했다. '여성지'와 신문의 가정면은 전부터 활발했지만, 1930년대가 올 때까지 문학소녀나 여성 독자를 위해 존재하는 여성문학이나 로맨스는 아직 본격적으로 모습을 드러내지 않았다.

다음의 표는 1900년대에 태어나 1910년대에 중등학교 교육을 받은 경우와 1900년대 후반이나 1910년대 초반에 태어나 1920년대에 학교를 다닌 인텔리 여성들의 독서경험을 보여주는데, 두 세대의 독서경험은 서로 차이가 없고, 남성들의 그것과도 다르지 않음을 드러내고 있다.

즉, 어린 시절부터 책을 접할 수 있었던 1900~10년대에 태어난 남녀는 공통적으로 한국 고전소설과 도스토예프스키·투르게네프를 비롯한 러시아 문학가들의 소설을 읽으며 자라났다. 이 작품들은

여성의 독서경향(1) – 1930년대 인텔리 여성들이 어릴 때 읽은 소설*

	생년	조선 소설	일본 소설	서구 소설
박화성	1904	이광수		토마쓰 하디, 샤롯 뿌론테
유도순	1904			톨스토이
강경애	1907			도스도예프스키「죄와 벌」
백신애	1908			알쯔이 파-셋프 작「노동자 인새롭프」
모윤숙	1910	고전소설, 김동인(「태형」「감자」「목숨」), 나도향「환희」	林芙美子, 石川啄木, 伊藤白蓮	「부활」「안나 까레니아」「전쟁과 평화」, 아날드 푸란스「좁은 문」, 골-키의「어머니」
이선희	1911	이광수	谷崎潤一郎「痴人의 愛」	
노천명	1912		室生지星「聖處女」	투르게넵프「그 전날 밤」「아버지와 아들」「연긔」「귀족의 집」
최정희	1912	이광수(「개척자」「무정」), 염상섭(「표본실」「해바라기」「만세전」), 현진건(「조선의 얼굴」「지새는 안개」)		지이드, 도스도예프스키, 톨스토이, 잔 콕토
장덕조	1914	이광수	橫光利一「唐人ぉ吉」	고리키「어머니」

* 「여류작가 좌담회」, 「삼천리」 1936년 2월 등의 자료를 재구성

1920~30년대 청소년들의 문학 독서경험에서 동화를 제외하면, 시기적으로 가장 앞자리에 놓이는 것이다. 또한 표에서 여성 작가들에게 영향을 끼친 조선의 신문학 작가로 이광수가 거의 유일하게 거론되는 것 또한 일반적인 경향과 다르지 않다.

평양기생 투르게네프를 읽고,
서울 여학생 『붉은 연애』에 빠지다

「문학기생의 고백」(『삼천리』 1934년 5월)[55]은 여러모로 흥미로운 자료이다. 정확한 생년을 알 수 없지만 1910년대 초반에 태어난 것으로 추정되는 〈평양기생학교〉 출신 장연화는 '문학기생'으로 유명했다. "시와 소설을 퍽 좋아"하여 손에서 "무녜(문예)"가 떠나는 때가 없다는 그녀가 문학의 세계와 처음 만난 것은 평양여고보를 다니던 16세 때였다. "문학을 퍽이나 즐긴" 담임선생이 톨스토이의 "「갓쥬사」 이야기"를 들려주고 투르게네프의 「그 전날 밤」과 「첫사랑」을 이야기해준 것이다. 이야기를 들은 소녀의 "가슴속에는 때 아닌 불길이 일어"났다.

이후 장연화는 문학소녀가 되었다. 평양시내 서점을 돌아다니며 소설책을 사들이고 "이것저것 읽는 가운데 '트루께프'(투르게네프)의 작품이 마음에 들어 그분의 작품을 자꾸 읽었다." 이해가 잘 안 됐지만 「아버지와 아들」 「연기煙氣」를 끝까지 읽었으며 투르게네프의 것이라면 산문시와 「엽인 일기獵人日記」까지 "빼어놓지 않고 깡그리 읽어"치웠다 한다.

과연 식민지 조선의 가난한 문학소녀는 러시아의 작가 투르게네프를 통해 무엇을 얻었을까? 장연화 스스로의 답은 추상적이면서 정열적이기도 하다. "'트르게녭' 그 양반이 내 가슴속의 첩첩이 닫힌 문을 열어준 어른"이며, 그의 작품을 읽음으로써 "새세상 하나를 더 발견한 듯하여 퍽이나 유쾌하"였다.

장연화의 이와 같은 경험은 "'트르게넵프'가 좋아서 감격과 흥분으로 밤 늦게까지 책장을 번지(게 하)던 기억을 가지고 있습니다. 그분의 것은 「그 전날 밤」「연기」「귀족의 집」「아버지와 아들」들의 소설과 산문시, 서한집까지도 거지반 뒤져 읽었다"[56]는 노천명(1912년생)의 경우와 완전히 같다.

기생이 된 소녀와 여류시인이 된 소녀가 똑같은 독서경험을 쌓고 있었던 것이다. 그러나 집이 가난했던 장연화는 여고보를 다 마치지 못한 채, 가난한 소녀들이 마지못해 택했던 〈평양기생학교〉에 들어갔다.

장연화는 자기와 같은 가난한 문학소녀와 유복한 여성의 인생길이 어떻게 다른지도 잘 알고 있었다. 그는 초기 여성문학가의 대표적 인물인 김명순이 평양여고보 선배라는 점을 강조하고, 김명순의 작품에 대해 평을 붙여놓기도 하였다. 뿐만 아니라 "남들처럼 유여裕餘한 가정에 낫다면 동경여자대학 영문과를 마치고 나와서 이화전문학교의 교수가 되었을지 모"르는 일이며 그렇게까지는 아니더라도 "지금쯤은 신문이나 잡지에 나도 여류문사로서 시와 소설을 발표하게 되어 세상사람의 칭찬과 귀여움을 받고 있었을는지 모른다"고 하였다.

19세기 러시아문학에 감동하여 문학 애호가가 된 장연화가 조선문학과 문학가들을 발견한 것은 〈평양기생학교〉에 들어간 뒤의 일이었다. 또 다른 의미의 '명문'이기도 한 〈평양기생학교〉에서도 시조를 통해 '문학의 향기'를 맡을 수는 있었다. 그러나 기생의 자격을 갖추기 위해 배운 "달이 벽공에 걸렸으니 / 만고풍상에 떨어짐직도 하다만은 장안취객을 위하여 장조금준" 같은 시조구절은 근대 소설의 매력에 빠진 그녀의 문학적 감성을 자극하기에는 부족했다. "시조와 같이 노루꼬리만치 짤막짤막한 것이 아니고 시조와 같이 옛것이 아닌 문예작품을 찾아보고 싶은 충동"을 느꼈던 것이다. 그래서 장연화는 기생학교

■ 국악교습을 받고 있는 일제시대의 기생들. 일제시대의 기생들은 연예인이며 매춘부이자 신여성이기도 했는데, 그녀들은 판소리·잡가·가야금 등과 외국어 등 여러 특기를 갖고 있었다. 잡지 『삼천리』는 각 권번의 기생들을 전공에 따라 소개하기도 했다.

를 다니며 양모養母의 눈을 피해 조선 문학가들이 쓴 작품집을 사 읽기 시작하였다. 이로써 그녀는 유명한 '문학기생'의 자격을 온전히 취득했다. 1920년대 중·후반의 일이다.

학교에서 나오면 양모의 눈을 도적하여 현대문단의 여러 작품을 접할 수 있었다.

내가 그때에 읽은 것이 「아름다운 새벽」, 안서의 「봄노래」, 파인 「국경의 밤」, 포석의 「잔듸밧 우에서」와 소설, 김여수·지용·오천석·심훈·변수주·한룡운 등의 시, 소설로는 현진건·김동인·리광수·염상섭·리기영씨 등의 것을 중심으로 기외 여러 작가 것을 한두 번은 아니 본 것이 없었다.

장연화는 러시아문학이 아닌 조선문학에서 얻은 감동에 대해서도 따로 써놓았다. 원론적인 말이기는 하지만 '일본 번역을 통하여 읽던 투르게네프나 톨스토이의 작품들이 위대하기는 하다하면서도 어쩐지 구두 신은 채 발끝을 긁는 듯이 실감이 나지 않았었다'는 것이다. 그래서 "문학은 역시 제 문학이라야 하겠다"고 하였다. 『삼천리』가 특별히 장연화의 글을 실은 것은 그녀가 이처럼 조선문단의 소속원들이 좋아할 만한 말을 골라 할 수 있는 독자였기 때문인지도 모르겠다.

독서경험만 놓고 보면 문학기생의 길과 여류문학가의 길이 갈라지는 지점은 사실 일본 작가의 작품을 읽었느냐 하는 데 있었다. 일본어 번역본을 통해 톨스토이와 투르게네프를 읽었다는 장연화는, 일본 작가의 소설은 단 한 편도 거명하지 않고 있다. 당시 본격적인 문학수업은 고보 이상의 학교에 진학해서 일본 문학사와 일본 근대문학 작품을 접하는 것과 긴밀히 관련되어 있었다. 그리고 시기적으로 볼 때 일본 소설이 소수 식자계층을 넘어 본격적으로 조선의 독서대중에게 영향을 미치게 되는 것은 1920년대 후반 이후이기 때문에, 당시 장연화 같은 독자는 일본 소설을 읽지 않았을 것이다.

1931년 경성지역 여자 고보생 독서경향(「동아일보」, 1931년 1월 26일) 조사에서 이를 확인해볼 수 있다. 이 조사는 "최근 1주일 동안 읽고 보신 도서에 대하여 아래의 각항을 기입하여 주십시오. 무기명이니 꼭 사실대로 바랍니다. 1) 저자급及 서명 2) 읽게 된 동기 3) 읽은 후의 소감"의 항목으로 이루어졌고, '단, 교과서용 참고도서는 제외함'이라는 단서가 붙어 있었다. 경성지역 3개 여고보 최상급반 44명을 대상으로 한 이 조사에서도 투르게네프·톨스토이·이광수가 변함없이 가장 중요한 자리를 차지하고 있지만, 일본 작가들의 작품이 지목된 점이 두드러진다. 1931년 경성의 여학생들 사이에서 기쿠치 칸菊池寬, 츠루미 유스케鶴見祐輔, 나쓰메 소세키夏目漱石 등 일본 유명 작가들의 작품이 광범위하게 읽히고 있었던 것이다.

기자도 조사에서 드러난 전반적 경향을 언급하면서, 여학생들이

"소설류나 사상서적을 통하여 조선 사람이 지은 조선책보다도 일본 사람이나 기타 외국사람의 술작述作이 거의 전부를 차지하였다"는 점이 가장 눈에 띈다고 했다. 남학생들을 대상으로 한 조사에서도 같은 현상이 나타나고 있어 지식인층에 근접한 사회적 지위를 가진 이들일수록 일본 책을 더 많이 보았음을 확인할 수 있다.

여학생 중 조선 소설을 거명한 사람은 단 세 명뿐인데, 두 명이 『무정』을, 한 명이 『재생』을 읽었노라고 답했다. 모두 이광수의 작품이다. 1918년에 단행본으로 처음 발간된 『무정』은 식민지시기 전체에 걸쳐 꾸준히 읽혔다. 소설로는 일본 인기작가 기쿠치 칸의 작품을 거명한 학생이 가장 많았고 단일 일본 작품으로는 츠루미 유스케의 『모母』[57]가 수위였다. 기자는 "현실적, 도회적, 사실적"이며 에로틱한 기쿠치 칸의 작품이 널리 읽히는 한편, 이와는 전혀 대조적인 『모』가 같이 읽히는 것이 흥미롭다 했다.

소설 외의 부문에서 중요한 점은 당시 경성 여학생들이 입센(Henrik Ibsen, 1828~1906)의 『인형의 집Et Dukkehjem』(1879)과 알렉산드라 콜론타이(Aleksandra Mikhailovna Kollontai, 1872~1952)의 『붉은 연애赤 \ 戀; Vasilisa Malygina』(1923) 같은 페미니즘 서적을 읽고 있다는 사실이다. 『인형의 집』의 주인공인 노라와 소비에트 러시아의 여성혁명가 콜론타이는 각각 서구와 동구 페미니즘의 상징적 존재이다. 특히 20세기 초 사회주의 여성해방운동의 한 대명사로 불리는 콜론타이의 책은 3권이나 거명되고 있다. 이에 대해 기자는 "『인형의 집』에서 뛰어나온 발길이 콜론타이의 문하를 거치게 됨이 또한 자연"스럽다고 했다. 충과 효 이념을 함께 갖추었다는 이유로 『이씨효문록』을 좋아하였다는 경북 양반집 규수와, 세계 최첨단 '이즘'에 매혹당한 경성 여고보 생도들 사이에 존재하는 의식의 거리와 동시성은, 조선의 모순이자 조선 여성의 모순이었다. 이 모순의 틈바구니에 끼인 여성 개인들의 삶은

여성의 독서경향(2) - 1931년 경성지역 여자 고보생 독서 경향*

분류		제목	저자	독후감**
소설 (28명)	조선	무정	이광수	
		재생	이광수	여자란 것은 참으로 그럴가?하고 생각하얏다.
	일본	眞珠婦人 외(여러 작품)	기쿠치 칸	모든 남성들을 요감스럽게 희롱하는 것이 무엇보다도 여성의 굳센 힘인 줄 알았다.
		母	츠루미 유스케	책을 보고 그 어머니의 교육방침에 탄복하얏다. 그리고 자녀교육에는 어머니의 책임이 더 중대하다는 것을 깨달았다.
		吾が輩は猫である	나쓰메 소세키	
	서양	인형의 집	입센	'노라'와 같은 여성이 있다면 참으로 여성운동은 성공하리라 밋습니다
		巖窟王	뒤마	
		復活	톨스토이	주인공의 태도에 탄복
		레미제라블	위고	세상 모든 것이 좌-다 無情해진 듯하다
		아버지와 아들	투르게네프	
		죄와 벌	토스토예프스키	참으로 말할 수 업시 비참한 그 주위와 환경에 따라 그와가티 되엿슴을 불상하게 느낄 따름입니다
		햄릿	셰익스피어	
사상 (7명)		로자룩셈부르크전기		
		何が彼女をさせたか	藤森成吉	
		人間苦と人生の價値	帆足理一郎	의인의 인생일수록 고통이 많다.
		唯物史觀	부하린	
		부인과 가정제도	콜론타이	
		赤い戀	콜론타이	
		三代戀	콜론타이	최근에 와서 도덕적관념이 얼마나 급격하게 변하는 것을 볼 수 잇는 동시에 조선여자의 도덕에 대한 표준도 이러하여야 할 것입니다.
		사회는 어떻게 되나	菊田一雄	모순된 사회-가득한 느낌을 이 좁은 종이에 어떻에 말씀하오리까
		靑年에게 訴하노라	크로포트킨	

*「동아일보」, 1931년, 1월 26일
**학생들이 쓴 짧은 독후감의 일부를 추려놓았음을 밝히고 있는데, 이를 그대로 옮긴 것이다.

곧잘 불행하였다.

한편 학생들은 책을 '읽게 된 동기'와 관련해서는 다음과 같이 답하였다. '동무의 권유'와 '그저 읽고 싶어서'가 가장 많았고, 그 외 '오빠의 지시로, 저자의 사진을 보고(셰익스피어), 책 이름에 끌려서, 세상을 알려고, 저자의 명성을 듣고, 잡지의 광고를 보고' 등이 뒤를 따랐다. 개인이 책을 선택하는 데 작용하는 다양한 요인들이 거론된 셈인데, '동무의 권유'와 '읽고 싶어서'가 권위(오빠의 지시, 저자의 명성)나 마케팅(잡지의 광고, 책 이름)의 요소보다 많은 수를 차지하여, 상대적으로 자발적 요소가 더 강했음을 알 수 있다. 물론 이 자발성이 다른 요소와 대립하는 것은 아니다.

그리고 여학생들이 읽은 소설 목록에 투르게네프, 도스토예프스키, 셰익스피어 등의 '명작'이 주로 거명되고 있는 것에 대해「동아일보」의 해설자는 "독서의 경향이 저급이 아님을 보이"는 것이라 했다. 이 말을 통해 '세계명작'이 '고급'한 책 읽기로 인식되고 있었으며, 이들 책이 이미 학생들의 자발적 독서선택의 대상이 될 만큼 '정전'화되어 있었음을 알 수 있다.

[여성이 더 소설을 좋아하고 더 잘 감동하는가?]

여성은 동서고금을 초월하여 근대 소설 독자층의 중핵이다. 남성에 비해 언제나 더 많은 수의 여성이 더 열광적인 소설 독자가 되는 연유는 무엇일까. 소설과 이야기 장르의 본연에 여성지향성이 개재해 있는 것인가. 여성 독자들은 과연 남성에 비하여 "독서 내용에서 인생의 방향에 대한 모범상이나 이상적인 모사물과 자기를 동일시하려"[58]는 경향이 강한 게 사실인가.[59]

염상섭의 『너희들은 무엇을 어덧느냐』, 김동인의 「김연실전」(1939)
은 각각 초기 신여성을 대표하는 김일엽(金一葉, 1896~1971)과 김명순
(金明淳, 1901~1951)[60]을 실제 모델로 삼아 이들을 반여성적 시각에서
냉소적으로 그려내어 악명이 높다. 「김연실전」에서 김명순의 모델인 김
연실은 일어 번역본 「젊은 베르테르의 슬픔」, 이어 와트의 「에일린」 「아
이반호」 등의 소설을 읽고 문학가가 되어 조선 여성을 깨우치는 선각자
가 되리라 결심한다. 문학의 감동을 체험하고 문학가가 되고자 마음먹
은 김연실이 주로 읽은 책은 여성주의와 자유연애에 대한 것이었다.

> 그러나 인제는 독서 속력도 꽤 는 연실이는 도가와가 남겨둔 책을 보름
> 동안에 다 보고 그 뒤에는 도서관을 찾기 시작했다. (중략)
>
> **문학상에 표현된 바, 전기가 통하는 것같이 찌르르 하였다는 '연애' 와**
> **재미나는 소설을 읽은 뒤에 한동안 느끼는 감동도 동일한 감정이라 보았다.**
>
> 즉 연애는 문학이요 문학은 연애요. 그것은 다시 말하자면 인생 전체였
> 다. (중략)
>
> 문학의 실체인 연애를 좀더 잘 알기 위하여 엘렌 게이며 구리가와 박사
> 의 저서도 숙독하였다. (중략) 그러나 이런 소문은 있건 말건 연실이는 환
> 희와 만족의 절정에 올라섰다.
>
> **첫째 선각자였다.**
>
> **둘째 여류문학가였다.**
>
> **셋째 자유연애의 선봉장이었다.**
>
> 문학자가 되고 선각자가 되기에 아직 일말의 부족감을 느끼고 있던 것
> 이, 자유연애까지 획득하여놓으니 인제는 티 없는 구슬이었다.
>
> —「김연실전」(1939)[61]

인용문에 의하면 초기 신여성의 선민의식이나 문학과 연애에 대한

관념은 모두 절대적으로 독서경험을 통해 얻어진 것이다. 그런데 김동인은 이를 허위의식이라 비판한다. 모두 책을 읽고 얻은 설익은 관념이라는 것이다.[62] 나아가 김동인은 소설 전체에서 지극히 남성 중심적 시각에서 김연실을 정조관념이 희박한 부도덕한 여성으로 묘사하는데, 그 패덕의 출발점이 설익은 독서경험에 있다고 보았던 것이다. 따라서 김연실이 하고자 한 문학도 당연히 폄하된다. 김연실 같은 초기 신여성에게 문학과 예술은 자체로 가치를 지닌 연애의 수단이었으며 연애가 곧 문학이라는 것이다. 여성들이 책 속의 남성을 현실의 남성과 혼동하는 것은, 책 속의 세계를 객관적으로 받아들일 만한 능력이 없고 독서경험 자체가 다른 어떤 경험에 앞서서 삶의 활동을 규율하는 원리가 된 때문이라 보았다. 이처럼 남성작가들은 여성들의 강렬한 독서환각을 조롱거리로 삼았다.

하지만 여성의 수용이 남성들과 다른 특징을 지닌다 해도, '독서환각(도서관 환상)'이나 작품과 현실을 혼동하는 것은 비단 여성들만의 일은 아니다. 독서경험으로 현실을 재단하는 것은 주로 관념적 지식인층이 보이는 행태이며, 반대로 작품 속 허구와 현실을 혼동하는 것은 훈련이 덜 된 독자층에서 더 자주 나타나는 양상이기도 하다. 그리고 '독서환각' 현상은 책 읽기의 사회적 양상에 따라 편차를 나타낼 수 있다.

다만 여기서 지적할 것은 기실 김동인이나 염상섭 스스로가, 자신들이 비웃으며 부정적으로 그려낸 신여성들과 별로 다르지 않았다는 점이다. 1920년대 초 아직 미성숙한 단계에 있었던 김동인과 염상섭의 소설 창작 동인動因은, '현실'이 아니라 다른 외국작가 작품에 대한 독서경험이었기 때문이다. 「마음이 옅은 자여」「표본실의 청개구리」「암야」「제야」에 나타나는 주인공들의 독서경험은, 그저 외적인 차원의 경험이 아니라 주인공의 행위와 소설 서술에 내면화된 힘이다. 김동인의 초기작에서는 단눈치오의 「프란체스카」, 도스토예프스키의 「불쌍한 사람」, 아리시마 다케오의 「선언」 등이 매개가 되었다.

> 나는 내 일과 비슷한 소설을 구하여 거기서 위로를 얻으려고 먼저 단눈치오의 「프란체스카」를 보았다. 파오로의 애인 프란체스카가 슬퍼하면서도 파오로의 형에게 시집갔다가 마지막에 파오로와 정사하던 것. 거기서 내 번민에 대한 해결은 손톱눈만치도 못 얻었다. 그 다음에 나는 도스토예프스키의 「불쌍한 사람」을 보았다. 마-칼의 애인 봐링카가 자기가 사랑하지 않는 어떤 사람에게 맘 없이 시집을 가고 마-칼의 부르짖음으로 끝난 것. 프란체스카가 번민은 좀 잘 그려서도 이도 역시 불만으로 돌아갔다. 유도 무랑有島武郎의 「선언」을 보았다. 주인공의 애인이던 여자가 주인공의 벗에게로 가고만 것을 그렸으나 맨 끝은 웃음나게까지 함부로 되었다. 그 밖에 몇 가지를 보았지만 나의 번민은 더하여갈 뿐이지 조금도 위로는 얻지 못하였다.
>
> - 김동인, 「마음이 옅은 자여」, 『창조』 3호(1919년 11월)

1920년대 초 신문학계 문학가들의 글쓰기는 일종의 독서 반응 행위였다. 책을 읽고 독후감을 써서 자신의 내면에 대해 말하는 행위는, 일기나 편지 형태의 고백형식과 아주 자연스럽게 연결된다.[63] 많은 문학가들이 이런 방식으로 초기 소설을 만들어냈다. 또한 앞에서 보았듯이 문학과 연애의 관련은 비단 허위의식에 들뜬 교육받은 여성들뿐 아니라, 1920년대 조선에서 전 사회적인 양상이었다. 소설은 연애의 교범이었고, 문학가는 낭만적 환각의 인격적 대상이었던 것이다.

물론 신여성들은 이러한 문학열을 직접 '사랑'으로 바꿔내기도 했고, 그래서 몇몇 문인은 스타가 되기도 했다. 박영희의 회고에 의하면 『백조』 동인들은 기생 팬들에게 둘러싸여 있었으며, '얼굴이 못생겼

던' 나도향도 「환희」를 발표하여 이름을 얻자 기생 팬들이 생기고 애인도 생겼다.[64]

이런 문학열은 1920년대 중·후반으로 넘어가면서 다소 식는 듯하다. 여성들은 문예에 여전히 열광했지만, 초기 신여성들의 독서환각은 보다 현실적으로 바뀌었다. 「신여성 구혼 경향」을 논한 『별건곤』(1926년 12월)의 기사는 1920년대 중반 신여성의 구혼 선호경향이 "문학 전성시대"를 거쳐 "법학 대두시대·의학 발흥시대·황금만능시대"로 전개되고 있다고 파악했다. 3·1 운동 직후 신문·잡지가 속속 새로 발간되고, 시나 소설 한 편을 발표하는 것이 새로운 청년의 능력으로 인정될 시절에 문청은 최고의 인기를 누렸다. 시나 소설을 한 편만 발표해도 팬레터가 쇄도했다는 것이다. 그러나 여성들도 '문학'이 좋은 밥벌이 수단과는 거리가 있다는 것을 점차 알게 되었다(■자료실 : 표 19 〈1930년 현재 재동경 조선인 유학생 전공별 현황〉 참조).

맨 처음에 새로 신교육을 받은 여자들이 연애에 눈이 뜨자 먼저 남자의 편에 마음이 쏠리기는 문학청년이었다 한다. 기미운동 이후 한창 신문 잡지가 비 뒤에 대순 나오듯 하던 시절에는 어디 시 한 구句, 소설 한 편만 발표하여도 그 청년에게는 여자의 연애편지가 사면팔방四面八方에서 쏟아져 들어오고 심지어 인물 예쁜 기생들까지 문학청년을 연모戀慕하기가 여간이 아니어서 스스로 찾아다니기를 꽃당테가 떨어질 만큼 차짓하더니 근래 와서는 조선의 문사치고 빌어먹지 않게 된 청년이 몇이 못 되게 되니까 연애편지는 그만두고 길에서 만나야 아는 체도 안 한다고.

- 「신여성 구혼경향」, 『별건곤』 2호(1926년 12월)

법학·의학을 전공하여 '전도유망' 하거나 돈 많은 남성을 찾게 된 영악한 신여성들은 이제 가난한 문학청년에게 "연애편지는 그만두고"

길에서 만나도 아는 체도 안 한다. 이미 1920년대 중반에 그렇게 되었지만, 문학에 대한 여성들의 정열은 꽤 오래 지속되었던 듯하다.

1930년대 중반 대중문화계의 최고 스타인 문예봉·차홍녀·왕수복·이난영 등의 여성들은 인터뷰에서 한결같이 독서가 취미이며 이광수의 소설을 "눈물로" 읽고 있다고 했다.[65] 그 중 왕수복과 이난영 같은 최고 인기가수들은 문사를 이상적인 신랑감으로 생각했다.

> 왕(수복) : 글쎄요. 말로는 차마 못해서 글로 통정하는 이도 좋고요. 월급쟁이도 좋고요. 둔중한 이보다는 신경질한 분이 좋아요. 문사가 좋아요. (중략)
>
> 나(기자) : 아까 말에 시 쓰고 소설 쓰는 문사를 좋아하신다구요? 그런데 조선 형편에 어디 문사치고 2백 원이나 1백칠팔십 원 생활비를 다달이 만들 사람이 몇이나 된다구요? 그런 분이 출현하기를 기다리자면 검은머리 파뿌리 될 때까지 기다려야 할 터이니 일이 되겠습니까. (중략)
>
> 왕 : 문사 남편이 얻어진다면 100원 정도로 참지요. 호호호.
>
> ─「가희歌姬의 예술, 연애, 생활 : 문사 부인을 꿈꾸는 왕수복」, 『삼천리』(1935년 6월)[66]

기자는 조선 문사 중에 최고 스타의 생활비를 댈 수 있을 만큼 버는 이가 거의 없다며 너스레를 떨었다. 그런데 실제로 〈평양기생학교〉 출신 가수 왕수복은 나이도 훨씬 많은 소설가 이효석의 애인이 되고, 그가 뇌막염으로 사망할 때 임종을 지킨다.

이처럼 문학가가 연예인 혹은 스타로 대접받는 경향은 1930년대에도 이어졌다. 여성잡지에서 문사의 가정을 탐방하고 그 부인을 소개한다든지, 여기자를 시켜 '인상기'라는 명목으로 문학가의 외모에 대해 쓰게 하는 일 등이 그것이다.[67]

작품에 대한 여성 독자들의 강렬한 반응은 개인적 '정서'의 차원에

이난영   차홍녀   문예봉

━━━식민지시대 가수, 배우로 이름을 날렸던 여류 스타들이다. 이난영은 지금도 유명한 〈목포의 눈물〉〈목포는 항구다〉 등을 불러 당대 블루스의 여왕이라는 명성을 얻었고, 차홍녀는 기생에서 여배우로 변신하여 동양극장 전속극단의 주연배우로 활약하였다. 〈승방비곡〉〈춘향전〉〈사랑에 속고 돈에 울고〉 등에 출연하였다. 문예봉은 1932년 16세의 나이로 〈임자없는 나룻배〉를 통해 데뷔한 후 한국 최초의 발성영화 〈춘향전〉을 비롯한 수많은 영화에서 주연을 맡으며, 한국적 미모와 연기력으로 해방 직전까지 '3천만의 연인'으로 이름을 날렸다.

만 머무르지 않는다. 1920~30년대 여성들은 적극적으로 작가에게 편지와 선물을 보내고, 때로 소설 내용에 항의하는 등 독자로서 영향력을 행사하기도 하였다. 여성들뿐 아니라 당시의 독자들은 요즘의 독자들보다 훨씬 적극적이었는데, 그 적극적인 독자의 상당수가 여성이었다. 1920~30년대에 '문학'이 문화의 중심부에 있었기에 가능한 일이었다.

여성 특유의 생활감정과 사회적 지위가 그들로 하여금 작중 세계에 더 강하게 몰입하게끔 하는 경향이 있는 것은 사실일 터이다. 그러나 이를 현실감각을 결여한 것으로 폄하할 수 없으며, 이러한 반응도 사회적 조건에 의해 변화하는 현상으로 파악해야 한다.

5_학생·노동자·인텔리겐차의 책 읽기

학생·노동자·인텔리겐차가 읽는 책은 역동
하는 시대의 징후 자체이며 낡은 세상의 모순을 돌파하기 위한 무기이기도
하다.

계몽과 연대가 필요한 시대, 학생·노동자·인텔리겐차는 서로의 필요
에 의해 책 읽기의 유력한 방법으로 '함께 읽기'를 선택한다. 이러한 '함께
읽기'는 대단히 20세기스러운 것으로 운동을 위한 수단이자 중요한 목적
자체였다. 즉 그들은 투쟁을 조직하기 위하여 함께 읽는 것만이 아니라,
'함께 읽기' 위하여 투쟁했다.

1970~80년대처럼, 1920~30년대에도 수없이 많은 야학·노동강습
회·독서회의 교실과 골방에서 노동자와 학생·인텔리겐차가 만났으며,
이들을 적발하여 수없이 많은 사건과 피의자를 만들어내느라 사상경찰은
눈코 뜰 새 없이 바빴다.

그러나 이들 노동자와 인텔리겐차 사이에는 거의 운명적인 높은 벽이 있
다. 속성상 인텔리겐차는 함께 읽는 데 만족하지 못한다. 이들은 아까운 생
의 수많은 시간을 문자 숲 사이에서 속절없고 보람 없이 헤매고 다닐 팔자를
갖고 있기 때문이다.

지금도 그렇지만 신교육을 받은 식민지시대 학생들[68]도 정치적으로나 문화적으로 새로운 것에 가장 민감한 계층이었다. 그들은 연극·영화관람, 잡지 구독, 도서관 이용, 스포츠 등 제반의 문화소비 면에서 중심적 지위를 점했다. 또한 학생은 학교라는 근대적 교육기관을 통해 공동체를 이루고 있었기에, 유력한 소비계층임과 동시에 새로운 문화와 유행의 창조자일 수도 있었다.

1920~30년대의 학생들은 '월사금은 못 내도 영화구경은 챙기고', 교과서는 소홀히 해도 연애소설과 유행가 책은 가지고 있었다. 1925년 서울 학생의 서랍 속에는 여학생에게 쓸 꽃 편지지와 포르노 그림이 들어 있고 벽에는 바이올린과 테니스 라켓이 걸려 있었다.

> 그리고 월사금은 못 내서 정학을 당할지언정 활동사진 구경은 으레 가고 부모형제에게 문안편지는 잘 아니하여도 촌수도 없는 여학생 누이에게 편지거래가 빈번하다. 또 하숙옥屋에 가보면 아무리 고학생이라도 전일前日처럼 석유상자 책상은 업고 의례 5, 6원짜리 책상에다 책상, 필통, 사진첩을 다 놓았다. 교과서 참고서는 한 권 없어도 연애소설과 유행창가 한 권씩은 다 가지고 설합 속에는 여학생에게 편지하는 꽃봉투 꽃전지箋紙와 춘화도春畵圖도 가끔 나오며 벽에는 행行내거리로 빠요링 라겟트를 걸어두었다.
>
> － 「형형색색形形色色의 경성 학생상」, 『개벽』 58호(1925년 4월)

식민지시대 학생은 조선 전체를 놓고 볼 때, 분명 평균 이상의 학력을 가진 계층이며 따라서 '고급'한 문화를 누릴 수 있는 잠재적 계층에 속한다. 1929년 현재 학령아동의 초등학교 진학률은 20% 선이었고, 초등학교 졸업자 중 11%가 중등학교에 진학하였다.[69] 그러니까 중등

■■■「형형색색의 경성 학생상」(『개벽』 58호, 1925년 4월) 담배를 물고 여학교 앞을 지나가는 이 '오늘날[近日] 중등학생'은 테니스 라켓에 바이올린을 들고 "Love…"로 시작되는 책을 끼고 있다.

進行울서
(5)

四百八十石
오년간중학생학비
……夕 影 生

■■■안석영, 〈서울행진 5 - 오년간 중학생 학비 사백팔십석〉(『조선일보』 1928년 11월 7일) 중학생들이 극장에서 담배 피며 여학생들을 유혹하고 있다.

학교 진학자는 학령인구의 100명당 2~3명 정도에 불과했다.

그래서 김기진은 중학생을 '향당의 지식계급'이라 불렀다. 일본 유학을 다녀왔거나, 당시로서는 조선에서 최고학부인 전문학교를 졸업한 사람들과 "도회에 집중된 지적 중심을 제하고서, 조선의 식자識者는 저들 중학생 외에는 없"다는 것이다. 특히 지방에서 "지식계급이라 할 만한 사람들은 역시 중학생"뿐이다. 주로 대도시에 유학하는 이 중학생들이 "그들의 고향에 돌아가서 그 지방의 무식자, 소년들에게 끼치는 영향은 실로 상상"을 넘을 정도이다.[70]

그러나 이처럼 고급문화의 잠재적 향유자층인 학생은 다른 한편으로는 자체로 도시 대중문화의 '대중'인 양면성을 갖는다. '고급'한 취향과 문화 그리고 '순수예술'은 적어도 전문학교에 준하는 교육을 받은 계층에 의해 만들어졌기 때문에, '학생대중'의 취향은 고급한 데 낄 수 없었다.

염상섭은 「소설과 민중」에서 자신이 신문소설에서 상정하는 독자는 "중학생 정도를 그 평균점"으로 한다고 밝혔다. 그 근거는 "문예는 결코 유한계급의 완롱물이 아니로되 조선에서는 유한계급에게도 용납되지 못한 처지인 고로 새로운 것에 대하여 민감을 가진 청소년 학생이 아니면 유한계급 중에서도 사회적으로 책임이 없는 유복한 여자에 한하여 그 독자를 구함에 그치고 말 것"[71]이라는 것이다. 하지만 염상섭의 역설과 달리 고급과 '순수'와 같은 지평은 단지 위계상의 상대적 지위만은 아니다. 대학과 문단 같은 제도가 상대성 너머의 고급-대중의 이분법을 만들어낼 수 있다.

학생들의 소설 선택 경향은 당시 소설의 대중성을 가늠할 수 있는 하나의 지표이기도 하다. 김동인의 지적대로 학생계층의 소설 수용 코드는 '연애, 모험, 괴기, 활극, 삼각·사각의 갈등' '공포, 해석키 어려운 수수께끼' 등이다. 한마디로 연애소설과 모험·탐정소설이 주로 읽혔다는 뜻이다.

연애소설은 1920년대에는 노자영 · 최독견 · 이광수의 소설이 주로 읽히고 후반부터는 기쿠치 칸 등의 일본 소설이 함께 읽히기 시작하였다. 탐정 · 추리소설은 1920년대 초부터 가장 대중적인 소설 장르의 하나였는데, 초기에는 『무쇠탈』 등의 번안소설들이 대중의 인기를 모았다.[72] 모험소설은 사냥 · 여행 등을 소재로 한 것으로 일본어 소설과 번역물이 주로 읽혔고, 이들이 대중적 인기를 모음에 따라 조선 작가들의 소설에 이러한 요소가 적극적으로 인입되기도 하였다.

앞서 경성지역 여자 고보생을 대상으로 독서경향을 조사한 「동아일보」는 같은 해(1931) 경성고보를 포함한 경성 시내 5개 고등보통학교 5학년 남학생 111명을 대상으로 독서경향 2차 조사를 실시했다.[73]

당시 남학생들이 택한 책 중에서 일본인이 쓴 일문 서적은 조선어로 된 책에 비해 2배 이상 많다. 또한 소설 부문에 있어서도 최근에 소설을 읽었다고 꼽은 21명 중 조선 소설을 지목한 사람은 단 두 명뿐이다. 그것도 『삼봉이네 집』과 『재생』으로 모두 이광수 책이다. 학생들이 조선어 소설의 주요 독자층임에도 불구하고 조선 소설은 다양하게 선택되지 않은 것이다. 조선 소설의 독자층이 상당히 한정적이라는 사실이 여기서도 드러난다.

한편 일본 작가의 책은 대부분 전집류의 일부로서, 나쓰메 소세키, 구니키다 돗포國木田獨步의 전집과 『현대장편소설전집』 등이 많이 읽혔다. 1920년대 중 · 후반부터 유입된 일본의 각종 전집류 서적이 조선의 독서대중에게 영향력을 가지고 보급되고 있었던 것이다. 그외 츠루미 유스케의 『모母』가 꼽힌 것은 앞에서 본 여학생 조사와 같은 양상이었다. 서구 소설가의 작품으로는 레마르크(Erich Maria Remarque, 1898~1970)의 『서부전선 이상없다Im Westen nichts Neues』가 1위를 차지하였다. 1929년 발간되자마자 삽시간에 25개 국어로 번역되어

1931년 경성지역 남자고등보통학교 학생 독서 성향 조사*

분류		제목	저자	독후감
소설	조선	再生	이광수	
		삼봉이네집		
	일본	母	츠루미 유스케	
		최후의 舞蹈	츠루미 유스케	
		夏目漱石전집 중	나쓰메 소세키	
		國木田獨步 전집	國木田獨步	
		현대장편소설전집		
	서양	서부전선 이상없다	레마르크	처절한 전쟁은 하지 않았으면….
		오십삼호실		"탐정괴기소설"
		자살구락부		"탐정괴기소설"
		부활	톨스토이	감격의 눈물을 흘리었습니다.
		암굴왕	뒤마	
사상	일본	文明ハ何處へ行ク	土田杏村	문명은 극도로 발달한다는 감상
		鬪爭에 依하야 解放에	佐野學	
		正義を求める心	大衫榮	
		資本論入門	河上肇	책이 대단히 어렵습니다.
		天皇とフロレタリア	里見岸雄	(1930년 현재 38쇄)
		노동자만 읽고 신사는 읽지 말라		
		朝鮮前衛黨當面の問題	李鐵岳	
		日本無産靑年運動		
	서양	共産黨宣言	맑스	
		近世勞動階級의 擡頭		
		맑스주의에의 길에		
		唯物史觀	부하린	
	기타	간디哲學		
기타		音樂入門		
		社會色慾論		"과연 조혼은 말 못할 피해"
		神의 敎		인생 제 문제를 성서로만 표준하여 해결한다는 것은 좀 이상하다.
		에스페란토강의		
		家政經濟		본서에 나타난 정신을 우리 민족이 다 가졌으면 생활보존도 될 듯하다.
		愛의 詩集		
		白頭山	崔南善	
		現代體力增進法	徐相天	"우리 조선사람도 운동하여 외국인과 같은 신체를 만들고 싶다."

* 「동아일보」, 1931년 2월 2일, 경성고보 상급반 111명 대상

300만 부가 팔렸다는 이 소설은, 『서부전선 조용하다』 등의 제목으로 번역되어 조선의 젊은이들에게 상당히 많이 읽혔다. 그 외 『자살 구락부』 『53호실五十三號室』 『암굴왕』 등의 외국소설이 꼽혔는데, 기자는 이들을 '탐정괴기소설'로 분류했다.

여학생들이 여성주의와 관련된 서적을 많이 선택한 것에 비하여, 남학생들은 사회주의에 훨씬 더 경도되어 있었던 것으로 나타났다. 『자본론 입문』 『조선전위당의 당면문제朝鮮前衛黨當面の問題』 『공산당 선언』 등 마르크스주의 고전적 원전과 더불어 정치 팸플릿도 널리 읽혔다.

남학생들이 책을 읽게 된 동기는 '선생의 지시' '친우의 권고' '저자의 명성을 듣고' '신문광고를 보고' '우연히 책을 얻게 되어' '독서 습관으로' '호기심을 가지고' '필요가 있어서' '취미로' 등이었다. 그 중에서 '선생의 지시'라고 답한 학생이 10여 명이나 되는데, 이들은 전부 다 스치다 교손土田杏村의 『문명은 어디로 가는가 文明ハ何處ヘ行ク』를 읽은 학생들이다. 어느 학교에서 한 선생이 이 책을 읽으라고 지시했다 한다.

한편 책의 종류와 읽은 동기가 어울려 흥미로운데, 우선 잡지를 꼽은 학생들은 모두 '취미로'라고 했고, 이광수 소설을 고른 학생들은 '저자의 명성을 듣고'라고 답했다. 그리고 사상관계 서적을 택한 학생은 '친구의 권유'로, 『체력증진법』 등 실용서에 가까운 서적을 선택한 동기는 '필요가 있어서'라고 답하였다.

1936년부터 발간된 총독부 도서관의 기관지 『문헌보국文獻報國』의 「신간도서 독서횟수표新刊圖書讀書回數表」(1938년 6월)는 1930년대 후반 도서관을 이용하던 학생들이 어떤 책을 많이 선택했는지 보여주는 하나의 실례이다. 물론 이 자료는 총독부 도서관의 수서가 일서를 중심으로 이루어졌고 일제 말기로 갈수록 이러한 양상이 심화되었으리라는 것을 감안하고 보아야 한다(■자료실 : 표20〈1938년 4~5월 총독부 도서관 대

나쓰메 소세키　　　　　　　아리시마 다케오　　　　　　기쿠치 칸

■■■조선의 문학가와 청년들에게 지대한 영향을 끼친 근대 일본의 대작가들.

출순위 상위 도서〉참고). 그럼에도 '조선 출판문화의 융성기'였던 당시 학생들이 가장 많이 택한 책이 거의 일본 서적이라는 점은 주목할 만하다. 학생들의 독서에서 조선어 서적의 비중이 점점 줄어들고 있었던 것이다. 이 중 상위 10위 안에는 『결사의 맹수 사냥決死の猛獸狩』 『마해의 보물科學冒險小說 魔海の寶』 같은 일본 대중소설과 『고등고시분류문제집高等考試分問題集』 『생리학生理學』 같은 교재·수험서, 그리고 역시 일본인 작가가 쓴 『청춘 시집靑春詩集』(根岸一郎)·『山本有三集』(山本有三) 등의 문학서적이 랭크되어 있었다.

　1930년대 말의 학생들은 대중적인 읽을거리인 과학·모험소설 등도 일본어로 읽었으며, 구메 마사오久米正雄의 『문장 짓는 법文章の作り方』 같은 책도 많이 읽었다. 특히 후자는 1930년대 후반의 이중언어 상황을 보여주는 좋은 실례가 된다. 당시 이광수·이윤재·이태준 등이 쓴 『문장강화』류의 문학독본 내지 조선어 문장작법 책은 중요한 '교양' 서적으로 일반에 널리 읽히고 있었는데, 일본어 문장작법 서적도 그만큼 많이 읽히고 있었던 것이다.

　이 자료에는 꽤 전문적인 서적과 대중적인 서적이 함께 들어 있다.

이는 총독부 도서관 대출자에 고보생과 전문학교 이상의 학생이 섞여 있는 까닭이다. 『문헌보국』의 관계자는 모험소설은 중학생들이, 각종 법률 관계 도서와 수험서는 변호사시험을 준비하는 도서관 이용자들이, 의학 관계 서적은 의사고시 수험생들이 많이 대출하였다고 설명하였다. 그리고 덧붙여 나머지 책은 시대조류를 반영하는 것이라 써놓고 있다. 그 시대조류란 전쟁중인 일본과 식민지 조선반도의 정치 · 군사적 정황과 관계된 것으로, 『제2인플레이션第二インフレーション』『다가올 통제경제來るべき統制經濟』『전쟁과 평화戰爭と平和』같은 책이 많이 대출된 현상을 가리킨다.

종합하건대 학생층은 대중문화의 수혜자이자 주체로서 통속적이며 감각적인 독서경향의 중심에 있었다. 그들은 대중적인 취향의 소설과 과학 · 모험소설, 그리고 일본 대중소설의 독자인 동시에 지식계급의 예비군으로서 '고급'한 취향을 소지할 가능성의 담지자이기도 하다. 이러한 상반되는 두 경향은 '학생'층 속에 고보생부터 전문학교 학생이 한데 묶임으로써 나타나는 현상일 수도 있다. 그들의 독서성향은 당대의 '교양'이 어떻게 구성되었으며, 또한 대중문화의 유행경향이 어떠했는지를 잘 보여주는 지표이다.

[경성 인쇄노동자들의 책 읽기]

경성 남자 고보생들의 독서경향은 연속된 1931년 3월 2일자 「동아일보」 독서경향 조사의 세번째 기사, 즉 경성 거주 인쇄공들의 설문결과와 비교될 만하다.

인쇄업은 경성의 대표적인 산업으로서, 인쇄공들은 보통 노동자들에 비해 임금수준도 높고 작업 특성상 문맹이 거의 없었다.[74] 신문기자

■1931년 7월 평양 고무공장 파업 과정에서 있었던 여성 노동운동가 강주룡의 을밀대 고공농성 사진. 강주룡은 12미터 높이의 을밀대에 혼자 올라가 무려 9시간을 버티며 임금 삭감에 항의하였다. 「을밀대(乙密臺)의 체공녀(滯空女) : 여류 투사 강주룡(姜周龍) 회견기」(『동광』, 1931년 7월).

도 먼저 이러한 점을 지적하고 있다. 경성의 인쇄공들을 "직공계에 있어서의 식자층으로 볼 수 있을 것이며" 따라서 그들의 의식성향이 당시 노동자계급 "의식수준을 엿보는 데 한 재료"가 될 것이라 했다.

조사가 이루어진 1931년은 일제하 민족해방투쟁 운동사에서도 중요한 해였다. 이 해에는 1920년대 후반 이후에 축적된 노동운동의 역량이 분출하였다. 가장 강렬한 단일공장의 투쟁으로서 노동계급의 대규모 연대가 이루어진 평양 고무공장 파업과 같은 상징적 투쟁이 전개되기도 했다. 1931년 총 201건의 노동쟁의에 17,114명의 노동자가 참가하였으며 농민·지식인운동도 활발하게 전개되고 있었다. 이 해에

총 667건의 소작쟁의가 발생하였고(10,282명 참가) 6월에는 카프 1차 검거사건이, 11월에는 경성제대 학생이 중심이 된 〈반제동맹〉 사건이 발생한다. 〈신간회〉가 해소를 결의한 것은 1931년 5월이었다.

따라서 경성고보를 비롯한 고보 상급생과 연령대는 비슷하나 전혀 다른 계층에 소속된 인쇄공의 독서경향을 비교하는 일은, 식민지 중간층 혹은 인텔리겐치아층과 '선진적' 노동자계급의 의식과 문화의 편차를 대조해보는 일과도 관련이 있다.

무엇보다 두드러지는 점은 고보 남녀학생들의 독서목록에서 일본어 책과 번역서가 훨씬 높은 비중을 차지한 데 반하여, 인쇄공들의 경우 조선인 작가의 조선어 책이 압도적인 다수를 차지한다는 점이다. 그리고 두번째 특징은 학생들의 조사에서는 아예 그 범주가 없던 '역사전기물'이 다수를 점한다는 사실이다. 인쇄공들이 읽은 조선어 역사전기물이란 을지문덕·이순신·성삼문·세종대왕·김옥균 등의 전기와 『임진왜란기王辰倭亂記』『조선지위인朝鮮之偉人』『조선여속고朝鮮女俗考』 등이었다. 1920년대 중반 이후 활발하게 간행된 역사전기물은 1890～1900년대와는 다른 사회적 맥락을 갖고 있었으며 회고적·문화적 민족주의 경향을 띠고 있었다. 경성의 노동자들이 이 책들의 민족주의 경향에 얼마나 공감하였는지는 알 수 없지만, 일본어 서적과 역사전기물의 선택과 관련하여 학생과 노동자 사이에서 이러한 큰 차이가 발견된다는 점은 주목된다. 식민지시기 엘리트층이나 중간층에 비해서 노동자들이 더 민족주의적 경향이 강할 수 있다는 사실이 여기서도 관찰된다.

인쇄노동자들이 선택한 사상 방면 서적에는 『조선운동의 당면 제문제』『조선농촌 구제책』 등과 사회주의운동 팸플릿들이 포함되어 있는 한편, 이광수의 『민족개조론』『신생활론』 등 다소 철이 지난 것들도 있었다. 『민족개조론』『신생활론』은 1920년대 대중에게 영향을 끼친 민

1931년 경성지역 인쇄 노동자의 독서성향*

분류		제목	저자	독후감
사상	조선	朝鮮運動의 當面諸問題		
		朝鮮農村救濟策 외 팜플렛 22종	조민형	
		民族改造論	이광수	
		新生活論	이광수	
		社會主義大意	堺利彦	
		資本主義カラクリ	山川均	
		철학의 빈곤	맑스	
		임노동과 자본		우리들의 상품화, 賃銀노예의 까닭.
		唯物史觀	부하린	
		社會的思想과 個人的 思想		이제야 철저히 각오하였다.
		勞動者의 明日		감정적이오 불철저를 느꼈을 뿐.
문학	문학	다수 작품	이광수	
		理想村		이상촌을 본 후로 한 번이라도 그곳에 가서 살고저 하는 마음이 난다.
		소설평론집	박영희	
		아름다운 새벽	주요한	
		햄릿, 영국희곡선	셰익스피어	
		철가면	콜론타이	
		赤い 戀		不同感, 관념적.
		再生		대체 여자란 그 요물은 악독하기가 그지없다고 생각하는 바이다.
	전기	이순신실기		인도 간디와 如한 영웅적.
		을지문덕전		현대청년의 모범적 인물.
		朝鮮稗語花史		神秘感.
		朝鮮女俗考		
		양녕대군실기		계급타파주의.
		성삼문		老大의 成氏에게 하는 말과 같을진대 그렇게 열심히 재산을 모을 필요가 없다고 생각.
		병인양요		
		比斯麥傳		
		朝鮮之偉人		
		명성황후와 대원군		亡國의 始初感.
기타		最近植物學	김동혁	
		飮氷室文集		
		海東名家族譜		
		經濟學原理	福田德三	

* 「동아일보」, 1931년 3월 2일

족개량주의의 대표 저작이다. 첨단 사상서적과 이광수의 책이 함께 포함되어 있는 것은 노동자계급 내부의 의식편차를 드러내는 실례라 볼 수 있다. 그리고 인쇄공들도 보다 본격적인 마르크스주의 사상서적은 역시 일본어로 된 것을 읽고 있었다. 사까이 도시히코(堺利彦, 1870~1933)의 『사회주의 대요社會主義大要』・야마카와 히토시(山川均, 1880~1958)의 『자본주의 꼭두각시資本主義カラクリ』와 같은 유명한 사회주의자의 서적과, 『철학의 빈곤』 『임노동과 자본』 같은 마르크스주의 원전도 읽히고 있었다.

학생들과 달리 일부 인쇄노동자들이 사상서적에 대한 소감을 짧게나마 붙여놓고 있어 흥미롭다. 마르크스의 『임노동과 자본』에 대해서는 "우리들의 상품화, 임은賃銀 노예의 까닭", 『사회적 사상과 개인적 사상』에 대해서는 "이제야 철저히 각오하였다"며 책을 읽고 새롭게 얻게 된 계급적 의식에 대해 직접적으로 토로했고, 『노동자의 명일明日』에 대해서는 책의 내용이 "감정적이요, 불철저를 느꼈을 뿐"이라는 비판적 견해를 제시하였다. 당시 인쇄공들의 계급적 각성의 정도나 교육 수준이 상당히 높았음을 알 수 있다.

한편 최근에 읽은 책이 소설이라 응답한 노동자들이 선택한 작가도 이광수였다. 그들은 학생에 비해 훨씬 많은 23종의 조선 소설을 들었는데, 그 중 과반수가 이광수의 것이었다. 기사에서 구체적으로 거명된 작품은 당시 베스트셀러였던 『재생再生』 외에는 없다. 전체적으로 역사물이 많은 것으로 보아 이광수의 역사소설이 상당수 포함되었을 것으로 보인다. 이광수의 영향은 역시 전 계급에 걸쳐 있었다. 소설 선택에 있어서는 외국소설을 꼽은 남학생들의 선택이 훨씬 엘리트주의적이라 간주하면 될 것이다.

소설 이외의 조선 문학서적에 대한 노동자들의 선택경향은 학생들에 비해 빈도수가 많을 뿐 아니라 무척 다양하다. 『구운몽』 『옥루몽』

등의 고전소설이 있는가 하면 『박영희 소설평론집』과 『이상촌』, 주요한의 시집 『아름다운 새벽』도 끼어 있었다. 대신 일본 소설은 아리시마 다케오의 『카인의 후예カインの後裔』 단 1편뿐이었다. 따라서 이들이야말로 조선 신문학의 진정한 독자가 아니었을까. 앞에서도 언급했듯이 지식층의 구성원들은 '조선(문학) 작품은 읽을 만한 것이 없다'고 생각하는 경향이 많았다.

한편 노동자들은 '읽게 된 동기'에 대하여 '위안(오뇌懊惱를 잊기 위해)' '알기 위하여' '신문광고를 보고' '친구의 권고' 등으로 답했다. '위안'이 가장 많았고 '민족주의로'라는 답변도 있어 이채롭다.

한문학에서 서양책 읽기로 : '고급독자'의 성장 경로

1910년대 이전에 학교를 다닌 양반가 출신의 사람은 한문학 수업을 필수과정으로 거치고 난 뒤, 근대적 의미의 '고급' 독자가 되었다. 즉 그들 대부분은 어릴 때 쌓은 한학의 소양 위에 청소년기에 배운 근대적 지식을 쌓아 올렸다.

「동아일보」 사장을 지낸 송진우(1889~1945)는 1936년에 스스로를 일본 정론지인 『중앙공론』과 『개조』 등의 독자라고 소개하면서 자신의 독서이력 50년을 4단계로 나누어 회고했다. 그 첫번째 시기가 "엄부嚴父의 가르침에 따라 몰비판적으로" 한문학을 공부해야 했던 소학교 시절이다. 이때는 "공맹의 유학사상과 사략史略 등 지나사支那史 등"을 읽었다고 했는데, 이런 독서는 조선시대 양반가의 교육과정과 별 다를 바 없다. 완전히 달라지는 다음 단계는 중학교에서 대학에 걸친 학창 시절이다. 이때 역사학과 전공인 법학 서적뿐 아니라, "문예서적文藝書籍을 또한 탐독耽讀하게 되어, 톨스토이의 「인생론」 「전쟁과 평화」 등은 아직도 열독熱讀"하게 되었다고 한다.[75] 이제 톨스토이 소설이 독서인의 교양서가 된 것이다.

제4대 서울대 총장을 지낸 최규동(崔奎東, 1881~1950)은 자연과학을 전공한 학자인데, 그도 어려서는 한문학과 '동양철학'을 공부하여야 했다. 그리고 20여 세 되는 때에는 "『사씨남정기』『구운몽』『삼국유사』 같은 문헌을 뒤적"이고 "도연명의 「귀거래사」 「적벽부」 『연려실기술練藜室記述』"을 보았다. 이 경우도 전통적인 문인 선비가 되기 위한 독서과정과 큰 차이가 없다. 그러나 최규동은 이후 자연과학에 입문하게 된다.

송진우와 최규동은 1890년대에 교육을 받기 시작하여 1900년대 유학 과정에서 법학과 자연과학 같은 근대학문을 체험한 경우이다. 이들은 어려서부터 독서인의 자질을 훈련받았으나, 신문학의 세례나 소설 붐이 소년기 독서경험에서 중요한 변수는 아니었다.

그러나 1900년대에 태어나고 1910년대에 학교를 다닌 지식인들의 독서경험은 이들과 상당히 다르다. 이들은 19세기에 태어난 앞 세대들과 달리 대중적이면서도 열광적인 문학 붐 속에서 성장했으며, 한학과 관련된 독서와도 다소 거리를 두고 출발했다. 이들 세대에서 1920년대의 문학가들이 등장하고, 한국 근대문학이 성장하였다. 그리고 뒤이어 1910년대에 태어난 지식인이나 문학가들부터는 '한학' 독서과정이 아예 빠지는 대신, 서구와 일본을 통해 들어온 동화나 문학작품이 그 자리를 차지하게 된다. 그렇다면 한학과 유교경전으로부터 완전히 자유로워진 이들을 고급한 독자와 전문적 문학가로 길러준 힘은 어디에서 주어졌을까?

그 힘은 학교 안팎의 문학교육에 있다. 그러나 1910년대 이후 보통학교 이상 과정에서 조선어문학 교육 자체가 부실했을 뿐 아니라, 조선문학과 관련하여 공교육이 수행한 역할은 미미했다. '문학' 자체가 식민지시기 중등과정에서는 독립된 교과가 아니었으며[76] 조선어문학은 더더욱 가르칠 대상으로 인정받지 못하였다.

주지하듯이 식민지시대의 언어교육은 〈국어(일어)〉 및 〈조선어급한문朝鮮語及漢文〉으로 이원화되어 있었고, 조선어가 차지하는 비중은 '국어'는 물론 한문보다도 낮았다. 중등학교에서 사용된 공식 조선어 교재인 『고등조선어급 한문독본高等朝鮮語及漢文讀本』(1911/1924)의 지문에서도 『소학』『논어』『맹자』 등의 비중이 훨씬 컸다.[77] 이 독본은 1924년 개정되면서 조선어와 한문 파트('조선어지부朝鮮語之部' '한문지부漢文之部')가 나뉘고 조선어 비중이 높아졌지만 여전히 1 : 2 정도로 '한문지부'의 비중이 높았다. 한문지부의 상당 부분은 역시 『소학』『논어』『맹자』 등에서 발췌한 문장들로 구성되어 있었다.

한글 문학작품이 언어교육에서 높은 비중을 차지한 것은 오히려 개화기 때로, 『금수회의록』 같은 소설책은 직접 문학교재로 사용되기도 하였다. 총독부가 공적 교육을 장악하고 난 뒤 공식 조선어 교육에서 문학작품이 사용된 것은 『신편 고등조선어급 한문독본新編高等朝鮮語及漢文讀本』(1924)에서가 처음이다. 이 교과서에는 「월세계(감상문)」와 시조, 「석담구곡」「고가오절」「한양유기」「관동팔경」과 함께 「토兎의 간肝」이 실려 있었다.

한편 『여자 고등조선어급 한문독본女子高等朝鮮語及漢文讀本』(1926)은 앞에서 말한 대로 남학생 교과서에 비해 조선어의 비중이 더 높고 문학작품도 더 많이 실려 있었다. 「토의 간」 외에 「절부節婦 백수정」「설씨녀의 정절」「온달의 처」 따위의 부덕婦德을 주제로 한 글이 그것이다. 물론 여기에도 당대에 씌어진 문학작품은 없었다. 1930년에 편수된 『조선어독본朝鮮語讀本』 역시 조선어 작품의 비중이 다소 커졌으나, 식민지시대를 통틀어서 일제의 공교육에서 조선어 문학작품은 거의 대접받지 못했다.

따라서 중등학교 교육은 새로운 문장과 문학에 대한 대중의 갈증을 풀어주지 못하거나, 그것을 다른 방향으로 유도했을 가능성이 높다. 앞에서 살펴본 것과 같이 1910년대와 1920년대에 공교육 영역 바깥에서 문장작법과 앤솔러지 형태의 문장·문학독본[78]이 폭발적으로 출간되었다. 거기에는 조선어문학이 넘쳤다. 그리고 일본문학을 포함한 외국문학과 일본어 교육이 신문학 교육과 깊은 관련을 맺었다. '조선어 급한문' 교재에 거의 옛 글만 실려 있었던 데 비해, 일어교재였던 『신편 고등국어독본新編高等國語讀本』(1924)에는 나쓰메 소세키의 「나는 고양이로소이다吾が輩は猫である」 등 일본 근대 문인의 현대문장이 다수 실렸다.

곧 일반적인 문학적 교양은 학교 바깥에서 읽는 조선인 작가의 책을 통해 쌓고, 보다 전문적이거나 '수준 높은' 문학적 교양은 서양문학과 일본문학을 통해 길렀던 것이다. 그리고 서양과 일본문학 작품을 가지고 전문학교 이상의 최고 교육과정에서는 문학을 교육하고 있었다. 이러한 사실은 일반적인 소설 독자층과 고급 취향의 향수자 사이에 매우 큰 의식과 취향의 격차가 형성될 가능성을 의미한다.

연희전문 문과의 경우를 예로 들어보자. 연희전문은 1924년에 학칙을 개정하여, 주당 2~4시간이던 1학년의 일본어 시수를 2시간으로 줄이고 대신 2~4학년 때 '일문학'을 주당 2시간 듣게끔 했다.[79] 1학년용 '문학개론'이 따로 개설되어 있었으며 따로 조선어문학 과목은 없었다. 연희전문 문과의 교육과정에서는 전체적으로 한문학과 영어영문학의 비중이 상당히 높았다. 당시 전문학교에서 조선어문학을 공식적으로 가르칠 수 없었기에 연희전문에서는 정인보와 최현배가 과외시간에 국어학을 강의하거나 한문학 시간을 조선문학으로 채웠다 한다(■자료실 : 표 21 〈연희전문 문과의 교육과정과 주당 시수〉 참조).

한편 「빛나는 이화여자전문 문과 전모」(『삼천리문학』, 1937년 1월)를

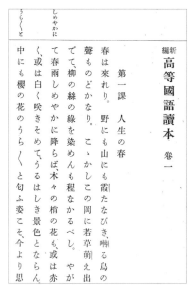

■■■『신편고등국어독본』권1(1923). 총독부가 만들어 고등보통학교용 '국어' 교재로 사용한 책이다. 그림은 제1과 '진세이노하루' 즉 '인생의 봄'으로 시작하는 부분이다.

보면 1930년대 후반 여성 인텔리들의 독서경향과 더불어 고등교육기관에서의 문학교육 양상을 알 수 있다. 이에 따르면 이화여전 영문과의 경우 본격적인 영문학 지식을 교육하기 이전에 교양으로 중학 졸업자 정도면 이해할 수 있는 영문 단편소설 따위를 가르쳤다. 문과 전체에서는 "황진이나 허난설헌의 시도 근일에는 배우"고 "한시도 중요한 과목으로 배정되어 있"었다 한다. 또한 "영시英詩는 문과에서 날마다 들어가는 과목으로 영문학 공부의 중심"이어서 학생들은 "라벗, 번즈, 쉘니, 빠이론, 킷츠" 등에 관심이 많았다고 했다. 한시와 황진이, 허난설헌을 강의하면서도 현대 "조선 작가들의 작품에 대해서도 차차로 무게 있는 안목을 두고 참고하려는 경향이 보"일 뿐, "아직 현대 조선소설이나 시를 교재로 쓰는 일"은 없다고 했다.

연희전문과 이화여전의 특성상 교과과정에서 공통적으로 영문학에 대한 편향이 보인다. 그러나 이러한 교육을 받은 당시 이화여전 문과 학생들이 학교 도서관에서 자발적으로 찾은 책은 영문학에 편중되어 있지 않았다. 앙드레 지드와 아널드 프랑스는 당대에 관심을 끄는 작가들이었다.

> 도서관에는 문예서적을 상당히 많이 갖추어놓아서 학생들이 불만을 가지지 않는다. **요새 들어서 문과학생들의 독서경향은 데쓰, 지-드 드르게넬흐 제씨의 작품을 많이 파들어가는 듯하다.** 지-드, 혹은 아놀드 프란쓰의 작품을 좋아하는 것이 결코 그들이 종교 기분 내에서 사는 탓만도 아니고 현대적 문단에서 뚜렷한 무엇을 찾고자 하는 경향이 아닌가 한다.

그러니까 고전소설과 조선 신문학 작품, 그리고 외국의 근대소설은 각각 다른 역할을 하면서 작가를 길러내고 엘리트적 독자의 문학적 취향을 형성하는 데 기여했다. 1920년대 중반 이후 등단하여 1930년대 조선 신문학의 꽃을 피운 작가들을 대상으로 할 때, 고전소설은 10대 초반까지의 소년기에, 이광수를 위시한 일부 국내 작가의 작품은 중·고등학생 시절에 영향을 끼쳤다.[80] 그러나 일단 본격적인 문학에 눈을 뜨고 난 뒤 고급한 취향을 가진 독자들이 교양과 문학수업을 위해 읽은 것은 모두 외국소설이었다. 그 중 러시아소설이 비교적 어린 나이 때부터 가장 광범위하게 읽혔다.

아래 작가들의 회고는 문학청년이 된 소년들의 소설 독서경향을 보여준다.

> 특별한 동기랄 것은 없었고 (중략) 유년 소년 적에는 **춘향전, 구운몽, 추월색, 장한몽 등 신구소설과 삼국지, 수호지, 동한연의東漢演義, 서한연의西漢演義** 등을 읽었다.(중략) 근일은 정해놓고 애독 투독(?)하는 책은 없다.

문학에 한참 미쳐서 **노서아 작가들의 제작諸作을 침식 잊고 읽던 때는 10여**
년 옛일이다.

- 채만식, 「작가 단편 자서전」, 『삼천리』(1937년 1월)

내가 처음 읽은 것은 『춘향전』과 『추월색』, 그 후에 얼마쯤 문학감을 느
끼며 읽은 것은 육당의 『부활』을 연의한 『해당화』(톨스토이)다. **『무정』과**
『레미제라블』을 거쳐 투르게네프와 체홉에 맛을 들여갔다.

- 이태준, 『문장』(1940년 2월)

고등보통학교에 들어갔을 때 처음 읽기 시작하고도 또 통독한 것이 우연
인지 어떤지 다 제쳐놓고 하필 체홉이었다. (중략) **소설로는 하디와 졸라**
등 영·불의 문학도 읽히지 않은 바는 아니었으나 노문학露文學의 열을 따
를 수는 없었다.

푸쉬킨, 고리키를 비롯하여 톨스토이, 투르게네프 등이 가장 많이 읽혀
서 『부활』이나 「그 전날 밤」의 이야기쯤은 입에서 입으로 옮겨져서 사내에
서의 거의 통속적으로 전파되게 되었다.

- 이효석, 「나의 수업시대」, 『삼천리』(1937년 4월)

[**러시아문학의 영향**]　이러한 자료들을 볼 때, 러
시아문학이 한국문학에 끼
친 영향과 그 사회·문화적
맥락에 대한 논의는 상당히 중요하다. 러시아문학은 한국의 문학가들
뿐 아니라 일반 독자에게도 가장 널리 수용된 외국문학이며, 영향의
지속기간도 외국문학이 이입되기 시작한 시기부터 식민지시대 전체와
20세기 후반에까지 걸친다.

식민지시대 러시아문학 수용은 투르게네프, 체호프, 도스토예프스키, 톨스토이, 고리키에 집중되어 있다. 그 중에서도 가장 자주 작품과 생애·사상이 소개된 작가는 톨스토이였다.[81] 이와 관련하여 김윤식은 "톨스토이 문학이 우리 근대문학에 어떤 충격을 가했는가를 문제삼는 일은 문학적 현상을 웃도는 과제"[82]라 했다.

우선 톨스톨이는 일본이라는 매개를 통하여 최남선과 특히 이광수 등에게 사상적으로 실로 심대한 영향을 미쳤다. 일본 유학시절 이광수가 톨스토이에게 배운 것은 박애주의·비폭력주의·무저항주의였다. 이광수 스스로는 이러한 사상에 감염된 것에 대해 무엇보다도 '자신의 품성'을 중요한 요소로 꼽았다는데, 김윤식은 이광수가 '평생 매달린' 톨스토이주의와 그의 '친일'을 관련시켰다. 톨스토이주의에 내포된 비폭력·무저항주의가, 이광수가 이끈 식민치하의 문화운동과 잘 어울린다는 설명이다.[83]

더욱 중요한 것은 톨스토이의 『부활』이 지식인과 문학가들에게뿐 아니라, 『가주사 애화 해당화賈珠謝 哀話 海棠花』(1916) 등의 번안 작품으로 대중에게 매우 널리 수용되었다는 점이다. 『해당화』는 1910년대부터 1920년까지 가장 많이 팔린 소설의 하나였으며 '카츄샤'는 연극 무대에 허다하게 자주 올랐다. 즉 톨스토이는 지식인에게나 대중에게 문학가 이상의 의미를 갖고 있었던 것이다.

이처럼 특정한 외국문학이 소수의 지식인들에게 영향을 미치는 정도를 넘어 대중사회에 폭넓게 수용될 때, 원 작가나 작품이 가진 사회적·문화적 맥락은 완전히 변용된다. 그리고 그 변용하는 힘은 전적으로 수용하는 대중사회로부터 주어진다. 따라서 작가나 작품이 가진 원래의 힘과 맥락은 어디까지나 부차적인 요인이 된다.

한 작가나 작품 또는 사조가 수용하는 측에 의해 심하게 변형되는 경우, '전공자'들이나 지식인들은 흔히 '무엇 무엇이 한국에서 엉터리로 소개되었다'고 말하며 인정투쟁의 근거로 삼고 싶어 한다. 그러나 이야말로 수용의 메커니즘을 잘 이해하지 못하여 나온 독선이다. 조선에서 톨스토이 수용의 양상을 보면 대중적인 범위에서는 『전쟁과 평화』나 『안나 카레리나』 같은 그의 다른 '명작'은 거의 읽히지 않았고, 오직 『부활』만이 '가주사 애화哀話'로서 수용되었을 뿐이다. 그러니까 톨스토이의 대중적 수용은 동시대의 『무정』 『장한몽』 또는 『옥루몽』의 서사가 대중의 광범위한 인기를 모은 맥락과 비교되어야 한다. 톨스토이의 인도주의 · 기독교사상은 덜 중요하다는 것이다.

한편 조선에서의 러시아문학 수용에 대해 논할 때, 일본이라는 중개자의 역할이 중요하다. 일본이 그것을 어떻게 받아들이고 있었는가 하는 문제 자체가 조선에서의 수용의 맥락을 이루기 때문이다. 톨스토이는 러일전쟁(1905) 이후 종교가 · 사상가 · 반전론자로서 일본 지성계에 수용되었다. 그리고 다음 단계인 1919~1926년 사이 일본에서는 체호프가 다른 러시아 작가들에 비해 단연 큰 영향을 끼쳤다. 이는 체호프의 작품이 단편소설 서사기법의 전범으로 여겨졌기 때문이다.[84] 이러한 사실들이 일본에 유학한 조선의 문학가들이 가진 수용의 '맥락'이 된다.

한편 1920년대 중 · 후반이 되면 이들 몇몇 러시아 작가들의 문학이 '명작' 반열에 오르게 된다는 점을 짚고 넘어가야 한다. 1900년대부터 일반사회에 수용되어온 러시아문학의 일부 작품은 1920년대가 되면 이미 확립된 권위를 가지게 된다. 다시 말해 이들 소설이 '명작'이라는 사회적 합의가 형성된 것이다. 그래서 전문적인 문학적 소양이 없거나 정규 훈련을 거치지 않은 경우라 해도, 「문학기생의 고백」이나 〈1931년 경성지역 고보생 독서조사〉에서처럼 1930년대 독자들은 투르게네프 · 톨스토이 · 고리키 등의 작품을 자발적으로 선택하여 읽고 있었다 (■자료실 : 표 22 〈1920~30년대 조선 문학가들이 어린 시절에 읽은 책〉 참조).

[영원한 분립 : 그들만의 책 읽기]

1920년대 초의 일부 지식인들은 질과 양 면에서 조선어로 된 문예작품은 거의 읽을 것이 없기 때문에, 본격적인 문학수업을 위해서는 서양 명작이나 문학론을 전부 일본어로 직접 읽어야 된다고 생각했다.

1920년대 초 이광수는 '문학에 뜻을 두는' 청년들에게 윈치스터의 『문예비평론文藝批評論』, 나쓰메 소세키의 『문학론文學論』과 혼마 히사오本間久雄의 『문학개론文學槪論』, 쓰보우치 쇼요坪內逍遙의 『영문학사英文學史』 등을 권하고 있다. 또한 유진오는 경성제대 예과 1학년생 시절 서양 근대문학작품을 거의 섭렵했다는데, 그 "길잡이 노릇을 한 것이 이꾸다生田長江의 『근대사상 16강近代思想十六講』, 구리야가와廚川白村의 『근대문학 10강近代文學十講』이었다"[85]고 회고하였다.

실제 조선문학과 관련된 문학경험은 유년기와 10대 초반에 의식의 저변에 내장되고 본격적으로 문학에 눈을 뜨는 10대 중·후반부터는 모두 외국 문학작품을 읽으면서 문학에 대한 인식을 만들어갔다.

그러나 이러한 상황은 1920년대 중반 이후부터 변화의 계기를 맞고, 1930년대가 되면 아주 달라진다. 1920년대까지만 해도 "순예술미純藝術味를 가진 소위 고급이라는 작품은" "동호자끼리의 감상에 공供하는 범위에서 더 나가지 못하는 터"[86]에, 독자나 작가가 모두 근대문학의 신인이었던 '처녀작 시대'[87]에서 벗어난 것이다. 1930년대 중·후반에 이광수와 몇몇 문인은 '중견' 심지어 '문호'의 자리를 차지하게 되고, 20여 년의 '발전'을 축적한 문단은 작품선별을 진행한다. 이로써 조선문학 '명작선집'이 간행되는가 하면, '세계명작'과 견줄 작품도 거론된다.

이러한 과정에서 작가들은 특유의 고립감과 '예술가 의식'을 키워나갈 수 있었다. 문학교육의 효과가 축적되고 신문학 향유계층이 확대됨에 따라 이전보다 훨씬 많은 청년들이 신문학의 독자가 되고 문단 예비인력이 된다. 그리하여 독자의 낮은 안목을 일면 한탄하고 일면 독자들의 수준에 영합하면서도, 사실상 독자를 전혀 의식하지 않거나 극히 제한된 범위의 독자만을 의식하면 되는 그러한 장이 개척된다. 〈구인회〉의 대중문학 강좌가 큰 인기를 끄는가 하면, 공공연히 엘리티즘을 표방한 모더니즘 작품이나 예술가 소설도 등장한다. 그리고 예술의 제도화를 통해 작가들은 학교와 제도 속으로 인입된다. 이는 '문학적 자율성' 또는 고립의 제도화라 부를 만한데, '상아탑 · 문단 · 순수예술' 등이 얽힌 지평이 생겨나는 것이다.

「조선인으로 양서洋書보는 사람들, 환선회사丸善會社(書店)을 찾고」(『삼천리』, 1935년 10월)는 서양서를 중심으로 1930년대 중반 최고 엘리트층에 속하는 독자의 책 읽기 양태를 보여주고 있어 주목된다. 황금정 네거리에 있던 일본 마루젠丸善 서점의 경성 출장소에는 경성제대와 법학전문의 학생들과 '교수급' 내지는 '문인 예술가급'으로 뵈는 일인과 조선인들이 출입하고 있었다.

서점 주인의 말에 의하면 이 서점에 드나드는 사람들 가운데서 조선 사람이란 약 1/3의 수효밖에는 되지 않는다고 한다. (중략) 이 **1/3밖에는 안되는 조선 손님들은 그러면 대개 어떠한 층의 인간들인가 하면 그 중에서 학생이 반분半分을 점하고 있다 한다. 전문학교나 대학에 다니는 학생들이 많이 드나든다** 하니 그는 학해學海에서 시달리는 그들에게 있음직한 일이라 하겠다.

그 외의 **일반 사회인이란 대개가 중등 이상의 학교에서 교편을 잡고 있는 교수급**들로서 대개는 그런 축에서 만코, 그 다음에는 문인예술가들 급에서 혹은 영화나 연극이나 소설류, 기타 월간 문예잡지 등을 사보는 손님들이 다음간다고 한다. (중략) 이 서점은 동경 본점에서 취급하는 세계 각국의 유명한 서적들은 대개 한두 책일지라도 모두 취급한다고 한다.

하여간 통틀어서 말하면 그 중에서 많이 팔리기는 문학서류가 제1위를 차지하고 그 다음이 법률서적이고 다음이 의학서적 등이라고 하며, 공업에 관한 것, 농업에 관한 것 에스페란트에 이르기까지 여러 가지 종류의 서적을 대개는 취급하는데 특히 에스페란트에 관한 원서는 독서층에 비하여 그 중 적은 듯 싶다고 한다. (중략)

그 외의 의학이나, 법률학이나, 문예에 관한 것도 동경 방면에서 출판된 것으로 충분하다 할 만함으로 구태여 양서洋書를 구하지 않는 편이라고 할 수 있으나 이 양서에 대한 일반 독서층의 사람들이 해마다 늘어가는 형편이니 역시 고객으로 본다면 전보다는 많다고 할 수 있다는 것이다.(중략)

영서英書에 관한 서적이 가장 많고 그 다음에는 독어문獨語文이 둘째 가고 불란서 어문의 서적들은 극히 적다고 한다.

또한 근자에 와서 한 가지 다른 점은 좌익서류에 관한 것인데 **몇 해 전에는 다소간 얼마씩 취급하여왔으나 근자에 와서는 이를 전연 취급하지 않는다고 한다. 그 이유로는 거기에 대한 독서가가 좀 줄어든 듯하나 그 외에도 여러 가지로 구차한 점이 많아서 요새는 대개 이 방면의 서적은 없다고** 한다.

다만 모스크바에서 발간되는 화보 등이 조금씩 나올 뿐이라고 한다.

기타 월간잡지와 **일간신문 등이 퍽 많이 팔리는데 「론돈타임쓰」 같은 신문은 매회每回에 65부씩이나 나가고, 「뉴-욕 · 타임쓰」도 17부** 가량 나간다고 한다. 독일에서 나오는 「멜니 · 타이푸라트」 지 등 그 외의 2, 3종 신문도 소수이지마는 나간다고 한다.

잡지에 이르러서는 그 수가 퍽 많다고 한다. 뉴-욕에서 나오는 「중앙공론中央公論」이며 백림伯林에서 나오는 보-헤 잡지며 기타 연극, 영화, 음악 등에 관한 서적으로도 「아메리칸레뷰-」 등등의 5, 6종이 있어 월간잡지만 해도 그 종류는 근 20여 종의 다수이라고 한다.

글의 요지는 이렇다. 마루젠 책방에 드나드는 전체 손님의 1/3이 조선인이며, 그들은 전문학교 또는 경성제대의 학생들과 교수·문인·예술가들이다. 전체적으로 문학·의학·법학 등의 서양서가 많이 읽히고 있으며, 그 중 다수는 영어서적이다. 지식인들은 「런던 타임스」「뉴욕 타임스」와 같은 영미의 권위지도 읽고 있다. 이 서점이 서구에서 생산된 지식과 정보가 동경 본점을 거쳐 조선인 지식인들에게 직통으로 중개·공급되는 곳인 셈이다. 한편 이와는 별도로 당시 경성제대 도서관에는 이 마루젠 서점의 사원이 상주하며 교수나 학생들이 주문하는 책을 '국가로부터 무이자 지원을 받아 관세 없이 들여와' 값싸게 제공했다고 한다.[88] 제국대학에 대한 '제국'의 정책이 어떠했는지를 짐작하게 하는 사실이다.

1920~30년대 '고급독자'들의 책 읽기의 변화는, 한문학 전통으로부터 일본 또는 서구의 문화적 헤게모니 아래로 급격히 포섭되어가던 당시의 변화를 그대로 보여준다. '앎'에 식민지성이 있다면 그것은 바로 그들 지식인들에 의해 구현된다. 그리고 그들이 독자의 일부로서 존재할 때, 그들이 보유한 성향과 선택·수용의 체계는 일반독자들의 그것과 점점 아무 관련이 없게 된다. 마루젠서점의 예에서 볼 수 있듯이 그들만의 수용경로와 '해석 공동체'를 만들고 유지해나갈 수 있는 것이다. 이로써 '대중' 혹은 '대중적 성향'과 영원히 분립될 경지가 만들어게 된다.

안회남의 「작가일기- 자연紫煙과 독서」(『삼천리문학』, 1937년 2월)는 이러한 분립에 의해 1930년대 후반 지식인들의 무목적적 책 읽기가 갖게 된 새로운 목적이 무엇인지 알려준다.

일기에 따르면 27세의 젊은 작가 안회남은 1937년 1월 27일, 이불 속에서 조간을 읽는 것으로 하루를 시작하여, 조반 후부터 '다그라쓰

톰손 저작의『탐정작가론』을 읽는다. 그리고 오후에는 '에미루 가부리오의『루루주 사건事件』을 긴급한 필요 때문에 시독始讀 한다. 1월 28일에는『삼천리』여기자 최정희에게서 '영화수필을 쓰라는' 청탁을 받았고 '메리 필빈 이야기를 이 기회에 아주 구체적으로 써볼 배포를 먹' 었다. 그러고는 별일 없이 시간을 보내다 '돈이 있었으면 나가서 점심을 잘 먹고 영화를 구경하고 커피 한 잔 마시며 레코드나 듣고 왔으면 해서 마음이 달떠서 죽겠는데 판에 어머님께서 술과 돼지고기를 가지고' 들어오셔서 '혼자 먹으며 술친구 생각이 간절하' 였다. 그러다 이날 저녁때부터는 읽다가 둔 '엥겔쓰의『사유재산과 국가의 기원』을 속독續讀 하는 한편「조선일보」석간 소재 김남천 씨의「자기분열의 극기超克」라는 평론을 재미있게 읽다.'

1월 29일은 구정이었다. 9시 30분에 기상하여 11시에 세면하고 아내를 먼저 본가에 보내고 뒤따라갔다. 가서는 '아침부터 얼근하게 취하다' 가 오후에는 '인문사로 평론가 최재서 씨를 방문' 하는 한편,「조선일보」출판부엘 가서 잡담' 하며 '고 김유정 군의 유고인 미완 독물의 끝을 내가 막기로' 했다. 이후 노자영이 경영하는 서점에 들러 플로베르 전집 · 도스토예프스키 전집 각각 한 질을 주문하여달라 부탁하고, 평론가 이원조를 만나 '현덕 씨의『남생이』독후감을 쓰라' 는 청탁을 들었다. 저녁에는『루루주 사건』을 독료讀了' 하고 가스똥 루루(Gaston Leroux, 1868~1927)의『황색의 실내Le mystere de la chambre jaune』를 읽기 시작하였다. 안회남은 탐정소설 마니아였던 모양인데, 이 소설은 '정통파인 것 같은 인상印象을 주어 처음부터 흥미진진함이 있다' 는 코멘트를 부기했다. 그것을 다 읽고 나면 코난 도일의『바스카비일의 엽견獵犬』을 독파할 작정' 이다. 한밤에는 장편소설『소년체육단』을 구상해놓은 노트를 다시 꺼내어 보다, 어렸을 때 읽은 미국작가 '마이켈 콜드의『가난한 유태인』을' 생각해보았다.

수많은 국내외 작가와 작품이 등장하는 안회남의 일기는 오히려 조선 선비들을 연상시킨다. 조선 선비들도 아무것도 생산하지 않으면서 '도학道學'을 위해 종일 유교경전을 읽고 읊조렸다. 그것이 그들의 의무였으며 다른 목적은 없었다. 안회남은 비슷하면서 좀 다르다. 그는 다른 일 없이 하루 종일 유유자적 탐정소설 따위를 읽어대는데 그것은 '전문적인' 목적이나 혹은 재미로 그렇게 하는 것이다. 그런데 그 책 읽기가 배운 자의 밥벌이 수단이 되는 상황이 열렸다. 책 읽은 감상을 쓰기, 또는 소설 쓰기가 '당당한' 직업의 하나가 되었다. 그러한 전환은 불과 한 세대만에 완성되고 있었다.

5 책 읽는 방법의 제도화와 문학사

1_감각의 육성과 수용양식의 제도화

이상의 시 「오감도」 연작은 대단한 예술적 의도와 예술사의 문제의식이 함축된 문제작으로 평가된다. 그런데 만약 〈구인회〉의 멤버인 이상이 아니라, 시골에 사는 무명의 문학청년이 그런 작품을 투고했다면, 그의 문제의식은 비평가들이나 사가들로부터 인정받을 수 있었을까? 지면에 작품이 실리기는커녕 사람들은 그의 정신상태를 의심했을 것이다.

「오감도」 시제4호 「조선중앙일보」(1931년 7월)

그런데 이상의 「오감도」는 「조선중앙일보」에 연재되던 도중에 독자들의 항의로 인해 연재가 중단되었다. 당시의 독자들은 저런 괴상한 문자 뭉치를 '시'로 인정할 수 없었기 때문이다. 「오감도」는 시 장르에 대한 독자들의 인식을 뛰어넘어 너무 앞질러나가며, 장르의 경계를 건드렸던 것이다. 독자들이 생각할 때 「오감도」는 문학이 아니었다. 하지만 이상이 썼다는 이유로, 또 이상에게 우호적인 비평가와 문학사가들이 있었기 때문에 「오감도」는 힘겹고도 아슬아슬하게 '예술'이 되었다.

예술을 예술이게끔 하는 것은 어떤 작가의 생산품(즉, 텍스트나 작품)이 스스로 자명한 '예술성'을 가지고 있어서가 아니다. 어떤 생산품을 사회적 '예술 영역' 속에 위치시키는 여러 가지 힘이 우호적으로 상호작용해야 그것은 '예술'이 된다. 그러한 힘을 제도라 하며 누적된 상호작용을 예술사라 한다. 힘 속에 문제의 삼자, 작가 – 매개자 – 독자가 다 같이 참여한다.

[감성교육 :
동일화하는 반응은 진화하는가?] 1920~30년대 소설 수용양상을 통해 독서대중이 '사회적 제도로서의 허구'에 대한 감각을 다시 형성하고, 새로운 서사적 관습을 창조·수용하는 과정을 볼 수 있다. 소설 속에 담겨 있는 '서사적 관습'이란, 독자들이 이야기를 그럴듯하다고 여길 수 있도록 개연성과 핍진성verisimilitude을 갖게끔 하는 제반의 문학적 의례들을 의미한다. 이 의례들은 '문학사'를 통해 작가들에 의해 창조되고 비평가와 연구자들에 의해 축적되어왔다.

어떤 글뭉치가 소설이 되려면 인물, 배경, 사건, 이야기의 시간구조(플롯)를 특정한 방법에 따라 배치해야 한다. 그러나 소설을 소설로 확정하는 것은, 소설 내부의 장치(구조)들뿐 아니라 그것을 '있을 법한 이야기'로 여기는 독자들의 인식이다. 독자들이 가진 장르인식과 당대의 생활감각이 문학 내부의 관습과 상호작용해야 하는 것이다.

따라서 수용한다는 것은, 한편으로 무언가를 읽어서 인식한다는 것,

곧 의례에 의해 실행되는 이데올로기를 체화하고 규범을 따르게 된다는 의미를 지닌다. 그리고 새롭게 창조한다는 것은 늘 당대 독자들이 인정하는 인식의 경계를 돌파하는 데서 이루어진다고 볼 수 있다.

1910년대 중반 「매일신보」 연재소설에 대한 독자투고에서 독자들은 작중 인물이 실재하는 듯 작자나 작중인물에게 말을 건넨다.

(독자로부터) 아– 이 몹쓸 라텨ㄹ아. 네가 과연 사람이냐 악마이냐. 그 천연한 기색으로 제반 흉계를 진행하여가는 모양 생각할수록 몸서리가 친다. 음험한 네 얼굴에 필경은 벽력불이 떨어질 줄 네가 모르느냐.

–「경기도 근농동 애독자」

불상한 뎡혜, 가상한 뎡혜, 어여쁜 뎡혜, 믿고 끊은듯한(?) 뎡혜, 이전에 보지 못하고 지금에 듣지 못한 뎡혜. 남편에게 더러운 치의를 받으면서 남편의 친구 대좌의 병을 지성으로 구호하는 그 뎡혜. 지금의 젊은 여자들 제발 이 뎡부원을 유심히 보고 이 뎡혜를 본뜨시오.

–「금주 이동면 김 필」

남작의 집 대유산인지 무슨 연회인지 뎡혜ㄴ 가지 않도록 하여주십시오. 소설 쓰시는 선생님 제발 뎡혜는 거기 가지 말게 하여주십시오. 암만 생각하여도 그 놀이에 갔다가는 뎡혜에게 큰 불이 나릴 것 같아요. 뎡혜ㄴ 이 사람의 주야 잊지 못하는 동무올시다.

–「경기 소녀 정애」[1]

작품 속의 악인을 꾸짖고 주인공을 '친구'라 지칭하는 이러한 독자들의 태도는, 작중인물과 사건에 대한 동일시 차원을 넘어 허구와 실재를 완전히 혼동한 듯 보인다. 1910~20년대 『옥루몽』 『창선감의록』

등의 고전소설을 즐겨 읽었던 여성들도 "소설에 전개된 사건이 현실이라 생각하느냐?"는 질문에 대부분 '그렇다'고 답하였다.[2]

그러나 이처럼 작중사실과 실재를 혼동하는 수용자들의 반응은, 동서고금을 통해 보편적으로 나타나는 반응이다. '소설을 듣다 흥분하여 전기수를 칼로 찔렀다'는 그러한 일이 비단 조선시대의 일만이거나, 소설의 장르적 관습을 알지 못하는 '교양 없는' 독자들에게서만 나타나는 태도는 아닌 것이다. 사실 작중세계에 대한 최소한의 동일화 없이는 어떠한 감상도 이루어지지 않는다. 심지어 작품을 '뼈대와 살점들' 식으로 뜯어 읽어야 한다는 분석적·구조주의적인 독서의 경우에도 마찬가지이다.

그럼에도 위의 예에서처럼 1910년대 독자들에게서는 훨씬 더 강렬한 동일화를 볼 수 있다. 작중세계에 대한 동일화가 강하면 강할수록 작품에 대한 반응은 좀더 윤리적이고 주관적인 경향을 띤다. 즉 독자는 주인공의 선악, 사건에 대한 호오를 기준으로 작품 속 이야기를 인정할 것인지 아닌지를 판단한다. 그리고 윤리적 경향이 강하다는 것은 곧잘 보다 구술적이며 민중적인 수용방식과 결부되며, 또한 구술적이며 민중적인 수용방식은 허구 자체를 현실과 결부시키는 경향성을 증대시킨다.[3]

다음은 고전소설 책에 작가나 편집자가 붙여놓은 「후언後言」인데 이들 역시 윤리적인 반응으로 독자와 소통하면서, 그 소통의 매개를 현실논리로 삼고 있다.

(1) 독자시여 동양 글에 (말)하였으되 적덕지가에 필유여경必有餘慶이라 하였고 서양 글에 (말)하였으되 어진 나무에는 어진 열매 열린다 하였거니와 동서양에 남녀노소를 물론하고 장영의 착한 행적을 효칙效則하여 실행하면 만대 영화할 것이며 표진영의 악한 행적을 징계하여 **악한 일은 적은**

것이라도 행치 말지어다. 근신근신 남녀동포시여.

-「후언」, 『목단화』, 〈광문서시〉(1922).[4]

**(2) 책 보는 법이 책을 다 보았으면 무슨 감상이 있어야만 인간이라 하는
데 여러분 이 책을 보고 감상이 어떠하오.** 남자로는 신관 사또와 같은 금수
와 다름없는 인간이 아니 되기를 맹세하며, 어사또와 같은 넓은 마음 가지
기를 맹세하며, 여자로는 춘향과 같은 절행節行은 못할지라도 속마음 바꿈
나도 한 번 실행하겠다는 마음 바꿈 가지게 된다면 이 책 지은 사람으로 대
단 감사하다 하오리다. 끝으로 본관 사또 처벌 아니 한 것이 유감이나 어사
또 넓은 마음 생각하여 여러분 분한 마음 눌러 참으시고 끝끝내 보아주시
기 부탁함이다.

-「후언」, 『춘향전』[5]

(1), (2)는 독자의 반응을 '권선징악'으로 유도하고 한정하고 있다.
흔히 '권선징악'을 속되고 낡은 고전소설의 코드라 비판하는데, '권선
징악'은 결코 그저 낡고 봉건적인 윤리의 대명사가 아니다. 모든 대중
예술, 특히 대중적인 영화와 소설은 기본적으로 권선징악의 논리를 따
르고 있다. 또한 '권선징악'은 그저 몰역사적인 것이 아니라, 시대마다
변용된다.

(1)에서는 '권선징악'이 '근신 근신 남녀동포시여'라는 국민 계몽의
논리와 결부되었다. 그리고 (2)에서는 "책을 봤으면 무슨 감상이 있어
야 인간"이라면서 독자들에게 적극적인 '감상'을 요청함으로써, 당시
시대를 풍미하던 소설개량의 논리와 결부시키고 있다. 이 후언이 쓰어
지던 시대에 『춘향전』은 '음탕하다'는 비난을 받기도 했는데, 독자들
로 하여금 춘향전에 담긴 윤리적 코드를 읽으라고 권함으로써 작품의
윤리적 기능을 강조한 것이다. 어떠한 악인 또는 선인을 징계하거나

5. 책 읽는 방법의 제도화와 문학사 ___ **393**

따름으로써 선을 이루고 악을 벌할 수 있는데, 독자들이 이 선악을 현실에 있는 인물처럼 가깝게 여기거나 자기 동일시할 때, 소설 읽는 효과는 더 커질 것이다.

허구의 이야기에 대한 독자의 반응은 세 가지로 나누어볼 수 있다. 첫째, 독자는 실제로 허구와 현실을 혼동한다. 둘째, 허구의 관습적 게임에 참여하여 그것을 현실로 믿는 척한다. 왜? 그 게임이 재미있으니까. 셋째, 허구와 현실이 엄연히 다르다는 것을 잘 알면서도 허구가 지닌 환영幻影의 힘에 이끌린다. '동일시'는 이 세 가지 모두와 관련이 있는데, 특히 첫번째 반응과 관계가 깊다. 세 경향은 우열관계에 있지는 않다.

고전소설 독자나 1900~10년대의 독자가 첫번째 가능성에 보다 가까웠다면, 이러한 반응은 1920~30년대에 이르러 허구와 현실의 관련성에 대한 흥미로 대체되는 경향을 보인다. 1920~30년대의 수용자 또한 보편적으로는 '동일시'를 보여주면서도, 그것을 표현하는 양상을 달리하는 경향이 있다. 즉 이전의 독자들이 작품세계를 전적으로 주관화하여 현실인 것처럼 믿는 데 흥미를 느꼈다면, 1920~30년대 독자들은 작중 사실에 흥미를 느낄수록 그것과 작가가 어떤 관련을 맺고 있으며 해당 소설의 '모델'이 현실에 실재하는가에 더 큰 관심을 보인다. 즉 허구의 관습적 게임이 이루어지는 메커니즘에 더 관심을 기울이는 것이다.

첫 호의 「혈서」는 재미있다고 하는 말이 사방에서 들린다. 나도 썩 재미있게 보았다. **그러나 그것이 작자의 정말 지낸 일로 알면 그것은 잘못이다. 이전 소설을 의례히 작자의 경험담인 줄 알 시대는 지났으련만.** 이번에도 그런 말이 들리던 걸. 부디 말아줍쇼.

－「편집여언」, 『조선문단』 2호(1924년 11월)

1920~30년대 독자들은 작가들에게 해당 소설의 '모델'이 있는지, 있다면 그가 누구인지 끊임없이 물었고 작가들은 이에 답하느라 바빴다. '모델' 문제와 관련하여 작은 소동들이 끊이지 않았다.[6]

허구에 대한 독자의 반응은 목적이나 방향을 두고 진화하지는 않으나 변화해간다. 변화의 양상은 두 가지 측면에서 나타난다. 첫째는 작중세계에 대한 심리적·윤리적 반응 자체이며, 둘째는 반응을 표현하는 양식과 사회적 기제이다. '반응'은 슬픔, 눈물, 기쁨, 웃음과 같은 즉자적인 감정의 표현을 의미하고, '반응의 표현양식'은 이러한 반응을 표현하는 독후감, 대화 등 타인과 사회를 향한 표명을 일컫는다.

우선 작중세계에 대한 반응 자체는, 해당 사회의 집단심리와 개별 독자들의 반응을 통해 나타난다. 이는 '눈물을 흘렸다' '감격했다' '재미있었다'는 식으로 정서적 감응에 대한 간명한 표현으로 나타난다. 작중세계에 대한 대중 독자들의 반응은 거의 전적으로 작품의 표면적 서사와 작가의 윤리적 메시지가 담겨 있는 줄거리, 즉 주인공들의 운명과 행위에 대한 반응이 많다. 이는 특히 주로 멜로드라마적 구조를 갖고 있는 작품에 대한 반응양태이다. 이에 비해 추리소설이나 에로소설에 대한 반응의 기제는 멜로드라마적 작품과는 전혀 다른 방식으로 나타난다.

독자들이 나타내는 반응은 사실 사회적 평균심리나 상식의 표현에 가깝다. 독자들은 작품을 읽음으로써 한 사람의 사회구성원으로서 동일성을 확인한다. 달리 말하면 독자들은 그러한 반응을 나타냄으로써 스스로를 주체로 호출하는 것이다.

둘째, 변화하는 것은 반응을 표현하는 양식과 사회적 기제이다. 이는 사회적 교양과 지위를 표시하는 상징적 언어와 관련이 있다. 상징자본을 많이 소유한 사람은 단순히 '재미있었다' '슬펐다'고 말하지 않고 필요하면 글로 쓰거나 복잡한 말을 동원하여 감상을 표현한다.

■1911년 임성구의 혁신단이 공연한 신파극 「걸인잔치」. 혁신단은 1910년대 대표적인 신파극단이었다. 1913년 혁신단이 공연한 신파극 「눈물」에 대한 관람평을 보면 초기에는 전혀 관객들이 관극에 몰입하지 못했으나 이후에는 눈물의 홍수를 이루었다고 한다(「매일신보」, 1913년 10월 28일).

때문에 진정으로 제도화되고 교육되는 것은 '반응' 그 자체보다는 반응의 양식이라 보아야 한다. 여기에 착목할 때 1910년대 「매일신보」 소설에 대한 독자의 반응은 달리 해석될 수도 있다. 즉 작중세계와 전혀 거리를 두지 못하는 척하면서, 작중인물과 작가에게 말을 건네는 행위야말로 당시로서는 최선의 반응양식이었다고 볼 수 있다. 왜냐하면 비슷한 시기 만들어진 비슷한 호소구조Affektive Stuktur를 가진 초기 신파극(이상협의 「눈물」)의 관객들은, 눈물을 흘리기는커녕 낯선 형식 때문에 관극에 전혀 몰입하지 못했다고 한다.[7] 그러나 1910년대 이후에는 이미 신파극에 '훈련된' 관객들이 공연장에서 집단적으로 '눈물의 홍수'를 이루는 일이 비일비재하게 되었다.[8] 신파극을 제대로 본다는 것이 무엇인지, 어떤 반응을 보이는 것이 극과 관객의 게임에서 재미있는 요소인지 알게 된 것이다.

연극은 특히 작중세계에 대한 군중적 반응을 이끌어내기 쉬운 양식이다. 이에 비해 혼자 묵독하는 소설은 이와 다른 차원의 극히 개인적인 반응기제를 생산하는 양식이다. 그러나 개인은 반응을 표현하는 행위를 통해 공동체 속의 주체가 될 수 있다. 그를 위해 공동체의 다른 구성원들이 알고 있는 소설이나 영화를 보고 그 성원들이 익숙한 방법에 의거하여 '나는 그게 좋다' '재미없다'를 표시해야 한다.

[식민지인의 눈물과 웃음]

'인간 주체의 심리 복합의 심층부' 혹은 무의식을 포함한 '시대의 지적·심리적 풍토'를 연구하는 망탈리테mentalités사는, 인간의 감성을 '개인적인 것이기보다는 집단적인 것으로서, 일련의 사회적 경험과 사회생활의 결과인 동시에 하나의 제도와 동일한, 개인을 사회에 접목시키는 사회적인 요소'[9]로 간주한다. 여기서 인간의 심성(감성)은 양육되고 집단적으로 공유할 수 있는 것으로 파악된다.

이러한 관점에서 분석할 경우, 소설 수용에서 공통적으로 발견되는 특징이나 그에 따른 특정 시대의 특정한 정서적 감응은 새롭게 조명받을 수 있다. 즉 독자의 반응 자체가 역사적으로 변화하며 대중성의 코드가 발전하거나 진화進化해간다고 보기는 어렵지만, 대중성의 코드는 객관적으로 변화해간다. 관객이나 독자들이 어떤 작품을 보고 웃고 우는 이유와 강도는 시대나 공간에 따라 달라지는데, 이는 흥미성의 형식과 내용이 변화해가기 때문이다. 특히 지적인 작용인 웃음은 시간과 공간에 더 큰 영향을 받아 크게 달라진다. 이를 분석하는 것이 역사서술의 또 다른 과제가 될 수 있는 것이다.

지금까지 식민지시대 독자 · 관객의 반응과 심리구조를 가장 잘 보여주는 단어는 '눈물'이라 여겨져왔다. 눈물은 1910년대 이래 유행가 · 시 · 소설 · 신파극과 대중 영화 등에 들어 있다는 '한恨'의 정서, 애상성과 감상성, 작품구조에 개재된 '과잉'의 요소, 멜로드라마적 성격, 여성 취향성 등의 요소를 드러내는 상징이다. 또한 이러한 요소에 감응하고 즐긴 독자 및 관객의 태도를 설명하는 데 가장 자주 동원된 술어述語이기도 하다. 당대에 한과 음울, 슬픔의 정서가 예술작품의 지배적인 위치를 차지하였다는 사실과,[10] 문학을 넘어 대중가요나 연극 같은 장르에서 '눈물'의 압도성은 거의 실증된 사실이기도 하다.

예컨대 일제시기 대중가요에서 가장 많이 사용된 어휘는 '울다, 사랑, 눈물'이었고, 그 외 '님, 속, 밤, 가슴, 고향, 좋다, 꿈, 그립다, 마음, 길' 등이 많이 사용되었다.[11] 이를 보면 유행가를 지배하는 정조가 슬픔과 긴밀히 관련되었음을 알 수 있다. 그런데 여기서 흥미로운 점은 당시 일본 대중가요에 자주 사용된 단어 또한 '울다泣く, 사랑戀, 눈물涙'이었다는 사실이다. 뿐만 아니라 '가슴胸, 밤夜, 마음心' 같은 어휘도 조선과 일본가요에서 공통적으로 많이 사용되었다. 이러한 사실은 일본가요와 조선가요의 역사적 친연성이나, 좀더 넓은 범위에서 일본과 조선 대중문화의 정서적 친연성을 나타내는 지표가 될 수 있을 듯하다. 어쨌든 식민지 백성뿐 아니라 제국의 대중들도 '눈물'을 좋아했던 것이다. 그러나 당시 중국의 대중가요 가사에는 일본이나 조선처럼 눈물이나 울음이 많이 등장하지 않는다 한다.

한편 1930년대 연극 공연 광고문안에서도 '눈물'이라는 단어가 가장 많이 사용되었다고 한다. "눈물 없이는 볼 수 없는 공연"이라는 광고문안이야말로 대중에게 가장 익숙하고 일반적인 설득의 담론이었다.[12]

그런데 망탈리테나 정서구조의 문제로 이에 접근할 경우, '눈물'은 인간이 갖고 있는 원초적인 반응이거나 혹은 '여성'이기 때문에 쏟아져나오는 것이 아니라, 훈련되고 교육된 반응이자 조선 민중의 공통된 경험을 기반으로 한 것으로 해석할 수 있다.

소설과 그에 대한 독자의 반응은 역사적으로 변화해가는 사회적 망탈리테를 분석하는 도구가 될 수 있으며, 반대로 당대의 망탈리테에 접근함으로써 소설의 구조와 독자의 반응을 보다 잘 이해할 수 있다. 그런데 망탈리테는 시대정신이나 이데올로기와 친연성을 갖고 있긴 하나 등가는 아니다. 또한 망탈리테는 특정한 사회가 처한 거시적인 정치·경제적 상황으로부터 바로 추출될 수 있는 것도 아니다. 망탈리테는 '민중의' 의식·무의식에 내장되어 장기적으로 지속되는 미시적 요소이기 때문이다. 따라서 이 문제와 관련하여 거시적 역사서술의 주축이 되는 이데올로기와 정치의 문제를 미시적이고 구체적인 현상을 설명하는 데 곧바로 대입하거나, 해석된 정치상황에 대중의 심리를 곧바로 대입하는 시도는 피해야 한다.[13]

문학사 서술에서도 이러한 오류는 속류 사회학주의로서 매우 자주 반복되어왔다. 개별 문학작품을 설명하는 데 있어 '일제하의 암울한 현실' '1910년대의 암울한 상황' '3·1운동 직후의 절망적인 분위기' 같은 술어가 도구 이상의 기능을 함으로써 빚어진 오류를 우리는 잘 알고 있다. 특정 시기 한 사회 전체가 지속적으로 '절망' 하거나 '우울' 하기는 무척 어렵다.

'나라가 망한' 1910년대의 연극장에서는 매일 많은 남녀 관객들이 희희낙락하고 있었다. 이러한 '희희낙락' 은 절망의 표현도 절망으로부터의 도피도 아닐 것이다. 구체적인 사람들과 '대중' 은 지식인의 머릿속에 존재하는 '역사' 와 무관한 생존감각과 일상적 감성을 지니고 살아간다. 설사 어떤 집단이나 계층이 집단적으로 '비극적' 세계관이나 심성을 가졌다 하더라도, 그것이 작품과 연결되기 위해서는 참으로 많은 매개들이 필요할 것이다.

식민지 조선의 경우에도 '흘러넘치는 식민지인의 눈물'이 유일한
분석도구이자 결과로 제기되는 경향이 있는데, 이를 통해 무엇인가를
설명하려는 시도는 자주 실패로 귀결된다. '넘치는 눈물'은, 당대 대중
예술에서 또 다른 한 축을 이룬 '터지는 웃음'이나 그 외의 다른 정서
적 코드를 설명하지 못한다. 식민지시대에도 유머와 코미디, 경박함
등의 요소는 흘러넘치고 있었다.

찰리 채플린의 영화는 외국에서 들어온 코미디 중에서 가장 광범위
한 인기를 끌었다. 실제 희극은 대중극의 또 다른 주요 레퍼토리였다.
또한 당시 대개의 잡지는 매호 소화笑話와 만화(주로 1930년대 이후)를
실었으며, '세계의 우습거리' 170여 편을 모았다는 최인화崔仁化의 『세
계소화집世界笑話集』은 스테디셀러로 자리잡았다. 신불출의 만담은 인
기리에 공연되었을 뿐 아니라 활자화되어 잡지에 연재되고 음반에 담
겼다. '수준 있는' 정치풍자부터 슬랩스틱이나 단순한 개그에 이르기

〈황금광시대〉, 찰리 채플린

『팔도재담집』(〈영창서관〉), 1918)

채플린의 〈황금광시대〉는 1920년대 조선에서 금광개발 투기 열풍이 일면서 큰 인기를 끌었
다. 오른쪽은 전국의 재담을 모아 한번 읽으면 천 번 웃게 된다는 『팔도재담집』.

까지 웃음의 장르도 다양하게 개발되어 넘쳐나고 있었던 것이다.

대중소설의 인물과 플롯은 독자들에게 친숙한 공식을 따르고, 독자는 장르의 관습에 따라 수용방법을 훈련한다. 이 상호작용이 축적되어 나타난 결과가 '장르'이며 장르의 '문법'이다. 따라서 중요한 것은 특정 시기, 특정한 장르적 관습에서 감정과 반응의 구조가 무엇이며, 그것들이 교호작용을 통하여 수용자들에게 정서적 반응을 불러일으키는 양상이 어떠한가이다.

한편 1920년대 중반~1930년대 초반 조선 대중문화에는 '눈물' '웃음'과 같은 정서의 코드와는 다른 차원인 '에로(Ero), 그로(Gro)'[14] 코드가 크게 유행하였다. 공식적인 독서경향 조사 등에는 드러나지 않지만, 학생들과 청년층이 주로 '에로, 그로'의 소비계층이었다.

조선에 유입된 서구적 자유연애관과 일본식 성문화는 대단한 충격이었다. 이는 일상을 조직하는 자본주의적 생활양식에도 틈입되었으며 성과 육체에 대한 상업적 관심도 만연하였다. 광고와 유락문화에도 성문화를 둘러싼 의식과 행동의 혼란은 일상화되어 있었다.[15] 대중의 독서 또한 이러한 영향으로부터 자유로울 수 없었다.

「동아일보」 1931년 2월 9일 '신어해설'은 "그로"를 다음과 같이 설명하고 있다.

그로 : 『그로테스크』(영어의 Grotesque)의 약략略으로 『괴기怪奇』란 말이다. 본래는 황당환기荒唐幻奇한 작품을 평하는 말로 많이 쓰였다. 최근에 와서 일상생활에 권태를 느낀 현대 사람들이 무의미한 위안으로 괴이한 것, 이상 야릇한 것을 자주 찾게 됨을 따라 엽기獵奇하는 경향이 날로 늘어가서 이방異邦 수토殊土나 고대 민족의 진풍珍風 기속을 찾거나 혹은 세인의 이목을 놀랄 만한 기형이태奇形異態를 안출하는 일이 많다. 이 때문에 괴기, 진기를 의미하는 『그로』라는 말이 성행한다.

정력강화제 광고(「동아일보」 1924년 7월 7일)　　　　　　　'생식기 도해 연구' 광고

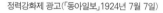 '생식기는 활력의 원천' 임을 내세운 광고. 1920~30년대 사람들이 가장 관심을 가졌던 사물 중의 하나는 '생식기' 였다.

'그로' 의 어원과 당대 사회에서 유행하는 배경까지 명쾌하게 정리해놓았다. 이는 문예학에서 사용되는 '그로테스크' 의 본래 의미와는 상당히 거리가 있는, 그야말로 자극적이고 '엽기' 적인 취미를 일컫는 말이었다.

자본주의의 문화상품은 소비자의 역치閾値를 무한으로 끌어올리는 경향이 있는데, '그로' 물이야말로 이러한 양상을 보여주는 척도이다. 전통적인 유교사회에서 벗어나기 시작한 지 약 한 세대 만인 1920년대 후반 이후, 대중의 역치는 '정상적인 것' 에서는 더 이상 자극받을 수 없을 만큼 높아져 있었던 것이다. '그로' 의 유행에도 일본문화의 특징적인 요소의 유입이 영향을 끼쳤던 것으로 보인다.[16]

엽기 유행은 1920년대 말에서 1930년대 초 절정에 달한 것으로 보인다. 이때 일본에서 『엽기전집怪談全集』(1928)과 『세계엽기전집世界獵奇全集』이 수입되고, 『괴기怪奇』(1929)와 『엽기獵奇』(《평양엽기사》)가 창간[17]되었다. 이 '그로' 혹은 엽기의 문화코드는 (1) 이색적인 풍습과 이국의 기속奇俗 (2)인간의 육체와 관련된 범죄적인 사실들[18] (3)상식선을 초과하는 성적 쾌락에의 탐닉을 다룬 기사나 소설·단행본들과[19] (4)고전 속의 기담과 야담 등의 형태를 빌어 현상한다.

(1)~(3)의 요소들은 각각 소설에서 흥미성의 코드로 사용되었는데, 그 중에서 '문학'과 관련하여 주목할 필요가 있는 것은 (2)와 (4)의 범주에 속하는 서사물이다. 문학과 관련된 엽기 코드는 한편으로는 탐정소설로, 다른 한편으로는 야담으로 수렴되어갔다. 특히 1920년대 후반 이후 고전 속의 서사물들이 적극적으로 발굴 번역되어 신문과 잡지를 장식하기 시작했다. 이러한 과정은 '야담' 장르가 역사·기담에 관심이 있던 대중 독자들과 문맹인 민중을 위해 의식적으로 계발[20]되어 인기를 끌었던 사실과도 관계가 있다. 동아일보사가 1928년 처음 주최한 '신춘야담대회'는 1930년대 중반까지 매년 개최되었으며, 라디오 방송에서도 야담이 주요 프로그램의 하나로 자리를 잡았다. 또한 1920년대 초에 예술지상주의자로 작가 생활을 시작했던 김동인이 방향을 바꿔 『야담』을 창간하고 주재하기도 하였다.

흔히 생각하는 것처럼 '야담'은 그저 타락한 통속적 서사 장르는 아니다. 1928년 제1회 「동아일보」 야담대회의 '담제談題'는 〈동양풍운東洋風雲을 휩쓸던 동학란〉 〈이홍장李鴻章과 이등박문伊藤博文〉 〈한말호걸韓末豪傑 대원군〉 〈김옥균 왕국〉 등이었고, 1931년 신춘대회의 '담사談師'[21] 담제는 김학보 〈천하기인 정수동〉·윤백남 〈연산기의 기걸奇傑 이장곤〉·김진구 〈한말 혹성惑星 민영익〉 등이었다.[22]

그러니까 야담은 한편으로는 일본강담의 영향을 받고, 다른 한편으로 1920년대 후반 이후 고전발굴 붐과 엽기담 열풍에 의해 만들어졌다고 볼 수 있다. 그런데 문단의 '진지한' 문학가들이 야담운동에 동참하면서 야담의 성격이 달라졌다. 엽기적인 기담[23] 대신 역사적 인물·사건을 소재로 한 야사나 사화史話의 성격을 띠게 된 것이다. 그래서 야

■ 〈에로서적에 탐닉하는 학생〉, 웅초 김규택의 세태 풍자화. 당대의 독서 경향과 학생의 에로 서적 탐닉에 대한 절묘한 풍자화이다. 문맹으로 설정된 어머니는 아들의 두통을 밤낮 "공부만 하니까 그렇지"라 해석한다. 그러나 학생인 아들은 '책을 통해' 훈련한 욕망을 해소할 길이 없어 두통을 앓는 듯하다. 책꽂이에는 1920년대 중·후반 실제로 많이 팔렸던 澤田順次郎의 성 관련 책들과 연애와 관련된 책들의 제목이 등장하고 있다. 『處女及妻の性的生活』『男女 性慾及性交の新研究』『女の裸體美』『生殖器圖解硏究』이 그것이다. 그 외에도 『이성을 끄으는 법』, 『애문고』『Love Letter』등이 보인다.

■ 영화 〈장화홍련전〉(홍개명 감독, 1936)에서 귀녀로 분장한 장화. 그로, 즉 엽기 코드가 고전 소설의 소재와 맞아 떨어진 경우이다.

담은 하위 서사장르의 하나로서 1930년대 중·후반의 역사소설과 영향을 주고받은 것으로 보인다. 홍명희의 『임꺽정』이나 윤백남의 『대도전』은 당대 조선 장편 역사소설을 대표하는 작품들인데, 이들은 '야담' 혹은 '강담'이라는 평가를 받기도 했다.

그러나 '웃음' '에로' '그로' 등의 코드가 '흘러넘치는 눈물'보다 식민지의 대중적 정서를 더 잘 설명한다고 보기는 어렵다. 그리고 문학은 다른 예술장르에 비해 상대적으로 더 오랫동안 엄숙하고 슬픈 표정을 짓고 있었다. 식민지시대 '신문학'은 '문자'로 만들어진 문화 엘리트의 산품産品이었으며, 또한 그것은 출발부터 계몽성과 민족주의를 유전자처럼 지니고 있었기 때문이다.

[**'감격' 시대의 망탈리테**] 1920~30년대 소설 수용자의 반응을 가장 특징적으로 적실히 요약하여 보여주는 말은 '감격'이다.

(1) **감격의 눈물**을 흘리었습니다.

—『부활』을 읽은 한 고보생의 독후감, 「동아일보」 독서경향 조사(1931년 2월)

(2) 기자 : 지금 독서는 무엇을 하셔요.

이난영 : 춘원 선생의 「그 여자의 일생」을 **눈물과 감격**으로 보고 있습니다.

—「인기가수의 예술·사생활·연애」, 『삼천리』(1935년 8월)

(3) 모윤숙 : 옛날에는 톨스토이 것을 탐독했답니다. 「부활」 「안나카레니야」 「전쟁과 평화」 「종교론宗敎論」 등을, 그러다가 재전再轉하여 불란서

작가가 좋아지는데 「아날드, 푸란스」의 것을 많이 읽었지요. 지이드의 「좁은 門」도 좋고요. (중략) 아뿔사 한 가지를 잊었군요. 골-키의 「어머니」는 정말 **감격으로서 읽었답니다.** 조선서 나오는 것으로는 신문과 잡지는 대개 보고 지냅니다.

노천명 : 저는 「트르게넵프」가 좋아서 **감격과 홍분**으로 밤 늦게까지 책장을 번지던 기억을 가지고 있습니다. 그분의 것은 「그 전날 밤」「연기」「귀족의 집」「아버지와 아들」들의 소설과 산문시, 서한집까지도 거지반 뒤져 읽었습니다. 요지간은 대판매일大阪每日에 나는 「성처녀聖處女」라고 실생 서성室生犀星이 쓴 것을 좋게 보고 있습니다.

- 「여류작가 좌담회」 『삼천리』 8권 2호(1936년 2월)

(2)는 당시 19세의 이난영이, (3)은 모윤숙과 노천명이 가장 감명 깊게 읽은 책에 대해 이야기한 내용이다. 이를 통해 '감격'이 높은 수준의 감명을 뜻하며, '눈물'이나 '감동'보다 더욱 강하게 작품세계에 반응하는 상태를 표현하는 데 사용된 단어임을 알 수 있다. 이러한 사실은 아래 인용문에서 더욱 확실히 드러난다.

(4) 조선에 있어서 소설을 제일 애독하는 이는 부녀자입니다.(중략) 옛날에도 그러하였고 오늘에도 그러합니다. 그만큼 부녀자는 성격상으로 보아 이성보다도 감정의 편이 더 많이 부녀들의 생활을 지배하는 것(중략) 조혼 편으로 이러한 경향을 해석한다면, 부녀자는 감수성이 예민해서 무엇에든지 감격하기 쉬운 아름다운 천진한 성격의 소유자들이라 하겠습니다.(중략)

소설이란 거저 심심풀이나 소일꺼리로만 알아서 무슨 홍미만을 중심을 삼아서 거저 이야기 잘하는 사람의 허황한 이야기 듣는 셈만 치는 것은 천박한 생각입니다. 근대의 소설이 고대의 소설과 다른 것은 이 점에 있습니다. 적어도 어떠한 소설을 읽었다 하면 그 가운데에서 우리가 정신상으로 어떠한 감명을 한 가지라도 깊이 얻어야 할 것입니다. 그러한 것이 없으면 읽은 그 소설을 좋은 소설이라고 할 수 없습니다. 거저 **웃다가 울다가 그럭 저럭 아무러한 감격도 없이 말아버리는 소설은 진정한 의미에 있어 좋은 소설이라 할 수 없습니다.**

- 성동학인城東學人, 「(부인강좌) 우리들은 어떠한 소설을 읽을까?」 「동아일보」(1928년 12월)

(5) 〈흙〉을 쓰기 시작한 이래로 20여 장의 편지를 받았다. 그것은 나에게 **깊은 감격**을 주는 편지들이었다. 다 모르는 분들의 편지거니와, 그러할수록 나에게는 더욱 깊은 **감격을 주었고 또 힘**을 주었다.

- 이광수, 「〈흙〉에 대하여」, 「동아일보」(1932년 5월 26일)

(6) 먼저 졸작을 애독하여주시는 여러분에게 감사…… 한 작가와 독자 사이에는 형용키 어려운 애정이 맺어지는 것을 늘 느낍니다. 서로 얼굴도 못 보고 서로 말도 못하고 작품을 통하여 얼크러지는 인연은 이 세상에 사는 동안 한 재미있는 것이라고 아니할 수 없습니다. 작자는 작품을 위한다 느니보다 이 글을 읽어주실 독자를 생각하면서 쓸 때가 많습니다. 남녀노소 수만 독자를 상상해가면서 쓸 때 퍽 재미있고도 긴장미가 있습니다.

- 방인근, 「감격과 긴장 속에서」, 10만 애독자에게 보내는 작가의 편지, 『삼천리』(1935년 11월)

(4)에서 보는 바와 같이 감격은 소설 감상이 이를 수 있는 최고도의 목표지점과도 같았다. 감격은 감수성이 예민한 여성들이 작품을 읽으면서 흘리는 단순한 '눈물'이나 기쁨 같은 정서상태를 훨씬 초과하는 것이며, 의미 있는 소설과 그렇지 않은 소설을 구별하는 기준이 된다.

사실 '눈물'의 의미 또한 단지 감상성의 표출에 머무르지는 않는다. '눈물'은 동일시의 대상인 주인공의 욕망이 충족되지 못하는 데 대한 안타까움의 표출인 동시에, 그러한 욕망이 충족되고 보상되기를 기대

『독부의 눈물』(《세창서관》,1935)　　『무정의 눈물』(《삼광서림》, 1926)　　『장한몽』(《세창서관》, 1913)

 '비극' 또는 '애화'를 소장르 이름으로 달고, 제목에 '한'이나 '눈물'을 사용한 식민지 시기의 대중소설들. 표지 그림에서 여주인공들은 한결같이 처연, 처절하게 울고 있다.

하는 희망의 표시이다.

　그런데 '감격'은 이러한 눈물을 넘어선다. 그것은 독자가 책을 통해 경험할 수 있는 감정의 정화와 윤리적 변화의 총화이다. '웃다가 울며 마는' 즉 1회적인 감정의 정화를 맛보는 데 그치는 그런 독서체험이 아니라 더욱 강한 충격과 동화로 몸이 진동하고 신경이 흥분하는 상태를 가리키며, 거기에 더하여 농도 짙은 '계몽'의 의미를 포함하고 있다. 승화된 동일시 또는 승화된 감성으로서의 '감격'은, 도덕적인 개심改心과 새로운 인식에 의해 주어지기 때문이다.

　그런데 흥미롭게도 위의 (5)와 (6)에서 보듯 '감격'은 단지 독자들만의 것은 아니었다. 감격은 수용자와 생산자가 만나는 합일의 상태이기도 하였다. 독자들의 '감격'을 유도하는 일을 직업으로 가진 작가들이, 자신 또한 독자들과 같은 정서적·윤리적 상태에서 작품을 대하고

있음을 천명하고 있는 것이다. 그러한 합일상태야말로 계몽의 요건이
자, 학생을 감동시킬 수 있는 교사의 자세를 형성하는 계기가 되었다.
한국 작가들이 독자를 상대로 계몽자의 자세를 취하는 전통은 식민지
시기에 형성되었다 할 수 있다.

다음의 글은 작가와 독자 사이에서 이루어지는 문학적 '감격'의 한
원형적 차원이 낭만주의에 있음을 보여준다.

> **작가는 그 생명의 표현을 그 자유의 예술에 탁기託記하여 구하고 있는 것이
> 다. 그러하고 독자로는 생명의 교통 감응을 구하고 있는 것이다.** (중략) 자
> 기 생명과 작가의 생명과의 접촉 교착交錯에 의하여 우리 자아의 생명을 조
> 명하고 집중하고 풍부히 하고 힘세게 하야 자유의 유동流動을 얻게 하는 것
> 이다. 일언이명지一言而明之하면 우리 생명을 가장 완전하게 길러가는 일
> 이 이 역시 우리가 예술에서 구하는 궁극窮極이로다.
>
> – 춘성생春城生, 「문예에서 무엇을 구하는가」, 『창조』 6(1920년 5월)

1920년대 초 낭만주의 단계의 『창조』나 『백조』의 문학가들은 문예
를 '생명의 표현'이라 간주했다. '생명'의 접촉에 이르는 독자와 작가
의 온전한 교통이 곧 생명의 완성이자 예술의 궁극적인 목표라고 생각
한 것이다.

그런데 이처럼 곧잘 '감격'하는 망탈리테는 어디에서 연유하였으
며, 어떤 훈련을 거쳐 만들어졌을까? 이 문제는 이광수 소설을 소재로
이야기할 수 있을 듯하다. 앞서 말한 대로 이광수는 식민지시대 '신문
학'의 대명사였다.

「그럼 출판에 있어서 실패해보신 일은 없습니까?」
「웨 없어요 순수 문예서적을 출판했다 손해보았지요. 염상섭 씨라면 문

단에 이름도 높으시고 해서 팔리리라고 추측했었는데 결과는 그렇지 않았습니다.」

「춘원 선생 것도 출판하셨지요?」

「네 했지요. 한 10여 종 했습니다.」

「그래 그것도 실패였습니까?」

「아니올시다. 춘원은 잘 팔립니다. 다 중간이 됐지요.」

- 「출판 문화의 전당 박문서관의 업적」, 『조광』 38호(1938년 12월)

×월 ×일 : 『사랑』 1천 부 돌파? 『금삼의 피』 교정을 읽던 우리들은 쾌재를 부르며 교정지를 밀쳐놓고 이야기의 꽃을 피웠다. **항용 소설은 1천 부를 1판씩 잡으니** 우리도 곧 남아지 책은 재판으로 찍어서 팝시다. 아냐 동경서는 5백을 1판이라고 떠들 일이야. ── 이 「죠─시」면 금년 안에 4천은 나갈 테지. (중략) 갑자기 출판부 안은 수선해졌다. 그러나 우리는 초판 2천을 묵수墨守키로 하였다. 판수보다도 실수가 제1이다. ── 하는 고집에서다. 『사랑』이 나온 지 엿새 되던 날의 광경이다.

- 「편집실 일기」, 『박문』 3집(1938년 12월)

그리고 어떤 이들에게 이광수는 "오직 한 분으로 모실 우리의 스승"[24]이었다. 따라서 이광수 소설 읽기를 분석하는 것은 곧 식민지 조선인의 소설 읽기 전체를 거론하는 데 다가가는 일일 수도 있다.

(7) 5호 활자 630혈의 거권巨卷으로 형신질량形神質量 무엇으로든지 소설계에 광전曠前한 위관偉觀이 되는 것이라. **진실로 심心을 문학에 유류有留하야 신사조新思潮에 병도幷棹코저 하는 자는 다 같이 차서此書에 취취就하야 정완심미精玩深味치 아니치 못할지니 기왕으로는 최대한 수확이요 현재로는 최고한 전형이요 장래에는 최량最良한 향도자됨일 새니라.**(1천 부만 인

출印出하였을 뿐이니 진조구취趁早構取 아니하면 절품絕品될 려慮ㅣ유有
하외다)

- 『무정』 광고문, 『청춘』 14호(1918년 6월)

(8) 도덕적 표준이 엄한 노인들은 소설을 가리켜 청소년들을 타락케 하
는 연애 희문戱文이라 하였고 문학청년들은 **'소설이란 사회개조, 특히 연애**
해방을 표준삼은 연애물어'라는 개념을 가지게 되었으니 이도 또한 춘원의
초기의 모든 작품의 영향이라 아니할 수 없다.

- 김동인, 「조선근대소설고朝鮮近代小說考」, 「조선일보」(1929년 7월 28일)

(7)에서처럼 이광수가 가장 새롭고 선구적이던 시기 그의 소설은
신사조와 신문학에 경도된 청년층의 향도嚮導였다. 그런데 (2)에서 김
동인이 한탄하고 있는 것처럼, 이 향도에 따라 문학청년들은 '소설이
란 사회개조·연애 물어(物語 : 이야기)'라는 인식을 갖게 되었다. 이
광수 소설의 영향을 받았다는 후배 문학가들의 글이나, 그의 소설을
읽고 '감격'하였다는 기사는 일일이 거론하기 어려울 정도로 많다(■자
료실 : 표 23 〈『무정』(1918~1953)의 판차와 발행 경과〉 참조).

임화는 초기 이광수 소설의 이데올로기를 '민족부르주아지의 추상
적인 인도주의적 이상주의'라 규정했는데,[25] 이 이상주의는 1920~30
년대 조선 상황에서 변질된다. 주지하듯이 이광수는 소설작품을 공공
연하게 민족개량주의 이념을 설파하는 도구로 사용하였다. 그래서 식
민지 민중들이 '이광수'라는 명성에 끌려 자발적으로 선택하기도 했
던 이광수 소설은 식민지 민중의 심성 한 켠을 장악할 수 있었으며, 그
소설의 망탈리테와 이데올로기는 객관적인 '현실'이자 극복해야 할
대상이 되었다. 이광수는 식민지시기 내내 존경과 인기를 한 몸에 받
은 대상임과 동시에 혐오와 타기의 대상이었다. 어떤 이들은 대중이

구활자본 신·구소설에 사로잡혀 있는 것보다 이광수 소설에 '중독' 된 것이 더 안타깝고 위험하다고 생각했다. 역사소설과 연애소설에 걸 쳐 놀랍도록 일관되게 나타나는 이광수 소설의 이데올로기와 망탈리 테에 투사된 대중의 상태는 극복되어야 할 식민지의 어두움이었던 것 이다.[26] 김기진은 그 중독의 심성을 '센티멘탈리즘'이라 분석하였다.

> 춘원 소설의 최대의 무기는 사랑하고 탄식하고 감사하고 슬퍼하고 기도 하고 원망하는 것의 연쇄인 센티멘탈리즘에 있다. (중략) **일반의 수준이 낮 고 생활의 외위에서 불가항력의 초인간력을 부단히 느껴오고 따라서 숙명 적 배신적 사상에 감염을 오랫동안 당하여온 특정한 사회의 보통인의 보통 감정은 일양(一樣)으로 센티멘탈리즘 아닌 것이 없다…….** 그리하여 센티멘 탈리즘은 현재의 조선 사람의 보통 감정이요 춘원의 소설은 이 조류에서 최대의 풍속을 가지고 항행을 하여왔다.
>
> - 김기진, 「문예시대관 단편 : 통속소설소고」, 「조선일보」(1928년 11월 9일)

이 센티멘탈리즘은 정치적으로는 당시 체제에 복종하는 데 부족함 이 없었던 민족개량주의의 심성적 측면과 직통한다. 이광수의 소설은 민족의 과거와 현재를 모두 다루고 있는데, 『단종애사』나 『애욕의 피 안』에서도 그러한 경향은 일관되게 나타난다.[27] 그 일관성은 김기진이 지적한 바, '사랑하고 탄식하고 감사하고 슬퍼하고 기도하고 원망하 는' 민족적 순응주의와 무차별한 인도주의를 내용으로 한다. 당대의 대중들이 일반적으로 그러한 심성을 포지하고 있었다는 김기진의 설 명은 분명 무리한 측면도 없지 않다.

그러나 더 중요한 점은 앞의 (2)와 (6)의 인용문에서도 알 수 있듯이 이광수와 그의 독자들이 '감격'을 매개로 서로를 길들여왔다는 사실 이다. 달리 말하면 소설 속 '감격'의 수용구조가 소설 바깥의 상호작용에 의해 조장되고, 이광수 소설을 읽는 독자들은 그 소설들을 수용하는 '관습(문법)'을 익히게 되었던 것이다. 신파극 공연장에 가기 전 공연 내용을 알지도 못하면서 미리 손수건을 준비하듯, 이광수 소설을 읽는 독자들 또한 감격 잘하는 선생의 설교에 맞장구쳐줄 채비를 갖춘 '학생'의 자세를 익히게 되었다.

2_소설 수용 양식의 제도화 과정

'무엇을 어떻게 읽을 것인가'를 정해주는 제도나 사람들이 없다면? 아예 우리는 읽지 않을지도 모른다. 문단, 문학상, 문학 비평가, 편집자, 교수와 교사, 저널리스트들이 '무엇을 어떻게' 읽어야 하는지 끊임없이 말하고 있다. 그들의 말은 분명 우리가 '자진해서' 읽는 힘의 일부를 이루고 있다. '누구의 무슨 작품을'과 같은 맥락을 지닌 '무엇을 어떻게 읽을 것인가'를 결정하는 문제 안에는 매우 다양한 여러 요인들이 복잡하게 얽혀 있다. 많은 권력과 여러 사람들의 밥벌이가 달려 있는 까닭에, 그 문제는 오랜 기간에 걸친 투쟁에 의해 섬세하게 결정된다.

그 중에서도 자식들과 학생들에게 무엇을 읽힐 것인가를 결정하는 과정으로서 정전의 구성은 투쟁의 최고봉이다. 여기에는 문단과 문학가들, 교육자들이 나서고 교육 이데올로그, 종교 지도자, 자본가, 정치가들, 그리고 국가와 민족사가 배후로 개입한다. 언제나처럼 배후는 잘 보이지 않는다.

['고급' 문사의 분노 : 문단 형성과정의 상징투쟁]

독자들의 반응은 반응의 표현양식과 표리의 관계에 놓인다. 그러나 반응의 표현양식은 반응 자체에 비해 훨씬 강한 사회적 의미를 띤다. 어떤 작품을 감상하고 표현하는 방법은 '사회화'의 일부로서 교육되며, 그것을 총화한 힘은 제도로 정립된다. 그리고 이 과정은 다음과 같은 외적 조건과 상호작용한다.

(1) '전문적'인 식견과 취향을 가진 전문적인 독자들이 출현하여 자신의 수용방식과 서구의 문학이론을 결합시키면서, 자신과 타인의 수용방식을 이론화·제도화해간다. 그 최초의 표현이 1910년대 말부터 시작된 근대비평이다.

일반인과 다른, 보다 '전문적'인 식견과 취향을 바탕으로 작품을 수용한다는 것은 무엇을 의미할까? 전문적인 수용은 한마디로 형식주의적 미학에 입각한다. '미학'은 기본적으로 작품의 주제와 작가의 사상, 또는 작품과 작가를 구분하고 작품을 윤리나 이념이 아닌 형식요소적 가치에 의해 평가할 것을 요구한다.[28] 이들의 비평담론은 강한 교육적 의미를 갖고 있어, 독자의 반응태도와 소설 광고 담론에 하나의 기준을 제공하며 영향과 권위를 행사한다. 문학 장 내부의 규칙은 작가들의 문학활동을 통하여 대중에게 공표된다. 이러한 절차로 그들은 대중의 도서선택과 책 읽는 방법을 규율한다.

(2) 문학사적 정전을 구성하는 작업이 시작된다. 1930년대 초반부터 문단의 과거를 회고하는 작업이 시작되고 당대의 작가와 작품들 중 '명작'의 반열에 오를 만한 작품을 선별하는 작업이 본격화한다. 이러한 과정을 통하여 1930년대 후반 각종 문고본과 선집·전집이 활발하게 발간된다. 이 시기에 형성된 준별의 감각은 현재까지 이어지고 있다. 현재 교육되고 권장되는 작품 읽기의 감각과 기준은 1930년대의 그것에서 크게 벗어나 있지 않다.

(3) 신문과 잡지의 적극적인 매개활동에 의해 '독후감' '독자투고' '작가에게 보내는 편지' 등, 독자와 작가가 소통하는 객관적인 공간이 마련된다. 이는 작가·편집자·독자가 각각 명확한 위치로 구분되는

존재임을 전제로 한 것으로, 저널리즘의 발전과정이 편집권의 전문화, 곧 편집자가 신문사 내 · 외부에서 쓰여진 글을 명확히 구분해가는 과정이었음을 보여준다.[29] 이 과정에서 소설에 대한 독자의 반응은 독후감이나 '독자의 편지' 로 고정되고, 이를 통해 독자의 반응은 측정 가능한 객관적 '여론' 이나 '인기' 로 인정받게 된다. 그리고 작가는 독자의 반응을 접함으로써 독자들에 대해 추상적인 '상' 을 갖게 되며, 이러한 독자상은 작품 속의 '내포독자 implied reader' 를 구성한다.

(4) 이러한 신문과 잡지에 실리는 독자투고(독후감 · 편지)에 의해 독자의 소설 수용양상과 그 표현은 사회화 · 제도화된다. 개인적 · 공동체적 감정이입이 표명되고 문자로 고정됨으로써, 보다 명확한 사회화의 기제를 얻고 다시 사회화된 반응을 유도하는 매개가 되는 것이다. 다시 말해 작품 속 세계에 대한 개인적 · 공동체적 감정이입과 그 공유과정에 의해서만 표현되고 사라지는 반응은 '상상적 실재' 로서, 타인과 사회를 향하여 지속적으로 표명되고 타인의 것과 교환되는 반응은 '취향' 으로 굳어지는 것이다. 이를 통해 각 개인은 어떤 특정한 경향성을 지니는 취향의 주체로 구성되며, 그 취향의 내용에 대해 '통속' '대중' '고급' '순수' 등의 사회적 지칭이 정해진다. 이러한 구별된 술어의 함의에 대한 사회적 합의가 형성되면서 개인들도 그 합의의 생산과 재생산에 참여하게 된다.

1920년대 초반 『사랑의 불꽃』이 대중의 열광적 지지를 얻어 베스트셀러가 되고, '연애' 를 중심으로 한 서간문집이 후대에도 계속 재생산되는 상황 속에서 노자영은 바로 자기 동료들에게 격렬한 비난을 받았다.

종로거리 커다란 책사 앞에 있는 광고판과 술 취해 시비를 붙은 즉, 광고문 중에 있는 "고급문예高級文藝" 네 글자이다⋯⋯.

도대체 **고급문예라는 것이 뭐냐?** 어떤 흥행극단에서는 희곡戲曲이라는 말을 알 수가 없어 그냥 '희극喜劇'으로 이해하기로 했다는 시대, '적的, 화化'가 남발되다 못해 「창피적的」이라는 말까지 사용되는 이 현하의 경성에서, 도대체 고급문예라는 것은 어떤 것이냐?

그렇게 훌륭한 문예작품을 광고한다는 간판의 문구로서 「고급문예」 사자四字를 대서특필한 것은 뱃심도 몹시 조흔 일이지마는, 정말 그야말로 좀 「창피적」이다.

그 간판과 나란히 서 있는 동무 간판은 더 다시 가관이었으니 「사랑의 불꽃」이라든가 「사랑의 불거웃」이라든가는 현대 조선문단의 일류문사들이 기고를 하였다고 써 있다. 문사! 문사! 일본말로 「시모노세서」가 어떠하냐. 정말로 창피한 일이지. 어떤 얼어 죽을 文士가 그 따위의 원고를 다 함께(?) 쓰고 앉았더란 말이냐.

– 「육호잡기六號雜記」, 『백조』 3호(1923년 9월)

위 글은 『백조』(3호)의 편집인이며, 노자영과 동인이기도 했던 시인 홍사용이 쓴 것이다. 그의 격렬한 야유 안에는 당대의 상황을 보여주는 많은 사실들이 담겨 있다.

우선 이 비공식적인 비평에서 두드러지는 것은 '고급문예'와 '문사'란 어휘이다. 홍사용은 종로거리 광고문에 등장한 이 어휘들의 대중적 용례에 분노하고 있다. 『사랑의 불꽃』이 출판업자나 대중 독자에게는 "고급"한 문예작품으로 인식되었지만, 정작 고급문예의 담당자로 자부했던 『백조』 편집인의 기준으로 보았을 때 그것은 '창피하고도 얼어 죽을' 일이었다.

이러한 분노가 어디에서 기인하였을까? 그것은 우선 『사랑의 불꽃』의 대중적 성공에 대한 당혹감에서 비롯되었을 수 있다. 『사랑의 불꽃』의 성공은 『무정』을 제외할 때 1919년 이후 등장한 『창조』 『백조』의 신문예 작가들이 목격한 '신문학' 최초의 상업적 성공이었다. 홍사용 같은 이의 눈에 그 대규모 성공은 바로 자기 곁에서 벌어진 '문사'와 대중 독자 간의 최초의 불륜이었던 것이다.

그리고 더 중요한 것은 '고급문예'와 '문사'라는 말이 '종로통에서 발길에 채일 정도'로 흔한 유행어가 되고, 이 말을 구사하는 것 자체가 특정 층의 독자들을 유인하는 마케팅 수단이 되어 있었다는 점이다. 이미 1920년대 초에 '고급' 문예와 '저급' 문예를 구별하는 감각이 사회화되어 있었다고 볼 수 있다. 그런데『백조』편집인 홍사용은 '고급'이라는 술어가『사랑의 불꽃』에 사용된 데 대해 반발하고 있다. 자기 기준에서 볼 때『사랑의 불꽃』은 고급한 문예에 미달한다는 것이다. 홍사용의 반응은 사회화되고 있던 고급-저급을 구별하는 감각에 의문을 제기한 것이었다. 그러니까 그때까지는 '고급'과 '저급'이 명확하게 구분되지 않았고, 각각의 내용 또한 제대로 채워지지 않았다. 홍사용의 반발은 바로 그 '고급'의 내포와 외연을 어떻게, 누가 정할 것인가에 관한 상징투쟁과 결부되어 있다.

이처럼 문학에 대한 고급한 취향과 취향의 담론은 치열한 갈등과 투쟁을 통해 만들어졌다. '고급한' 소설에 대한 매우 배타적인 문예취향과 그 향유자 층을 형성해간 기본동력은 두 가지이다. 이는 곧 문예에 대한 취향의 차별화를 향한 상징투쟁의 방향을 나타내며, '조선문단'이 자기 정체성을 확보해가는 과정을 보여주기도 한다.

조선문단에서 '고급' 독자가 형성되어가는 첫번째 국면은 문단과 그 구성원이 형성·확보되는 과정 자체이며, 두번째 국면은 형성되어가던 '문단'이 대중을 교양·계몽하는 과정이다. 우선 '자율화'하여 제도적 질서를 구축해간 '신문학' 장의 자체 역량이 형성되는 과정을 살펴보자. 1920년대 조선문단은 최남선-이광수와 일본 유학생 출신 지식인이 화학적으로 융합함으로써 형성된다. 그리고 '전문적인 문인 활동 장'[30]으로서 문단의 형성은, 이른바 동인지시대를 거쳐 『조선문단』 (1924) 창간과 카프(1925) 설립이라는 두 축으로 일단 완료된다.

그런데 '신문예'를 담당하게 된 조선문단의 양 축 모두, 1900~10년대 활약한 작가들 중 최남선과 이광수를 제외한 나머지 사람들은 사실상 배제된 채, 상당히 좁은 범위의 특정 지역과 계층 출신들이 주류의 위치에 올라서는 과정을 통해 구성되었다. 이는 매우 놀라운 사실이다. 이러한 현상은 카프에 비해 독자에게 더 큰 대중적 영향력을 행사하고 보다 '순수한' 문학 장의 규칙을 도입한 『조선문단』을 중심으로 한 민족문학파에서 더욱 두드러지게 나타난다.[31] 1920년대의 주류 문인들은 『학지광』(1914)·『청춘』(1914)에서 본격적으로 문필활동을 시작하고, 『창조』(1919)·『폐허』(1920)·『백조』(1922) 등의 동인들로부터 주된 자원을 얻어 형성되었다.[32]

새로운 '형성'은 일단 두 가지 '배제'의 과정을 포함했다. 우선 이해조·김교제[33]를 비롯한 신소설 작가나 조일제·민태원·이상수·정연규·이상협 등 1910~20년대 신문 연재소설과 단행본 발간을 통해 대중들에게 영향력을 미치고 있던 작가들이 배제되었다. 이들 작가의 작품인 『화의 혈』 『현미경』 『이상촌』 등이 『폐허』 『백조』 동인의 초기 작품에 비해 질이 낮거나 낡은 정신을 담고 있다고 단정할 수 있는 근거는 별로 없다.

둘째, 이는 재래再來의 조선문학 전체를 부정함으로써 이루어졌다. 신문학의 주체들은 전통을 전면 부정하고 전대의 문학을 "의례히 기괴한 이야기나, 그렇지 아니하면 천박한 권선징악적 교훈·비유담"[34]으로 치부하는 과정을 통해 자신들 문학의 정당성을 확보하고자 하였다.

그러나 이처럼 출발의 폭이 놀라우리만치 좁은 가운데에도, 이들은 짧은 기간 내에 대중적 영향력과 권위를 확보하였다. 1920년대 중반 이후부터 신문학은 지식층과 청년층에 대한 영향력을 크게 확대하였다. 카프와 『조선문단』은 병존하며 각각 성공을 거두었는데, 이는 문학과 사회주의가 당시 청년 지식인의 양대 '누벨바그'로서 새로움을 표현한 때문이다.

이러한 대중화는 최남선 · 이광수 두 사람과 일군의 동경 유학생이라는 '우연'이 역사의 필연으로 바뀌게 된 과정이라 볼 수 있다. 이는 시대의 거시적인 물결, 곧 새로운 학교교육의 대중화와 전세계를 휩쓴 사회주의 사상의 힘 이외에도, 다음과 같은 부차적인 그러나 결정적인 힘에 의지한 결과였다.

첫째, 신문학의 주역들은 『개벽』 「동아일보」 「조선일보」 『조선문단』 등의 새로운 문화적 권력기구를 장악함으로써 소통의 공간을 가장 넓게 확보했다. 둘째, 최남선 · 이광수의 대중적 권위와 인기이다. 최남선은 『시문독본』(1918) · 『심춘순례』(1925) 등의 대중적 저술로 계속 영향력을 발휘하였고, 이광수는 1910년대와 1930년대에 걸쳐 『춘향전』과 『장한몽』에 맞설 만큼 폭넓은 대중성을 가진 유일한 소설가이자 이데올로그였다. 『조선문단』이 "이광수 주재主宰"를 처음부터 내세우고, 창간호 첫머리에 그의 작품 「혈서」를 실은 것은 우연이 아니다. 요컨대 최남선이 만든 『청춘』 『시문독본』과 이광수의 『무정』 『개척자』 등이, 조선 대중들이 갖고 있던 문학에 대한 통념을 바꾸어놓는 데 절대적인 영향을 끼쳤다고 해도 과언이 아니다.

['창작'으로 문청을 조직하다 : 『조선문단』의 수용사적 의미]

작가들은 논쟁과 비평활동을 통하여 자율화된 질서에 걸맞게 소설의 내적 형식을 변화시키고자 하였고, 이에 따라 소설은 근대 예술작품의 하나로서 엄격한 장르적 요건을 갖춰가기 시작했다. 그러는 한편 전대에 성립한 대중성의 내용과 양식을 모두 부정·배제한 채 성립한 조선문단은, 『조선문단』의 창간과 카프의 활동을 통하여 새롭게 독자를 확보하고 대중성의 규칙을 새로 마련해갔다. 그러므로 이들이 확보한 대중성의 내용은 전대에 비해 일신된 것이었다. 『조선문단』의 대중성[35]이 '창작'과 '예술'로서 문학의 '순수함' 자체를 매개로 했던 데 비해, 카프의 대중성은 '신흥' 사상에 의한 사상적 계몽과 조직화를 의미했다. 이처럼 양자는 전혀 다른 문학관에 기반해 있었지만 독자들에게 계몽적인 자세를 취한다는 점에서는 같았다

새로운 대중성의 규칙에 의하면, '감상'해야 할 대상으로서의 소설은 '기괴한 이야기나 천박한 권선징악적 교훈·비유담'이 아닌, 높은 사상성과 새로운 문장작법('시문체')이 농화된 창작품이었다. '창작품이냐 아니냐'라는 기준이야말로 '구별'의 제1항목이었다. 이광수는 『무정』을 연재할 당시 독자들에게 받은 편지 중에, 『무정』이 번역물이냐 창작물이냐라는 질문이 많았다고 회고했다. 1910년대 인기소설 중에 그만큼 번역물이 많았다는 뜻이다. 이해조·민우보·조일제 등의 대중적 작가와 신문학 작가들이 나뉘는 지점도, 전대의 작가들이 완전한 의미의 '창작가'로 부족한 면이 있었다는 데 있다.

『조선문단』이 새롭게 대중성을 확보할 수 있었던 가장 중요한 매개는 신인들의 '글쓰기' 즉 '창작'이었다. 이는 '글을 통한 자기표현'이라는 당대 젊은이들의 욕구에 근거한 문학열에 적절히 부응하는 기획이었다.

『조선문단』은 창간호부터 독자들에게 원고를 모집하고 문호를 넓게 개방하였다. 『조선문단』의 「남녀 투고모집 규정男女投稿募集規定」에서는 "특작特作은 문단에 추천한다는 의미로 「추천」이라 쓰고 그 다음은 「입선」이라고 쓰고 또 다음은 「가작」이라고 씁니다. 얼마 지나 제위중諸位中에 탁월한 분이 계시면 신진작가로 소개합니다"[36]라고 밝히고 있다.

신진작가가 될 수 있다는 것은 당대 문학청년들에게 그야말로 매력적인 유혹이었던 것이다.[37]

이러한 매력을 지닌 『조선문단』은 창간호부터 선풍적인 인기를 끌었고 예상 밖의 높은 판매고와 투고 수를 기록하였다. 이에 『조선문단』의 편집자는 「투고하신 제위께 특고特告」하여 "투고가 어찌 많은지 큰 궤짝으로 하나 가득"하며, "한 가지 유감은 그 글을 전부 싣지 못하고 일일이 원고를 반정反呈하거나 이러타 저러타 회답 못해드리는 것"이라 했다.

여기서 투고의 모집부문에 유의할 필요가 있다. 『조선문단』의 독자투고 범위는 "단편소설(5천 자 이내), 감상문(2천 자 이내), 희곡(5천 자 이내), 소품문(5백 자 이내), 시〔隨意〕, 서간문(1천 자 이내), 시조〔隨意〕, 일기문 기행문(1천 자 이내), 논문(2천 자 이내), 독자통신(엽서 1매)" 등 장르와 양식을 불문하고 '글쓰기'와 '창작' 전체를 포괄하였다. 『조선문단』의 전체 지면에서는 '소설'과 '시'가 배타적인 지위를 누렸지만, 일반인들을 대상으로 하는 글 모집에서는 그렇지 않았던 것이다. 그래서 2호부터 특정 장르에 귀속시키기 어려운 다양한 형태의 독자투고가 실리기 시작했다.

또한 초기 『조선문단』의 원고선정이 엄격한 신인등용 절차는 아니었다. 소설 선고자이던 이광수는 3호의 「소설 선후언選後言」에서 "이번에는 스무 편이나 들어왔다. (중략) 이것은 세 편밖에 좋은 것이 없어서 그런 것이 아니라 세 편밖에 더 낼 자리가 없어서 그리한 것"이라 말하고 있다. 곧 『조선문단』의 독자투고와 선고는 경쟁과 엄격한 심사를 요건으로 제도화한 '등단제도'라기보다는, 독자들에게 지면을 개방하고 '창작'의 대중적 확대를 도모하려는 측면이 더 강하였다.

따라서 전대의 작가나 문학 그리고 문단 내부의 이질적 요소들에게는 매우 엄격하게 적용되던 새로운 '예술의 규칙'은, 글쓰기에 열광하고 있는 대중들에게는 일단 관대했다. 투쟁을 통해 성립되고 안정된 헤게모니와 규칙은 융통성과 관용을 발휘하는 법이다. 그러나 규칙이 성립하기 전까지는 진입장벽을 높여 순수성을 갖추어야 하며, 이 장벽을 넘은 신인은 장의 내부자로 인정을 받는다. 이러한 문학 장 내부의 헤게모니와 그 확산원리가 『조선문단』에서 생성되었다고 할 수 있다.

한편 『조선문단』은 창간호부터 여러 '기성' 문학가의 지상 문학강좌를 연재하였다. 「선후평」을 통해 투고작들에 대해 직접적인 권위를 행사하는 것 외에도, 이광수는 「문학강화」를 통해, 주요한은 「노래를 지으시려는 이의게」를 통해, 대중들에게 '신문학'의 원론과 정신을 설파하고 창작론을 강의했다.

이광수의 「문학강화」는 신문학의 대중화 문제와 관련하여 매우 중요한 평문이다. 이 글의 서두에서 이광수는 「문학이란 하㑊오」「문사와 수양」「문학에 뜻을 두는 이에게」, 이 세 편을 합해도 문학개론이라고는 할 수 없다'며 '문학개론'의 필요성을 역설하고 있다. 1910년대와 1920년대 초에 씌어진 세 편의 글은 초기 이광수의 문학관을 집약하고 있을 뿐 아니라, 한국문학사에서 최초로 제시된 체계적인 근대적 '문학론'이기도 하다. 그런데 이 글들을 합해도 '문학개론'으로서 부족하다 한 이유는, 문학개론이 가지는 독특한 위상 때문이다.

'문학개론'이야말로 문학에 관심을 가진 대중을 상대로 하는 것이다. 그런데 한글로 된 문학입문서가 전혀 없어 일본어로 된 것을 읽어야 한다고 말했던 「문학에 뜻을 두는 이에게」(1922)[38] 단계에 비하면, 당시 조선문학은 수용자 측면에서 비약적으로 확대되고 있었다. 전에 비해 훨씬 많은 독자와 젊은 문학가 지망생들이 나타나 문학에 뛰어들려 하고 있었던 것이다. 그러나 "불완전한 금일의 조선의 가정과 학교 교육, 사회의 공기, 이 속에서 건전한 성격의 훈육을 받지 못하고, 게

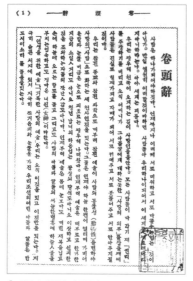

『조선문단』창간호의 권두사

이광수의 「문학강화」의 서두

■■■『조선문단』권두사에서 이광수는 "인생을 위한 예술", "거룩한 사랑의 예술"을 주창하고 있다. 그리고 「문학강화」서두는 "문학이란 무엇이냐"로 시작하여 초기에 썼던 자신의 평문 「문학이란 하오」「문사와 수양」을 언급하며 그 평문을 넘어서는 문학개론이 필요함을 주장하고 있다.

■■■『조선문단』창간호 광고(「동아일보」 1924년 8월 30일). 남녀 독자투고 부문에 시, 소설, 희곡 뿐 아니라 감상문, 기행문, 서간문, 일기까지 포함되어 있다.

다가 구투舊套를 갓 벗어버린 나체의 청년 남녀가 닥치는 대로 아무러한 사상이나를 집어 입으려 할 때"였기에, 문학의 "정도"[39]를 기초부터 가르칠 수 있는 문학개론이 급히 필요했다.

이러한 노력 외에도『조선문단』은 문청을 대상으로 한 문학의 '대중화'를 위해 다양하게 지면을 꾸몄다. 「처녀작 발표 당시의 감상」(『조선문단』6호, 1925년 3월)은 기성 문인들의 등단과정을 소개함으로써 문사 지망생들의 공감을 불러일으키려는 시도였다. 이외에도 이미 각광받는 직업인이었던 문사들을 대중적 스타로 만들려는 노력도 기울였다. 창간호부터 연재된 「문사들의 이 모양 져 모양」, 그리고 「화보 : 조선문학을 건설하는 이들」(4호),[40] 「조선문사투표」(4호)가 그것이다.

'신문학' 내부에서 스스로 마련한 규칙에 따라 배제시킨 것은 낭만적 감상성의 문학이었다. 노자영의 『사랑의 불꽃』과 같은 종류의 문학은, 고래의 문학과 1910년대의 대중적 문학을 극복하고 서구적 근대문학으로 나아가고자 했던 문단에게는 내부의 복병과도 같았다. 이제 대중에게 문학은 재미있고 신기한 옛 '이야기'가 아니라, 낭만적 감상感傷과 그 감상으로 점철된 '미문'으로 인식되고 있었다. 새로운 교육을 받고 개인주의에 기초한 낭만적 자유연애에 열광한 청년들은, 김동인과 염상섭의 소설이 아니라『사랑의 불꽃』에 환호했다. 따라서 '노자영류'로 언급된 문체와 문학의 감상성 자체가 돌파해야 할 새로운 한계로 인식되기 시작하였다.

'미문' 또는 '미문 취향'은 문학의 성숙을 위해 여러 면에서 공격대상이 되었다. 보다 순수하고 수준 높으며 지적인 문학을 창조하고 수용하기 위해서, 그리고 프롤레타리아 문학과 같은 '이념'과 경향성의 문학을 전개하기 위해서라도 이러한 문학관과 취향은 반드시 극복되어야 했다.

(1) 지금까지의 작품은 다만 몰락되어가는 계급 혹 민족의 비담悲憺한 푸로세스만을 그렸다.

그것도 초기에는 피할 수 없는 사실이다. 그러나 신년부터는 그들의 비담한 끝으로부터 생기는 반동운동反動運動에 착안하자! 그리고 또한 프로 문예는 형식부터도 힘 있는 형식이 있었으면 한다. 유래由來에 내려오는 소위 묘사를 위한 묘사 가튼 장황한 미문美文은 좀 치워버리자. 그리고 새로운 포-ㅁ 을 찾자.

- 박영희, 「신년의 문단을 바라보면서」, 『개벽』 65호(1926년 1월)

(2) 일주일에 한 번씩 소설 연구부, 시 연구부, 시조 연구부 등이 있어서 각 선생의 도움을 받는다. 소설부에 이태준 씨가 맡아보시는데 **그는 주로 감상적으로 문자를 늘어놓는 것은 글 짓는 본의本意가 아니라 하여 항상 묘사하는 법을 가르치는데, 손 하나를 놓고 한 수 일식 묘사하도록 학생들을 연단鍊鍛시킨다 한다.**

- 「빗나는 이화여자전문 문과 전모」, 『삼천리문학』(1937년 1월)

두 인용문은 '묘사'에 대해 전혀 다른 입장을 취하고 있으면서도, 감상적 미문 취향에서 벗어나는 것이 계급문학과 본격 순문학의 기본을 이룬다는 데에는 인식을 같이하고 있다. 특히 이화여전 문과 교수 이태준의 교수방침을 설명한 (2)는, "감상적으로 문자를 늘어놓는 것"이 문학에 대한 당시 여학생들의 일반적인 관념임을 역으로 보여준다.

한편 카프를 매개로 형성된 프롤레타리아문학(= '프로문학')은 신문학의 장 내부에서 발생한 타자였다. 카프와 민족문학파의 반정립은 문학 장 내부에서 문학의 '자율적' '규칙'을 마련하기 위한 최후·최대의 투쟁이었다.

조선의 프로문학은 1920년대 초기 '청년계'를 휩쓸던 사회주의와

문학의 결합으로 이루어졌다. 프로문학의 가장 큰 특징은 '순수문학'
과 달리 문학 외부의 힘을 태반으로 하고 있어서, 끊임없이 '문학' 을
'외부화' 하는 힘을 자기 동력으로 가졌다는 데 있다. 달리 말해 프로문
학은 '문학' 의 일부로 출발했으면서도, 끊임없이 '문학' 이나 '문단' 의
경계를 넘어서게 하려는 힘, 곧 계급해방·민족해방의 이념과 실천행
위에 의해 그 정체성이 규정된다.

프로문학의 담당자들은 한편으로 일개 '작가' 에 불과했지만, 예술
운동의 '전위' 로서 자기 의식도 가지고 있었다. 그래서 카프는 흔히 볼
수 있는 예술가들의 친목회나 압력단체로서가 아니라, '조직' 으로 존
재할 수 있었다. 그 조직은 대중과 전위조직 사이에 있는 '전위지향적
인 부문조직' 이었으며, 그들의 '창작' 역시『조선문단』이 문학청년을
매혹했던 방식 곧 개성의 표현으로서 '창작 예술' 의 일부가 아니라, 계
급해방과 민족해방을 위한 아지·프로(선동 선전)의 일환이었다.

■『신흥문학전집』과『사회사상전집』광고('동아일보', 1928). 일본 〈평범사〉에서 발행한 두
전집 모두 사회주의 사상의 대중적 확산에 목적을 둔 대규모 기획물이었다. 이러한 일본 출판계의
전집물 발간은 1930년대 후반 조선 출판계에 영향을 미치는 것으로 보인다.

따라서 '부르주아의' 문학을 거부하는 것이 아니라, '문학 자체'가 부르주아적인 것임을 인식하고 주장할 때 카프의 독자성은 온전히 확보될 수 있었다. 이러한 인식을 바탕으로 '문학성'의 새 규준을 형성하지 못한다면, 프로문학은 이념성이 과도한 지식인 문학의 일부에 머무를 수밖에 없으며, 대중에 대해 자임한 자신들의 문화적·정치적 전위성 또한 증명할 길이 없게 된다.

'내용·형식' 논쟁, '창작방법론' 논쟁 등은 '문학'을 넘어서는 독자적 정체성을 확보하는 동시에 '문학'으로 정립하고자 하는 카프 내부의 노력이었다. 그러나 결과적으로 '문학'을 초과하는 이념성과 전위로서의 자기정체성, 즉 '부르주아 예술'이 아닌 '조직'과 '투쟁'의 원칙은 지켜지지 못했다. 카프는 당적 질서의 온전한 일부가 될 수 없었으며, 실제로 '대중'을 가진 적도 없다는 점이 한계로 작용하였을 것이다. 그래서 카프 작가들은 카프 해산 이후 단순히 '문단'의 개별 성원으로 귀착한다.

선별과 배제 : 문학사적 정전正典의 구성과정(1)

수용의 규율화·제도화와 관련하여 가장 중요한 사실 史實 중 하나는 문학사적 정전의 구성이다. 어떤 면에서 보면 정전목록의 성립과정은 문단의 성립 과정과 동일하다. 정전은 문단이 성립되고 장의 규칙이 확립되어 좋은 작품과 그렇지 않은 작품을 구별하는 순간부터 만들어지기 때문이다. 그러나 이는 최초의 계기를 지시해줄 뿐이다. 정전의 온전한 목록을 구성하는 과정은 특별한 노력과 여건의 성숙을 필요로 한다.

정전은 '개별 텍스트들로부터 하나의 전통을 소급하여 구성함으로써 가상의 총체성을 이룩하는 과정에서 조성된 상상의 목록이며, 작품들의 상상적 총체imaginary totality'이다. 그것은 흔히 문화적 전통과 공동체의 합의에 의해 선별·조성된 가장 '훌륭한' 작품의 실체적인 목록으로 간주된다.[41] 즉 정전의 요건은 '고전적classic' 성격에 의해 규정되는 바, 정전은 서로 다른 세계관을 가지고 있는 해석자들의 다양한 해석을 견뎌내야 하며, 당대뿐 아니라 현재와 미래에도 끊임없이 심미적 효과를 발휘할 가능성이 있어야 한다.[42]

이러한 생각은 문화적 전통을 공유하는 공동체 성원들로 하여금 특정 작품들을 정전화하는 데 합의하였다고 믿게 만들거나, 정전을 신비화하고 불변의 것으로 여기게 만드는 효과가 있다. 그 효과는 정전을 구성한 주체의 이데올로기적 의도 때문이 아니라, 정전이 윤리적 완벽성을 띤 것으로 간주되는 과정, 즉 '교육' 과정에서 사용되기 때문에 생겨나는 물신성이다.

그러나 정전화의 과정과 그 결과로 작성된 목록은 명백히 역사성을 갖고 있다. 그리고 정전화는 누군가가 선택하는 과정을 통해 이루어지기 때문에, 불가피하게 투쟁과 배제의 과정일 수밖에 없다. 정전을 구성하는 과정 자체가 '전통'을 형성하는 과정이자 가치판단이 개입된 행위인 것이다. 정전이 되는 텍스트는 '가장 훌륭하기 때문'이 아니라, 선택자들의 합의를 매개할 수 있기 때문에 선택된다. 따라서 정전은 단지 다른 경쟁적 텍스트보다 높은 이념적 결속력을 보유한 텍스트로서, 앞으로 통치하고 지배하게 될 현재와 미래를 고려해서 선별된다. 그런데 합의를 매개하는 행위는 곧 권력이 실행되고 효과를 발하는 과정이므로 정전화의 주체는 상징권력이다.[43]

또한 정전은 '민족문학' 혹은 '국민문학'의 전통에 대한 사유와 그 합의로부터 출발하고, 공교육을 중심으로 한 이데올로기적 국가기구의 집행과정(제정과 교육과정에의 적용)을 통해 만들어진다. 이러한 점에 비추어볼 때 1930년대 행해진 정전구성 작업은 몇 가지 특징을 갖고 있다. 그것은 첫째, 기반해야 할 '전통'과 그 내용의 합의에 대한 문제이며 둘째, 정전화의 '주체'와 그 실행의 담지자인 이데올로기적 국가장치의 문제이다. 달리 말하면 '민족문학' 또는 '국민문학'을 구성할 국가이데올로기와 합의·실행할 국가기관의 문제인데, 식민지 조선에서는 정전의 구성과 실행에 필수적인 '전통'과 '주체'라는 요건이 모두 '결여' 내지 '불충분'했다. 좀더 상세히 살펴보자.

(1) 주지하듯이 조선의 '신문학'은 좌우를 막론하고 전대의 문학을 강하게 부정하면서 출발했으므로, 합의할 수 있는 '전통'을 완전히 새롭게 발견해야만 했다. 문화민족주의자들은 1920년대 후반 이후 고전문학에 대한 '전면 부정'의 자세를 철회하고, 고전문학과 조선문화의 전통을 선별적으로 복원하였다. 이들은 당대 대중이 즐기고 있던 전통적인 문학 요소에 대해서는 '저급한 것'으로 매도하여 배제하는 태도를 취하면서, 학문의 대상이 될 수 있는 '수준 높은' 전통문화의 유산은 복권하고자 했다. 한편 문단의 움직임과는 별개로 경성제국대학을 중심으로 김태준·김재철·이병기·조윤제 등의 학자들이 진행하던 국문학 연구가 보다 본격화되는데, 이러한 연구는 아카데미 차원에서 '전통'의 해석에 대한 권위를 자생적으로 획득해갔다.

'대학'에서 전개된 국문학 연구나 최남선과 일제하의 문화기관이 행한 국학은, 근대 국민국가 수립이라는 민족적 과제와 깊이 연관되어 있었으며, 그 배경이념은 민족주의였다.[44] 즉 정전을 구성하는 데 있어 최소한의 합의기준은 '문화민족주의'이다.

(2) 일제 강점하의 정전구성은 국가가 없는, 즉 이데올로기적 국가장치(ISA: Ideological State Apparatus)가 없는 상황에서 이루어진다. 국가적 이념과 '공교육'이 없는 상태에서, 정전화는 문단과 대학의 자생적 비평과 연구활동을 통해 이루어질 수밖에 없었다. 이 과정에서 새로운 상징권력이 창출되었던 바, '신문학'을 담당한 문단이 스스로 전

■ 김동환, 최정희, 모윤숙 등이 포함된 1930년대 중반의 『삼천리』 편집진. 당시 『삼천리』는 상당히 권위 있고 대중적인 잡지로서 문화 민족주의의 대표적 기관이었다.

통과 권위를 갖추어가고자 한 것이다. 문단은 새롭게 발견된 '과거의 것' 뿐 아니라, 미래로 이어질 '현재의 것' 을 찾아내고자 하였으며, 과연 그것은 미래로 이어졌다.

우리 문학사에서 새로운 전기가 된 이 과정을 보다 자세히 살펴보자. 1930년대 중·후반 조선문단의 비평활동은 문학사의 정전목록이 구성되어가는 최초의 과정을 여실히 보여준다. 우선 설문과 비평 등을 통해 정전목록에 꼽힐 만한 작품을 선별하고, 이를 대내외에 천명하여 대중적 정당성을 확보한 후, 마지막으로 이를 '전통' 화하는 작업을 거쳐 역사화하는 과정을 밟는다.

작가들을 대상으로 한 각종 설문조사는 정전목록 작성을 위한 기초작업의 일환이었다. 그 중 『삼천리』의 작업이 두드러진다. 『삼천리』의 작업은 조선문학의 외연과 경계 문제, 계급문학과 민족문학을 둘러싼 조선문학의 주류 문제와 수준, 그리고 '명작' 선별 문제에 고루 걸쳐

있다(■자료실 : 표 24 〈1920~30년대에 발간된 주요 문학 관련 선집 · 전집〉 참조).[45]

설문 「조선문학의 십년 간 명작 · 백년 갈 명작」은 '해석자들의 다양한 해석을 견뎌내고 당대뿐 아니라 미래에도 끊임없이 심미적 효과를 발휘할 가능성이 있는' 작품, 즉 정전의 요건을 갖춘 작품을 묻는 질문에 다름아니다. 질문이 너무 노골적인 탓에 많은 작가들이 직답을 회피한 가운데, 이갑기 · 노자영 · 양주동 · 최정희 등이 『무정』 『마의태자』를 비롯한 이광수의 작품을 꼽았고, 임화 · 이갑기 등은 『고향』 『서화』 등 이기영의 작품을, 윤백남 · 박영희는 홍명희의 『임거정전』을 지목했다.

그런데 임화와 김동환이 이 질문에 부여한 의미가 주목된다. 임화는 자신이 설문에 대한 직답을 피한 이유가, 그 질문에 대한 답을 통해 "어떤 작가의 문학사적 운명을 판단한다는 것은 용이치 않은 일"이기 때문이라 하였다. 또한 김동환은 『백조』 『폐허』 시대로부터 "겨우 10년을 지났을까 말까 한 오늘에 이르러 벌써 세인의 기억에서 완전히 소거된 단명 작품이" 많다면서, "외래 작품의 영향 밑에 억지로 제작되었던 제작품은 없어지겠고 또 생경 미숙하여 예술품으로서 완성되지 않은 현 문단의 십중팔구 제 작품을 제한 그 나머지"가 남을 작품이라 했다. 김동환은 '민족적 오리지널리티와 구조적 완미함'을 정전구성의 요건으로 내세운 것이다. 두 작가는 설문에 답하는 일이 결코 간단하지 않은 문학사적 의의를 지닌 행위임을 간파하였다.

이러한 작업을 거쳐 『삼천리』는 1935년 1월과 3월 신년문예 특집으로 「반도 신문단 20년래 명작선집」을 내놓는다. 이 선집에 포함된 작품들이 누구에 의해 어떤 과정으로 선정되었는지는 밝혀져 있지 않다. 이 '명작선집'은 곧 단행본으로 묶이게 된다.

책은 각 권 국판菊版 300여 페이지로 발간되었는데, 단편과 장편의 앤솔러지 형태를 갖추고 있었다.[46] 이 책은 몇 가지 중요한 특징을 가지

1936년 〈삼천리사〉 발간 『조선문학 명작선집朝鮮文學名作選集』(소설)의 구성목록

연번	작가	작품	연번	작가	작품
1	이인직	귀의 성	13	이기영	고향
2	이광수	가실	14	김정진	십오분간
3	홍명희	임거정	15	윤백남	대도전
4	염상섭	검사국 대합실	16	최독견	승방비곡
5	김동인	배따락이	17	유진오	김강사와 T교수
6	이익상	흙의 세례	18	박화성	홍수 전야
7	박영희	산양개	19	장혁주	새 뜻
8	현진건	B사감과 러브레타	20	이태준	꽃나무는 심어놓고
9	조명희	낙동강	21	이효석	돈
10	나도향	뽕	22	장덕조	어미와 딸
11	전영택	사진	23	방인근	노총각
12	최서해	탈출기			

고 있다. 첫째, 작가와 작품선정에 문학사적 고려가 들어갔다. 이인직과 이광수에서 비롯되는 이 라인업은 작가의 탄생연도에 따른 배열이면서 이른바 '대표작'을 선별한 결과이다. 둘째, 프로문학과 민족문학을 망라했다. 셋째, 김동환 등 문인들의 편집과 선정과정을 거쳤다. 넷째, 오늘날의 이른바 한국소설 '명작'의 라인업과 거의 일치한다.

이 목록이 오늘날의 그것과 가장 다른 점 중 하나는 윤백남·방인근·최독견 등의 '대중' 작가가 포함되어 있다는 것이다. 각각 『대도전』『방랑의 가인』『승방비곡』의 작가인 이 세 사람은 1920~30년대를 대표하는 인기 대중소설의 작가였을 뿐 아니라, 방송 연출가·연극 연출가·영화 제작자·잡지 편집인 등 전방위적인 활동을 펼치며 대중들에게 대단한 영향력을 행사했다.[47] 한마디로 근대적 대중문화가 정착하는 데 큰 공을 세운 인물들이었다. 그러나 이들은 당대의 영향력과 인기에 비해, 후대의 문학사에서 평가받지 못한 대표적인 인물들이기도 하다. 이들 소설의 '대중성'이 그들을 평가의 대상에서 배제되게

방인근　　　　　　　윤백남　　　　　　　최독견

■이들은 문학, 영화, 방송, 연극 등 여러 분야에서 작가와 제작자로 눈부신 활약을 펼쳤으나,
문학사 교과서에 이름을 남기는 데에는 실패하였다.

했다. 1960~70년대에 발간된 '근대한국문학전집' 들에는 방인근과 윤
백남의 작품이 포함되기도 하나, 평가가 거듭되면서 명작의 '시간성'
요건에 미달하는 것으로 판단되었다.

[기억하기와 공포 : 문학사적 정전의 구성과정(2)]

조선인의 손으로 만든 공식
적인 문학 '교과서'와 문학
교육이 존재하지 않는 상황
에서 이루어진 각종 문학강좌는, 대중에게 정전을 공포하고 교육하는
과정에 대입될 수 있다. 1920년대 중반부터 대중강연과 잡지지면을 통
해 여러 종류의 문학강좌가 열렸는데, 그러한 대중적 흐름의 효시가
『조선문단』이 시도한 이광수 · 주요한 · 김동인의 지상 문학강좌였다.
〈삼천리사〉는 1935년 11월부터 『조선문학명작선집』 발간과 때를 맞추
어 「삼천리 문예강좌」를 연재했다. 이 강좌에서 「문학총론」의 '문학과
문장'은 이광수, '문학과 사상'은 정인섭, '소설은 무엇인가'는 염상섭
이 맡았다. 그리고 김광섭과 양백화 등이 세계문학강좌를, 박팔양과

이병기가 조선시가와 시조에 대한 강좌를, 김태준이 「조선소설발달사」를 기고했다.

정전구성은 해당 문학작품이나 문학적 사실에 대한 역사화를 필수요소로 한다. 문학사를 기술하고 여기에 특정 작품을 포함시키거나 배제하는 일이야말로 최고도의 작품선별 행위이자 권력의 실행이다.

그런데 이처럼 높은 단계의 행위가 이루어지기 이전에 거치는 과정이 있으니, 바로 '회고하기'이다. 어떤 특정한 사실은 회고를 통하여 기억되고, 또 기억된 것으로 발화됨으로써 역사적 의미를 부여받는다. 그러나 '회고하기'는 기억에 있는 것을 말하고 쓰는 행위를 뜻한다. 시간의 파괴력 앞에서 동등한 모든 사실들이, 회고하기를 통해 중요한 것과 그렇지 않은 것으로 선별된다. 이런 과정을 통해 특정 인물과 사건이 영웅화되거나 기념비화된다. 권위 있는 주체의 회고에 의해 그 대상이 권위를 갖는 것으로 선별되기도 하며, 그런 까닭에 권위 있는 주체의 행위와 기억들은 비록 사사로운 것이라 할지라도 공적인 위상을 가질 수 있다. '나'의 기억은 다른 사람들의 기억에 의해 보충되고 증명됨으로써 '우리'의 것이 된다. 기억을 더듬어 회고하는 것은 주로 다른 이가 질문을 던져 그렇게 하도록 부추겼기 때문이며, 그런 점에서 질문하는 이들도 기억하기에 참여한다. 회고되는 시간에 대한 기억이나 지식을 갖지 못한 후대는, 회고하는 자의 기억에 의존하여 과거를 보게 된다.

기억은 과거의 일을 거울처럼 반영하거나 그대로 재연하지 못한다. 시간에 의해 조각조각 흩어져버린 사실들이 시작과 끝이 있는 이야기로 다시 만들어진다.[48] 회고하기를 통해 과거에 대한 하나의 단일하고 통합된 '이야기'가 만들어지는 것이다. 회고하기와 사적인 것을 공적인 것으로 만들어 객관화하는 작업이야말로 역사를 기술하는 일과 다르지 않은 것이다.

1930년대 초·중반이 되면서, 근대 초기에 대한 '회고하기'가 매우 활발해진다. 정치·교육·언론·문화 등의 제 영역에 걸쳐 구한말과 1910~20년대 초반까지의 시기가 회고의 대상이 된다.

그 중 『삼천리』는 이러한 회고를 여러 차례 기획기사로 묶어 소개하기도 했다.[49] 기억하는 행위는 당시 유행했던 역사소설·야담 붐과는 또 다른 차원에서 민족주의와 관련이 있다. 역사소설과 야담 붐이 '문화'로 치환된 대중적인 흥미와 결합된 측면이 강하다면, 『삼천리』의 기획기사는 기억당하는 대상 자체와 기억하는 주체 모두 보다 분명하게 '민족운동'을 공동의 매개로 하게 했다. 특히 부르주아 민족운동의 주체가 형성되는 과정과 주체가 중요했다. 안창호·이상재·이승만 등이 주요한 기억의 대상이기도 했다.

기억되는 특정한 과거지사가 국가적 이념과 합치할 경우, 기억하고 그것을 기념비로 건립하거나 역사로 서술하여 가르치는 일들은 모두 국가가 주관한다. 국가는 그런 일을 통하여 역사적 정통성이나 이념적 헤게모니를 얻으려 할 것이다. 다른 잡지에 비해 '회고성이 농후'[50]하다고 평가된 『삼천리』의 발행자는 국가가 하는 일을 자임하였다. 곧 『삼천리』는 스스로 문화민족주의의 유력한 한 기구가 되고자 하였던 것이다.

'신문학'과 관련된 회고하기와 역사화는 1930년 전후부터 본격화된다. 주로 1920년대를 회고하는 작업의 일환으로 행하여지는데, 이는 1930년대 중반까지 다양한 방법과 양태를 띠며 이어졌다.

우선 조일제·김동성 등의 1910년대 번안문학 회고[51]와 『삼천리』의 「문인의 출세작」(1934년 11월) 등을 들 수 있다. 특히 후자는 위에서 본 '신문단 이십년래 명작' 선별 작업과 잇닿아 있는데, 이때 '출세작'으로 꼽힌 작품은 이광수의 『무정』, 염상섭의 「표본실의 청개고리」, 서해의 「탈출기」, 임화의 「옵바와 화로」, 김소월의 「금잔듸」, 박영희의 「산

양개」 등이었다. 이 작품들은 '이십년래 명작'들과 대체로 일치하는 것들로서, 각각의 작품에 대한 문학사적 평가도 덧붙여져 있다. 이들 작품은 발표될 당시 '참신한 점에 문단의 경이와 평론가의 지지를' 샀기에 "지금도 여러 사람의 기억에 남아 있는 작품"들이라 하였다. 그 외 「춘원 문단생활 20년을 기회로 한 『문단회고』 좌담회」(1934년 11월)와 김억·양백화·염상섭 등이 필자로 나선 「문필생활기」(1935년 6월) 등이 있다.[52]

한편 프로문학 쪽에서도 김기진의 「10년간 조선 문예 변천과정」(『조선일보』, 1929년 1월 1일~2월 2일)·「조선에 있어서 프롤레타리아 예술운동의 과거와 현재」(1931), 안막의 「조선 프롤레타리아 예술운동 약사」(1931),[53] 박영희의 「문단의 그 시절을 회상한다」(『조선일보』 1933년 9월 13~15일), 송영의 「신흥예술이 싹터 나올 때-그때의 이면사」(『문학창조』, 1934년 6월) 등의 작업들이 이루어졌다. 이는 자체로 프로문학사史를 이루며 임화의 문학사 기술 작업의 배경이 된다.

1930년대 후반이 되면 이러한 정전구성 작업과 관련한 합의수준이 더욱 높아지고, 구체적 실행이 이루어지기 시작한다. 각종 문학전집이 보다 활발하게 출간되고 '문고본' 또한 모습을 드러낸다. 전집과 문고류의 출판은 앞에서 이야기한 대로 1930년대 후반 확장된 문화적 역량을 나타내주는 것이기도 하다. 그러나 정전구성의 실행과정으로서 문고본·전집출판은 '장삿속' 문제와 결코 무관하지 않다. 권위자나 전문가의 기획에 의해 만들어진 문고본과 전집은, 대중적 선택의 전장戰場에서 다른 책에 비할 수 없는 우위를 지닌다. 또한 이를 기획하는 주체의 측면에서 볼 때, 문고나 전집을 구성할 작품을 선정하는 것은 그 자체가 권위와 영향력을 행사하는 일이다. 이러한 기획상품일수록 더 강한 '엄선주의'를 취택하는 경우가 많아, 문고는 그야말로 앤솔러지의 앤솔러지로서 기능한다. 결코 아무 책이나 값싼 '문고' 가 될 수 있는 것이 아니기 때문이다.

1930년대 말~1940년대 초에 발간된 최초의 문고인『조선문고』와『박문문고』는 이 같은 요건을 고루 잘 갖추고 있었다. 『조선문고』 간행의 사辭 에서 학예사 사장 최남주崔南周는 "소수인만이 서책을 읽던 구시대의 유습을 타파"하고 "만인이 서책에 의하야" "신문화건설의 최량의 자격자가 되지 않으면 안" 된다고 강조한다. 즉『조선문고』 발간은 계몽성을 띠고 있으며 신문화건설 운동의 일환이기도 한 것이다. 그런데 "학예는 서책이 전하는 것으로 학예의 만인화는 먼저 서책의 만인화를 전제"한다. 그러나 조선의 현실을 진단할 때, "신문화 40년에 출판계는 장족의 진보를 하였다 할 수 있으나 아직도 독서대중은 비장秘藏, 희본稀本, 고가高價 등의 질곡 때문에 참말 학예의 깊은 아성에 근접치 못하고 있는 것이 오늘날의 현상"이다. 그래서『조선문고』는 '문예대중화' 의 일환으로 "내외의 가치 있는 불후의 서書를 소수자의 서재, 도서관, 서고, 연구실로부터 해방하야 만인 속에 전케"하고자 발간되었다. 이러한『조선문고』의 편編 · 찬纂은 "독일의 「레크람」 문고, 내지內地의 「암파」 「개조」 문고의 범례를 본받"아 "동서고금의 학예, 문예, 철학, 과학 등 만반의 서 중 고전적 가치 잇는 것을 엄선"하였다. 이러한 엄선을 통하여 발간된 책은 김태준이 주를 달거나 교열한『청구영언』『이조가사』『고려가사』『원본 춘향전』 등과 김남천 단편집『소년행』 · 이효석 단편집『해바라기』 등이었다.

『박문문고』는『조선문고』에 비해 좀더 대중적인 성격을 띠고 있다. 『박문문고』는 '一. 동서고금의 모든 고전과, 광휘光輝 있는 양서를 총망라' 하는 한편, '보급을 제일의로 삼고서 간행하는 바 염가판' 이지만 '내용을 엄선하고, 교정 · 번역 · 주석에 최선을 다' 한다고 하였다. 이러한 '원칙' 에 입각하여 공격적인 마케팅기법을 동원하여 권당 평균

『박문문고』의 구성목록(1939년 현재)

연번	책명	편-찬자	비고(수록 작품)
1~3	김동인 단편선	김동인 찬	발가락이 닮았다, 무산자의 안해 등
4~5	윤석중 동요선	윤석중 찬	
6~8	춘향전	조윤제 교	완판본
9~10	하멜표류기	이병도 역	
11~13	현대서정시선	이하윤 편	44인의 대표작 1700여 편
14~16	이광수 단편선	이광수 찬	〈무명〉 등
17~19	구전민요선	김소운 편	
20~22	소월 시초	김억 편	
23~25	이태준 단편선	이태준 찬	오몽녀, 영월영감 등
26~28	여수 시초	박팔양 찬	
29~32	구전동요선	김소운 편	
33~36	역대시조선	이병기 편	
37~39	현진건 단편선	현진건 찬	
40~42	이효석 단편선	이효석 찬	산양, 독백 등
43~45	안서 시초	김억 찬	
46~55	삼국사기	이병도 역	
56~58	한설야 단편선	한설야 찬	
근간	송아 시초	주요한 찬	
근간	송강 가사	이병기 교	
근간	가람 시조집	이병기 찬	

50페이지, 가격은 10전 단위로 발간되었다.

『박문문고』에 작품집을 상재한 소설가는 김동인 · 이광수 · 이태준 · 현진건 · 이효석 등인데, 이 작가들이 문학사에서 어떤 대접을 받는지는 새삼 언급할 필요가 없을 것이다. 한편 이 문고는 '단편' 소설을 중심으로 선별한 작품집이다. 주지하듯이 단편소설은, 대중성과 저널리즘의 횡포 때문에 그 발전이 왜곡되었다는 장편소설에 비해 예술적 본령으로서 한국 소설사에서 특권적 지위를 갖는다.

덧붙여 '세계문학 명작'의 목록구성 과정을 잠시 살펴보자. 이는 조선문학의 선별작업과는 전혀 다른 과정을 거친다. 곧 그것은 국내 작가나 독자의 독자적인 '논의'와 검증과정이 없이 '수입'되었을 뿐이어서, 사실상 '구성' 과정이라 부르기도 적절치 않다. '세계문학 명작'의 출판과 수용은, 서구세계나 일본에서 이루어진 정전목록 구성과정에 대한 확인과 재생산의 과정만을 거치며, 따라서 '식민성'이 강한 책 읽기의 한 원천이 된다.

외국문학 수용은 대체로 반복된 작가소개와 작품번역을 통해 우선 이루어지는데, 당대 '세계문단'에서 문제적인 인물의 소개가 한 축을 이루고, '서구문학사'에서 중요한 위치를 갖는 작가들의 반복 소개가 또 다른 한 축을 이룬다. 전자는 당대성이 중요시되는 경우로 톨스토이·타고르 등이 이에 해당하고, 후자에 속하는 작가로는 괴테나 셰익스피어 등이 있다. 어느 경우든 일본의 영향을 받지 않은 것은 드물다.

오천석吳天錫 역의 『세계문학걸작집』(1925)은 호머의 「일리아드」, 보카치오의 「데카메론」, 위고의 「몸 둘 곳 없는 사람」(레미제라블?), 괴테의 「젊은 베르테르의 슬픔」, 타고르의 「우편국」「세스몬다의 죽음」과 「가락지 니야기」(니벨룽겐의 반지?), 「우정」 등을 수록하고 있다. 이들 중 위고·괴테·타고르 정도는 1900년대 이후 각종 지면에서 작가소개를 통해 잘 알려진 동시대 작가이지만, 호머·보카치오 등은 조선인들이 명작으로 모셔 읽어야 할 이유가 별로 없다. 그야말로 맥락 없이 수입된 경우라 아니할 수 없다. 이러한 현상은 꽤 오랫동안 지속되었다.

한편 식민지시기 조선에서 가장 많이 읽힌 일본어판 세계문학전집류의 하나인 일본 〈신조사〉판 『세계문학전집』의 구성목록을 보면(■자료실 : 표 25 〈신조사 판 『세계문학전집世界文學全集』(1927) 목록〉 참조) 해방 이후 만들어져 오랫동안 읽힌 〈정음사〉판 세계문학전집과 유사성이 두드러진다(■자료실 : 표 26 〈정음사판 세계문학전집(1차분, 1979년판)〉 참조). 한국·일본의 세계명작 목록이 다 극히 서구 중심적인 '세계문학'을 보여준다. 〈정음사〉판 전집에 포함된 작가의 국적을 보면, 전체 100권(2차분 포함) 중 프랑스가 35%, 러시아가 20%, 영국이 18%, 미국이 12%, 독일이 4% 등을 차지하며 비서구 작가로는 일본작가의 작품 2권이 전부였다.

[대중 · 통속의 구별이 굳어지다 : 구별 짓는 감각의 완성]

문단이 성립·안착하는 과정에서 수립하고자 했던 새로운 대중성의 내용은, '창작'을 중심 개념으로 한 전대 문학과의 절연과 낭만적 감상성의 배제였다. 그러나 신문학이 문화의 중심 지위를 갖게 되고, 독서인구가 크게 늘어남과 함께 대중문화의 영향력이 전면화하면서 문단은 새로운 분화를 위한 투쟁을 벌여야 했다.

염상섭은 「소설과 민중」(「동아일보」 1928년 5월 27일~6월 3일)에서 당시 소설 '작단에서 유행'하는 세 가지 경향으로 첫째 '통속소설, 즉 대중문예', 둘째 '무산無産파 작가들의 투쟁선전 작품', 셋째 '부르주아적이라고 하는 고급의 제작'을 들었다. 이러한 구분은 창작자의 입장에서 파악한 작품경향으로, 실제 독자의 소설선택 경향은 '작단의 유행'과는 다소 차이가 있었다. 교육받은 신세대가 주로 선택한 둘째와 셋째 부류의 소설 독자는 그 수가 적었으며, 특히 두번째 경우는 소수 중의 소수였다고 보는 것이 타당할 듯싶다.[54]

염상섭이 지목한 첫번째 경향에 속하는 작품은 고전소설과 일부 신소설을 의미하였다. 염상섭은 같은 시기에 쓴 「조선과 문예·문예와 민중」(「동아일보」 1928년 4월 10일~17일)에서 이 '통속소설'의 범주에 『춘향전』 『심청전』 『장화홍련전』 등이 속한다 하였다. 곧 염상섭이 이야기한 '통속소설, 즉 대중문예' 소설은 이 책에서 말한 '구활자본 고

소설(딱지본) 및 일부 신소설의 독자, 구연된 고전소설과 일부 신소설 등의 향유자', 즉 '전통적 독자층'과 관련되며, 두번째와 세번째는 각 각 '대중소설, 번안소설, 신문연재 통속소설, 일본 대중소설, 1930년 대 야담, 일부 역사소설 등의 향유자', '신문예의 순문예작품, 외국 순수문학 소설, 일본 순문예작품 등의 향유자' 일부에 걸치게 된다.

그러나 『사랑의 불꽃』의 예에서 본 것처럼 독자층 분화의 새로운 동력은 신식교육을 받은 독자들에 의해 만들어졌다. 그래서 1930년대 이후 대중문학 또는 통속문학이라는 용어가 가리키는 소설은, 염상섭이 지목한 것과 전혀 종류가 달랐다. 1920~30년대를 거치며 '대중성(통속성)'의 중심이 이동한 것이다.

딱지본과 『춘향전』 『추월색』의 자리를 김말봉과 기쿠치 칸의 소설들, 또는 일본에서 수입된 과학 모험소설과 에로소설들이 대신하게 되었다. 이처럼 10년 사이에 대중성의 내포는 완전히 변화하였다. 물론 일각에서는 여전히 『춘향전』 『유충렬전』이 읽혔지만, 이보다는 『주부지우』나 『킹』 따위에 실린 가벼운 '독물讀物'이 진지한 문예의 적으로 부각되었다.[55] 그리고 이때부터 독서나 소설 읽기는 영화 · 라디오 · 대중가요와 본격적인 경쟁을 벌이기 시작한다.

컴컴한 영화의 전당 스크린에서 젊은이와 젊은이의 입! 어깨 허리가 가까워올 때 부인석 한 귀퉁이에서 어느 걸girl 한 분 분粉첩을 꺼내가지고 돈짝만한 거울에다 요모저모를 들이대고 붉은 입술의 조형 분 솜덩이의 타격 – 냄새가 옆에 앉은 나발통바지에 월형月形 모자를 쓴 보이의 심장이 고동된다. (중략) 빼빼마른 거리에 일금 5백 원의 현상간판이 엄연히 서 잇다. 취미 잡지의 선전 – 잡지광고의 여리꾼의 외침과 가튼 판매정책이다. 안국동 네거리, 종로 네거리의 큼직큼직한 책사에 『부인구락부』 『소년구락부』 『주부지우』 『킹キング』 『부사』 『조일朝日』의 기旗대가 펄펄 날리더니 취미

**잡지의 대거大擧 출동 여성 잡지에도 취미, 취미잡지에도 왈曰 고급 취미 –
야랑野郎 취미?**

(중략) 권태와 피로를 느낀 근대인의 심정은 오히려 이한您閑하고 장한
長閑한 것을 좋아하련마는 레뷰 영화나 째즈나 강렬한 붉은 술을 요구하는
것이야말로 한 개의 기형적 출발이다. (중략)

아무리 만주서 좁쌀을 갖다 먹고 고무신짝을 걸고 다니는 우리 젊은이들
도 이 분위기에 광취狂醉되는 것도 사실이다. 그리고 근대적 신경의 소유자
인 그들은 어렵고 꺽꺽한 것보다는 감칠맛 있고 근저가 없으며 영구성이
없는 것 – 다만 현재에만 만족하게 된 머리요, 모든 책 읽기에도 확실確實히
이러한 경향을 가지게 된 것이다. 일본에는 『개조』의 대중화가 비롯되어 취
미 실익 본위의 잡지들의 대두 – 명왈名曰 대중-대중화-내용은 성욕애상
도性慾愛相圖 남녀연애비결男女戀愛秘訣 단시기적 결혼향락법結婚享樂法 결
혼 개결심법開決心法 – 대중은 그리로 가야만 되겠느냐?

– 최승일崔承一, 「대경성 파노라마 : 원명 취미만담」, 『조선문예』 창간호(1929년 5월)

윗 글은 1923년 홍사용이 종로거리를 보고 한탄하며 쓴 글과 비교
할 만하다. 1923년 종로거리에는 고급문예를 자처하는 『사랑의 불꽃』
의 광고 깃발이 날리고 있었는데, 이제는 『부인구락부』『소년구락부』
『주부지우』따위의 일본 취미잡지들이 '고급' 읽을거리를 자처하고 있
다. 1929년의 종로는 또한 좀더 복잡하다. 가난한 조선 청년들은 어렵
고 딱딱한 것보다는 '감칠맛 있고 뿌리 없는 듯' 가볍고 휘발적인 문화
에 감염되어 있다. 그래서 "다만 현재에만 만족하게 된 머리"로 가벼운
읽을거리를 고급인 양 착각하는데, 그들은 가벼운 읽을거리들뿐 아니
라 영화와 재즈에 둘러싸여 있었던 것이다. 이러한 상황은, 대표적 지
식인 잡지인 『개조』조차 '대중화' 되고 있던 일본의 영향을 받은 탓이
기도 하다.

그렇지만 새로운 문화의 형성은 곧 분화이기도 하다. 따라서 가볍고 대중적인 영역이 세를 확장해가는 중에도, 그 반대편에서는 실체로 부각되고 있던 대중 독자를 전혀 의식하지 않거나 극히 제한된 범위의 독자만을 의식하면 되는 영역이 개척된다. 암호문에 가까운 난해한 작품을 대중매체에 발표한 후 '대중'의 항의에 접하자, '공부 좀 해야 되지 않느냐'고 적반하장 격으로 항변할 수 있는 배경이 만들어진 것이다.

> 왜 미쳤다고들 그러는지. 대체 우리는 남보다 수십 년씩 떨어져도 마음 놓고 지낼 작정이냐. 내 재주도 모자랐겠지만 게을러빠지게 놀고만 지내던 일도 좀 뉘우쳐보아야 아니하느냐. (중략) 깜빡 신문이라는 답답한 조건을 잊어버린 것도 실수지만 이태준, 박태원 두 형이 끔찍이도 편을 들어준 데는 절한다. (중략) 한동안 조용하게 공부나 하고 따는 정신병이나 고치겠다.
>
> － 이상, 「오감도」 작자의 말[56]

문화적 엘리트들의 주도 아래 만들어진 순수하고 근대적인 예술적 자율성의 영역 안에서조차 분화가 일어났다. 더 엄격한 형식적 완결성과 언어 그 자체에 대한 탐구를 문학적 기치로 내건 무리가 나타났으니, 〈구인회〉(1933)가 바로 그러한 조직이다.[57] 그리고 이러한 〈구인회〉도 제한된 범위 내에서나마 독자를 상대로 한 문학강좌를 성황리에 열수 있었다.[58]

김남천의 「작금의 신문소설―통속소설론을 위한 감상」(『비판』, 1938년 12월)은 이러한 복잡한 분화 자체를 논의의 대상으로 삼았다. 그는 당시 신문 연재소설을 개괄한 후, 대중적인 장편소설을 '순수소설' '순수와 통속의 얼치기 소설' '현대통속소설' '탐정소설' '영화소설' '야담소설' 등으로 세분했다. 이를 위에서 본 염상섭의 분류법과 비교해볼 필요가 있다. 10년 전 염상섭이 쓴 「조선과 문예·문예와 민중」

1925년의 염상섭

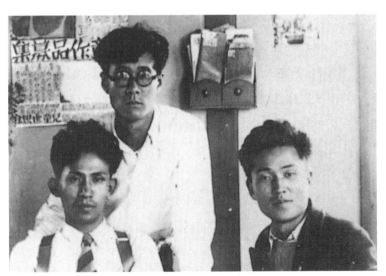

〈구인회〉의 모던보이들. 왼쪽부터 이상, 박태원, 정인섭

━━이들은 각각 리얼리즘과 모더니즘 문학으로 뛰어난 업적을 남겼으나 당대 대중의 환영을 받지는 못하였다. 대신 문학사와 후손 연구자들은 이들을 높이 대접하고 있다.

에서는 이렇게 복잡한 구분이 필요없었다. 통속소설은 곧 고전소설의 범주에 속하였기 때문이다. 이에 비해 김남천의 논의는 '순수–고급' '통속–저급'을 양극점으로 하여 중간에 있거나, 양극으로 수렴하는 여러 장르의 소설을 포괄하였다는 점에서 독특하다.

그러나 이러한 문예학적 세분과 무관하게 '구별 짓기' 감각은 고정적인 실체로 재생산되는 단계에 이른다. 상식으로 굳어지는 것은 복잡한 유형의 세분이 아니라, 대체적인 이원론 또는 삼원론적인 구별이기 마련이다.

통속소설에는 그것에서만 볼 수 있는 전모全貌가 있다. 저급의 취미와 극히 상식적인 성격을 가져다가 또는 기이한 이야기 그것을 소설형型으로 쓴 것에 지나지 않는다.

「추월색」「청춘의 설움」 등의 극채색極彩色 표지 25전 소설을 가져다가 문예소설이라고 부를 사람은 물론 없거니와 대중소설이라고 부를 사람도 없을 것이다.

한때에는 신문소설을 통속소설이라고 부른 적도 있었지마는 지금에 와서 그런 통용通用을 하는 광인은 없을 줄 믿는다.

– 윤백남, 「대중소설에 대한 사견私見」, 『삼천리』(1936년 2월)

그 자신이 가장 대표적인 '대중' 또는 '통속' 소설가로 분류되었던 윤백남은, '통속'과 '대중'의 용어법을 통해 『추월색』 『청춘의 설움』 등의 구활자본 소설에 대하여, 자신의 『대도전大盜傳』 『흑두건』 부류의 소설을 '통속'이 아닌 '대중소설'이라 주장한다. 이는 야담이나 야담계 역사소설 등과 전대의 대중소설을 구별해내고, 이를 다시 '순수' 소설에 반정립시키려는 시도이다. 실제로 상황은 윤백남의 제안대로 돌아가고 있었으며, 이 논의는 아직 신소설과 고전소설이 읽히고 있던 실

『흑두건』(《영창서관》, 1941)　　『추월색』

■■■『흑두건』은 극작가이자 영화감독이기도 했던 윤백남이 1932년 발표한 장편역사소설이다. 대북 일파가 정권을 장악하고 있던 광해군 때를 배경으로 하여, 소북파가 흑두건 일파와 힘을 모아 새 왕 능양군을 추대하기까지의 반란과 수모를 그리고 있다. 최찬식의 『추월색』은 1900년대 초 개화된 젊은이들의 애정을 그린 소설로 판을 거듭하며 많은 독자의 사랑을 받았다.

제 사정과 무관하게 순수-대중의 이분법이 귀착하는 과정을 보여준다. 즉 현대 작가들이 창작하여 신문 등의 현대적인 매체들에 게재된 작품들 사이에서 순수-대중(통속)이 결정되며, 『추월색』을 비롯한 1910~20년대의 작품들은 논의의 권역에서 아예 없어지게 되는 것이다.

그리하여 1930년대 중반 이후 '통속-대중' '예술-순수'의 이원적 사고는 평론가와 작가들의 머릿속에서 고정된 개념이 된다. 그 중 두드러진 것만 꼽아보면, 통속소설과 순수소설의 이분법을 제시한 김환태의 「통속성과 스토리」(「조선일보」 1936년 8월 9일), 통속소설과 예술소설의 이원론을 제시한 임화의 「속문학의 대두와 예술문학의 비극」(「동아일보」 1938년 11월 17~27일), 통속소설 대 예술소설이라는 이분법을 기준으로 한 엄흥섭의 「통속작가에 일언」(「동아일보」 1938년 6월 24일), '고급문학과 대중문학'이라는 기준을 제시한 주요섭의 「대중문학소고」(「동아일보」 1938년 1월 19일) 등을 들 수 있다.

3_독자상과 작가상

"현재 우리 사회에서 문학비평이라는 이름으로 행해지는 활동은 무척 다양하다. (중략) 하지만, 문학비평이 아무리 다양한 목적에 봉사한다고 하더라도 그것의 일차적인 목표는 독서대중의 문학 취미를 세련시키고 문학 교양을 육성하는 데 있다. 좋은 작품과 나쁜 작품을 가려 읽는 안목을 길러주는 것, 작품 읽기를 즐겁고 유익한 체험이 되게 하는 것, 문학으로부터 보다 인간적인 삶에 필요한 언어를 얻도록 도와주는 것은 비평이 존재하는 가장 기본적인 이유이다."

– 「〈올해의 좋은 소설〉을 선정하고 나서」, 『2000년 현장비평가가 뽑은 올해의 좋은 소설』

"문사는 돈을 벌자는 직업이 아니외다. 장난삼아 소일거리로 하는 직업은 더구나 아니외다. 문사라는 직업은 적게는 일민족을, 크게는 전인류를 도솔道率하는 목민牧民의 성직聖職이외다. 원고지 위에 붓대를 휘두르는 이는 강단 위에 성경을 펴는 이와 같이, 신성한 직무를 동포에게 행하는 것이외다."

– 이광수, 「문사와 수양」, 『창조』 8호(1921년 1월)

문필업 종사자들은 독자들이 자기네보다는 무식할 거라는 가정을 위안처럼 먹고 사는 듯하다. 몽매한 독자를 깨우치고 가르쳐야 한다는 자세는 현대

문학사 전체를 통해 21세기까지 이어지는, 쉽게 종식되지 않을 꾸준한 전통이다. 실제로 오랜 기간 독자들은 작가 선생님들을 존경해왔다.

독자에게 미친 문단의 영향 : 고보생들이 쓴 독후감

문단의 인식은 대중들에게 어떤 영향을 미쳤을까? 채만식의 『탁류』(1937)에 등장하는 백화점 여점원들의 취향판단 감각을 살펴보자. 당시 백화점 여직원들은 대개 여고보 졸업에 준하는 학력을 가진 상당한 정도의 교양을 가진 여성들이었다.[59] 소설 『탁류』의 계봉이 또한 여고를 졸업한 후 의학전문이나 약학전문을 다니고 싶었으나 자립하기 위해 '숍꺼얼 shopgirl'이 되었다.

「저 계집앤 영화라면 왜 저렇게 죽구 못 살까?」

하고 미운 소리를 한다.

「남 참견은! 이년아. **누가 너처럼 밤낮 괴타분하게 소설만 읽구 있더냐?**」

「흥! ① **소설 읽는 취미를 갖는 건 버젓한 교양이란다!**」

「헌데 좀 저급해!」

계봉이가 도로 나서서 주근깨를 집적이던 것이다.

「어째서 이년아, 소설 읽는 게 저급하더냐?」

「**소설 읽는 게 저급하다니? 이 사람 오햴세!**」

「그럼 무엇이 저급하니?」

「읽는 소설이……」

「어쩌니 내가 읽는 소설이 저급하니?」

「②**국지관이 소설이 저급하잖구? 'ㅇㅇㅇ'이 저급**하잖구? …… 그런 것 두 예술 축에 끼니?」

「예술은 다아 무엇 말라비틀어진 게야? 소설이믄 그저 소설이지……」

「하하하하, 옳아. 네 말이 옳다. 그래두 ③추월색이나 유충렬전을 안 읽으니 그건 신통하다.」(중략)

계봉이는 오꼼이를 손으로 찔벅거리면서 남자 어른들 음성을 흉내내어,

「거…… ④아무리 근대적 감각을 향락하기 위해서 그런다구 하더래두 계집아이가 영활 너무 보러 다니면은 뒤통수에 불자不字가 붙는 법이다. 응? 알았어? 불량소녀……」(번호—필자)

- 채만식, 『탁류』[60]

이 글은 1930년대 후반 소설 읽기를 둘러싼 여러 상황에 대해 실로 많은 시사점을 던져주고 있다. 여기서 표면적으로 나타난 '슘꺼얼'들의 취향판단 내용은 다음과 같다.

'소설 읽는 취미'는 ① '괴타분'한(고리타분한) '취미' 또는 '버젓한 교양'이다. 그러나 소설 중에서 ②국지관(기쿠치 칸) 소설은 '저급한 소설' 또는 '예술' 축에 끼지 못하는 소설이며 이를 읽는 것은 '낙제를 면한 취미'이다. 그러나 ③에서 보듯『추월색』이나『유충렬전』을 읽는 것은 이보다 더 못한, 가장 저속한 소설 읽기이다. 한편 영화 보기는 ④에서처럼 "근대적 감각을 향락하기 위한"일로 지나치면 '불不 량소녀가 되기도 한다.

①에서는 소설 읽기 자체가 아직은 버젓하고 고상한 취미·교양에 속하는 활동임을 말하고 있는데, 그것이 '고리타분한' 근거는 ④를 통하여 주어진다. 영화 보기는 가장 모던하고 첨단적이어서, '버젓한 교양'인 책 읽기에 비견될 수 있을 뿐 아니라, '불량'소녀를 만들 만큼 마력을 지니고 있다. 한편 소설 읽기에 속하는 ②와 ③을 살펴보면, 우선 기쿠치 칸은 대정기와 소화 전기를 대표하던 소설가에서 "통속소설로 전향한"[61] 일본 최고 소설가의 한 사람으로서, 그의 활동 자체가

조선 문인들의 관심사였으며 소설 또한 매우 폭넓게 수용된다. 『진주부인』[62] 등의 작품은 앞 장에서 보았듯 조선 고보생들 사이에서 인기 있는 소설이었다.

그런데 어떻게 조선의 백화점 여점원이 일본 최고 인기작가의 한 사람인 기쿠치 칸을 저급하다 평가할 수 있었을까. ②와 같은 판단은 백화점 여점원의 판단이라기보다는 조선인 작가의 판단, 또는 백화점 여점원의 목소리를 빌린 조선인 지식층의 판단일 수 있다.

> 김동인 : 『진주부인』을 읽었는데 다시 더 볼 생각 아니 나서 이 작가 작품을 아니 보았습니다. 「값싼 安いぽい、통속작가일 뿐」
>
> 주요한 : 나도 「키스 2중주接吻二重奏」를 보고 더 볼 용기가 없어 아니 보았습니다.
>
> 안서(김억) : 단편에도 어디 좋은 것이 있던가.
>
> 빙허(현진건) : 초기작에는 명작이 있었지만 돈을 알고 통속화한 후는 수준이 훨씬 떨어졌어요.
>
> ─ 「좌담 : 문학문제토론회」, 『삼천리』(1934년 7월)

'저급하며 예술도 아니다'라는 백화점 여점원의 평가는 이미 문단에서 기정사실로 되어 있었던 것이다. 통속소설에 대한 '구별 짓기'는 국내 차원을 넘어 일본문학을 향할 만큼, 통속/순수의 대립각을 따라 확장·심화되어 있었다. 이 토론회에서는 '아관我觀 동경문단東京文壇'이라는 항목을 따로 두고 기쿠치 칸뿐 아니라 다니자키 준이치로·나쓰메 소세키·구니키타 돗포·사토미 돈里見淳·하야시 후사오林房雄 등 10여 명이 넘는 일본 주요 작가들에 대한 김동인·현진건·김억·박영희·주요한 등의 평가를 싣고 있다. 이러한 평가는 대중들에게 막대한 영향을 끼치기 시작한 일본소설들에 대해 가이드라인을 제시하는 의미를 담고 있었다.

　권위를 인정받는 작가들의 담론은 매우 강한 교육적 의미를 담고 있어, 독자의 반응태도와 반응양식을 재생산하는 효과를 가진다. 『동광』지가 실시한 〈학생 지상경기대회誌上競技大會〉(1931년 2월 3일)의 당선작들은 이의 좋은 실례이다. 이 '지상대회'는 고보생을 대상으로 한 작문대회로서, 학생들로 하여금 독후감을 비롯하여 시 · 기행문 · 보고문 등을 응모하게 했다. 이 지상대회에는 훗날 문학가나 유명인사가 되는 문학소년들이 많이 참가하였다. 미국 유학을 다녀온 후 해방기에 시인으로 활약하다 월북하여 전쟁 후 북한정권에 의해 '미제의 스파이'란 죄명으로 처형당한 시인 설정식은 이 대회 독후감 부문에서 1등을 차지한 바 있고, 전후 남한을 대표하는 소설가가 된 황순원도 평양 숭실고보생으로서 시 부문에서 입선하였다.

　대회에서 입상한 '독후감'은 모두 4편으로 고보 상급생들이 쓴 것인데, 그 중 세 편이 외국 문학작품을 대상으로 하였고 한 편은 이효석의 작품집 『노령근해』를 대상으로 하였다. 이는 고보 상급생 정도 되면 조선 작가의 소설을 별로 읽지 않았음을 보여준 「동아일보」의 독서경향 조사와 일치한다.

　그 중 제1회 '서적비평문' 1등작으로 선정된 '경성사립청년회관' 소속 설정식(19세)의 「『서부전선 조용하다』를 읽고」가, 수록된 독후감 중에서 가장 완결성이 높다.

　　갈퀴로 깎은 듯한 일자일구一字一句는 대패로 민 듯한 「샌님 작품」의 미문美文보다 얼마나 더 건강한지 모르겠으며 일정한 줄기 없이 종횡으로 눈 닿는 대로 묘사한 수법은 무질서하고 궤도 없는 전지戰地의 맛을 더욱 돋워주며 (중략) 작자는 억지로 평화를 설명하기 위한 설명을 구태여 하지 않고 다만 성의껏 그리고 해결은 독자에게 맡긴 데 그쳤다. 그런 까닭에 무리가 없고 또 한 가지 작자는 도무지 자만치 않았다고 본다. 체가 없고 오직 담담하다.

– 설정식, 「『서부전선 조용하다』를 읽고」, 『동광』(1931년 12월)

설정식은 문체와 작가의 태도에 대해 평론가 같은 평가를 보여주고 있다. 또한 다른 작가의 작품과 『서부전선 조용하다』를 비교함으로써 논의를 풍부하게 만드는데, 그 비교대상이 나쓰메 소세키의 『나는 고양이다』였다.

진주고보 학생 김찬문(『동광』, 1932년 3월호)과 경성鏡城고보 5년생 강영수의 글(『동광』, 1932년 4월호)은 그리 높지 않은 수준의 문장력과 분석력을 보여주고 있지만, 평론가연하는 태도와 당대 학생들에게 끼친 카프의 영향력을 보여준다는 점에서 흥미롭다.

고리키의 『어머니』를 대상으로 쓴 김찬문은 혁명 이후 러시아에서 고리키의 행적과 비판 문제까지 언급하며,

1917~1921년에 일막이 시작되자 꼴키 자신의 사상상에 위대한 동요를 폭로시키며 그의 귀추가 훤소喧騷하게 논의될 시, 차此 작품도 또한 기 소속을 문제시하였다고 한다. 그러나 작품도 시대성을 중요시 아니치 못하므로 금일의 나에게 이데올로기적 판단이 내린다면 단연 맑쓰주의성을 구비한 작품이라 하겠다.

고 했는데, 그 근거는 다음과 같았다.

계급적 기분이라든지 모母의 심리변천이라든지 인물의 행동 사건의 변천의 묘사적으로 그려내었다는 것은 유물변증법적 세계관에서 근본조건이

강영수의 「노령근해를 읽고서」　　　　　　　『동광』지의 학생 지상 경기대회 광고문

■■■학생들이 쓴 독후감은 일반 독자들에 대한 문단의 영향력을 확인해볼 수 있는 장이다.

되어 있고 제1의적의 작품이라고 본다. 그리고 조직적 노동자와 농민의 정치적 결합이며 프롤레타리아의 헤게모니의 의의가 작품에 삼투되어 있다는 것이다.

이 글이 수록된 『동광』이 이광수와 주요한이 주재한 수양동우회의 기관지임을 염두에 둔다면, 작품을 보는 '유물변증법적 기준'이 단지 카프에 소속된 비평가의 것만은 아니었음을 알 수 있다.

한편 강영수의 「〈노령근해〉를 읽고서」는 제3차 대회 1위를 차지한 글로서 유일하게 조선문학 작품을 대상으로 했다. 이 글은 우선 작가와 작품을 대하는 태도의 면에서, 대가연大家然하는 기성 평론가들의 글쓰기 태도를 배워왔음을 여실히 드러내고 있다. 강영수는 이효석을 '신인'이라 지칭하면서 다음과 같이 평했다.

작자가 조선문단의 신인인 만큼 그 취재가 생생한 것으로 성공하였다. 시대착오한 경지에서 헤매는 작품만에 염증난 조선문예의 독자들에게 이 작품은 일반의 청량제가 되어서 잠잠하던 연못 속에 던진 돌덩이 같다. (중략) 내용으로는 별로 신통한 것이 없으나 (중략) 종래의 연약한 뿌루조아 문학의 유일한 대상이던 남녀청춘의 연애문제를 버리고 날카로운 붓끝으로 심각한 프로 전선戰線을 그린 것만 하여도 등등騰騰한 신선미가 있다. (중략) 작품의 표현이 거칠고 조사助辭가 난잡한 데가 꽤 많기는 하나 거기 도리어 굳센 여운이 잠겨 있는 듯하고 표현에 주의하고 애쓴 작자의 노력이 역력히 보여서 이 작품의 맛과 값을 얼마큼 보람 있게 하였다.

경성제대에서 영문학을 전공하고 이미 최고 엘리트 작가로서 인정받고 있던 이효석의 작품에 대해, 일개 시골 고보학생이 "내용은 별로 신통할 것이 없고 표현이 거칠지만"이라 평가하고 있다. 이처럼 자신만만한 태도를 보일 수 있었던 것은, 당대 비평담론이 씌어지는 지배적인 방식에 힘입지 않고는 불가능한 일이었다. 강영수의 글 또한 '프로/뿌르'를 구별하는 당파성이, 학생들에게까지 영향을 미친 중요한 '기준'이었음을 보여준다.

이러한 독후감들과 비슷한 수준의 독자를 상대로 한 「동아일보」의 독서경향 설문에서 나타난 반응을 비교해보자. 「동아일보」의 설문은 간단한 반응을 청취하는 식이어서 여기에 나타난 학생들의 반응은 공식성을 띠지 않은 반응의 전형적인 모습을 보여준다. 학생들은 이광수의 『재생』에 대하여 "여자란 것은 참으로 그럴까?" "대체 여자란 그 요물은 악독하기가 그지없다고 생각하는 바"라거나, 톨스토이의 『부활』에 대해 "주인공의 태도에 탄복" "감동의 눈물을 흘리었습니다"라는 식의 극히 즉자적이고 윤리적인 차원의 반응을 보였다. 이는 반응한다는 사실을 크게 의식하지 않아도 될 때 나타나는 '자연적인' 반응이라 할 수 있다.

이와 달리 독후감을 쓴 학생들의 반응은, 작가 혹은 전문가들에게서 반응하고 구별하는 눈이 그들에게 전이되어 체화되었음을 보여준다. 어떤 관점에서 학생들의 독후감은 독창적이고 창발적인 반응이 아니라, 고도로 양식화된 반응을 풀어내는 것에 불과하다. 이처럼 학생들을 대상으로 하는 독후감 콘테스트는 교육자가 피교육자를 대상으로 행한 문학교육의 성취를 확인하는 작업의 의미를 갖고 있다. 곧 작품을 읽어내고 분석하는 틀이 피교육자들에게서 성공적으로 재생산되고 있는지 확인하는 과정인 것이다.

'작가는 몽매한 독자를 깨우칠 신성한 의무가 있다'

작가들이 갖고 있는 독자상과, 독자와 작가의 교호작용은 궁극적으로 소설 텍스트 생산에 영향을 미쳐, 특정 시기 문학 텍스트 생산의 조건이 된다. 스스로를 지사志士 혹은 운동가로 생각하는 작가의 자기 의식은 한국의 문학 전통에서 두드러진다.[63] 이는 조선조의 선비전통에 근현대사의 복잡한 전개과정이 더해지며 형성된 것이라 할 수 있는데, 이러한 작가의식은 곧 독자들에 대한 계몽주의적이며 엘리트주의적인 태도로 이어진다.

> 문사는 돈을 벌자는 직업이 아니외다. 장난삼아 소일거리로 하는 직업은 더구나 아니외다. 문사라는 직업은 적게는 일 민족을, 크게는 전인류를 도솔道率하는 목민牧民의 성직聖職이외다. 원고지 위에 붓대를 휘두르는 이는 강단 위에 성경을 펴는 이와 같이, 신성한 직무를 동포에게 행하는 것이외다.
>
> – 이광수, 「문사와 수양」, 『창조』 8호(1921년 1월)

이광수가 작가를 꿈꾸는 청년들을 상대로 문사의 자세를 논한 이 글에서 작가의 존재론적 당위는 '의사醫師'로 표현되는데, 이런 경우 독자는 병든 환자가 될 수밖에 없다. 그리고 인용문에서처럼 작가가 '목민의 성직'일 때 독자는 주체적 의식과 능력을 결한 몽매한 백성일 뿐이다. 다른 작가들에 비해 압도적인 영향력과 권위를 지닌 이광수가 저러한 작가의식을 갖고 있었다는 것은, 이광수 문학의 성격 문제를 넘어 한국 근대문학 전반의 성격과 결부될 수밖에 없다.

이러한 독자상은 한국 근대문학이 취한 계몽주의에서 비롯된 것이다. 1890~1900년대 계몽사상가들이 가졌던 '계몽의 대상이며, 무식한 독자'라는 독자상은 1920~30년대 작가들에게도 이어지고 있었다.

(1) 그러므로 작품 전체가 애독자에게 보이는 기다란 편지로 알면 고만이니 『상록수』 속에는 작자의 의도한 바가 미숙하나마 기분간이라도 표현되었을 것이요 비록 날카로운 손톱 끝으로 가려운 데를 북북 긁지는 못하였을망정 구석구석 창작한 사람의 사상이라든지 조선의 현실에 임하는 태도를 엿볼 수 있을 것이다.

그러므로 작가는 거의 반년 동안이나 날마다 독자에게 편지를 쓰는 셈이니까 그 회답을 받고 싶은 것은 이 편에 있지 않을까?

- 심훈, 「진정한 독자의 소리가 듣고 싶다」, 『삼천리』(1935년 11월)

(2) 나는 「먼동이 틀 때」가 걸작 되기도 바라지 않고-(아니 못하고) 이 작품이 십 년은커녕 이삼 년 동안이라도 남기를 바라지 못한다. (중략) 나는 이번을 기회로 재래의 신문소설 레-벨을 좀 올려볼까 하는 야심이 있다는 것이다. 독자의 저급된 취미에 영합시키기보다 한 걸음 나아가서 그들로 하여금 「예술」에 대한 감상력을 길러주었으면 하는 것이다.

- 이무영, 「대중에게 반문합니다」, 『삼천리』(1935년 11월)

(3) 김동인 : **순수소설과 대중소설을 꼭 구분하도록 마음대로 됩니까?**

유진오 : **독자는 대개 그 구분성을 의식하지 못하지요? 아직.**

이태준 : **아직 우리들이 가진 독자층에선 거진 구별 못한 채로 읽요?**

유진오 : **그래요 분화 못지요.**

모윤숙 : 그럼 독자는 그렇다 치고 작가측으로도 그렇게 구분이 안 될까
요?

이태준 : 그렇지는 않지요? 단편 쓸 때는 맘이 무척 즐겁고 기쁩니다. 그
러나 신문소설을 쓸 땐 다분히 직업적 의식을 가지고 쓰게 되더군요.

－「소설가 회의」, 『삼천리 문학』(1937년 1월)

(1)과 (2)는 1935년 10월 현재 각 일간지에 소설을 연재하고 있던 작
가들이 쓴 「십만 애독자에게 보내는 작가의 편지」(『삼천리』, 1935년 11
월)의 일환으로 심훈과 이무영이 쓴 글이다. 『상록수』를 연재하고 있던
심훈은 균형감각을 지닌 원론적인 태도를 보이고 있다. 작품에 대한
자신의 의도와 자세의 완벽함을 전제하고, 이에 대하여 독자들에게
'진정한 반응'을 보여달라고 요구하고 있는 것이다.

(2)의 인식은 상당히 극단적이다. "진지한 태도로 문학을 하려는 사
람이 신문소설에 붓을 드는 것은 그 자체가 벌써 동요된 것이요, 그 태
도가 벌써 아름답지 못"하다는 소아병적 인식을 드러낸 후 위의 구절
이 이어지고 있는데, 이무영 자신은 독자와 신문소설의 수준을 높이기
위해 신문에 소설을 연재한다는 궤변을 늘어놓고 있다. 그러나 그 어
조로 보건대 그의 궤변은 어설픈 변명이나 합리화가 아니라, 확신과
신념에 찬 생각에 근거하고 있다. 즉 신문소설 독자의 수준이 낮으므
로, 당연히 작가가 그것을 계도해야 한다고 생각하고 있는 것이다.

(3)에서도 작가들이 독자들에 대해 갖고 있는 전형적인 생각이 드러
나 있다. 이는 모윤숙이 던진 '요즘 작가들은 순수소설도 쓰고 동시에

대중소설도 쓰는데 이에 대한 고심이 없는가'라는 질문에 나온 대답들이다. 작가들은 '순수와 대중'을 분명히 구별하고, 단편을 쓸 때는 기쁨을 느끼지만 신문 연재 장편을 쓸 때는 그렇지 않으며, 무엇보다 조선의 독자대중이 순수-대중을 구별할 만한 눈을 갖고 있지 못하다고 말한다. 이태준은 단편을 쓸 때는 예술을 하는 것이고 독자들이 많이 읽는 장편은 밥벌이로 마지못해 한다는 그의 유명한 말을 반복하고 있는데, 이러한 태도가 하나의 포즈로 굳어져 있음을 알 수 있다.

대중들이 '순수-대중'을 구별하는 눈을 갖고 있지 못하므로, 작가들이 나서서 대중들을 가르치고 깨우쳐야 한다는 엘리트주의적 사고는, 비단 그 자리에 참석한 문학가들만의 것은 아니었다. 그리고 그러한 '태도'는 문학의 사회적 위상이 현저히 낮아진 오늘날까지 끈질기게 명맥을 유지하고 있다.[64] 기실 '대중'이 '순수-대중'을 구별하지 못하는 것은, 그러한 구분 자체가 수용에 있어 전혀 필요한 요소가 아니기 때문이다. '비전문가'나 일반대중이 문학작품을 수용하면서 누리는 기쁨은 다른 데 있다. 그것은 작품의 구조나 형식을 감상함으로써 맛보는 '무목적인' 것이 아니라 보다 일상적이며 경험적인 것이며, 또한 보편적 인간지향과 관계된 것이다.

그런데 「문사와 수양」 단계에서부터 이어져온 저와 같은 계몽적·엘리트주의적 사고방식은, 한편으로 큰 굴절과 변화를 겪은 후 정립되고 단련된 것이기도 하다. 그것은 크게 두 가지 요소에 기인한다. 첫째는 근대 예술가로서의 자의식이다. 근대사회에서 문학적 글쓰기를 행하는 주체는 그저 근대적인 '나'가 아니라 근대적 예술가로서의 '나'이며, 현실은 이 예술가로서의 '나'에 의해 경험되는 세계'[65]로 인식되는데, 이는 근대적 대중사회에 대한 이른바 '산책자'로서의 의식을 갖게 한다. 대중을 그저 속중俗衆 혹은 우중이라 착각하는 근대 예술가의 고독한 자의식은, 예술 생산의 동력이 되기는 하나[66] 현실과는 무관하다. 작가들이 '타락한' 예술행위에 대해 갖는 자기 모멸감과 속중에 대한 우월의식은, 대중의 존재속성에 대한 작가의 관념에서 비롯된 것일 뿐, 대중은 그러한 '관념 너머의 타자'[67]이기 때문이다.

[조직 대상으로서의 독자 : 카프의 독자]

독자를 계몽의 대상으로 파악하는 또 하나의 두드러진 태도는 1920~30년대 계급 문학에서 보인다. 이는 선비가 백성을 바라보거나 고상한 예술가가 우중을 바라보는 것과 전혀 다른 맥락에서 대중을 타자로 설정한다. 곧 이때의 대중은 혁명의 주체이자 계급의식화의 대상인 노동자·농민 등의 계급대중이다. 전위와 그 조직에 의하여 '자생성'을 의식성으로 전화해가야 하는 혁명의 동력이자 보조자들인 것이다. 따라서 이때의 대중은 문학작품을 읽는 '독자' 대중과는 원천적으로 개념 자체가 다르다.

이와 관련하여 카프의 작가와 비평가들이 대중조직론의 일환으로 제기한 소설대중화론은 소설수용과 생산의 상호작용 문제에 있어 중요한 의의를 갖는다. 이 논의과정에서 일부 논자들은 독자의 존재를 '무식한 우부우부'라는 식의 엘리트주의적 직관에 의해서가 아니라, 전체 사회의 일 성층成層으로서 구체적인 상태를 지닌 실체로 파악한다.

특히 김기진의 분석이 이런 점을 잘 드러낸다. 김기진은 여전히 직관적 방법에 의존하는 면이 있긴 하나, 당시 독자층이 소설을 소비 수용하는 동기와 경향, 소설의 문체와 내용, 나아가 책의 가격과 의장까지 문제삼았다.[68] 논의의 핵심만을 간추리면, 실제 대중이 가진 정서와 교양의 정도를 "미신과 노예적 정신, 숙명론적 사상"에 젖어 있다고 전제하고, 그 연원을 "적어도 1~2세기 전부터 이 따위 이야기책으로 말미암아 축적되어온 심리적 효과의 결과"이며 "이미 소실된 구시대의 사회기구와 그 분위기가 아직도 그들의 상상의 세계에서는 지속되어온 까닭"이라 파악하였다. 따라서 "그들의 흥미가 일조일석에 소멸될 것이 아니기 때문에" "흥미를 다소 맞추어가면서 제재를 노동자 농민의 일상 견문의 범위 내에서" "물질생활의 불공평과 제도의 불합리로 말미암아 생기게 되는 비극을 주 요소로 하고서 원인을 명백히 인식하게 할 일"이 과제임을 적시했다.

김기진의 주장에는 "따라서 문장은 운문적으로 되어야 한다. 다시 말하면 즉 낭독할 때 호흡에 편하도록 되어야 한다. 무슨 까닭이냐 하면 우리의 노동자와 농민은 반드시 눈으로 소설을 보지 않고 흔히 귀로 보는 까닭이다"라는 내용까지 붙어 있었다.

이러한 주장은 본원적으로 대중을 무지하고 수동적인 조직대상[69]으로 파악하였다는 한계를 안고 있긴 하나, 이질적인 구성과 사회적 취향을 지닌 대중 독자의 상을 실체로서 제시하였다는 점에서 의의가 있다.

카프 작가들 사이에서는 김기진이 제시한 구체적 방침의 정당성 여부를 놓고 논란이 일었다. 김기진은 '우익 기회주의' 이자 '대중추수주의'라는 임화를 비롯한 카프 소장파의 비판과 냉소에 부딪혔다. 실제 김기진이 파악한 대중은 고소설과 신소설의 영향을 받는 '현상現狀'으로서의 독자대중 자체였기 때문에, 그가 내놓은 방책 또한 추수주의적인 태도의 산물임에 틀림없다. 하지만 소장파가 김기진의 소론에 대해 취한 태도도 옳다고 말하기는 어렵다. 오히려 그것이야말로 볼셰비즘을 좌익적으로 적용한 결과이다.[70] 정세와는 무관하게 '비합법'이나 '투쟁'의 원칙을 지켜야 된다고 믿는 것이 첫째 오류이며, '대중의 상태'를 투쟁으로 바꿔야 할 대상으로만 보고 인정·수용해야 할 현실 그 자체로 생각하지 않는 태도가 두번째 오류이다. 이러한 태도는 소위 '의식성'에서 기인한 것이다.

그러나 불행히도 우리는 언제나 주의하여 오던 …… 원칙의 치명적 무장 해제적 오류를 발견하게 된 것이다.
그것은 싸움에 임하는 우리들의 작품의 수준을 현행 검열제도하로 다시 말하면 합법성의 추수를 말한 것이다.
즉 중언을 요할 것이 없이 합법성의 취가 아니고 …… 의식적인 퇴각을 말하는 것이다.

- 임화, 「탁류에 항抗하여」, 『조선지광』 86호(1929년 8월)

사실상 임화의 반론은 김기진이 대중추수주의로부터 반동적인 "춘향전 문학자, 예술지상주의자로 나체로 전락하며" '매賣 계급' 하였다는 선언밖에 없다. 노동자계급의 상태와 예술대중화의 구체적인 타개책을 전혀 언급하지 않고도 김기진에 대한 논박이 가능하였던 것이다.
본질적인 데로 들어가면 이러한 주관주의적·좌익적 태도는 카프가 처해 있던 모순적 상황에서 비롯된 결과라고도 볼 수 있다. 1차 방향전환 이후 '예술가동맹'인 카프는 '전위조직과 구별되지 않는 임무를 지닌 전선적 조직'으로서 스스로를 규정하였으며, 실제 카프의 일각은 당의 지도를 받는 부문운동조직이 아니라 스스로 전위적인 정치조직임을 자임하였다.[71]

따라서 문예의 무산계급적 임무는 전선적—제1선적—의식을 고양하여 그것에 충당하게 된다. 그리하여 의식추종이던 계급문학은 이제는 그 스스로가 그 운동의 진출적 의식에 진출하게 되는 것이다. (중략) 문예는 문예의 특수성—이것은 장래 상론하려니와—으로써 문예는 그 자체와 분리할 수 없는 특수한 형태를 가지고—이 특수한 형태는 완전하면 할수록—문

■임화, 『문학의 논리』(〈학예사〉, 1940). 임화는 박헌영 계열 남로당 출신의 가장 대표적인 문
학가였다. 1920년대 후반부터 카프에서 활동하며 예리하고 강렬한 평론을 발표했으며 〈네 거리
의 순이〉나 〈우리 오빠와 화로〉 같은 유명한 시를 짓기도 했다. 임화는 '이식문학'의 관점에서 문
학사를 체계적으로 정리한 문학사가이기도 했다. 월북 후 '미제의 스파이'로 처형된 남로당 지식
인의 운명을 보여주는 한 상징이다.

예운동의 효과를 고양케 하는 것이다. 그러므로 문예운동과 무산계급운동
은 동일한 양개가 아니라 통일될 수 있는—통일되는—전선적의 일익인
것을 생각해야 한다. 우리는 문예운동과 계급운동을 분열적으로 생각하여
2개의 동일한 것으로 보는—비변증법적—관찰을 배격한다.

– 박영희, 「문예운동의 목적의식론」, 『조선지광』 69호(1927년 7월)

그러므로 조선프롤레타리아예술동맹은 무산계급운동의 방향전환과 한
가지 이 민족적 정치투쟁 시야를 전취함으로 이 과정을 과정하여야 한다.
따라서 조선프롤레타리아예술동맹은 무산계급 예술의 임무를 작품행동에
국한시키는 것이 아니라, 우리는 전운동의 총기관이 지도하는 투쟁을 실행
하기 위하여 우리의 예술은 무기로서 되지 않으면 아니된다.

이리하여 작품 지상인 행동의 계급적 자기 소외로부터 무산계급 예술의
구출을 기한다. 이러한 의미에서 조선프롤레타리아예술동맹의 예술운동

은 정치투쟁을 위한 투쟁예술의 무기로서 실행된다.

- 「무산계급 예술운동에 대한 논강 : 본부초안」, 『예술운동』(1927년 11월)

위 글에서 '문예의 특수성'이 천명되기는 하지만, 기실 그것은 선언 적이며 부가적인 수준에 불과하다. 실제 카프가 상정한 '목적의식화' 나 '볼셰비키화'의 내용은 전위조직 그 자체였다. 그런데 '목적의식 화'나 '볼셰비키화'의 내용 자체는 문예운동의 특수성을 보증해줄 수 있거나 부문조직의 특수성과 전위조직의 일반성을 통일하기 위해 고 안된 논리가 아니다. 실제 카프는 조선공산당 (재)건설운동이나 신간 회운동과 매우 모호한 관계를 맺고 있었다. 카프 동경지부의 임화·김 남천·이북만 등이 『무산자』지나 고경흠을 통해 ML당과 맺은 관계 그 리고 신간회운동과의 내용적 관계를 중심으로 보면, 1928~1930년의 카프는 분명 정치적 전위조직으로서의 성격을 갖거나[72] ML당의 프락 션 대상 조직임이 드러나지만, 그것이 곧 카프 전체에 해당되지는 않 는다. 1차 검거사건 이후 해소로 이어지는 과정에서 카프라는 조직의 임의성과 약체성이 그대로 드러나기 때문이다. 카프가 조직으로서 이 처럼 모순된 길을 걸었다는 것과, 카프가 적어도 지식 청년층 범위에 서는 문화적 전위로서 꽤 큰 영향력을 발휘했다는 것은 다른 차원의 문제일 것이다.

여기서 중요한 문제는 카프가 내세웠던 대중조직화와 투쟁의 매개 가, 실제적인 선전선동과 투쟁이 아니라 매우 '간접적인' 수단인 문학 작품이었다는 데 있다. 문학작품이 의식화와 선전선동의 수단이 될 수 있다는 가능성에 대한 생각과, 그것이 지속력을 갖는 조직화의 매개가 되고 문학가가 전위가 되어야 한다는 당위론적 인식에는 큰 차이가 있 다. 그리고 적어도 조선의 상황에서 카프가 이 문제를 풀어나간 방식 은, 문학을 조직과 전위운동의 매개로 삼을 수 있다는 생각이야말로 모순임을 증명해가는 과정이었다.

카프의 운동가들은 스스로를 전위운동 조직으로 간주하였고, 따라서 목적의식적 투쟁과 작품창작이 일원적이라고 믿었다. 그러다가 이후에는 급선회하여 "지도자의 횡포 독단과 창작의 무기력 무주장"을 주장하고 "예술의 특수성을 논하였으나 도무지 구체적 발전이 없"었음을 최대의 불행으로 간주하여 전향의 논리로 삼고[73] 조직 해소를 자진해서 주장하게 된다. 여기에는 결코 떨칠 수 없었던 문학주의가 일관되게 작동하고 있었던 것이다.

1937년 중일전쟁 발발 이전까지 조선 사회주의자들에게 '사회주의로부터의 전향'과 '국가체제에의 협력'은 일본 사회주의자들의 그것과 경우가 달랐다. '민족'의 문제가 걸려 있었기 때문이다.[74] 1930년대 중반까지 대부분의 조선 사회주의자들은 일본 사회주의자들의 전향에 대해 냉담한 태도를 보였고, 일제 당국조차 조선 사회주의운동의 근저에 '생생한 민족적 우민憂悶의 실감實感'이 존재한다는 점을 인정하여 전향의 진실성 여부를 의심하였다.[75] 그러나 실질적으로 다수의 조선 사회주의자들이 '전향'을 감행한 1937~1940년 사이에는, 일제가 개발한 '동아신질서東亞新秩序'론의 '혁신'적 성격과 반자본주의적 색채가 전향 사회주의자들의 착시현상을 불러일으킬 만했다. 이러한 논리에 의해 일본은 더 이상 제국주의가 아닌 듯 보였고, 여기에 독소불가침 조약으로 인한 국제적 반파시즘전선의 동요라는 국제적 사정도 작용했다. 그러나 이러한 논리의 허구성이 금방 드러나고 궁지에 내몰린 일본이 파시즘적 체제를 강화하자, 식민지 조선의 반제투쟁은 오히려 강화되어갔다.[76]

카프의 한계나 모순은, '문학'에 근거한 '정치' 조직이라는 양립 불가능한 두 항을 하나로 통일시킴으로써 비롯된 것이었다. 근본주의적인 민족주의의 시각에서 본다면, 카프의 허약함과 모순은 식민지체제 내

■1940년 8월 10일 「조선일보」 폐간 당시 편집국 모습. 시인 서정주는 「조선일보」 폐간을 '기념' 하기 위해 "잔치는 끝났더라./ 마지막 앉아서 국밥들을 마시고/ 빠알간 볼 사르고/ 재를 남기고" 라 시작되는 시를 남겼다. 이 시의 제목은 역설적으로 〈행진곡〉이다.

의 '문학' 전체가 가지고 있는 근원적인 체제내적 성격과 상통한다.[77] 일제시기의 문학은 일본의 억압적 국가기구가 그어놓은 금 안에서만 '문학' 으로 존재할 수 있었던 것이다. 이는 매우 치명적인 한계이다. '협력' 과 '친일' 의 모든 근거가 금 그어놓은 '문학' 때문에 비롯되기 때문이다.

조선 문학가들의 전향 문제를 두고 일본인 작가 하야시 후사오林房雄는 '조선의 작가는 전향해도 돌아갈 조국이 없다' 고 했지만[78] 내선일체론을 받아들이면 상황이 달라질 수 있었다. 무엇보다도 돌아갈 조국은 없지만 돌아갈 문학의 품은 있었다. 카프 역시 '자체의 지도 기관 없이 부르주아 신문에 기생' 함으로써만 문학활동을 하고 있었으며, 운동의 관점에 비추어볼 때 합법주의의 폐해에 침윤되었다[79]는 한계를 넘지 못했다. 조직 해소 이후 카프의 작가들은 개별적으로 급격히 체제내화되고, 이로써 '민족문학'은 그 행방 전체가 모호해지며 좌우를 막론하고 문단의 대부분이 스스로 '친일'의 굴레를 쓰게 된다.

작가와 독자의 커뮤니케이션 방법

그런데 과연 현실에 존재하는 실제 독자들은 작가를 어떻게 생각하고, 어떻게 소통하기를 원하고 있었을까? 이는 작가들이 생각하는 독자상과 달랐다.

대중들에게 작가는 존경받을 만한 인물이었으며, 문사라는 직업은 작가들이 처한 경제적 실상과는 무관하게 아주 괜찮은 직업으로 비쳐졌다.

> 미래의 국지관菊池寬 구미정웅久米正雄은 나오라. 신문기자, 편집기자, 저작가, 편집 등 문필업은 수요가 많고 금후 더욱 더욱 유망할 뿐 아니라 또 취미로서의 문학은 그 사람의 품성을 높이고 아모 사람에게나 존경을 받고 입신성공이 빠르다.
>
> 오라 문학 지망의 만천하 청소년 제군이여!
>
> 『일본日本 문학강의록文學講義錄』 광고, 『조광』 1호(1935년 11월)

조선인 청년학생들을 향해 '미래의 국지관 구미정웅은 나오라'라고 말하고 있는 위의 광고문은, 대중이 파악하고 있는 '문사'가 장르화되어 있는 분야의 '예술가'가 아니라 문필을 다루는 고상한 직업 일반을 가리키고 있음을 보여준다.

당시 작가와 독자의 소통은 직접적인 경우가 많았으며, 독자들의 태도도 적극적이었다. 이는 우선 허구양식에 대한 인식이 완전히 형성되지 못한 때문일 수도 있다. 독자들이 매체를 통해 간접화된 존재로서 작가를 받아들이지 않고, 작품의 발화자를 실체로 받아들이는 것이다. 이와 관련하여 앞에서 허구양식을 수용하는 독자들의 이러한 태도가 보다 간접화하며 변화한다고 이야기한 바 있다. 독자는 '주인공-서술자-작가'의 미묘한 구분을 곧잘 잊거나 잊어버리는 척한다.

둘째, 작가 스스로가 '선생님'임을 자처한 만큼 그들은 '선생님 대접'을 받았으며, 한편으로는 존경과 인기를 누리는 존재이기도 했다. 이는 당시 '문학'이 갖고 있던 문화적 위상의 중대함에서 기인한다. 책과 글에 대한 절실함이야말로 독자들로 하여금 작가들에게 편지를 쓰게 만드는 순수한 동력이었다. 독자들은 주인공의 운명을 안타까워하고 주인공과 자신의 운명을 동일시하여 하소연하거나, 작품에서 받은 '감격'을 토로하기 위해 작가들에게 편지를 썼다. 그리고 다른 한편으로 작가들에게 '문학가'가 되기 위한 길을 묻고 조언을 구했다.

『삼천리』의 독자 코너인 「교차점交叉點」(1931년 7월 이후)은 이러한 독자와 작가 사이의 소통을 아예 공개적으로 기사화하여 내보이고자 하는 시도로서, "사회의 여러 공인에게 묻고 싶은 말을 중개하여 드리는 곳"으로 "무슨 말씀이든지 본사에 경유하여 물어주시면 그 회답을 본지상本誌上에 발표"한다고 하였다.

독자들은 과연 사회의 여러 공인들에게 시시콜콜한 일부터 물어왔는데, 그 중 문학가들에 대한 질문이 단연 많았고 특히 이광수의 말을 듣고 싶어하는 독자들이 많았다. 목포의 독자 강사성은 '이광수 씨에게' "선생이 충무공을 제재로 한 소설을 동아일보에 쓰신다 하는 바 어떤 식式으로" 전기체로 쓸 것인지, 고담체로 쓸 것인지를 물어왔으며, 전주의 독자 이종석은 '이광수 선생께' "독서에 힘을 써 선생님께서 저작하옵신 책도 많이 읽었습니다. 일찍부터 문예에 취미를 갖게 되어 이후 문예를 전공하려고 하온대 어떠한 순서를 밟아야 할까요"라는 질문과 함께 자신의 '통신교수'를 해줄 수 없느냐는 순진한 질문을 하였다.

이처럼 순진하고 진지한 질문에 대해 '유명인'이 직접 답한 글이 함께 게재되어 흥미롭다. 전자에 대해 이광수는 "전기체로(동아일보사 이광수 배拜)"라는 짤막한 답을 한 것으로 되어 있고, 후자의 질문과 개인교수 요청에 대해서는 "문예작가가 되려고 하시면 먼저 계제를 밟아 대학의 문과를 마치도록 하실 것인가 합니다. 통신교수로는 동경우입牛卅 와세대대학 출판부 발행인 「문학 강의록」이 가장 적당"하다는 조언과 함께 "생生은 통신교수할 자격도 능력도 없습니다"라고 쓰고 있다.

한편 순안에 사는 고동환은 '주요한 선생님에게' '언제부터 시 짓기를 시작했나, 처녀작은 뭐냐?'는 질문을 하여 "17세에 일문으로 시를 적었고, 19세에 조선문으로 적어보았습니다(주요한)"라는 답을 들었고, 영주 김ㅊㄷ이라는 이는 '김억 선생님께' 가장 필요한 「에쓰」(에스페란토)어 사전과 참고서는 무엇이며 동경 「무산자」를 사려면 어찌 해야 하는지까지 질문하여, 방정환이 집필한 참고서적이 좋겠다는 말과 함께 '동경 무산자는 몰라도 에쓰페란토 잡지 중에도 「Nora Epoko」 「Sennaciulo」'와 같은 좌익잡지가 있다는 정보를 얻었다.

『동광』은 아예 글쓰기에 관심이 많은 독자들을 위해 이광수·주요한·김억이 투고한 글을 직접 첨삭해주는 '첨삭부'를 두기도 하였다. 아래는 각각 "글의 첨삭을 원하는 이에게"와 "신시新詩의 첨삭을 원하시는 이에게"라는 제목으로 나간 사고社告인데, 첨삭은 '유료'였으며 시의 첨삭은 '통신교수'로서의 성격을 분명히 한 것이었다.

독자에게서 많은 투고가 들옵니다. 그것을 일일이 보자 하니 시간이 없고 그냥 두자니 정성들여 쓰신 분에게 미안합니다.(중략)
一. 원고는 일면에만 쓰고 여백을 많이 남기고 피봉에 첨삭이라 주서朱書

할 것.(중략)

三. 원고 한 장(20자 10행)에 대하여 10전씩(우표 혹은 우환郵換)의 동봉을 요함. 단 이것은 첨삭료 및 반송비로 충함.

四. 원고는 도착일부터 삼십일 내에 첨삭 비평하여 반송함.

七. 투고중 가작이 있을 때는 본지상에 게재함을 득함.

신시에 정진하시는 여러분을 위하여 좌기의 규정으로 시인 안서 김억 선생이 시의 통신 개인교수를 개시하게 되었습니다.(중략)

一. 시의 원고를 첨삭 비평하야 반송함.(중략)

一. 투고 수를 제한하기 위하야 50행마다 30전씩의 첨삭료를 요함.

一. 우수한 작품은『동광』지상에 게재함.

위에서 본 바와 같이, 1920~30년대 독자들은 존경심을 가지고 작가들을 대하였으며, 다양한 방식으로 적극적인 소통을 시도하고 있다. 이러한 태도는 당대 문학이 가진 위상에서 비롯된 것으로 보인다. '문학'은 가장 새롭고 '교양' 있는 사회적 소통수단이었고, '문사'는 선망의 대상이었다. 이러한 태도는 당대 문학이 계몽주의적 성격을 가지게 되는 주요한 원인으로 작용하였다.

작가는 일반적으로 자기 텍스트에 대해 진지하고 엄숙주의적인 자신의 태도를 독자들도 가질 거라 기대하면서도, 한편으로 독자들은 '무식'하고 비루하다는 이율배반적인 의식을 갖는다. 그러나 기대는 결코 충족되지 않는다. 이때 독자나 대중은 작가의 '타자'이지만, 기실 선민의식과 지적 우월감을 갖고 있는 작가야말로 대중의 타자이다. 대중은 무식하지도 유식하지도 않으며, 고상하지도 비루하지도 않다. 오히려 독자는 자기에게 주어진 지평 내에서는 언제나 가장 성실하게 텍스트를 읽고, 권위에 근거하여 자신이 선택한 텍스트를 신비한 것으로 여기는 경향이 있기 때문이다.

한국사회의 근대성이 어떻게 형성되었는가를 사회·문화·경제 제 영역에서 따져보는 연구의 성과는 상당히 축적되어왔다. 그러나 책을 매개로 한 대중적 앎과 지식의 지형이 어떻게 '근대'를 성취했는지를 다룬 논의는 드물었다. 또한 근대 문학사 연구에서 독자 문제를 본격적으로 거론하여 소설 수용의 기본 양상과 그 문학사적 의의를 밝힌 연구는 없었다. 이 책이 그러한 작업의 기초지반을 제공하는 데 일조하기를 바라는 마음이다.

이 책에서는 식민지시기의 책 읽기 양상과 그 사회적 의미의 변화를 '대중 독자의 등장'이라는 관점에서 살펴보았다. 독서문화의 변화양상을 드러내고 그 와중에 어떤 책이 어떻게 읽혔는지를 드러내고자 한 것인데 그 중에서도 특히 누가, 어떻게, 어떤 소설을 읽었으며 그러한 양상이 어떤 사회적·문화적 맥락하에서 이루어졌는가를 해명하는 것을 일차적 목적으로 삼았다.

책의 표기법, 내용, 발표형태 등을 기준으로 1920~1930년대의 대중 독자층을 3구분했다. ① 구활자본 고전소설(딱지본) 및 일부 신소설의 독자, 구연된 고전소설과 일부 신소설 등의 향유자인 '전통적 독자층' ② 대중소설, 번안소설, 신문 연재 통속소설, 일본 대중소설, 1930년대 야담, 일부 역사소설 등의 향유자인 '근대적 대중 독자' ③ 신문예의 순문예작품, 외국 순수문학 소설, 일본 순문예작품 등의 향유자인 '엘리트적 독자층' 등이다.

이 중 첫번째 부류에 속하는 전통적 독자층은 방각본 소설에서 구활자본 소설로 이어지는 전통 속에서 형성·재편되어온 존재이다. 이에 비해 '근대적 대중 독자'와 '엘리트적 독자층'은 명백히 근대적인 제 제도의 힘을 형성의 배경으로 삼는다.

즉 '근대적 대중 독자'와 '엘리트적 독자층'은 문맹이나 전습(傳習)된 구술문화적 조건이 아니라 헤게모니를 얻어가던 문자문화에서의 글쓰기와 읽기의 사회화를 배경으로 형성되었다. 제도화되거나 일상화된 교육의 체계, 그 체계의 실 내용을 이루었던 독서와 글쓰기에 대한 인식, 그리고 독서·글쓰기를 개별 주체들이 실행함으로써 내면화한 힘이 이와 관련된다. 이들 독자는 최소한 보통학교에서 근대적 학교교육을 이수한, 문자매체를 일상적으로 읽고 필요한 글을 쓰는 사람들이었다.

또한 '근대적 대중 독자'와 '엘리트적 독자층'은 1920~30년대의 독서문화를 배경으로 형성되었으며, 또한 그 주체이다. 1910년대에 비해 1920년대에는 매체와 출판물이 가히 홍수를 이루었으며, 1930년대에는 근대적인 의미의 출판·독서문화가 안정적으로 재생산된다. 이런 상황을 배경으로 구활자본 소설과는 다른 차원의 '재미'가 창출되었다. 보다 근대화되고 상업적으로 착색된 가벼운 읽을거리가 쏟아져나오고, 이에 대해 무목적적이며 '자율적인' 독서와 예술의 영역도 반정립하고 있었던 것이다.

그리고 보다 갱신되고 확대된 도시 대중문화가 근대적 독자층을 형성한 또 하나의 유력한 배경이다. 구활자본 소설과 전통적인 서적의 독자들이 전통적 생활조건과 촌락공동체를 배경으로 갖고 있었던 데 비하여, '근대적 대중 독자'와 '엘리트적 독자층'은 첨단 생활양식과 이에 어울리는 소비적 대중문화를 누리는 수용자들이었다. 영화, 라디오, 대중연극 등을 향유하는 행위와 소설 읽기는 이처럼 병치된 공간에서 교환가능한 하나의 행위였던 것이다. 소설 읽기는 가장 대중적이라고 말하기는 어렵지만, 매우 유력한 도시 대중문화의 하나였다.

최소한의 근대적인 학교교육을 이수하고, 신문·잡지의 영향력에 노출되어 있었던 이 독자들에게는 학교 교육과 저널리즘이 책 읽기에서 규정적인 요소이다. 학교와 저널리즘은 독자와 책(작가·작품) 사이에서 매개자 역할을 수행한다. 독서 선택과 관련된 제 요소들 가운데에서 학교교육은 특히 중요하다. 수용의 첫번째 국면으로서 책이나 작품 선택은 온갖 힘들이 각축하는 일종의 투쟁인데, 그것은 권위에 의해 유도된다. 교과서와 교과과정, 교사의 장르인식·취향판단이 학생들이 책을 선택하는 데 있어 가장 중요한 권위가 된다. 신문 저널리즘 또한 유력한 매개자 역할을 한다. 신문과 잡지는 책광고를 통해 출판업자와 독자를 연결할 뿐만 아니라, 고정된 〈신간소개〉란과 문학비평을 게재함으로써 매개자 역할을 수행한다. 특히 한국에서는 신문 저널리즘이 소설 독자 형성에 있어 중요한 역할을 한다. 당시 읽을거리 시장의 가장 넓은 부면을 차지한 것은 신문이었으며, 신문이야말로 가장 유력한 문화적·이데올로기적 기구였다.

그리고 구별되는 독자층의 존재는 소설의 생산과 유통의 근대화를 배경으로 한다. 상당수가 이름없는 작가들에 의해 생산되었던 구활자본 소설과 달리, '신문학'의 대중소설이나 '순수소설'은 원고료나 인세를 받는 직업적 '작가'에 의해 생산되었다. 그리고 전자의 독자들이 장터에서 구입하거나 가전家傳된'책을 읽고, 혹은 촌락공동체 내에서 행해지는 구연을 통하여 소설을 접했다면 후자의 독자들은 신문·잡지의 '신간소개'와 광고를 읽거나 학교 교사의 지시나 추천에 따라 책을 선택하고, 도시의 서점에서 구입하거나 우편주문을 통해 경성과 동경으로부터 책을 우송받아 읽었다. 구입하기 어려울 경우 도서관을 이용하였다.

그렇다면 새로운 독자층을 형성한 문화적 맥락은 무엇인가? 다음의 네 가지 항목으로 보았다. 첫째 구활자본 소설을 통해 전개된 문자문화의 대중화, 둘째 당대의 언어적 정황, 즉 문맹과 이중언어 상황의 문제, 셋째 독서와 '시각적 현대성'의 성립 문제, 넷째 급격히 사회화하던 '글쓰기'이다.

20세기가 개막되던 시점에서 방각본을 교체하고 나온 활자본은 책과 독서에 대한 당대인의 관념을 바꿔놓기에 충분할 정도의 파급력을 가지고 있었다. 이러한 사정은 당대의 문화에서 읽기와 쓰기가 갖는 의미와도 결부되어 있다. 1920~30년대 조선사회는 복잡한 언어적 상황에 처해 있었다. 한편으로는 높은 문맹률이 유지되었고, 다른 한편으로 '문명생활'을 누리기 위해 공용어이던 일본어를 온전히 해독해야 했다. 복합적이며 모순적인 언어적 상황은 당대인의 책 읽기와 당대 문학의 성격 문제에 큰 영향을 미치지 않을 수 없었다.

이 책에서 다룬 시기는 문자·활자문화가 전일적인 지배권을 형성해나가던 때이다. 이러한 양상은 당대 사회와 문화 영역이 '근대성'과 관계맺는 하나의 방식이기도 하다. 누구나 읽고 쓸 수 있으며, 또한 읽고 써야 하는 상황(즉 보편문식성)이 당대인들 앞에 놓여 있었다. 이는 '구술문화에서 문자문화로'라는 명제로 요약되는 변화를 야기한다.

책 읽기와 관련해서 이 변화는 '음독·공동체적 독서에서 묵독·개인적 독서'라는 독서 양태의 변화와 깊은 관련을 맺는다. 그리고 한 걸음 더 나아가 이는 문화의 감각적·인지적 구조와 지知의 편재방식의 문제와 연관된다. 이제 머릿속에 기억되고 귀를 통해 구전되는 것은 지식이 아니다. '앎'은 모두 가시적인 형태로 축적된 것만을 가리키게 된다. 즉 시각 중심의 체제가 책 읽기, 신문·영화·연극 관람, 만화의 새로운 등장과 함께 성립해가는 것이다.

또한 1920년대 초의 문화는 새로운 의사소통 방법과 문명의 수단으로서 '글쓰기'를 인식하고 있었다. 글쓰기야말로 구술문화가 가진 남은 헤게모니를 소탕하는 힘이었다. 사람들은 새로운 사회적 조건에 적응하기 위하여 열심히 작문하고 연애편지를 읽고 써야만 했는데, 이는 1920년대 신문학의 시대가 열리게 만든 '아래로부터의' 동력임에 틀림없다.

요컨대 세 부류의 독자는, 서로 이질적이며 비동시성이 각인된 문화를 기반으로 하였던 것이다. 그러나 이러한 이질적인 것의 공존·병존이야말로 1920~30년대 독자를 설명하는 데 있어 가장 근본적인 사실이다. 이러한 병존은 전대의 독서문화와 구술문화, 그리고 새로운 테크놀로지의 힘에 의해 탄생한 뉴 미디어와 전통적인 문화가 한 데 결합함으로써 나타난 현상이다.

그렇다면 '근대'적 독자가 구성되는 과정과 그 독자층의 실제 양상, 즉 존재의 범위와 읽은 책, 구별되는 취향의 체계는 어떠하였을까? 이를 살펴보기 위해 우선 1920~30년대 책 읽기의 양상을 전반적으로 검토하였다.

소설 읽기는 대중적 독서문화의 전개를 기반으로 하며, 소설 독자는 '책 읽는 근대인'의 상을 표징하는데, 소설 읽기가 갖는 '오락과 교양으로서의 복합성은 근대인의 책 읽기가 갖는 의미 영역의 한 부분을 대표한다. 소설 읽기는 원론적으로 보면 비기능적 · 비실용적 독서 영역을 대표한다. '기능성' '실용성'에 비추어 생각하면, 그것은 실제적인 삶의 문제를 해결해주지 못하며 생업에 바치지 않아도 되는 상당히 길고 안정적인 '읽을 시간'을 필요로 하기 때문이다. 학생과 여성이 소설의 주요 독자가 될 수밖에 없는 데에는 이러한 이유가 작용한다. 학생들은 사회적 생산활동에서 유리遊離된 존재인데, 이들이 삶의 성장과 관련하여 익혀야 할 '교양', 즉 삶과 세계를 전체적 · 추상적으로 이해하는 데 문학작품이 소용되기 때문이다. 따라서 학생들이 소설을 읽는다는 것은 '교과'를 이수하는 것과 크게 다르지 않다. 한편 '책 읽는 여성'은 구축된 근대 사적 영역의 주체이다. 사적인 영역은 사랑과 성 · 결혼의 문제로 점철되는데, 소설이 바로 이러한 문제를 다룬다. 중간층 여성이 소설 독자의 다수를 차지하는 데에는 나름의 이유가 있는 것이다.

문학작품을 읽는다는 것은 '문화적'인 실천이면서, 문학작품에 의해 읽는 자가 해석과 이해의 과정을 통하여 호출되는 행위이다. '현실'에 대한 동일화 담론이거나 반동일화 담론인 작품을 읽음으로써, 독자는 주체로 구성된다. 따라서 책 읽기는 구별되는 취향의 차이에 의해 결정될 뿐만 아니라, 일본제국주의가 설치한 근대적 공적 영역과 제도에 어떻게 적응할 것인가, 또는 '반도인半島人'으로서의 단일한 정체성이 아니라 식민지자본주의의 사회경제체제에서 복잡하게 분화한 계급 · 계층적 정체성이 어떻게 실현되는가 하는 문제들과 관련을 맺는 것이다. 계급 · 계층적인 분화는 민족적인 문제와 착종하여 굴절된 채로 반영되고, 의미를 생산해낸다.

책에서는 각종 통계와 신문기사, 그리고 주로 「동아일보」 책 광고지면에 나타난 양상을 통해 독서의 사회적 양상을 고찰해보고자 하였다.

우선 1920년대의 독서가 근대적 의미를 획득해가는 과정에서 '기능' 과 '오락'으로서의 독서영역이 확대되어간다는 점을 살폈다. 근대의 책 읽기란 기본적으로 실용서 읽기다. 근대인의 삶 자체가 기능성과 효율성에 의해 규정되며, 자본주의적 일상성이 요하는 일-휴식, 노동 -여가, 직업-취미 따위의 삶의 이분법을 반영하기 때문이다.

그리고 1920년대 중반 이후 '사회주의'와 문학과 관련된 신세대의 독서가 갖는 의미, 그리고 족보의 다량 출판과 유교경전 읽기와 관련된 문제, 즉 봉건적 또는 '비非'근대적 책 읽기의 의미와, 당시 식민지 조선인들이 일본어 책을 읽는다는 것의 의미를 살펴보고자 했다. 1930년대에 이르러 일본어 서적은 조선어 책을 압도하며 문화적·정치적 우위를 점하게 되었다. 조선인은 더 나은 삶과 계층상승의 욕망을 실현하기 위하여 기꺼이 일본어 책을 선택하였으며, 이는 자연스러운 일이 되어갔다.

이러한 상황이 심화되면서 1930년대 중반 이후에는 '조선어의 운명' 자체가 문제가 되었다. 이때 조선어로 행해온 조선문학의 정체성 혹은 '민족문학'으로서의 신원 문제가 제기되었는데, 이에 대하여 문단의 주류가 내세운 입장은 매우 배타적인 속문주의였다. '조선어로 씌어진 것'은 양보할 수 없는 철칙이었다. 그럼에도 불구하고 이에 입각하여 '조선문학'을 정의하고 민족문학으로 세우려는 노력은 불완전했다. 왜냐하면 그것은 '조선어냐 아니냐'라는 문제와 병행되어야 할 또 다른 핵심, 즉 현실적인 식민지의 모순을 어떻게 그릴 것인가의 문제를 몰각하였기 때문이다. 이러한 상황에서 조선문학의 정체성 논의는 늘 '조선 정조'나 '민족성'의 문제로 일탈할 수밖에 없었다. 민족적인 것의 정체성이 '민족성'을 비롯한 정서적인 차원에 있다는 류의 논리는 일제하 민족개량주의의 약점이기도 하다. 1930년대 중반부터 이 민족 문제는 완연히 전통 복원의 차원에서 운위된다. 한편 계급문학

운동 진영은 1930년대 민족의 문제와 계급의 문제를 유연하게 사고하여 정당성을 확보하고자 했다. 계급 문제가 결코 민족 문제를 몰각하는 것도 아니고, 식민지 상황에서 계급의 관점에 분명히 기초할 때 민족의 문제를 정당하게 다룰 수 있음을 인식하게 된 것이다. 그러나 이러한 입장은 1930년대 중반 이후에 급격히 후퇴한다.

한편 '신문학'의 소설 읽기는 식민지시기 도시 중간층 문화로서의 위상을 가진 것으로, 여성과 학생을 가장 유력한 독자층으로 가지고 있었다. 특히 식민지시기에 여성은 유사 이래 처음으로 책 읽는 대중에 합류한다.

그렇다면 '고급'한 취향을 가진 독자층이 등장하는 과정은 어떠했을까? 1930년대 중반 이후 독자층이 더욱 늘어나면서, 신문학 작품들도 일정 수준 이상으로 팔리고 읽히게 된다. 이는 전체 독서인구가 팽창함으로써 가능했는데, 주목할 점은 이러한 독서인구의 팽창이 1930년대 후반에 이르러 사회 전반의 문화역량이 크게 높아지고 대중문화의 전성기가 열리는 현상의 일환이었다는 사실이다.

'고급'한 취향을 가진 독자는 비록 소수였지만, 그들의 성향과 취향은 제도화된 문학의 규칙을 만들어내는 기준이 되며, 따라서 다른 층에 있는 독자들의 취향을 간섭하고 교육하는 힘이 된다. 이것이 '구별짓는' 시각과 방법을 만드는 과정이다. 그렇다면 비평적 규준과 구별짓는 감각은 어떤 과정과 절차를 걸쳐 완성되었을까? 문단 내부에서 '예술의' 규칙이 만들어지고 많은 수의 독자가 구활자본 소설이 아닌 대중소설을 선택하게 되면서 대중성의 함의도 변화하게 된다. 문단이 성립·안착하는 과정에서 수립되어야 할 대중성의 새로운 내용은 '창작'을 중심 개념으로 한 전대 문학과의 절연과 낭만적 감상성의 배제였다. 그러나 신문학이 문학의 중심으로 자리를 잡는 한편 독서인구가 크게 늘고 대중문화의 영향력이 대중을 장악하게 되면서 문단 전체는 새로운 분화를 위한 투쟁을 벌여야 했다.

이와 같은 양상은 문학사적인 정전이 1930년대 중후반에 처음 거론되고 목록을 구성하는 과정으로 이어진다. 일반적으로 정전이 민족문학 혹은 국민문학의 전통에 대한 사유와 그 합의로부터 출발하고 학교의 공교육을 중심으로 한 이데올로기적 국가기구의 집행과정을 통해 만들어진다면, 1930년대 조선에서 이루어진 정전의 구성과 실행은 이러한 필수적인 요건이 불충분한 상태에서 행해진다. 즉 민족문학 내지 국민문학을 구성할 이데올로기와 실행주체가 합의된 '공적' 성격을 갖지 못하였던 것이다. 하지만 이 상태에서 정전의 구성은 문단을 중심으로 일단의 비평적 작업과 '회고하기'를 통해 신문학의 과거를 역사화하고, 이 과정에서 선별된 작품을 '명작'으로 규정하고 전집과 선집으로 출판하는 과정을 통해 이루어진다.

책의 마지막 부분에서는 작가·독자의 상호작용과 독자상의 전화과정을 고찰했다. 조선 '신문학'의 주류는 독자를 계몽대상으로 파악하는 특징이 있다. 즉 선비적인 존재가 몽매한 백성을 바라보는 시각이나, 고상한 예술가가 우중을 바라보는 시각으로 독자를 대하는 경향이 완연했다. 그리고 계급문학에서도 이와는 다소 다른 맥락에서, 즉 정치적 조직화의 관점에서 독자를 대상화하였다. 1930년대 후반이 되면 '고급-순수', '저급(통속)-대중'의 용어법은 특정한 창작과 수용의 태도를 지칭하는 용어로 고정화된다. 그리고 이는 대중의 인식에도 각인된다. 권위를 가진 작가들의 담론은 강한 교육적 의미를 갖고 있어, 독자의 반응태도와 반응의 양식을 재생산하는 효과를 가진다.

이 책은 몇 가지 면에서 문학사와 문화연구의 기본 문제에 대한 토론거리를 제공할 수 있을 것이다. 우선 문학사의 시야를 작품 생산의 측면에서 수용과 유통의 측면으로 넓혀 보는 일이 그것이다. 이는 문학연구 방법의 외연을 어디까지 넓힐 수 있는지, 혹은 소위 '문화연구'의 방법이 어떠한 실효성을 가질 수 있는지와 관련된다.

그리고 향후의 과제는 크게 두 갈래의 길을 통하여 구체화할 수 있을 듯하다. 우선 전체사적인 시야에서 보다 더 크고 세밀한 사회적인 시야를 갖는 일이다. 책 읽기와 관련된 문화적 변동과 대중문화의 양상에 대한 사실들은 더 자세히 논의될 수 있는 여지를 가지고 있다. 정전 · 저널리즘 · 대중문화 · 망탈리테 등의 항목들은 이를 위해 특별히 더 상세한 규명을 요하는 부위들이다. 이를 통해 문학사적 사실과 통념이 재조명되어야 할 필요가 있다.

두번째, 독자의 수용에 의하여 그 의미가 완성된다는 작품의 사회적 의미를 보다 더 정밀한 시각에서 재구하기 위해서는 개별 책이나 작품이 갖는 이데올로기와 망탈리테의 구조가 어떠한 호소구조를 가지고 있는지를 세밀히 보는 일도 중요하다. '수용이론'의 견지에서 작품을 달리 해독하는 시야도 필요할 수 있다. 물론 이는 전자의 시야가 확보될 때 객관성을 확보할 수 있을 것이다. 그리고 이러한 작업을 통하여 개별적인 문학작품들이 어떻게 대중들에게 수용되었는지를 보다 더 정밀한 시각에서 규명하는 작업이 필요할 것이다. 이러한 작업을 통해 근대적인 의미의 교양, 취미, 공적 지식, 시민적 상식이 발생 · 발전하는 과정이 탐색되고 앎의 사회적 배치가 어떻게 달라지는지를 볼 수 있을 것이다. 이러한 논의는 개별 학문의 범위를 넘어서는 한편, 과거를 재구성하는 데서 나아가 현재적인 의의를 가질 수 있다.

자　　료　　실

표 1〉 1910~1935년 신문 · 잡지 독자의 규모

기준 연(월)	매체	부수(규모)	근거 자료 및 관련 문헌	비고
1910	「매일신보」	2,646(1일 평균)	신용하, 『한국민족독립운동사』, 을유문화사, 1985.	
1915	『소년』	2,000~2,500(월)	임종국, 『한국인의 생활과 풍속』, 아세아문화사, 1995.	
1920	조선 전체 신문 잡지 전국 구독자	100,000 이하	김기전, 「농촌개선의 긴급동의」, 『개벽』, 1920. 11.	
1921	『청춘』	2,000 이하	「기밀실-'청춘' 잡지는 2천부씩」, 『삼천리』, 1935. 11.	
1924. 10	『조선문단』 창간호	1,500	이광수, 前 「朝鮮文壇」 追憶談, 1935. 8. 『조선문단』	
1924. 11	『조선문단』 2호, 3호	각각 2,000여 3,000여	『조선문단』 2호 「편집여언」 등.	"1935년 기준으로는 1만 부에 비근"
1925	잡지 독자(전국)	2,000~10,000	방인근, 「조선문단 1주년 감상」, 『조선문단』, 1925. 9.	
1925~1930	『개벽』	7,000~10,000	최수일, "『개벽』의 출판과 유통", 민족문학사연구소 편, 『민족문학사연구』 16호, 2000. 상반기.	"48호까지 발행한 『개벽』의 총 책수 434,000여 권. 매호 평균 9,000권"
1926	잡지 독자(전국)	9,967	『조선총독부 조사자료집 제29집:조선의 범죄와 환경』, 1928; 유선영, 「한국 대중문화의 근대적 구성과정에 대한 연구」, 고려대 박사논문, 1992.	"통계의 총 수치는 개별 추정치보다 훨씬 낮음"
1926	신문 독자 (전국)	84,440		
1928		87,351		
1935	복간 『조선문단』	5,000 이하	이광수, 前 「朝鮮文壇」 追憶談, 1935. 8. 『조선문단』	"경영을 잘 하면 5천 부를 목표치로 할 수 있음"

표 2〉 1920년대 총독부 경무국 허가 문학 관련 출판물 건수*

종별	1920	1921	1922	1923	1924	1925	1926	1927	1928	1929
구소설	37	57	55	49	56	52	65	58	54	46
신소설	47	89	72	95	100	110	119	99	122	106
시가	3	17	27	32	40	39	50	58	54	45
문예	7	23	30	35	29	37	58	60	63	85

*조선총독부경무국이 1930년에 펴낸 『朝鮮に於ける出版物槪要』 등의 자료를 재구성한 것이다. 자료를 통해서 문학 관련 서적의 발간 추이를 읽는 것은 쉽지 않다. 무엇보다도 경무국 당국자가 어떤 기준으로 '구소설·신소설·문예'를 구분했는지 명확히 알 수 없다.

표 3〉 1912~1942년 구활자본 소설 발행 상황

연도	신규 발행 작품수	총발행 횟수	연도	신규 발행 작품수	총발행 횟수
1912	12	13	1922	10	40
1913	33	40	1923	11	51
1914	28	35	1924	4	30
1915	49	66	1925	17	112
1916	42	87	1926	10	78
1917	42	113	1927	4	10
1918	46	93	1928	7	30
1919	5	29	1929	6	31
1920	7	64	1930	1	10
1921	8	47	1931~1942	13	18

출처 : 이주영, 『구활자본 고전소설 연구』, 월인, 1998, 36쪽.

표 4〉 1930년 노동자 교육상황

학력	인구수	비율(%)
중등학교 졸	170	0.3
중등학교 중퇴	339	0.7
보통학교 졸	4,969	10
보통학교 중도퇴학	3,633	8
서당수학자	11,452	24
무교육자	27,480	57
계	48,043	

출처: 이여성·김세용, 『숫자조선연구』, 2집, 1930, 117쪽. 『숫자조선연구』는 서당수학자와 보통학교 중퇴자를 반(半)문맹자로 취급하였고, 무교육자는 완전문맹자로 계산하였다. 그 결과 11%가 문해력을 가진 것으로 인정되었다.

표 5〉 1929년 평양부 주민 직업별 소설 유형별 선택양상   (단위 : 명)

		정치	종교	충의무용	연애	탐정	전설	가정	골계가신	기타	계
관공리	조선인	12	29	8	20	10	1	14	4	50	148
	일본인	10	5	56	63	46	70	66	31	76	423
농공상	조선인	4	51	54	59	19	12	8	48	42	297
	일본인	0	3	63	102	39	74	60	37	79	457
양반유생	조선인	12	22	10	8	5	30	0	9	17	113
	일본인	0	0	0	0	0	0	0	0	0	0
종교인	조선인	0	59	0	3	0	2	5	0	3	72
	일본인	0	14	2	2	0	6	1	0	7	32
교사	조선인	5	59	8	3	12	14	6	13	28	148
	일본인	4	0	13	30	5	21	12	2	38	125
학생	조선인	1	79	18	142	45	12	0	92	27	416
	일본인	4	0	13	30	5	21	12	2	38	125
노동자	조선인	0	0	19	16	5	70	0	28	11	149
	일본인	0	0	11	11	9	3	3	7	14	58
부인	조선인	0	54	4	240	1	20	43	9	16	387
	일본인	3	4	12	35	15	16	111	23	13	232
기타	조선인	0	0	0	25	4	1	0	13	8	51
	일본인	0	2	15	24	20	3	7	13	48	132
계	조선인	34	353	121	516	101	162	76	216	202	1781
	일본인	21	28	185	297	139	214	272	115	313	1584

출처: 朝鮮總督府, 『平壤府 : 調査資料 第三十四輯 生活狀態調査(其四)』, 昭和七年.

표 6〉 1929년 평양경찰서 관내 출판물 반포상황 (단위 : 명)

구분	관공리	농공상	양반·유생	종교인	교사	학생	노동자	부인	기타	계
정치	35	9	7	7	16	15	0	1	3	93
법률	79	25	7	3	24	35	0	0	2	175
경제	29	36	1	3	37	43	0	4	4	157
사서오경류 기타문학	59	0	154	11	18	37	0	3	0	305
소설	148	297	113	72	148	416	149	387	51	1,781
종교류	30	152	78	134	15	133	50	150	70	812
사회주의 관련	32	2	18	7	27	18	20	2	2	128
의사	23	6	0	0	31	8	0	5	7	80
실업	25	51	50	0	31	38	0	5	7	207
교육	32	3	8	2	53	97	0	4	11	210
가요	1	9	0	0	19	154	3	36	17	239
전기	2	3	4	0	12	4	0	3	0	28
어학	27	76	0	6	520	157	0	0	8	794
보통학	35	21	7	1	22	391	12	25	52	566
족보	33	2	78	2	2	2	0	0	0	29
기타	63	54	5	0	30	0	5	0	9	166
계	653	746	530	248	1,005	1,548	239	625	243	5,837

출처: 朝鮮總督府,『平壤府 : 調査資料 第三十四輯 生活狀態調査(其四)』, 昭和七年.

책 명	사용 언어	출판사	광고 빈도	광고 연도
현대신어대사전	일어	진문관서방	12	1928
수지(手紙)신백과대사전	일어	진문관서방	12	1928
정열의 연애문집	일어	동경 국민사 특매부	9	1926
시문독본	한글(최남선)	신문관	8	1920
수지대사전	일어	동경 삼광당서원, 중앙서원	8	1926
현대모범 수지대사전	일어	동경 중앙서원	8	1927
서식대감	일어	동경 중앙서원	7	1927
연애서한 사랑의 불꽃	한글	한성도서주식회사(청조사)	6	1923
고등척독	한글	보문관	5	1921
연애서간 낙원의 춘	한글	광문서포	5	1924
남녀 정열의 편지	일어	동경 호문사	5	1925
일상백과 증문의 서법	일어	진문관서방	5	1926
최신수지사전	일어	소문당	5	1928
남녀사랑의 편지(男女愛의 手紙)	일어		5	1928
연애서간문집 사랑의 비밀	한글		4	1923
연애서간집 진주(珍珠)의 품	한글	박문서관	4	1924
일선문 현행서식대전	한글/일어	보문관	4	1925
실지응용 작문대방	한글	영창서관,덕흥서림	4	1925
신편모범척독	한글	배영서관	4	1925
대방초간독(大方草簡牘)	한글	한남서림	3	1921
이십세기영웅척독	한글	덕흥서림	3	1922
문자주해 고등척독	한글(곽찬 저)	보문관	3	1922
열정의 서간	일어	동경 호문사	3	1923
부음주해 신식금옥척독	한글	신구서림	3	1923
내선대조 서간문	일어	우쓰보야서관	3	1923
일선문대조 신찬서식대전	한글/일어	광문사	3	1925
연애서한 이성의 선물	한글	영창서관,한흥서림	3	1925
신찬 일선작문법	한글/일어	동양대학당	3	1925
독습실용 최신일선척독	한글/일어	영창서관	3	1925
증문과 계약의 서법	일어	동경 중앙서원	3	1926
신식비문척독(新式備門尺牘)	한글	동양서원, 문선당서점	3	1926

*이 표는 1920~1928년 동아일보 광고에 3회 이상 광고가 나온 글쓰기 관련 서적을 뽑은 것이다. 책의 분류와 광고 자료에 대해서는 3장에서 상론했다.

종별	1920	1921	1922	1923	1924	1925	1926	1927	1928	1929	계	비중 순위
족보	63	70	87	120	135	174	180	162	189	178	1358	1
신소설	47	89	72	95	100	110	119	99	122	106	959	2
遺稿	30	55	72	58	80	85	79	78	90	81	708	3
아동물	10	15	37	40	79	63	72	79	88	91	574	4
문집	35	36	50	60	68	70	68	58	51	50	546	5
구소설	37	57	55	49	56	52	65	58	54	46	529	6
교육	21	35	37	41	50	71	59	30	81	79	504	7
사상	7	5	6	17	49	68	72	79	83	82	468	8
잡류	5	20	27	34	37	48	53	53	66	97	440	9
문예	7	23	30	35	29	37	58	60	63	85	427	10
시가	3	17	27	32	40	39	50	58	54	45	365	11
종교	20	27	28	30	19	21	39	27	49	55	315	12
상업	3	8	11	8	50	33	48	50	54	38	303	13
경서	33	24	41	26	37	19	22	25	25	37	289	14
의약위생	7	10	15	23	24	30	35	34	37	52	267	15
영업여행안내	0	6	12	15	21	35	30	29	33	43	224	16
역사	7	20	29	7	29	18	35	27	23	26	221	17
수양	15	17	20	19	20	18	20	21	23	19	192	18
동화	5	10	15	17	24	25	28	29	18	20	191	19
윤리	10	20	21	20	15	27	17	15	18	17	180	20
철학	6	10	16	15	24	20	32	28	9	13	173	21
농업	5	7	18	19	8	17	29	16	18	26	163	22
지리	5	7	25	25	10	18	15	14	17	15	151	23
어학	2	6	10	15	15	17	29	27	9	20	150	24
음악	0	5	7	3	25	19	22	21	27	12	141	25
자전	1	5	2	15	17	29	30	20	11	5	135	26

*朝鮮總督府警務局, 『朝鮮に於ける出版物槪要』, 1930의 자료를 종수가 높은 순으로 재구성한 것이다.

표 9〉 1920년대 아동물 출판 연도별 현황* (단위 : 종)

종별	1920	1921	1922	1923	1924	1925	1926	1927	1928	1929	계
아동물	10	15	37	40	79	63	72	79	88	91	574
동화	5	10	15	17	24	25	28	29	18	20	191
동요	0	3	5	8	14	10	24	23	15	19	121

*朝鮮總督府警務局,『朝鮮に於ける出版物概要』, 1930의 자료에서 아동물, 동화, 동요 부문을 추출한 것이다.

표 10〉 1924~1927년『어린이』지 독자연령 분포**

연령	7~10세	11~12세	13세	14세	15세	16세	17세	18세	19세	20세	계
독자수	13	18	24	27	52	64	80	42	25	6	351
독자수	31		103			186			31		
비율(%)	8.8		29.3			52.9			8.8		100

**이기훈, 「1920년대 '어린이'의 형성과 동화」, 역사문제연구소, 『역사문제연구』8호, 역사비평사, 2002. 8의 자료를 재구성한 것이다.

표 11〉 1920년대 외국 서적 수입액 증가 추이 (단위: 원)

구분	1921	1926	1927	1928	1929	1930
일본서	–	1,524,185	1,679,643	1,981,314	2,410,321	2,214,762
그외 외국서	–	78,476	41,577	24,580	38,463	23,444
계	700,058	1,602,661	1,721,220	2,005,894	2,448,784	2,238,206

출처 : 이여성·김세용, 『숫자조선연구』 제4집, 1932, 118쪽.

표 12〉 1933년 9월 대구지역 조선인 대상 잡지 판매현황 (단위: 권)

조선어잡지	850	일본어 잡지	380
여성지	350	여성지	280
소년지	500	기타 잡지	100

출처 : 「대구서포에서 신추 독서열 타진」, 「조선일보」, 1933. 10. 1.

표 13〉 1920~1928년 문학관계 서적 연도별 광고현황

연도	문학일반		신소설		구소설		소설		번역 번안소설		전기		시집		계	계
	빈도	종	빈도	종	빈도	종	빈도	종	빈도	종	빈도	종	빈도	종	빈도	종
1920	-	-	-	-	11	1	-	-	1	1	1	1	-	-	13	3
1921	0	0	18	4	-	-	-	-	31	6	74	13	8	1	131	24
1922	4	3	31	12	1	1	-	-	9	2	14	6	-	-	59	24
1923	2	2	28	11	0	0	32	8	47	11	13	5	1	1	123	38
1924	1	1	38	14	0	0	16	10	24	8	1	1	31	8	111	42
1925	-	-	35	12	10	3	9	5	17	4	23	8	12	8	106	40
1926	10	5	16	14	0	0	23	11	11	7	10	2	8	5	78	44
1927	2	1	13	9	0	0	3	2	1	1	8	5	2	1	29	19
1928	4	3	2	2	0	0	16	7	23*	19*	2	1	7	3	54	35
계	19	12	181	78	22	5	99	43	164	59	146	42	69	27	704	269

표 14〉 1920~30년대에 발간된 주요 전집류 도서(1939년 현재)

연도	책명	발간주체	구분 및 구성	비고
1925	세계문학걸작집	한성도서	외국 문학	
1926	現代日本文學全集	일본 개조사	확인요	
1927	世界文學全集	일본 신조사	소설 중심 세계문학전집	전38권
1928	マルクス・エンゲルス全集	일본 개조사	마르크스주의 전집	1책 1원, 전20권
1928	世界大衆文學全集	일본 개조사	외국 대중소설	1책 50원
1928	經濟學全集	일본 개조사	사회과학	전47권
1928	社會思想全集	일본 평범사	사상 전집	
1928	新興文學全集	일본 평범사	세계 경향문학 엔솔로지	1권 1원 40권
1928	世界少年文學集	박문서관	아동문학	
1931	近代文學全集	삼천리사	조선고전문학 엔솔로지	권당 20전
1932	新文學選集	삼천리사	독본용 신문학 선집	
1935	李光洙 全集	삼천리사	이광수 소설, 시론(時論)	1권 1원 20전
1936	朝鮮文學全集	삼천리사	조선문학 엔솔로지	1책 1원, 40권
1936	朝鮮文學全集(古代篇)	중앙인서관		
1937	現代朝鮮女流文學選集	조선일보사	여성문학 엔솔로지	
1938	朝鮮文人全集	삼문사	소설	1권 1원 40권
1938	현대 朝鮮 장편 소설 전집	박문서관	소설	전10권
1938	현대 朝鮮 문학 전집	조선일보 출판부	시, 소설, 평론, 기행문 포함	전7권
1938	新選 문학 전집	조선일보 출판부	문학독본, 아동문학 포함	전4권
1939	湖岩 문일평 全集		개인 전집	전3권
1938	현대 걸작 장편 소설 전집	박문서관	장편소설	전10권
1939	新撰 역사 소설 전집	박문서관	장편 역사소설	전5권
1939	朝鮮 작가 名作 전집	영창서관		전10권
1939	女性短篇傑作集(新選文學全集 第二卷)	조선일보 출판부	여성문학 엔솔로지	

표 15〉 1930년대 도시 생활자의 생계비와 노동시간*

직업 구분	수입		노동시간	1개월 생활비	비고	계급계층
	1일	1개월(원)				
의사		75	9~16시			상층
변호사				200원 이상		상층
여교원		45	8~16시	25원		중간층-노동자
신문기자		50	10~16시	하숙 20원, 술값 15원	월 10원 정도 적자	중간층-노동자
목사		50				중간층
은행원		70	8~9시간	집세 15원, 식비 30원		중간층-노동자
백화점 여점원	0.7		10시간 이상	대부분 옷값		노동자
파출소 순경		36	2일 교대		6인 가족, 늘 적자	
여직공	0.46		아침7시부터 하오 17시	기숙사비 9원	나머지 옷값	
인쇄공	0.25		상동			
전차차장	1.30		10시간		1원 저금, 늘 적자	
운전수		38	11시간	50원	월 12원 적자	
냉면배달부	24~5		10~24시			일용노동자 -도시반프롤레타리아
인력거꾼	50				버는대로 지출	
두부장사	0.35			주로 술값		
아이스크림장수	5	150	종일		여름벌이 1년 생활	
배추장수	1		종일		버는대로 지출	
카페여급	1~4		14~02시	주로 옷값	늘 적자	-
기생	6				빚이 600원	-

* 「기밀실 - 현대 쌀라리맨 수입조收入調」(『삼천리』, 1936.1)를 재구성한 것이다. 「도시의 생활전선」, 『제일선第一線』, 1932. 7, 38~41쪽에 동일한 내용이 나온다. 이 조사는 해당 직업군 전체의 평균을 산출한 것이 아니라, 개별적인 조사 대상과의 인터뷰를 통해 이루어진 것이다. 따라서 산출된 액수와 노동시간은 평균으로서의 의미를 가지지 못하며, 객관성을 결여한 부분이 있을 수 있다.

표 16〉 식민지 시기 조선인과 일인의 직업 분포 변화 (단위 %)

연도	구분	농업	수산업	광공업	상업	공무 자유업	기타 자유업	무직 미상	계
1917	조선인	84.46	1.35	2.13	6.14	1.56	2.91	1.43	99.98
	일인	10.11	2.93	13.13	27.71	29.49	12.52	4.07	99.96
1929	조선인	79.25	1.58	2.34	7.01	2.83	5.22	1.76	99.99
	일인	7.27	2.3	13.61	28.4	38.47	7.09	3.01	99.95
1942	조선인	66.64	2.08	7.39	8.59	4.33	10.72		99.75
	일인	3.56	1.18	23.09	23.53	43.79	4.81		99.96

표 17〉 1940년 현재 조선인의 직업별 인구 구성* (단위 : 명)

구분	경영자	구중간층		신중간층		노동자	
		자영업주	가족종업자	기술자	공무자유직	사무노동자	작업노동자
광업	1,030	4,260	600	4,220	10	16,600	149,800
공업	2,000	72,190	14,340	10,750	1,450	54,500	339,700
상업	2,950	324,220	66,870	1,300	2,420	50,590	152,500
교통업	340	8,130	1,030	3,930	4,690	31,880	102,200
공무자유업	340	18,930	1,870	17,090	108,200	52,140	40,700
가사업	0	0	720	0	0	10	172,100
기타	30	1,070	1,800	1,800	160	390	535,800
소계	6,690	428,800	87230	39,090	116,930	206,110	1,492,800
계		518,900		156,020		1,698,910	

• 조선총독부, 『국세조사보고』, 1940 ; 『통계연보』 1940년판 ; 이홍락, 「식민지의 사회구조」, 『식민지 시기의 사회경제 (2) : 한국사 14』, 한길사, 1994을 재구성한 것이다. 이 표에 의하면 1940년 현재 자영업 종사자, 신중간층, 화이트칼라 노동자를 합친 인구 규모는 약 100만 명이다. 이는 농민을 완전히 제외하고 나온 숫자로서 도시 중간층의 규모를 짐작하게 한다.

표 18〉1929년 4월 경성 부립도서관 이용자 현황   (단위 : 명)

조선인 남성	13680	일본인 남성	1791
조선인 여성	141	일본인 여성	113
계	13821	계	1904

출처 : 「조선여성의 독서열 왕성」, 「조선일보」, 1929년 4월 10일. 표에서 조선인의 도서관 이용
비중이 일본인에 비해 훨씬 높은 것은 경성부립도서관을 조사 대상으로 했기 때문이다. 총독부도
서관은 일본인들의 출입 비율이 높았고, 경성부립도서관에는 조선인들이 주로 출입했다고 한다.

표 19〉1930년 현재 재동경 조선인 유학생 전공별 현황   (단위 : 명)

구분	남	녀	계
법학부	590	8	598
문학부*	287	14	301
경제학부	262	9	271
상학부	174	3	177
농림학부	93	6	99
의학부	31	43	74
고등사범과	49	16	65
미술과	31	11	42
이학부	38	3	41
공학부	40	0	40
가정과	0	27	27
음악과	7	7	14
수산부	4	0	4
약학부	2	1	3
계	1608	148	1756

출처 : 이여성 · 김세용, 『숫자조선연구』 4집, 1933, 122쪽. 표에 의하면 전체 동경 유학생
중 무려 17%가 문학부에 유학하고 있다. 이 비율은 한말-1910년대 사이에 도일한 유학생
중에서 '문학'을 전공으로 선택한 학생에 비해 크게 늘어난 것이다. 1915년까지의 유학생들
은 정경(政經) · 법률과 상업 · 농업 분야의 유학생이 문학보다 훨씬 많았다. (「일본 유학생
사」, 『학지광』 6호, 12~13쪽 참조)

표 20〉 1938년 4~5월 총독부 도서관 대출순위 상위 도서

순위	책명	저자	횟수	순위	책명	저자	횟수
1	決死の猛獸狩	南洋一郎	92	12	第二インフレーション	勝田貞次	23
2	高等考試分類問題集	(啓明社)	84	13	醫心放語	淺田一	23
3	(科學冒險小說) 魔海の寶	南洋一郎	81	14	唯物論と經濟學批判	レーニン	22
4	生理學(上)	加藤元一	71	15	經濟學批判	波多野鼎	21
5	生理學(下)	加藤元一	54	16	子供の知能測定	松本彦三郎	20
6	文章の作り方	久米正雄	32	17	判例民法研究	末川博	20
7	辯護三十年	塚崎直義	30	18	來るべき統制經濟	安田與四郎	18
8	國境	古館淸郎	29	19	戰爭と平和	室伏高信	17
9	山本有三集	山本有三	26	20	人生讀本春夏秋冬	土田杏村	17
10	靑春詩集	根岸一郎	25	21	物價讀本	岩中良太郎	15
11	現代財政學の理論		23	22	飼ひ難き鷹	石川達三	15

표 21〉 연희전문 문과의 교육과정과 주당 시수

	1학년	2학년	3학년	4학년		1학년	2학년	3학년	4학년
수신 윤리	1	1	1	1	사회학	–	–		3
일어	2	–	–	–	법제	2	–	–	–
일문학	–	2	2	2	경제원론	–	–	3	–
한문학	3	2	2	–	철학개론	–	–	3	–
문학개론	2	–	–	–	철학사	–	–	–	3
英論(영어)	5	5	2	2	심리학	–	–	3	–
영문학	5	5	3	3	논리학	–	–	2	–
음악	1	1	1	1	교육학	–	–	6	3
체조	1	1	1	1	자연과학	3	2	–	–
역사(동양)	2	2	–	–	성서	2	2	2	2
역사(서양)	3	3	4	5					

표 22〉 1920~30년대 조선 문학가들이 어린 시절에 읽은 책*

	생년	조선 문학	서양 문학	일본문학
이광수	1892	조선 이야기책들	톨스토이, 세익스피어	木下常江, 國木田獨步
김안서	1893		와일드, 베르렌, 트르게넙흐,<불상한 동무>, 타고르	
이익상	1895		괴테의 파우스트	
이기영	1896		꼬리키집, 도스도예프스키, 모파상 등.	
방인근	1899		톨스토이	
주요한	1900		체홉 단편집	
한설야	1900	신소설	고리키, 발뷰-스, 지-드, 등	德永直
김동환	1901	이광수	니체, 씽그, 투루게네프	
노자영	1901	<청춘>, <해당화>, <무정>	하이네 시집, 톨스토이 <안나 카레니나>	
박영희	1901	이광수 <무정>		
박종화	1901			北元白秋, 有島武郎
김상용	1902		<부활>, <젊은 벨텔의 비애>, <테스>	
채만식	1902	춘향전, 구운몽, 추월색, 장한몽, 삼국지, 수호지, 東漢演義, 西漢演義	<獵人일기>, 고리키의 단편, 폴모랑 <밤이 새이다>	
한인택	1902		위고, 뒤마, 코르키	
김기진	1903		괴테, 하이네, 바이론, 보들레르, 베르레느, 트르네넵, 톨스토이, 고리키, 바르뷰스	
송영	1903	<수호지>	< 쿠오바디스> 고리키, 투르게네프, 잭 런던	
윤기정	1903		와일드, <살로메> 투르게네프, 고리키, <체르캇슈> <밤주막> 등	
이태준	1904	춘향전과 추월색, <무정>	체홉, 모파상	
이헌구	1905	무정, 춘향전, 수호지	톨스토이	
이하윤	1906			
유진오	1906	고소설, <무정>(13세)	하디, 괴테, 키츠	
이효석	1907	추월색	체홉, 고리키, 톨스토이	
함대훈	1907	춘향전, 구운몽, 남정기, 심청전		
김기림	1908		골스워디, 포, 사이트 싸가	
이석훈	1908		<레미제라블>, 톨스토이, 유진 오닐, 체홉	
박태원	1909	구소설 등		
안회남	1910		젊은 베르테르의 슬픔	

*「오오, 二八靑春 - 문인의 이십시대 회상」, 『삼천리』 1933. 3 ; 「작가 단편 자서전」, 삼천리, 1937. 1 등에서 종합함.

표 23〉 『무정』(1918~53)의 판차와 발행 경과

판수	발행 연월	발행사	경과기간
초판	1918.7.20	신문관	
재판	1920.1.11	회동서관·흥문당서점	1년 6개월
3판	1922.2.20		2년 1개월
4판	1922.5.5		2개월
5판	1924.1.24		1년 8개월
6판	1925.12.25		1년 11개월
7판	1934.8.30	박문서관	8년 10개월
8판	1938.11.20		4년 3개월
9판	1953.1.30	박문출판사	

식민지 시기에 가장 많이 읽힌 소설 『무정』의 판차와 그 경과는 1920년대 초에 이 소설이 집중적으로 수용되었음을 보여준다.

표 24〉 1920~30년대에 발간된 주요 문학 관련 선집·전집(1939년 현재)

발간 연도	책명	발간주체	구분 및 구성	비고
1925	世界文學傑作集	한성도서	외국 문학	
1926	現代日本文學全集	일본 개조사		
1927	世界文學全集	일본 신조사	소설 중심 세계문학전집	전38권 (2기는 1930년부터 19권)
1928	世界大衆文學全集	일본 개조사	외국 대중소설	1책 50원
1928	新興文學全集	일본 평범사	세계 경향문학 엔솔로지	1권 1원 40권
1931	近代文學全集	삼천리사	조선고전문학 엔솔로지	권당 20전
1932	文藝讀本	이윤재 편	독본용 엔솔로지	상, 하권
1932	新文學選集	삼천리사	독본용 신문학 선집	
1935	李光洙 全集	삼천리사	이광수 소설, 시론(時論)	1권 1원 20전
1936	朝鮮文學全集	삼천리사	조선문학 엔솔로지	1책 1원 40권
1936	朝鮮文學全集(古代篇)	중앙인서관		
1937	現代朝鮮女流文學選集	조선일보사	여성문학 엔솔로지	
1938	朝鮮文人全集	삼문사	소설	1권 1원 40권
1938~	現代朝鮮長篇小說全集	박문서관	소설	전10권
1938	現代朝鮮文學全集	조선일보 출판부	시, 소설, 평론, 기행문 포함	전7권
1938~39	新選文學全集	조선일보 출판부	문학독본, 아동문학 포함	전4권
1938~39	현대걸작장편소설전집	박문서관	장편소설	전10권
1939~	신찬 역사소설 전집	박문서관	장편 역사소설	전5권
1939~	조선 작가 명작 전집	영창서관		전10권
1939	여성단편걸작집(신선문학전집 제2권)	조선일보 출판부	여성문학 엔솔로지	

표 25〉 신조사 판 『세계문학전집世界文學全集』(1927) 목록

연번	작가	작품명	연번	작가	작품명
1	단테	神曲	20	플로베르	ボヴリイ夫人
2	보카치오	デカメロン	21	투르게네프	父と子
3	세익스피어	沙翁傑作集 1	22	도스도예프스키	罪と罰
4	세르반테스	ドン-キホ-テ	23	톨스토이	復活
5	밀턴	失樂園	24		露西亞三人集 1
6		佛蘭西古典劇集	25	센케비치	クオーワ〃デイス
7		アイヴンホー	26	입센	イフセン集
8	루소	懺悔錄	27		北歐三人集
9	괴테	フアウスト 1	28		痴人告白
10		フアウスト 2	29	토마스 하디	テス
11	포우	ポオ傑作集 1	30	뒤마・다눈치오	椿姫・死の勝利
12	위고	レ・ミゼラブル 1	31		寂しき人人・戀愛三昧
13	위고	レ・ミゼラブル 2	32		現代佛蘭西小說集 1
14	위고	レ・ミゼラブル 3	33		英吉利及愛蘭戲曲集 1
15		モンテ クリスト伯爵 1	34		佛蘭西近代戲曲集
16	뒤마	モンテ・クリスト伯爵 2	35		近代戲曲集 1
17	발자크	從妹ベツト・ウージエニイグランデ	36		近代短篇小說集 1
18	디킨즈	二都物語	37		近代詩人集 1
19	졸라	ナナ	38		新興文學集

표 26〉 정음사판 세계문학전집(1차분, 1979년판)

연번	작품	작가	국적	연번	작품	작가	국적
1	고대신화	벌 핀치	그리스	26	나나 외	졸라	프랑스
2	일리어드 외	호우머	그리스	27	테스 외	하아디	영국
3	데카메론	복카쵸	이탈리아	28	목마른 제신	후랑스	프랑스
4	캔터베리 이야기	초오서	영국	29	여자의 일생 외	모파쌍	프랑스
5	돈 끼호테	세르반테스	스페인	30	백주의 악마 외	부르제	프랑스
6	햄릿/리어왕 외	세익스피어	영국	31	도리언 그레이의 화상 외	와일드	영국
7	실락원/ 투사 삼손	밀튼	영국	32	인간과 초인간	쇼오	영국
8	마농 레스코 외	프레보 외	프랑스	33	좁은 문	지이드	프랑스
9	참회록	루소	프랑스	34	애 제이니	드라이서	미국
10	파우스트 외	궤에테	독일	35	파계/ 암야행로	島崎藤村	일본
11	오만과 편견 외	오스틴	영국	36	향토 / 크눌프	헷세	독일
12	적과 흑	스땅달	프랑스	37	크리스머스 휴일	모옴	영국
13	종매 벳트	발작크	프랑스	38	선택된 인간 외	토마스 만	독일
14	검정 고양이	포우 외	미국	39	말테의 수기	릴케	독일
15	二都 秘話 외	디킨스	영국	40	무지개	로렌스	영국
16	부자 / 전야 외	투르기네에프	러시아	41	여인의 전당 외	펄벅	미국
17	폭풍의 언덕	E 브론테	영국	42	협잡군 또마 외	꼭토	프랑스
18	보봐리 부인 외	플로벨	프랑스	43	인간조건	말로	프랑스
19	죄와 벌	도스도에프스키	러시아	44	젊은 여성들	몽떼르랑	프랑스
20	카라마조프가의 형제들	도스도에프스키	러시아	45	음향과 분노	포크너	미국
21	카라마조프가의 형제들2	도스도에프스키	러시아	46	개선문	레마르크	프랑스
22	유년시대 외	톨스토이	러시아	47	누구를 위하여 종은 울리나	헤밍웨이	미국
23	부활	톨스토이	러시아	48	그대 다시는 고향에 가지 못하리	울프	영국
24	북구 선집	입센 외	노르웨이	49	자유의 길 외	싸르트르	프랑스
25	톰 소야의 모험 외	마아크 트웨인	미국	50	이방인/페스트 외	까뮤	프랑스

1_서설 | 근대의 책 읽기와 소설 독자

[1] 소위 'E-book'은 물론이고, 종이로 제본되지 않은 채 컴퓨터나 휴대폰 화면 위에 떠 다니는 글 뭉치들도 당연히 '책'의 일종으로 보아야 된다.

[2] 한국현대문학회 편, 『한국현대문학회』 8집의 [특집] 사이버 매체 시대의 문학'에 실 린 논문들을 보라. 그리고 최혜실, 『디지털시대의 문화 읽기』, 소명, 2001 ; 최혜실, 『모든 견고한 것들은 하이퍼텍스트 속으로 사라진다』, 생각의 나무, 2000; 정과리 외, 『21세기 문학이란 무엇인가』, 민음사, 1999; V. Flusser, (Die) Schrift : hat schreiben Zukunft? 윤종석 역, 『디지털시대의 글쓰기』, 문예출판사, 1998 ; Laura J. Gurak, Cyberliteracy, Yale Univ. Press, 2001 등을 참조.

[3] N. Bolz, Am Ende der Gutenberg-Galaxis, 윤종석 역, 『구텐베르크-은하계의 끝에 서』, 문학과지성사, 2000 ; N. Bolz, Das Kontrollierte Chaos-Vom Humanismus zur Medienwirklichkeit, 윤종석 역, 『컨트롤된 카오스』, 문예출판사, 2000 등을 참 조.

[4] 유민영, 『한국 근대극장 변천사』, 태학사, 1998, 1장 참조.

[5] 조선에서 영화가 최초로 소개된 것은 1899년이나, 일반인들에게 최초로 상영된 것은 1903년이라 한다. 이효인, 『한국영화역사강의』, 이론과실천, 1992, 17쪽 ; 김소희, 「일제시대 영화의 수용과 전개 과정」, 서울대 석사논문, 1994, 18-19쪽.

[6] 고소설연구회 편, 『고소설의 저작과 전파』, 아세아문화사, 1994 ; 이주영, 『구활자본 고전소설연구』, 월인, 1998 ; 이창헌, 「경판방각소설 판본 연구」, 서울대 박사논문, 1995 등을 참조하라.

[7] 손정수, 「한국 근대 초기 소설 텍스트의 자율화 과정 연구」, 서울대 박사논문, 2001, 13쪽.

[8] 「편집여언」, 『조선문단』 2호(1924. 11) ; 방인근, 「조선문단 1주년 감상」, 조선문단 1925. 9월호 (제11호) ; 홍정선, 『근대시의 형성과정에 있어서의 독자층의 역할 연 구』, 서울대 박사논문, 1992, 156쪽 ; 최수일, 「『개벽』의 출판과 유통」, 민족문학사연 구소 편, 『민족문학사연구』 16호, 2000. 상반기, 155쪽 등을 참조.

[9] 「기밀실 –「청춘」 잡지는 2천부씩」, 『삼천리』, 1935. 11 ; 「문호 이광수 씨 『무정』 등

전작품을 어하다.『삼천리』, 1937. 1 등을 참조.

[10] 임화,「문예잡지론–조선잡지사의 일측면」(『조선문학』, 1939. 6-7)에서 『조선문단』의 문학사적 의의를 "여러 가지 다른 문학조류를 어떤 평균수준에다 중화시키는 저널리즘의 탄생이 가능하게 되고 그것을 구체적으로 매개하는 문예잡지의 육성이 가능하게 된다.『조선문단』은 바로 이 문예저널리즘의 최초의 '마뉴먼트'"라 했다.

[11] 문해력(literacy)은 '문식력', '문장해독력' 등과 함께 쓰이는 말로서 원래 '읽고 쓸 수 있는 문어적 능력'을 가리키는 말이지만, '동시대의 문화를 읽어내는 능력을 가리키는 문화적 문해력', '공공적·사적 의사소통 맥락의 상호관계 속에서 주체에게 형성되는 사회적 문해력'의 개념으로 뜻이 넓혀져 사용될 수 있다. 이에 대해서는 조희정,「사회적 문해력으로서의 글쓰기 교육 연구」, 서울대 박사논문, 2002 참조.

[12] 오성철,「1930년대 한국 초등교육 연구」, 서울대 박사논문, 1996 참조.

[13] 이범경,『한국방송사』, 범우사, 1994, 148-158쪽.

[14] 류탁일,『한국문헌학연구』, 아세아문화사, 1994 ; 한국고소설연구회,『고소설의 저작과 전파』, 아세아문화사, 1994 ; 소재영 외 편,『한국의 딱지본』, 범우사, 1995 ; 이창헌,「경판방각소설 판본 연구」, 서울대 박사논문, 1995 ; 이주영,『구활자본 고전소설 연구』, 월인, 1998 ; 장문정,「딱지본의 출판디자인사적 의의」, 홍익대 석사논문, 2001 ; 김탁환,『서러워라, 잊혀진다는 것은』, 동방미디어, 2002 ; 김탁환,『방각본 살인 사건』, 황금가지, 2003 등을 더 읽어보라.

[15] B. Anderson, Imagined Communities, 윤형숙 역,『민족주의의 기원과 전파』, 나남출판, 1991 ; 조동일,『소설의 사회사 비교론』, 지식산업사, 2001 ; I. Watt, *The Rise of Novel*, 전철민 역,『소설의 발생』, 열린책들, 1988 ; Leavis, Q.D. , *Fiction and the Reading public*, London : Chatto and Windus, 1978 등이 이 주제에 관련된 대표적인 저작들이다.

[16] 이에 대해서는 퍼슨웹,「장석만·다른 삶을 찾는 모험」,『인텔리겐차』, 푸른역사, 2002 ; 김성기 편,『모더니티란 무엇인가』, 민음사, 1994 ; 고미숙,『한국의 근대성, 그 기원을 찾아서』, 책세상, 2001 등을 참조하라.

[17] 이 책에서 쓰는 '구별되는', '구별 짓는' 등에서의 '구별'은 부르디외(Pierre Bourdieu)의 용어법 'distinction'으로부터 빌어온 것이다.

[18] 현대의 수용자 이론에서 '대중'이 아니라, '수용자'라는 개념을 더 선호하게 된 것은 R. 윌리암스가 '대중'이란 없고, 사람들을 대중으로 상상하는 방식만이 존재할 뿐이라고 주장한 이후라 한다. 이러한 윌리암스의 대중 개념은 E. P. 톰슨 역사학의 영향을 받은 것이다. 톰슨은『영국 노동계급의 형성』에서 '계급'은 구조나 범주도, 통계 수량으로 규정될 수 있는 무엇도 아니라고 주장한다. 그것은 유동하는 흐름

(fluency)이며 관계일 뿐이다(E. P. Thompson, *The Making of the English Working Class*, 나종일 외 역, 『영국노동계급의 형성』, 창작과비평사, 2000, 7-9쪽).

[19] 개인과 계층의 성원들이 가지고 있는 '행위 양식의 궤적' 이라는 의미를 지닌다. 사회 주체들은 생활과 교육에 의해 각인되고 습관화된 취향과 행위의 체계를 가지고 있다(P. Bourdieu, *la distinction : critique sociale du jugement*, 최종철 역, 『구별짓기』 상, 새물결, 1995 ; 정일준 역, 『상징폭력과 문화재생산』, 새물결, 1995 등을 참조하라).

[20] '성층(成層)' 은 사회적 존재들의 유동하는 존재양태에 대한 지리학적 혹은 자연과학적 비유어라 할 수 있다. '구별되면서 같이 얹혀 쌓인 층' 이라는 의미를 지니며, 또는 그렇게 '층을 만들어 나감' 이라는 동태(動態)를 지시하는 용어이다.

[21] '중간' 적 성향과 사회적 위치상의 중간 계층이 실재한다. 그러나 사회학 혹은 문학사회학의 시야에 포착된 이들의 존재와 행동양식은 각 사회마다 크게 다르다. 식민지 조선사회에서도 '상대적으로' '중간' 으로 분류될 성향의 체계와 계층의 성원이 있다. 그러나 이들이 하우저나 부르디외의 논의에 등장하는 서구의 중간층이나 신·구 '프티부르주아' 와 동일한 성향을 갖는 존재들로 해석되어서는 안 된다.

[22] '취미판단' 이라고도 번역되는 미학 용어이다. 부르디외는 취향판단이 '안목' 과 예술적 인지로 구성되는, 지배계급과 문화생산의 장에서 행해지는 투쟁의 핵심적 사안중의 하나라 규정한다. 교양된 성향과 문화적 능력으로서의 취향판단은 다양한 문화실천과 학력자본, 그리고 이차적으로 출신계급과 긴밀한 연관성을 갖는다(P. Bourdieu, la distinction : critique sociale du jugement, 최종철 역, 『구별짓기』 상, 새물결, 1995, 22-23쪽 및 34-35쪽).

[23] 다음과 같은 비평들도 분화된 소설 읽기 양상을 보여주는 글들이다. 염상섭, 「소설과 민중」(「동아일보」, 1928. 5. 27-6. 3); 염상섭, 「조선과 문예 · 문예와 민중」(「동아일보」, 1928. 4. 10-17); 백철의 「1932년도 조선문단의 전망」(『동광』, 1933. 1); 임화, 「속문학의 대두와 예술문학의 비극」(「동아일보」, 1938. 11. 17-27); 엄흥섭, 「통속작가에 일언」(「동아일보」, 1938. 6. 24); 주요섭 「대중문학소고」(「동아일보」, 1938. 1. 19) 등도 그렇다.

2_근대 독자 형성의 문화적 조건

[1] 조동일, 『소설의 사회사 비교론』 2, 지식산업사, 2001 ; 조동일, 『한국문학통사』 4, 지식산업사, 1994 ; 이주영, 『구활자본 고전소설 연구』, 월인, 1998 ; 한국소설연구회 편, 『고소설의 저작과 전파』, 아세아문화사, 1994 ; 大谷森繁, 『조선 후기 소설독자 연구』, 고려대 민족문화연구소, 1985 대곡삼번(大谷森繁)에 의하면, 17세기 이후 한글

소설의 주된 독자였던 상류계층 여성들은 18세기에 세책(貰冊)이 생기자 다시 그 독자군을 이루게 된다고 한다. 또한 19세기에 득세한 방각본의 경우 그 특징상 축약본이거나 초역본(抄譯本)이었기 때문에 세책가의 독자를 완전히 잠식하지 못했다고 한다. 세책의 독자가 서서히 해체되기 시작하는 것은 19세기 말부터이다.

[2] 구활자본 고전소설의 발간상황에 관해서는 이주영, 앞의 책과 표3을 참조하라.

[3] 조동일, 『소설의 사회사 비교론』 2, 지식산업사, 2001, 121~123쪽 등.

[4] 현대적인 의장을 걸쳤지만, 고전소설의 서사문법에 따라 창작되고 고전소설 독자층을 겨냥한 작품을 일컬어 조동일 · 이은숙 등은 '신작 구소설' 이라 명명한 바 있다. 이은숙, 『신작 구소설 연구』, 국학자료원, 2000 참조.

[5] 1920~1930년대의 대표적 평론가인 김기진과 박영희의 글에서 이러한 점을 확인할 수 있다.

(1) 재래의 소위 이야기책이라는 「옥루몽」, 「구운몽」, 「춘향전」, 「조웅전」, 「유충렬전」, 「심청전」 같은 것은 연년이 수만 권씩 출간되고 이것들 외에도 「추월색」이니 「강상루」 「재봉춘」이니 하는, 20~30전 하는 소설책이 10여판 씩 중판을 거듭하여오되, … 이것들 울긋불긋한 표지에 4호 활자로 인쇄한 100매 내외의 소설은 '고담책' '이야기책' 의 대명사를 받아가지고 문학의 권내에 멀리 쫓겨온 것이 사실이다. 그러나 신문지에서 길러낸 문예의 사도들의 통속소설보다도 이것들 '이야기책' 이 훨씬 더 놀라울만큼 비교도 할 수 없게 대중 속에 전파되어 있는 것이 사실이다.

－김기진, 「대중소설론」, 「동아일보」, 1929. 4. 14.

(2) 신소설은 대중적 의미에서 등한히 할 수 없는 것이 있다. 그것은 실로 많은 수의 독자를 가진 까닭이다. 그 중에서도 그 독자층의 대부분은 부녀자와 농촌 대중으로 비교적 지식 정도가 얕은 사람들이었다. 매년 농한기에는 수십만 책의 신소설이 농촌으로 퍼져 나갔다. 그 외의 문학서적은 일반적으로 재판이 되기까지는 수년을 요하던 그 때의 일이라 놀라지 않을 수 없었다. 이 신소설은 굵은 사호 활자로 인쇄한 읽기 좋은 이야기를 써 논 것이다.

－이동희 · 노상래 편, 『박영희 전집』 2, 영남대 출판부, 1997, 418쪽.

(1)에서 김기진은 1920년대의 독자들이 '이야기책' 이라는 통칭 아래 고전소설과 '신소설' 의 대표작들인 「추월색」·「강상루」·「재봉춘」 등을 하나의 범주로 인식하고 있음을 말하고 있다. 또한 (2)의 박영희의 회고는 그가 '신소설이 곧 구활자본소설' 이라는 인식을 갖고 있음을 보여준다. 수십 만 권씩 농촌에서 팔린 것은 『춘향전』을 비롯한 고전소설과 『추월색』 등의 일부 신소설을 포함한 '구활자본' 소설이지 '신소설' 이 아니다. 신소설 중에는 구활자본 소설로 출간되지 않은 것이 더 많다.

[6] 「玉篇과 춘향전 第一」, 『삼천리』, 1935. 6.

7 朴英熙, 金基鎭, 金東仁, 李泰俊, 金東煥, 「좌담 – 文藝 '大振興時代' 展望」(『三千里』 11권 4호, 1939, 193쪽)에 의하면 이런 구소설은 주로 삼남지방의 농민층 사이에서 판매되었을 뿐 아니라, 1930년대 말에는 동경과 대판 등지로 건너간 노동자계급과 그리고 만주 이주 농민층에게 다수 판매되었다고 한다.

8 이와 같은 추론은 구활자본 소설 발행의 전체적인 규모와 새로운 작품의 출현빈도를 기준으로 삼은 것이다. 이주영, 앞의 책, 54쪽.

9 「동아일보」 1926년 11월 14일자 영창서관 광고.

10 김윤식 · 정호웅, 『한국소설사』, 예하, 1994; 최원식, 「장한몽과 위안으로서의 문학」, 『한국 문학의 현단계』, 창작과비평사, 1982 등.

11 한기형, 「신소설의 근대문학적 위상」, 성균관대 박사논문, 1997, 128쪽.

12 최근 한 연구는 이러한 시각에 반하여 신소설의 근대 대중예술적인 성격을 적극적으로 평가한 바 있다. 김석봉, 「신소설의 대중적 성격 연구」, 서울대 박사논문, 2003.

13 흔히 구활자본이 처음에는 띄어쓰기를 하다가 인쇄면수를 줄여서 이윤을 높이고자 하는 방편으로 띄어쓰기를 하지 않은 사실을 '퇴행'으로 해석하는 경우가 많다. 그러나 이에 대한 전혀 다른 설명도 있다. 즉, 근대적 제지기술의 보급으로 종이값이 방각본 시절보다 크게 내렸기 때문에 방각본과는 달리 구활자본의 경우 책의 페이지 수는 책 발간 비용을 점하지 않았으며, 또한 구활자본으로 재출간된 방각본의 경우 분량이 적어진 것은 이윤동기에서라기 보다 작품의 완결성이나 재미 등을 고려하여 불필요하다고 판단된 부분을 생략했기 때문이라는 것이다(류준경, 「방각본 영웅소설의 문화적 기반과 그 미학적 특성」, 서울대 석사논문, 1997, 52쪽).

14 '6전'이라는 가격은 신문관에서 발행한 8종 10책만 확인될 뿐 더 이상 발견되지 않는다. 구활자본의 책값은 분량에 따라 10-65전 사이이며, 그 중 20-40전이 대부분이다. 따라서 '6전'은 일종의 관식구이다.

15 임화, 『신문학사』, 임규찬 · 한진일 편, 『임화 신문학사』, 299쪽.

16 이에 대해서는 장문정, 「딱지본의 출판디자인사적 의의」, 홍익대 석사논문, 2001을 참조.

17 「논설」, 『대한매일신보』 1908년 7월 8일자 ; 「소설가의 趨勢」, 『대한매일신보』 1909년 12월 2일자 등을 참조.

18 신채호, 「近今 國文小說 著者의 注意」, 『대한매일신보』 1908년 7월 8일자. 이에 대한 논의는 조남현, 『소설원론』, 고려원, 1984, 32-36쪽 ; 권보드래, 『한국 근대소설의 기원』, 소명출판사, 2000. 112-116쪽 ; 한기형, 「신소설의 근대문학적 위상」, 성균관대 박사논문, 1997, 47-48쪽 등 참조.

19 『자유종』에서 유명한 "츈향전은 음탕 교과서오 심청전은 쳐량 교과서오 홍길동전은

허황 교과서랴"한 구절이나, "한국 전래소설이 대개 음담과 숭불걸복의 괴화"라는 신채호의「近今國文小說著者의 注意」(『대한매일신보』 1908년 7월 8일자) 등을 참조할 수 있다.

20 다음과 같은「대한매일신보」의 소개와 해당 소설 단행본 광고문안에 근거한 것이다. "國民의 精神을 感發호야 毋論 男女호고 血淚롤 가히 灑홀 新思想이 有"(『혈의 누』, 광고문 1907. 4) / "세계에 유명호 법국 부인 若安씨의 애국 事蹟을 譯出수얏수오니 毋論 남녀호고 愛國性이 유호신 동포(『애국부인전』 광고 1907. 11)" / "志士의 구국 救民호ᄂ 사상과 인민의 애국심을 揚上하는데"(『서사건국지』 광고, 1907. 8)

21 풍속개량과 관련된「대한매일신보」의 소설 광고들이다. "소설은 (중략) 아국 가정의 괴이호 풍기를 개량코져(『치악산』 광고)", "가정 이면의 비풍패속을 감계"(『귀의 성』, 1907. 6), "풍속 개량의 일대 기관"(『은세계』, 1909. 1)

22 최태원,「근대 소설 독자 형성의 가능성-1910년대『매일신보』 연재소설의 독자를 중심으로」, 역사문제연구소 월례발표회 발표문, 2001. 6, 2쪽.

23 인쇄자본주의와 소설이 국민국가 형성에 결정적 기여를 했다고 주장한 베네딕스 앤더슨(Benedict Anderson)이 사용한 용어이다. 소설과 담론 속에 '상상된' 공동체의 주체들이 근대국가를 만드는 원동력이 된다는 것이다. B. Anderson, *Imagined Communities*, 윤형숙 역,『민족주의의 기원과 전파』, 나남출판, 1991.

24 이에 대해서는 박찬승,『한국 근대 정치사상사 연구』, 역사비평사, 1997 참조.

25 권영민,『서사양식과 담론의 근대성』, 서울대 출판부, 1999, 131-151쪽 등에서 이를 상세히 논증했다.

26 김일열,「한문소설과 독자」, 고소설연구회 편,『고소설의 저작과 전파』, 아세아문화사, 1994, 422-423쪽.

27 碧朶,「貧趣味症慢性의 朝鮮人」,『별건곤』 1호, 1926년 11월호 참조. 또한 유선영의 견해에 의하면 식민지시기 대중문화와 관련된 대중은 어디까지나 전체 인구의 15%(1910년), 30%(1940년)에 달한 비농업 인구로부터 개념화된다. 이들이 여가, 도시거주, 현금구매력 등의 기준을 갖춘 집단이기 때문이다(유선영,「한국 대중문화의 근대적 구성과정에 대한 연구」, 고려대 박사논문, 1992 참조).

28 김상태 편역,『윤치호 일기』, 역사비평사, 2001, 175쪽.

29 류준범,「1930年代 京城지역 공장 노동자의 구성」, 서울대 석사논문, 1994, 17-18쪽 등을 보라.

30 前田愛,『近代讀者の成立』, 筑摩書房, 1989, p.126.

31 일제시기의 문맹률에 대해서는, 이여성·김세용,『숫자조선연구』, 2집, 1930; 노영택,「日帝時期의 文盲率 推移」, 국사편찬위원회,『국사관논총』 51, 1994 등을 참조

하라.

32 근대문학을 전공한 대학원생들에게도 그 제목조차 매우 낯선 수많은 소설들이 1910-20년대에 발표되고 읽혔다. '고전소설', '신소설', '근대소설', '단편소설' 등의 분류가 포괄하지 못하는 작품들이 상당수 존재했다. 이들은 작자 미상이거나, 유명 작품의 아류이거나, 번역·번안 작품이거나, 내용이 비속하다는 이유로 문학사에서 '배제' 되었을 것이다. 이들 소설의 목록을 보고 있노라면 '역사' 야말로 죽은 것을 되살리는 것이 아니라 '배제' 하여 죽은 것을 완전히 매장하고 '망각하는' 일이라는 점을 다시 깨닫게 된다. 1920년대 소설의 경우 정연규, 노자영, 이상수 등의 소설과 『강명화 실기』, 『죄악의 씨』, 『단쇼』, 『의문』 등의 소설들에 대해서는 반드시 연구가 필요할 것이다.

33 유진오·박태원 등, 「작가 단편 자서전」, 『삼천리』, 1937. 1. 이에 대해서 3장에서 상론.

34 소재영, 「이야기책 읽기와 대중문화의 전개」, 『한국의 딱지본』, 범우사, 1996. 13쪽 참조.

35 "平壤地方に於ける一般民衆の讀書狀況をるに, 中年以上の者は槪ね歷史的のものを好む關係上, 戰史又傳記類多く, 忠勇烈士が君王又は主家の爲め奮鬪し, 奸惡者をる擊退するやうなものが歡迎されて居る。中年以下靑年男女間にわ戀愛·悲劇·冒險的小說類を好む傾向あり, 殊に近來敎育を受けたる靑年間に階級的意識の色彩あるものが, 好んで讀まる傾向あるは注意すべきにとである。" 위의 자료, 236쪽.

36 노영택, 「日帝時期의 文盲率 推移」, 국사편찬위원회, 『국사관논총』 51, 1994 참조.

37 오성철, 앞의 논문, 359쪽.

38 오성철, 위의 논문.

39 이병혁, 「일제하의 언어생활」, 정신문화연구원, 『일제의 식민지배와 생활상』, 1990, 75쪽.

40 『校註 春香傳·春香傳 異本考』, 을유문화사, 1979, 213쪽.

41 『한국의 딱지본』, 범우사, 63쪽.

42 12월 발간된 6탄 興文堂·滙東書館, 352~353쪽.

43 국한문체의 적용에 대해서는 권보드래, 『한국 근대소설의 기원』, 소명출판사, 2000 142쪽.

44 위의 책, 121-122쪽.

45 김윤식, 『한·일 근대문학의 관련양상 신론』, 서울대 출판부, 2001, 21-24쪽 참조.

46 이러한 사정에 대해서는 권영민, 앞의 책, 58-62쪽.

47 이 통일안이 발표되자 이에 따라『동광』,『진생(眞生)』,『신생(新生)』 등이 공식적으로 새 철자법 사용을 천명하였다. 그러나 계명구락부 박승빈, 백남규, 정규창 등은 「한글맞춤법통일안 반대 성명서」를 발표하고 '조선문기사정리기성회(朝鮮文記寫整理期成會)'를 조직(1934년 6월)했다. 박붕배,『한국 국어교육 전사』상, 대한교과서, 1987, 260쪽 등 참조.

48 임형택 편,『여항문학총서』3, 여강출판사, 1986, 569쪽에서 인용.

49 『필사본 고전소설 전집』1, 아세아문화사, 1980, 305쪽.

50 『박순호 교수 소장 한글 필사본 고전소설자료 총서』제67권, 월촌문헌연구소, 1986.

51 구술문화에 대해서는 Vilém Flusser, *Kommunikologie*, 김성재 역,『커뮤니콜로기』, 커뮤니케이션북스, 2001; 前田愛, "音讀から默讀へ 近代讀者の成立",『近代讀者の成立』, 筑摩書房, 1989; Walter J. Ong, *Orality and Literacy – The Technologizing of the World*, 이기우·임명진 역, 구술문화와 문자문화, 문예출판사, 1995; Alberto Manguel, *A History of Reading*, 정명진 역,『독서의 역사』, 세종서적, 2000 등을 참조하라.

52 "縱覽所"라는 명칭은 1902년 11월 25일자『황성신문』에서 처음 발견된다고 한다. 그리고 같은 해 12월 5일『한성신보』에 따르면 "11월 18일부터 30일까지 경성학당 신문 종람소의 종람자가 모두 280명에 이르고 있다"고 한다. 또한 1906년 이후부터는 종람소 설립이 더욱 확산되어 이에 관한 기사나 광고를 찾아볼 수 있다. 김봉희, 『한국 개화기 서적문화 연구』, 이화여대 출판부, 1999, 320~321쪽 참조.

53 每洞에 廣闊한 家로 新聞縱覽所로 定하고 夕食後에 一洞 男女老少가 各持 一片席하고 環坐場 或堂中하야 或吸煙草하야 或抱 幼兒하고 或捆屨織席하며 或裁衣繰絲호되 有識한 幾人은 高座椅床하야 新聞을 朗讀한 後에 意味를 說明하면 內外國 事情과 古今世 形便을 無不 通知하야.

54 「讀書會發起會. 去二十四日 尙州에서」,「조선일보」, 1926. 1. 28;「讀書所感을 相互交換코저 去十二日 陜川讀書會 創立」,「조선일보」, 1927. 3. 17;「名古屋에 讀書俱樂部 創立大會」,「조선일보」, 1929. 9. 11 등을 참조하라.

55 설의식,「조선문화와 민중과 신문」,『삼천리』, 1935. 7.

56 「經濟 本位의 雜誌購讀會 –小資本으로 인테리 靑年이 할 새 장사 紹介」,『삼천리』, 1935. 7.

57 다만 구연되는 소설이 구연됨으로써 어떠한 서술의 특징과 미적 자질을 갖게 되는지에 대해서는 연구가 진행되어왔다.
류준경,「방각본 영웅소설의 문화적 기반과 그 미학적 특성」, 서울대 석사논문, 1997; 배수찬,「고전 국문소설의 서술 원리 연구」, 서울대 석사논문, 2001 참조. 배수찬에 의하면 19세기말에 낭독이 널리 행해진 이유는 판각본 소설의 독자들의 문맹율이 높고, 세책이 어려웠기 때문이다. 이러한 낭독에서는 구술성과 문자성이 혼효되어 실현되는데, 이렇게 낭독되는 소설의 서술적 특징에 포괄된 구술성은 '문자성 표현의 관습적 낭독'이라 정리할 수 있다. 그것은 소설의 서사구성화에서 '인물제시방식의 규칙성', '대사 내의 대명사 회피, 인물의 등장과 지칭의 확정', '시공간 구성의 집단 지향성', '장면 내 비분리와 공간 조직의 통합성' 등으로 현상한다.

[58] 이에 관해서는 A. Manguel, *A History of Reading*, 정명진 역, 『독서의 역사』(세종서적, 2000), '눈으로만 읽는 독서' 참조.

[59] Walter J. Ong, *Orality and Literacy*, 이기우 · 임명진 역, 『구술문화와 문자문화』, 문예출판사, 1995 ; Marshall McLuhan, *Understanding the Media*, 박정규 역, 『미디어의 이해』, 커뮤니케이션북스, 2001 ; Marshall McLuhan, *The Gutenberg Galaxy*, 임상우 역, 『구텐베르크 은하계-활자인간의 형성』, 커뮤니케이션북스, 2001 등이 문제를 가장 직접적으로 다루고 있다. Michelle Perrot, *Histoire de la vie prive*, 전수연 역, 『사생활의 역사』 4, 새물결, 2002; 前田愛, 「音讀から默讀へ 近代讀者の成立」, 『近代讀者の成立』, 筑摩書房, 1989 ; Alberto Manguel, *Op., cit.* 참조. 그 외 Vilém Flusser, *Kommunikologie*, 김성재 역, 『커뮤니콜로기』, 커뮤니케이션북스, 2001 ; Hwa Yol Jung, "Language. Politics and Technology", in *Research in Philosophy & Technology*, vol. 5, 1982 등이 이 문제를 논했다.

[60] 나가미네 시게토시(永嶺重敏), 『잡지와 독자의 근대[雜誌と讀者の近代]』, 日本エディダースクール, 1997 참조.

[61] Alan Swingewood & Diana Laurenson, Sociology of literature. 정혜선 역, 『문학의 사회학』, 한길사, 1986, 125쪽)

[62] Ong, 앞의 책.

[63] A. Manguel, 앞의 책.

[64] Ong, 앞의 책과 McLuhan, 앞의 책, 33-48쪽 등.

[65] 前田愛, 앞의 책, '四. 音讀, 默讀と文體の問題'을 참조. 그리고 이러한 점 외에도 묵독의 효과는 다양하게 고찰된다. 마에다는 일본에서의 언문일치의 문제와 묵독의 문제를 결부시키기도 했다. 언문일치체의 문장이 '구어를 사용하여 쓴다' 혹은 '구어 그대로 쓴다'고 하는 의식으로부터 전환하여 '말하는 것처럼 쓴다'고 하는 의식을 근간으로 창출되었을 때, 다시 말해 언문일치체의 '언'이 '구어' 일반이 아니라 작가의 주관을 가라앉혀 작가 고유의 구조(口調)를 띤 '구어'에 한정되었을 때, 그것은 근대소설의 문체로서의 자격을 획득하게 된다. 작가는 율격이나 격조의 분식을 씻어버리고 그 자신의 소위 '벌거벗은 목소리'로 직접 독자를 향해 말 건다. 이러한

목소리 내기는 작가 個我의 자각, 내면의 '충박(衝迫)'이 요구하고 선택한 방법이지 않으면 안된다. 이 경우 산문의 리듬이 독자의 '목소리'의 문제라기보다는 먼저 작가의 '목소리' 문제로 환기된다.

66 小森陽一, 『構造としての語り』, 東京:新躍社, pp. 342~366.

67 역사적 · 정치적 조건 외에, 공동체적 · 음독의 독서가 성행하기 위한 조건에는 '개인성'의 미숙, 높은 문맹률, 민중적인 성격의 문예 작품의 성행, 프라이버시가 결여된 가옥의 성격 등이 있다. 마에다 아이는 특히 가족공동체에서 이루어진 공동체적 독서에 주목하여, 명치기에 가족이 모여 소설을 함께 즐기는 향유 형태가 널리 퍼진다는 점을 지적했다. 이러한 공동체적 향유는 가족들이 라디오를 다함께 즐기는 일로 바뀌고, 다시 가족들이 모여서 TV를 보는 것으로 변한다. 이 때 라디오는 소형 트랜지스터가 되어 혼자 침실에 가져가는 걸로 변화한다. 라디오에 비해 소설은 공동적 향유에서 개인적 향유로의 변화는 매우 완만히 진행되었다고 한다(앞의 책, 127쪽).

68 永嶺重敏, 『雜誌と讀者の近代』, 日本エディタダースクール, 1997.

69 『염상섭전집』 9, 민음사, 1989.

70 박상준, 『한국 근대문학의 형성과 신경향파』(소명출판, 2000, 120쪽)에 의하면 아(亞)서구로서의 일본을 통한 문화이입이 뚜렷하게 드러나 있는 텍스트들이 있는 바, 이들 작품의 창작은 '작품을 두고 작품 쓰기'에 머물러 있다는 것이다.

71 국어사전에서의 정의는 '야사(野史)를 바탕으로 흥미있게 꾸민 이야기'이다. 『어우야담(於于野談)』에서 볼 수 있듯이 야담도 매우 오래된 용어이다. 야사에 전하는 정치와 궁중 비사 외에 민간의 전설, 설화들이 곁들여진 이야기 문학이 야담이다. 1920년대에 들어 '야담운동'이 일어나 야담은 화려하게 부활했다. 4장을 보라.

72 이동희 · 노상래 편, 『박영희 전집』 2, 영남대 출판부, 1997, 294쪽.

73 몇 가지 예만 들자. 1925년 서울의 인쇄직공청년동맹에서는 10월부터 매월 셋째 일요일에 신문을 분야별로 나눠읽고 발표하는 산신문회를 열기로 했다. 그리고 1926년 마산노동회에서는 『첫소리』라는 기관지를 발행하고 매주 2회 밤에 일반노동자를 모아 놓고 기사를 낭독해주고, 이에 대한 질의응답시간을 가졌다. 1927년 원산노련이 주최한 7월의 하기강습회에서는 6-70명의 노동자를 모아놓고 야학에서 '가갸거겨'를 가르치는 것과 병행하여, 출장 나온 노련의 간부가 쉬는 시간마다 노동자들에게 신문이나 잡지, 그 외 저술을 소리 높여 읽어 주었다. - 김경일, 『일제하 노동운동사』, 창작과비평사, 1992. '제8장 노동조합의 문화와 활동' 참조.

74 30전에서 50전 정도였던 딱지본 소설보다는 훨씬 비싸고 신문예소설책보다는 약간 싼 가격이다. 『무정』은 송료를 제하고 1930년대초에 1원 80전이나 했다. 월간잡지는 평균 30-50전 정도였다. 4장에서 이 문제를 다시 살필 것이다.

[75] 「거리의 꾀꼬리인 十代歌手를 내보낸 作曲 作詞者의 苦心記」, 『삼천리』, 1935. 11

[76] 「엇더한 레코-드가 금지를 당하나」, 『삼천리』, 1936. 4.

[77] 이기훈, 「1920년대 '어린이'의 형성과 동화」, 『역사문제연구』 8호, 역사문제연구소, 2002. 6; 한국방송공사, 『한국방송육십년사』, 1987, 54쪽 등을 참조.

[78] 안종화, 『한국영화측면비사』, 춘추각, 1963, 29쪽.

[79] 이러한 개념화는 각각, 이효덕, 『표상공간의 근대』, 소명출판, 2002; 주은우, 「현대성의 시각체제에 대한 연구-원근법과 주체의 시각적 구성을 중심으로」, 서울대 박사논문, 1998; 北村三子, 1998, 『青年と近代』, 筑摩書房 등의 것이다. 뉘앙스와 맥락의 차이는 있지만, 대의에서 별 차이가 없다고 보아 나열했다.

[80] 신문학(新聞學)에서 「읽는」 신문과 「보는」 신문의 문제는 지면 제작의 핵심이라 말해진다. 보는 신문은 제목, 사진, 삽화가 많은 비중을 차지하는 신문이다. 이는 독자의 시선을 잘 유도하지만 정보량이 빈곤해진다. 읽는 신문의 장단점은 이와 반대이다. 최인진, 『韓國新聞寫眞史』, 열화당, 1992, 43쪽 참조.

[81] Vilém Flusser, Für eine Philosophie der Fotografie, 윤종석 역, 『커뮤니콜로기』, 커뮤니케이션북스, 2001, 13-14쪽. 플루서는 이를 다음과 같은 근거로 설명한다. "텍스트는 그림을 설명하게 됨으로써 그것으로부터 멀어지게 되었지만, 그림도 역시 텍스트에 삽화로 삽입됨으로써 텍스트를 표상〔형상화〕할 수 있게 된다. 개념적 사고방식은 마술적 사고방식을 분해해 결국 그것을 제거해 버렸지만, 동시에 마술적 사고방식이 개념적 사고방식 속으로 침투해 들어와 그것에 의미를 부여한 것이다. 이러한 변증법적 과정을 통해 개념적 사고방식과 상상적 사고방식은 서로를 강화시킨다. 다시 말해서 그림은 점점 더 개념적인 것이 되었고, 텍스트는 점점 더 상상적인 것으로 되었다.

[82] McLuhan, 앞의 책, 330쪽.

[83] 이준우, 「한국신문의 문화적 기능 변천에 관한 연구」(연세대 박사논문, 1988, 119쪽)에 따르면 「동아일보」와 「조선일보」의 문화면 등에서 사진과 삽화의 비중은 1920년 창간 이래 꾸준히 증가하였으며, 특히 1935년 이후에 그 비율이 급격히 증가하여 1938-40년에 그 절정을 맞는 것으로 되어있다.

[84] 여기서의 논의는 주은우, 앞의 논문을 참조한 것이다.

[85] 주은우는 Mets를 인용하여, 영화에서의 관객의 동일시는 첫째, 등장인물과의 동일시(2차적)를 통해 둘째 카메라 시선과의 동일시로 나누어 생각해 볼 수 있는데, 특히 두 번째 과정을 통해 초월적 주체가 구성된다고 했다. 주은우, 앞의 논문, 298-301쪽.

[86] 이에 대한 논의는 김석봉, 앞의 논문을 참고할 만하다.

87 유민영, 『한국근대연극사』, 단국대 출판부, 1995, 246쪽.

88 최태원, 앞의 글, 4쪽 참조. 그런데 1910–20년대의 극장의 구조가 오늘날과 같이 완전히 관객 한 사람 한 사람이 독립된 좌석을 차지하는 방식은 아니었다. 관객들은 의자로 병용된 층계에 앉거나, 거적을 깔고 중앙을 향하여 둘러앉았다. 일본인 극장의 경우에도 객석은 의자 없는 다다미방인 경우가 많았다(유민영, 『한국근대극장변천사』, 태학사, 1998, 55쪽). 이러한 사정이 초기 극장에서의 관극의 '소란스러움'의 한 원인이 되었음은 분명하지만, 여기에서도 '어두운 관객석과 무대 중앙'이라는 구조 자체는 유지되었다고 볼 수 있다.

89 Joachim Paech, *Literatur und Film*, 임정택 역, 『영화와 문학에 대하여』, 민음사, 1997을 참조하라.

90 우한용, 「文學의 危機와 人文精神의 未來」, 한국독서학회, 『독서연구』 제2호, 1997, 26쪽.

91 커뮤니케이션 철학자 플루서는 그러한 상황을 다음과 같이 묘사한다. "말하기 위해 문어를 배워야만 했다는 상황이다; 그들(인쇄 혁명에 처한 근대인들–인용자)은 근본적으로 더 이상 말하지 않고 불투명한 텍스트를 낭독했다. 이는 그들의 프로그램을 근본적으로 변화시켰다 : 그들은 선형·알파벳적으로 프로그램화되었다. 즉, 그들은 '역사적 의식'을 획득했다. 그것은 '구두적'–신화적, 마술적, 의식적– 존재의 종말이었으며, '발전적' 근대적 존재의 시작이었다." – Vilém Flusser, *Kommunikologie*, 김성재 역, 『커뮤니콜로기』, 커뮤니케이션북스, 2001, 57쪽.

92 R. Williams는 글쓰기에 의한 복제술의 발전과정을 4단계로 도식화하여, 문학의 '발생'을 논하기도 하였다. 그에 의하면 첫째, '쓰기'란 구술적 작법의 전통이 지배하던 사회에서 보조적인 기록을 맡다가, 둘째 이 기능이 구술적 공연을 위한 문자화된 작문과 혼합되는 단계를 거쳐 셋째 오로지 읽힐 목적의 작문이 추가로 행해지는 한 단계의 발전을 더 겪은 뒤 결국 거의 모든 글쓰기가 묵독을 목적으로 행해지며 그러한 이유로 그것이 마침내 '문학'으로 일반화된 단계에 이른다는 것이다. (R. Williams, *The Sociology of Culture*(1982) 『문화사회학』, 까치, 1984)

93 1906년 8월 27일에 반포된 각급 학교령에 일어가 포함되기 시작했다. 이 때의 고등학교령을 보면 '국어급작문'의 포함 내용은 강독, 문법, 작문, 습자 등이며 '일어' 교과에는 독법, 해석, 회화, 서취(받아쓰기), 습자를 두고 있었다.
박붕배, 『한국국어교육전사』, 대한교과서주식회사, 1987 참조.

94 1910–1922년 사이의 보통학교 〈國語〉(일어)의 교과는 4년간 동일하게 읽기, 해석, 회화, 암송, 서취, 작문으로 구성되어 있었으며, 〈朝鮮語及漢文〉의 교과는 회화, 암송, 서취, 작문으로 이루어져 있었다.

95 『표준국어대사전』에 의하면 척독(尺牘)은 원래 "편지를 달리 이르는 말〔옛날, 길이가 한 자가량인 널빤지에 글을 적은 데서 유래함〕. 척소(尺素)"이며 간독(簡牘)은 "1.편지틀. 2.여러 가지 편지를 본보기로 모아 엮은 책. 서간문집" 등을 의미한다. 두 용어는 이 당시 혼용된 것으로 보인다.

96 김봉희, 『한국 개화기 서적문화 연구』, 이화여대 출판부, 1999, 168쪽.

97 「동아일보」, 1925년 5월 22일자 1면 광고.

98 홍정선은 척독의 성격과 그것이 당시 주요 상업적 출판물이 된 연유를 다소 잘못 해석하였다. "이 당시에 편지쓰기가 양반 가문의 부녀자들을 중심으로 생활화된 한 형식이었기 때문"에 "결혼, 환갑, 생신 등 관혼상제의 대소사에 있어 편지는 필수적인 품목"이었으며, "편지를 받은 집안에서는 일가친척들이 모여 앉은 자리에서 그 편지를 낭송하면서 편지를 보낸 사람과 그 가문의 도덕적 품성과 교양 정도를 가늠"하는 척도였고 "행세깨나 하는 집안에서 자라난 사람들은 반드시 각종 편지쓰기를 익혀야 했"다는 것이다. (홍정선, 「근대시의 형성과정에 있어서의 독자층의 역할 연구」, 서울대 박사논문, 1992, 62쪽) 그러나 척독서는 양반층을 위한 책도 아니고, 편지쓰기에 한정된 내용을 다루는 것도 아니다.

99 김봉희의 연구에 의하면 李鼎煥의 『(國文句解) 新纂尺牘(全)』(1905년)이 확인되는 최초의 척독서이다.

100 이 증언을 통해 알 수 있는 것은 당시 척독류의 출판이 상업적 출판의 대표적인 형태였고, 출판업자들이 이를 그리 자랑스러워하지 않았다는 점이다. 대신, 문예 서적 출판은 '고급'으로 인식했다는 점도 드러난다.

101 1900년대에 활발하게 편찬되었다. 『국민소학독본』『노동야학독본』은 그 중 대표적인 책들이다. 이 '독본'들 중에는 순수하게 문법만 설명하고 있는 책도 있고, 작문법과 문학 작품 앤솔로지 형태로 된 것도 있다. 박중화, 『高等日文讀本』(1910)이 그 예(김봉희, 앞의 책, 175쪽).

102 김상태 편역, 『윤치호 일기』, 역사비평사, 2001, 242쪽.

103 위 (2) 광고문에 의하면 1923년 11월 현재 『시문독본』은 7판을 찍었다.

104 같은 시기에 이광수는 「현상소설고선여언」(『청춘』 12호, 1918년 3월)에서 "應募小說 二十餘篇을 ──히 정독하여 갈 때에 나는 참 一邊 놀라고 一邊 기뻤소" "내가 놀란 것은 첫째, 그것이 모두 다 純粹한 時文體로 쓰였음"이라 발언하고 있다.

105 1910년대와 20년대의 중반은 가히 "청년"과 "청춘"의 시대였다. 이 단어들은 당대의 광고나 담론에서 가장 빈번히 등장하는 어휘들 중 하나이다.

106 『문장강화』에 표명된 글쓰기의 정신에 대해서는 천정환, 「이태준의 소설론과 『문장강화』에 대한 고찰」, 한국현대문학회, 『한국현대문학연구』 제6집, 1998.

107 예컨대 中村素山, 『美文 日本書翰文』, 巖松堂. 「동아일보」 1923년 2월 19일자 광고; 黃義敦·申瑩鐵, 『新體美文學生書翰』, 홍문각. 『동광』 1927년 4월 광고. : 申佶求, 『最新無雙 日用大簡牘』, 「동아일보」, 1928년 10월 17일자 "본서는 고상 청신한 모범적 미문의 총람!"; 柳春汀, 『模範詩的美文 最新文學書簡集』, 경성각서점. 삼천리 1935년 11월호 광고.

108 이는 1984, 5년의 수준에 해당하는 대단한 숫자이다. 통계청 자료에 의하면 1984년과 85년의 1인당 연간 우편물 이용수가 각각 29.7통과 31.8통이다(http://www.nso.go.kr http://kosis.nso.go.kr 참조).

109 『한국문학전집』, 민중서관만, 1959, 113쪽.

110 이외에 『남의 호감 엇는 교제의 비결』(일본 동흥당, 1925), 『현대사교의 비밀』(일본 동흥당, 1926), 『(男女相愛) 생각대로 홀니는 법』(일본사, 1925)과 같은 책들도 이 범주에 속한다고 할 수 있다. 이들 책이 모두 현해탄을 건너온 것이다.

111 J. Harbermas, *Strukurwandel der öffentlichkeit*, 한승완 역, 『공론장의 구조변동』, 나남출판, 2001, 124~125쪽.; Judice Mayne, *Private Novels, Public Films*, 류제홍·강수영, 『사적소설/공적영화』, 시각과 언어, 1994, 34, 53쪽 등에 의하면 오랜 기간 영향력이 컸던 리처드슨의 『파멜라』는 편지가 아니라, 편지형식으로된 소설의 모범이었다. 또한 역시 편지 형식으로 된 루소『신 엘로이즈』, 괴테의 『베르테르의 슬픔』 등의 출현도 그야말로 새로울 것도 없는 자연스러운 세태의 반영이었다고 한다.

112 이 광고는 1920년대 중반까지 계속 광고된 책의 광고문안 중 최초의 것이다. 『사랑의 불꽃』의 광고는 3단 3단의 사이즈로 동양서원, 한성도서, 조선도서의 명의로 되어있다.

113 박영희, 앞의 책, 316쪽.

114 M. Adler, *How to read a book*, 전병덕 역, 『독서의 기술』, 범우사, 1993.

115 권보드래, 「연애의 형성과 독서」, 역사문제연구소, 『역사문제연구』 제7호, 2001, 1절.

116 방인근, 「솟흐로 멧마디」, 『조선문단』 6호, 1925년 3월호.

117 노지승, 「1920년대 초반, 편지 형식 소설의 의미」, 민족문학사연구소, 『민족문학사연구』 20호, 2002. 8 참조.

3_1920~30년대의 책 읽기와 문화의 변화

1 전근대인들의 반복적인 독서 방법에 대해서는 김영, 『조선후기 한문학의 사회적 의미』, 집문당, 1993 ; 정민, 『책 읽는 소리』(마음산책, 2002, 56~60쪽)의 논의를 참조하라.

2 당시에도 가을철이 '독서의 계절'이었고, 신문들은 '독서 특집'과 같은 기사를 마련하여 책 선택과 관련된 기사를 실었다. 「가을철과 읽을 책의 선택」, 「조선일보」, 1927. 9. 7 참조.

3 김상태 편역, 『윤치호 일기』, 역사비평사, 2001.

4 오성철, 「1930년대 한국 초등교육 연구」, 서울대 박사논문, 1996.

5 『조선의 출판물 개요』의 해제는 일본인 관료 近藤常上이 1927년에 쓴 「출판물로 본 조선出版物より見たる朝鮮」(『朝鮮』 140호, 1927년 1월)와 거의 내용이 비슷하여 글자체가 근등에 의해 씌어졌거나, 근등이 쓴 글을 기초로 씌어진 것으로 보인다.

6 "族譜は內地の系圖と稱せらるものの類にして之が出版は內地に於ては其の例を見ざる朝鮮特有の出版物"(하략) - 朝鮮總督府警務局, 『朝鮮に於ける出版物槪要』, 1930, '第四節 朝鮮人の出版物發行狀況'.

7 '전독轉讀'이라 표현하고 있다.

8 '유고'와 '문집'을 합쳐서 '유묵문집'이라 불렀다.

9 朝鮮總督府警務局, 『朝鮮に於ける出版物槪要』, 1930, '第四節 朝鮮人の出版物發行狀況'.

10 일제의 검열 정책과 금서 목록은 다음의 연구를 참고하라.
김근수 편, 『일제치하 언론출판의 실태』, 영신한국학아카데미, 1974; 동아일보사 편, 『일정하의 금서 33권』, 동아일보사, 1976; 곽동철, 「일제 치하 도서검열과 도서관에서의 지적자유에 관한 연구」, 연대 석사논문, 1986.

11 정민, 앞의 책, 23쪽.

12 이 책에서 사용되는 1920~28년 동아일보 광고 기사를 바탕으로 한 도서 목록과 표는 필자가 포함된 〈역사문제연구소〉 '독서의 사회사반'의 공동 조사결과를 활용한 것이다. 이 데이터베이스는 역사문제연구소 연구원 이기훈 씨에 의해 1차 정리되어, 역사문제연구소 편, 『역사문제연구』(2001. 12)에 수록된 바 있다. 책에서 사용된 데이터베이스는 1차 정리 때 누락된 1928년분의 광고 287종, 769건에 대한 통계를 필자가 더 포함시키고 원 자료의 분류와 정리에서 오류가 있다고 보이는 부분을 바로잡은 것이다.

13 식민지 시기 관료 임용제도와 보통문관시험의 과목 등에 대해서는 장신, 「1919~43년 조선총독부의 관리임용과 보통문관시험」, 역사문제연구소, 『역사문제연구』 8호, 2002를 참조하라.

14 박재환·김문겸, 『근대사회의 여가문화』, 서울대 출판부, 1997. 21~47쪽.

15 『계몽의 변증법』에 실린 아도르노(T.W. Adorno)의 유명한 「문화산업 : 대중기만으로서의 계몽」은 자본주의 사회하에서의 '오락'이 가진 이러한 고통에 대해 논파하고

있다.

16 유선영, 「한국 대중문화의 근대적 구성과정에 대한 연구」, 고려대 박사논문, 1992.

17 Lynn Hunt ed., *The Invention of Pornography*, 조한욱 역, 『포르노그래피의 발명』, 책세상, 1996, 38~39쪽.

18 「조선여성의 독서열 왕성–성서적을 탐독하고 남자는 사회과학 탐독」, 조선일보, 1929. 4. 10. 이 기사에 따르면 남자들은 '대개 맑스, 엥겔스를 위시하야 사회사상(社會思想)과 문학에 대한 서적이 만코' 녀자들은 '수예(手藝)나 가뎡(家庭)이나 예술(藝術)과 주전백촌(廚川白村)의 근대련애관과 베벨의 부인론(婦人論), 택뎐(澤田)의 량성해부(兩性解剖)등이 만타' 고 했다.

19 『동광』(1931. 12)의 '성문제 특집' 등을 참조하라.

20 「愛藏 十種書」, 『삼천리』, 1934. 9 등을 참조하라.

21 R. Escarpi, *Sociologie de la litterature*, 민병덕 역, 『출판·문학의 사회학』, 일진사, 1999, 147쪽 등.

22 유시현, 「사회주의사상의 수용과 대중운동」, 역사학연구소 편, 『한국공산주의운동사 연구– 현황과 전망』, 아세아문화사, 1997, 38쪽.

23 1920년경에는 문화주의에 입각한 실력양성론은 전체 조선 사회를 풍미할 정도였다고 볼 수 있는데, 1921년부터 국제 정세가 변화하고 문화주의와 인도주의의 실현 가능성이 비관적인 것으로 보이자 1920년경의 문화운동은 이 때부터 두 갈래의 길로 확연히 나뉜다. 하나는 계급운동의 방향을 확실히 한 것이고, 두 번째는 사회진화론에 입각한 실력양성운동의 방향으로 나가면서 '자본주의문명의 수립' 을 지향한 운동이었다.– 박찬승, 『한국근대정치사상사연구』, 역사비평사, 1991, 202~233쪽 등.

24 이글에서 들고 있는 또다른 항목은 "(2) 민중적 권리심의 향상과 극기정신의 맹아 (3) 미신의 사상과 반종교적 사상 (5) 紳士풍의 배척과 勞動풍의 경향" 등이었다. 「논설 : 激變又激變하는 最近의 朝鮮人心」(『개벽』 제37호, 1923년 7월)

25 김윤식, 『이광수와 그의 시대』 1(개정증보판), 솔, 1999, 302~307쪽의 논의를 참조.

26 1920년대 수양·농촌개량·풍속개량을 목표로 했던 개량주의적 청년회운동은 1921년 이후에는 침체상태에 빠져 겨우 그 명맥만을 유지하다가 1923년 이후 각 지역에서 '청년회 혁신운동' 이 일어나고, 그들이 1923년 3월 말 서울청년회 주도하에 열린 조선청년당대회의 깃발 아래 모이면서부터 다시 활기를 되찾았다. 이 청년당대회에 모인 청년회들이 사회주의적 색채를 가진 것은 말할 필요도 없다.– 박찬승, 위의 책.

27 이광수, 「文藝瑣談」, 「동아일보」, 1925. 11. 2~12. 5.

28 「동아일보」, 1920. 5. 13;「조선일보」, 1923. 12. 25 등 참조.

29 「동아일보」 1928. 6. 21, 1면에 '연맹' 측이 "一人의 힘은 數人의 協力에 不及하니

다. 斯學의 最高權位가 스스로 역필을 집하고, 협력하야 일행일구에 절대의 책임을 負합니다. 이 대 협동조직에 의하는 연맹판에 잇서서만, 세계에 자랑할 전집의 완성은 가능합니다. 더욱이 또, 진정한 맑시즘에 입각한 연맹판에 잇서서만, 진정한 맑스-엥겔스 전집은 가능합니다. 우선 사람을 보라. 그리고 미드라"며 광고를 내자, 개조사는 「동아일보」1928. 6. 23, 24, 26, 30일에 걸쳐 연속적으로 "세계 제일의 완벽한 전집", "迷惑치 마시고 본 전집으로 번역계의 전권위를 망라, 역자가 누구인가 보라!", "申翔하실 때는 반듯이 개조사판이라고 지정하시옵!"이라는 내용과 함께 山川均과 같은 권위자의 추천의 변을 실어 크게 광고했다.

30 「사랑하는 자녀의 독서재료는 무엇」(「조선일보」, 1928. 10. 09~10)에서는 어린이 대상의 읽을거리가 쏟아져 나오고 있기에, 어머니들의 아동에 대한 독서지도가 필요하다고 했다. 「아동독서- 연령에 따라서 경향이 다르다」(「조선일보」, 1933. 09. 12)도 비슷한 내용의 기사이다.

31 이에 대해서는 가라타니 고진 / 박유하 역, 『일본 근대문학의 기원』, 민음사, 1997 ; 이기훈, 「1920년대 '어린이'의 형성과 동화」, 『역사문제연구』 제8호, 2002 등을 참조하라.

32 이기훈, 위의 논문.

33 『개벽』 1925년 4월호.

34 한별, 「새상놈, 새량반」, 『개벽』 제5호, 1920년 11월.

35 李敦化, 「최근 朝鮮에서 起하는 各種의 新現象」, 『개벽』 제1호, 1920년 6월.

36 이여성 · 김세용, 『숫자조선연구』 제4집, 1932, 118쪽.

37 "朝鮮의 각 신문이 取扱하고 잇는 大阪 東京 等地의 광고는 朝鮮의 그것보다 2배, 3배나 低廉하게 받고 잇스며 거기에 月定 혹은 年定이나 되면 朝鮮의 그것과 비하면 너무나 큰 差異가 잇다. 그리고 廣告料도 追後 計算을 한다 하니 놀내지 안흘 수 업스며 朝鮮人 광고 취급에 비하야 너무나 친절함에 驚異의 두 눈이 번쩍 뜨인다. 그러면 朝鮮안의 광고는 엇더케 취급하느냐 하면 그들은 2배, 3배나 더 빗싼 單價로서 꼭꼭 현금 요구를 하니 실로 기가 맥힌다."(「新聞과 廣告」, 『개벽』 신간 제4호, 1935년 3월.)

38 일제의 도서 검열 정책에 대해서는, 김근수 편, 『일제치하 언론출판의 실태』, 영신한 국학아카데미, 1974 ; 곽동철, 「일제 치하 도서검열과 도서관에서의 지적자유에 관한 연구」, 연대 석사논문, 1986 ; 김남석, 『일제하 공공도서관의 사회교육활동』, 계명대 출판부, 1991 등을 참조.

39 平野謙 / 고재석 · 김환기 역, 『일본 쇼와 문학사』, 동국대 출판부, 2000, 223~224쪽.

40 문학과지성사, 1995, 34~35쪽.

[41] 『婦人公論』은 일본 사회내에서 여성 문제에 대한 관심이 높아가던 대정 5년(1916년)에 창간된 당시의 가장 대표적인 여성 잡지였다. 『キング』는 1925년에 강담사에 의해 창간된 잡지로서 엔본(円本)과 함께 1920년대 일본 '독서 대중화의 기수'로 평가되는 잡지다. '국민 전체'를 대상 독자로 상정한 이 잡지는 이념적으로는 한편 모더니즘, 입신 출세 · 수양(修養)주의를 섞고 한편 천황제 내셔널리즘을 대중화하는데 기여하였다 한다. 高橋和子,「女性と讀書」, 長谷川 泉 · 馬道憲三郎, 『近代文學の讀者』, 國書刊行會, 1980, 219쪽. 그 외 永嶺重敏, 앞의 책; 山本文雄 外 / 김재홍 역, 『日本 매스커뮤니케이션사』, 커뮤니케이션북스, 2000 참조.

[42] 고은 · 김우창 · 유종호 · 이강숙 편, 『책, 어떻게 읽을 것인가』, 민음사, 1994, 137쪽.

[43] X로 복자(伏字) 처리된 자를 識으로 간주했다.

[44] 원래 심리학에서 서로 상이한 언어적 소통과 비언어적 소통이 동시에 부과되는 상태를 말한다. 모순된 두 힘이 부과되는 상태에서 아이는 그 사이에서 이러지도 저러지도 못하다가 방황, 갈등, 불안하게 되고 결국 사회적 판별능력과 의사소통을 획득하지 못해 정신 분열증 환자가 된다.

[45] 문학사상사판, 1989, 46~47쪽.

[46] 식민지 시대 작가들은 일본의 문단이나 일본 문학을 '동경(東京)' 문단, '동경 것'이라는 용어로 잘 표현했다.

[47] 장혁주,「문단의 페스토 菌」, 『삼천리』, 1935년 10월.

[48] 이 문제에 관해서는 김윤식, 「'내선일체' 사상과 그 작품의 귀속 문제」(『한국근대문학사상』, 한길사, 1984)에서 상론한 바 있다.

[49] 김윤식, 『해방공간의 문학사론』, 서울대 출판부, 87쪽 재인용.

[50] 임화,「조선 민족문학 건설의 기본과제에 대한 일반보고」, 조선문학가동맹, 『건설기의 조선문학』, 1946. 6. 임규찬 · 한진일 편, 『임화신문학사』, 한길사, 1993)

[51] '저, 꽃을 드립니다. 그리고 인사를 드립니다' 정도의 뜻이다.

[52] 장혁주와 한국 작가의 일본어 창작에 대해서는 호테이 토시히로,「일제말기 일본어 소설 연구」, 서울대 석사논문, 1996을 참조하라. 이 연구에 따르면 정연규를 비롯한 조선인 작가들의 일본어 창작물은 1923년 이후 이어지고 있다. 그러나 그것이 본격화된 것은 1937년 1월 12일 「매일신보」가 '국어면'을 열고 거기에 조선인의 작품을 실으면서부터라 한다.

[53] 김윤식, 『한 · 일 근대문학의 관련양상 신론』, 서울대 출판부, 2001, 33~35쪽.

[54] 최재서,「편집후기」(일문), 『국민문학』, 1942 5~6, 208쪽, 이경훈, 『이광수의 친일문학 연구』, 태학사, 1998, 225쪽 재인용.

[55] 이광수,「문학의 신도표 3」, 「매일신보」 1943. 2. 7, 이경훈, 위의 책, 229쪽을 참고하라.

[56] 이에 대해서는 김경일, 『이재유 연구~1930년대 서울의 혁명적 노동운동』, 창작과비평사, 1993; 임경석, 「국내 공산주의 운동의 전개과정과 그 전술 1937~45년」, 한국역사연구회 편, 『일제하의 사회주의 운동사』, 1991 등을 참고할 수 있다.

[57] 이광수의 문화민족주의는 다음과 같은 논변에 그 뿌리가 있는 듯하다. "그러나 그러타고 반드시 문화는 정치의 종속적 산물이라고 할 수도 업고 따라서 엇던 민족의 가치를 논할 때에 반드시 정치사적 지위를 판단의 표준으로 할 것은 아닌가 합니다. 만일 져 로마 제국과 갓히 정치적으로나 문화적으로나 다갓히 우월한 지위를 점할 수 잇다하면 게서 더 조흔 일이 업건마는, 그러치 못하고 만일 二者를 不可 兼得할 경우에는 나는 찰하리 문화를 취하려 합니다. 정치적 우월은 그 때 일시는 매우 혁혁하다하더라도 그 세력이 쇠하는 동시에 朝露와 갓히 그 영광도 슬어지고 마는 것으로대 문화는 이와 반대로 그 당시에는 그대도록 영광스럽지 못한 듯하나 영원히 인류의 恩人이 되어 불멸하는 영광과 감사를 밧는 것이외다. (중략) 이러케 정치, 경제, 과학, 문학, 예술, 사상 모든 것이 우리 압헤 노혓스니 우리는 실로 자유로 이것을 취할 수가 잇스며 이 중에 하나만 성공하더라도 조선 민족의 생존한 보람을 할 것이외다." – 이광수, 「우리의 이상」, 『학지광』 14호, 1917.12.

[58] 권영민, 『한국민족문학론 연구』, 민음사, 1988; 김재용 외, 『민족문학운동의 역사와 이론』, 한길사, 1986; 권영민, 『계급문학운동사』, 문예출판사, 1998 등 참조.

[59] 이균영은 「12월 테제」가 민족문제에 대한 좌익적 방침을 결정하고 신간회로부터의 좌익진영의 철수를 지시한 것으로 이해된 것은 오해라 설명한다. 이균영, 『신간회 연구』(역사비평사, 1996) 참조.

[60] 김무용, 「한국 근현대 사회주의운동, 이상과 현실의 갈등」, 역사문제연구소, 『역사문제연구』 7호, 2001, 190쪽.

[61] 쌍수대인, 「역사적 반성에의 요망」, 『조선중앙일보』, 1935. 7. 5~16.

4 _ 문학 독자층의 형성과 분화

[1] 이에 관해서는 우한용, 『문학교육과 문화론』, 서울대 출판부, 1997, 27~30쪽 참조.

[2] 물론 출판사의 '판권'에 대한 개념은 정립되어 있었다고 보아야 한다.

[3] 이주영, 『舊活字本 古典小說研究』, 月印, 1998, 173쪽.

[4] 김동인, 「소설에 대한 조선 사람의 사상을」, 『학지광』 18호, 1919. 1.

[5] 쿠랑에 의하면 중인계급 남자들도 남들 앞에서 '이야기책' 보는 광경을 내보이는 것을 꺼렸다고 한다. (Maurice Courant / 이희재 역, 『한국서지』 수정번역판, 일조각, 1994).

[6] "現今 學生의 사조는 如何오. 今日은 이전보다 매우 逈異한 점이 유하여 實力主義

로 熱心勉强하는 者가 多하며, 또한 진실한 정신을 修養하는 風이 유행할 뿐 아니라 相愛相助하는 義를 尙하니 실로 금일 학생의 사조는 기특한 成績이 多하도다. 然이나 小說 哲學的 趣味를 尋하여 文弱에 流하는 弊가 행함은 현금 학생의 약점이라. 是는 학리에 探究함과 時勢의 영향으로 其風이 生한 듯하나 余의 관찰로 言하면 斯國 思潮에 同化가 된 줄로 信하노니 此가 금일 大感覺의 處라. 諸己에 反求하여 활발한 정신과 모험의 행동을 務치 않으면 大博士가 되야 노벨상을 得한다 하여도 근본적 문제에 대하여는 이익됨이 少無하고 도리어 害點이 되리니 豈不自覺也오" - 「일본유학생사」, 『학지광』 제6호, 1915. 4.

7 「동아일보」 1925년 4월 28일 등.

8 이정옥, 『1930년대 한국 대중소설의 이해』, 국학자료원, 2000, 91쪽.

9 건국대 신동흔 교수 홈페이지(http://konkuk.ac.kr/~shindh/sosul/ okru1.htm) 참조. 이 홈페이지에서 『옥루몽』을 감상할 수 있다.

10 "全四冊紙數九白頁 / 結冊堅固揷畫精美 / 定價金壹圓九拾錢 / 小包料拾八錢"를 쉬운 현대어로 고친 것이다.

11 천정환, 「이태준의 소설론과 『문장강화』에 대한 고찰」, 한국현대문학회, 『한국현대문학연구』 제6집, 1998 참조.

12 권영민, 『서사양식과 담론의 근대성』, 서울대 출판부, 1999, 166~169쪽.

13 이에 대해서는 권보드래, 「연애의 형성과 독서」, 역사문제연구소 편, 『역사문제연구』 제7호, 2001, '5.연애열의 퇴조와 붉은 사랑의 등장'을 참조하라.

14 강영주, 『한국 역사소설의 재인식』, 창작과 비평사, 1991, 55쪽.

15 「機密室, 우리 社會의 諸內幕 - 「文學全集」戰의 成果」, 『삼천리』, 제12권 제4호, 1940년 4월.

16 「기밀실, 우리 사회의 제내막諸內幕 : 「문학전집」전戰의 성과」, 『삼천리』, 제12권 제4호, 1940년 4월.

17 「출판부 소식」, 『인문평론』 1941. 1, 299쪽.

18 양평, 『베스트셀러 이야기』, 우석, 1985, 19쪽.

19 『국민문학』 1942년 1월호, 2월호 광고. 이 광고에 따르면 용지부족으로 1년여 동안 소설을 찍지 못 하다가 1942년에 다시 발간된 것으로 되어 있다.

20 김남천, 「신문과 문단」, 『조광』 1940. 10.

21 이러한 환경의 변화에 처하여 소설 또한 이에 적응하여 '통속화' 되어갔다. 이원조, 「신문소설분화론」, 『조광』 28호, 1938. 2.

22 이준우, 앞의 논문.

23 1935년에 『조선문단』이 재창간되자 이광수는 다음과 같이 쓰고 있다. "금후엔 페이

지수를 많이 줄이고 그대신 (중략) 취미기사를 좀 많이 넣도록 하시오. (중략) 순작품 본위로만 하면 누가 잡지를 사 보나요."(이광수, 前「朝鮮文壇」追憶談,『조선문단』 1935년 8월호).

24 김진호,「염가서적시장개설-일류상가의 치부비결」,『삼천리』, 1935년 12월.

25 김상태 편역,『윤치호 일기』, 역사비평사, 2001, 350쪽.

26 이에 대해서 유선영과 홍재범 등의 논의를 참조할 수 있다. 유선영은 식민지 시대의 대중문화 향유계층이 상업 및 서비스업, 공업, 부재지주층, 학생, 공무 및 자유업, 기타 직업자, 무직자, 일용 노동자 등과 이들의 가족 구성원 등으로 한정된다는 간주될 수 있다. 이들이야말로 대중문화 향유에 필요한 여가, 도시거주, 현금구매력 등을 갖춘 존재들이었다는 것이다. 일제 시대 비농업인구는 1910년(15%)에서 1940년(30%) 사이에 정확히 2배로 늘어났다. 도시 이주 농민 계층을 놓고 볼 때, 그들이 문맹율과 취학율의 면에서 대중문화 향유자로 될 가능성이 재농촌 지역민보다 훨씬 높았다. 전자 자녀의 취학율 41%에 달했던 것에 반해 비이농 세대주의 취학율은 22.8%에 불과했다(유선영「한국 대중문화의 근대적 구성과정에 대한 연구」, 고려대 박사논문, 1992, 254쪽 ; 홍재범,「1930년대 대중비극 연구」, 서울대 박사논문, 1999).

27 이여성 · 김세용,『수자조선연구』 2집, 1931, 116쪽.

28 이들이 가계 수입의 약 1%를 대중문화와 관련된 지출한다고 가정할 때 나오는 추정이다. 유선영, 앞의 논문, 257쪽. 그런데 '1%' 라는 기준은 1980~90년대 한국 가계 지출 규모에서 대중문화관련 지출이 약 1.3%였던 것에서 잡은 것이다.

29 1928년 7월 현재 하루 한 끼만 먹는 극빈자는 경성 시내에 17,000호 10만여 명에 달하여 경성 시내 전체 조선인의 40%를 넘는 수였다.(「일일일식의 극빈자 만칠천호 십만여명」,「동아일보」 1928. 8월 2일자 2면) 1932년 현재 농촌의 조선인 소작인의 비율은 농업인구의 45.6%였으며, 이들은 춘궁기에는 절량(絶糧) 농가가 되었다. 그리고 일제하 조선인 경성 부민 가운데 60%는 전혀 세금을 내지 않았다 한다(손정목, 일제강점기 도시사회상 연구』, 일지사, 1996, 106쪽).

30 예컨대 1930년과 1931년 조선인 실업률은 12%, 15%에 달했다.『숫자조선연구』, 79쪽.

31 「機密室- 우리 社會의 諸內幕」,『삼천리』 제11권 제7호, 1939. 6에 의하면, 1938년 현재 소득세 기준으로 연 소득 1만원 이상을 버는 조선인은 86,000여명이었다.

32 배성준,「「식민지 근대화」 논쟁의 한계 지점에 서서」,『당대비평』 13, 삼인, 2000년 겨울 참조. 이 논문은 수탈론과 식민지근대화론이 민족주의와 근대화에 대한 찬양을 공통의 인식 지반으로 하고 있기 때문에, 논쟁의 순환을 극복하는 것이 근대와 민족주의의 문제틀을 넘어서는 것이라 주장한다.

33 윤해동, 「식민지 인식의 '회색지대' : 일제하 '공공성'과 규율권력」, 『당대비평』 13, 삼인, 2000년 겨울, 159쪽.

34 이에 대해서는 김진균·정근식 외, 『근대 주체와 식민지 규율권력』, 문화과학사, 1997.

35 南一, 「현대의 浮層 – 월급쟁이의 철학」, 『혜성』, 1931년 8월.

36 이는 윤해동, 앞의 논문이 '식민지적 공공성'을 분석하기 위해 내세운 개념이다. '식민지적 공공성'은 다음과 같은 문제의식에서 연역되는 개념이다. 일상의 영역은 사적인 것과 공적인 것이 얽혀 있고, 식민지인의 일상에서 저항과 협력은 교차하고 있다. '정치'는 식민지의 삶에서도 어쩔 수 없이 공동의 문제로서 제기되는 문제를 해결하기 위한 공공영역의 문제였다. 식민 지배하에서도 참정권의 확대 또는 지역민의 자발적인 발의로 공적 영역은 확대되고 있었다. 식민지적 공공성은 식민 권력에 의해 지배되고 있었고 식민 권력을 전복시킬 수 있는 능력을 가지고 있지는 않았지만, 식민 권력과 대치선을 그릴 수는 있었고 일상에서 제기되는 공동의 문제를 통해서 정치의 영역을 확대하고 있었다. – 윤해동, 앞의 논문, 148~149쪽; 퍼슨웹 편, 「윤해동–항상 주변화시켜라」, 『인텔리겐차』, 푸른역사, 2002 참조.

37 임화, 「조선 신문학사론 서설」, 임규찬·한진일 편, 『임화 신문학사』, 1993, 334쪽.

38 서영채는 임화의 소론을 따라 『찔레꽃』이 1930년대 후반 통속소설의 특징을 드러내는 시금석으로 간주하여 이를 1910, 20년대의 통속소설과 비교했다. 논의에 따르면 전대의 통속소설이 갖는 통속성의 요소에 '계몽 이념의 통속적 표현'이 개재해있음에 반하여 『찔레꽃』은 이러한 이념이 소진된 양상을 지닌다. – 서영채, 「1930년대 통속소설과 그 존재 방식」, 조성면 편, 『한국근대대중소설비평론』, 태학사, 1997.

39 1930년대 당대에 이미 신문소설의 성격에 대한 활발한 논의가 있었다. 다음과 같은 문헌들을 참조할 수 있다. 윤백남, 신문소설, 그 기교와 의의, 조선일보, 1933. 5. 14; 通俗生, 신문소설강좌, 조선일보, 1933. 9. 6~13; 김기진, 신문장편소설시감, 삼천리, 1934. 8; 김남천, 신문소설의 제문제, 조선일보, 1939. 6. 23; 안함광, 쩌널리즘과 문학의 교섭, 조선문학 제6호, 1933. 3; 안회남, 통속소설의 이론적 검토, 문장 2권 9호, 1940. 11; 有言生, 대중소설란의 분화, 조선일보, 1937. 8. 4; 김동인, 「신문소설은 어떻게 써야 하나?」, 『조선일보』, 1933. 5. 14; 이무영, 신문소설에 대한 관견, 신동아 4권 5호, 1934. 5; 이원조, 신문소설분화론, 『조광』 28호, 1938. 2 등. 신문소설에 대한 최근의 연구로는 한원영, 『한국 개화기 신문소설 연구』, 일지사, 1990; 임성래, 「신문소설의 입장에서 본 '혈의 누'」, 대중문학연구회 편, 『신문소설이란 무엇인가?』, 국학자료원 등이 있다.

40 유선영은 신문의 발전과정에서 더욱 그 파편성이 강해진 것으로 설명했다. 개화기

신문의 경우는 그 파편성이 약했다. 즉 7~8회로 분재된 사설, 1-2개월 전의 외국 뉴스 등이 그 좋은 예이다. (유선영, 앞의 논문, 198쪽). 이러한 파편성은 자본주의의 저널리즘이 갖는 일반적인 특징일 것이다. 1930년대의 잡지를 보아도 자본주의와 대중문화의 성숙 정도와 잡지의 파편성은 조응하는 관계에 있음을 알 수 있다. 『삼천리』・『별건곤』・『조광』 등의 대표적인 대중잡지의 지면 구성을 놓고 비교하면, 『조광』의 편집은 가장 분열증적이다. 『조광』의 기사 배치는 정치나 문예 작품에 우위를 부여하던 관례를 깨고 있으며, 기사들을 분야별로 모아 두지도 않는다. 소설의 경우도 모두 분산해서 배치하였다. 고를 달리한 상론이 필요하다.

[41] 김동인으로 추정되는 '通俗生'에 따르면 "신문독자라 하는 층은 남녀노소 각 계급을 통한 인물"들로 "상인, 변호사, 문인, 가객, 관리, 노동자, 직공, 유민(遊民), 노, 소, 남, 녀"이며 "신문에 실는 소설(그들의 흥미를 돋구기 위한)은 또한 이 각 계급의 사람에게 공통되게 애독될 소설이라야 한다"고 했다. 通俗生, 「신문소설강좌」, 「조선일보」, 1933. 9. 8.

[42] 엽기 취미('그로')와 '에로'에 대해서는 4장에서 상론.

[43] 이원조, 「신문소설 분화론」, 『조광』 제28호, 1938. 2; 이원조, 「아카데미 저널리즘 문학」, 『사해공론』 제39호, 1938. 7; 김남천, 「신문소설의 제문제」, 「조선일보」, 1939. 6. 23 등.

[44] 1920년대 중반까지 문화관계 기사는 전체지면의 15% 선을 유지하다 20년대 후반부터 20%를 훨씬 상회하여 1938년경엔 29%에 이른다. 이는 1970년대보다 높은 수준이라 한다. 또한 문화 관계기사 전체에서 문학 관계 기사의 비중은 압도적 우위를 차지한다. 대략 30%~35%(1929년 : 37%, 1938년 : 25.8%), 25.8%(1938년)선이었다. 이러한 양상은 1950년대 말까지 유지된다. (이준우, 앞의 논문, 참조)

[45] 박용규, 「일제하 민간지 기자집단의 사회적 특성의 변화과정에 관한 연구」, 서울대 박사논문, 1994. 참조.

[46] 이에 대해서는 조남현, 『한국현대소설유형론연구』, 집문당, 1999; 조성면, 『한국근대 대중소설론연구』, 태학사, 1997 참조.

[47] 김동인, 「신문소설은 어떻게 써야 하나?」, 「조선일보」 1933. 5. 14.

[48] 完山人, 「가뎡 여자의 독서」, 「조선일보」, 1925. 9. 7, 3면.

[49] 「最近 京城圖書館의 讀書傾向」, 「조선일보」, 1925.10.30 2면.

[50] 「女子讀書熱의 激增과 吾人의 禁치못할 歡喜」, 「조선일보」 1926. 12. 5, 2면.

[51] 「조선여성의 독서열 왕성~성서적을 탐독하고 남자는 사회과학 탐독」, 「조선일보」, 1929. 4. 10.

[52] 이원주, 「고전소설독자의 성향」, 『한국학논집』 1~5합집, 계명대 한국학연구소,

1980. 이는 1975년에 안동과 주변 지역에 살던 88세에서 61세에 걸친 19명의 "경북 士家 여인으로서의 긍지를 지닌 여인네"를 대상으로 한 것이다.

53 『槿友』 창간호, 1929. 5, 13쪽.

54 박붕배, 『韓國國語敎育全史』 上(대한교과서주식회사, 1987, 130쪽.)에 따르면 남학교용의 교재에 비해 이 책은 경어체의 사용 비중도 더 높다.

55 장연화, 「문학기생의 고백」, 『삼천리』 1934. 5.

56 「女流作家 座談會」, 『삼천리』 제8권 제2호, 1936. 2.

57 츠루미 유스케鶴見祐輔(1885~1973)는 일본의 정치가, 저술가. 東京帝大 정치학과를 졸업하고 정계에 투신하여 1928년 국회의원에 당선된 이후 1962년까지 정치활동을 했다. 문필과 웅변으로 명성을 떨쳤는데, 특히 『플루타르크영웅전』의 번역자로 유명했다. 그 외 『後藤新平傳』, 『英雄待望論』, 『北美遊說記』 등의 저술이 남아있다. 이 『母』는 1939년과 1950년 두 차례나 영화화된 인기 작품이다.

58 이정춘, 『출판사회학』, 타래, 1992, 344쪽.

59 에스카르피는 이와 관련하여 불충분한, 사회학적인 하나의 답변을 시도하고 있다. 남성을 포함한 독서자 일반의 성향체계를 앙케이트로 조사하는 일은 불가능하나, 여성의 독서는 이와 달리, 앙케이트를 통해서도 조사가 가능하다는 것이다. 왜냐하면, "여성의 독서는 상당히 등질적이기 때문에". 에스카르피는 이러한 등질성은 여성의 생활방식이 근대에 이르러 비교적 획일적인 데서 기인한 것이라 추론했다. 그리고 남성에 비해서 여성의 소설 독서가 많은 이유는 문학적 독서는 기능적이지 않은 독서를 할 시간이 충분한 경우에 가능한 것이기 때문에, 시간이 없는 젊은 남자가 할 수 있는 문학적 독서에 할애할 시간이 상대적으로 적다는 것이다(Escarpi, 민병덕 역, 출판 · 문학의 사회학, 일진사, 1999, 144~150쪽).

60 1896년생. 1913년에서 15년 사이에 동경에서 유학했다. 1917년 「의심의 소녀」로 작가로 데뷔했다.

61 『김동인 전집』 10, 조선일보사, 1988, 35~39쪽.

62 최혜실, 『신여성들은 무엇을 꿈꾸었는가』, 생각의 나무, 2000.

63 최혜실, 위의 책, 283쪽.

64 박영희, 앞의 책, 310~311쪽.

65 「가회의 예술, 연애, 생활 - 문사부인을 꿈꾸는 왕수복」, 『삼천리』, 1935. 6; 「人氣歌手의 藝術 · 私生活 · 戀愛 - 花發風多雨의 李蘭影 孃」, 『삼천리』, 1935. 8; 일 기자, 「문예봉 방문기」, 『조광』 5호, 1936. 3; 秋葉, 「눈물의 主人公 車紅女孃의 對答은 이러합니다」, 『삼천리』 제8권 6호, 1936. 6 등.

66 왕수복과 이난영은 『삼천리』에서 실시한 "레-코드 가수 인기투표"(1935년 1~9월)

에서 각각 여자가수 1위와 3위를 차지했다. 이 투표에는 2만 명 이상이 참여했다. 참고로 여자 2위는 평양기생학교 출신 선우일선이었으며, 남자는 콜롬비아 소속의 채규엽이 1위, 김정구의 형인 폴리돌 소속의 김용환이 2위, 〈선창〉의 고복수가 3위였다. 「레코-드 가수 인기 투표 결선 발표」, 『삼천리』, 1935. 10.

[67] 문학가와 관련된 이러한 현상은 문인의 자기의식과 관련된 면에서 고를 달리한 연구가 필요한 대목이다.

[68] 중학(고등보통학교) 이상의 재학자를 일컫는다.

[69] 이여성 · 김세용, 『숫자조선연구』 제1권, 세광사, 1931, 85쪽.

[70] 八峰, 「鄕黨의 智識階級 中學生」, 『개벽』, 제58호, 1925년 4월.

[71] 염상섭, 「소설과 민중」, 「동아일보」, 1928. 5. 27~31.

[72] 千里駒 金東成, 「번역 회고 -〈코난 도일의 붉은 실〉(『삼천리』, 1934. 9) 등을 참조.

[73] 「동아일보」, 1931년 2월 2일.

[74] 류준범, 앞의 논문, 34, 56쪽; 김경일, 「1920~30년대 인쇄출판업에서의 노동운동」, 『한국사회사연구회 논문집』, 1989.

[75] 송진우, 「독서잡기」, 『삼천리』, 1936. 6; 최규동, 「讀書雜記」, 『삼천리』, 1938. 5.

[76] 한국교육개발원, 『한국근대 학교교육 100년사 연구2 -일제시대의 학교교육』, 한국교육개발원, 1997년을 참조.

[77] 박붕배, 『韓國國語敎育全史』 上, 대한교과서주식회사, 1987, 363면 등. 당시 공교육 기관에서의 언어와 문학교육에 대한 논급은 이 책의 조사를 기준으로 한 것이다.

[78] 최남선의 『시문독본』(1911)과 이태준의 『문장강화』(1939) 사이에 있는 수많은 '독본' 과 '강화' 들이 계열을 이루며 한국의 근대적 '글쓰기'의 이데올로기와 기술적 규범을 만들어냈다.

[79] 일본어 과목의 내용은 '讀方, 회화, 해석, 書取, 암송, 작문' 등으로 1-4학년이 동일했다. 이에 대한 논의는 연세대학교백년사편찬위원회, 『연세대학교 백년사 1』(연세대학교 출판부, 1985)에 근거한 것이다.

[80] 「오오, 二八靑春 - 문인의 이십시대 회상」, 『삼천리』 1933. 3; 「작가 단편 자서전」, 삼천리, 1937. 1 등을 참조.

[81] 김병철, 『한국 근대 서양문학 이입사 연구』 上, 을유문화사, 1980.

[82] 김윤식, 「한국 근대문학과 러시아 문학의 관계」, 『우리 소설을 위한 변명』, 고려원, 1989, 312쪽.

[83] 김윤식, 『이광수와 그의 시대』 개정판 1, 솔, 222~230쪽.

[84] 김윤식, 『우리 소설을 위한 변명』, 1989, 4절.

[85] 이광수, 「문학에 뜻을 두는 이에게」, 1922년 3월. 『개벽』 21호; 이충우, 『경성제국대

학』, 다락원, 1987, 89쪽)

[86] 염상섭, 「소설과 민중」(2), 「동아일보」, 1928. 5. 29.

[87] 방인근, 「處女作 發表當時의 感想」, 『조선문단』, 6호, 1925. 3.

[88] 이충우, 앞의 책, 154쪽.

5__ 책 읽는 방법의 제도화와 문학사

[1] 『매일신보』, 1914.12.11. 이외에도 金鳳 , 「 명부원' 을 보고」, 『매일신보』, 1915. 5. 21
"先生님 婦人의 따님 玉姬는 至今 倫敦에 잇나이가 伊太利에 잇ㄴ 잇가 惑 信便
잇습 거던 安否ᄒ야 주옵소서". 그외 一中學生徒. 「 명부원' 을 보고」, 『매일신보』,
1915. 4. 23; 張鎭一, 「長恨夢을 보고」, 『매일신보』, 1915. 6. 12 등이 있다.

[2] 이원주, 「고전소설독자의 성향」, 계명대 한국학연구소, 『한국학논집』 1 5합집, 1980,
569쪽.

[3] '문화귀족'의 '무목적적 감상'과 민중 계급의 작품 수용의 윤리적 반응의 문제에 대
해서는 P., Bourdieu, *Distinction: A Social Critique of the Judgement of
Taste*(Trans. by Richard Nice), Harvard, 1984.

[4] 류탁일, 『한국고소설비평자료집성』, 아세아문화사, 1994, 229쪽.

[5] 류탁일, 위의 책, 283쪽.

[6] 염상섭 외, 「내 소설과 모델」, 『삼천리』 1930. 5; 이광수, 〈흙〉에 대하여」, 「동아일
보」, 1932. 5. 26; 이광수, 〈그 여자의 일생〉을 쓰면서」, 「조선일보」, 1934. 2. 26 등
참조.
그리고 심생, 「無情 · 再生 · 幻戱 · 『탈춤』 其他 小說에 쓰인 人物은 누구들인가,
만히 잊혀진 小說의 『모델』이약이」(『별건곤』 제3호, 1927년 1월)은 아예 이러한 독
자들의 관심을 겨냥한 기획기사이며, 『삼천리』의 「十萬愛讀者에게 보내는 작가의
편지」(1935. 11)은 아예 "모델의 유무"를 장편 소설을 연재하는 작가들에 대한 설문
의 한 항목으로 포함시켜 놓고 있다.

[7] 河村若草, 「 '눈물' 演劇을 見혼 內地婦人의 感想」, 『매일신보』, 1914. 6. 27.

[8] 홍재범, 「1930년대 대중비극 연구」, 서울대 박사논문, 1999, 2장 참조. "군중은 개인
보다 더 기꺼이 그리고 훨씬 더 크게 웃으며, 눈물도 혼자 있는 사람에게서 보다는 군
중에게서 더 풍부하다. 즐거움을 갖기 위해서는 즐기고 있는 관중 속에 잠겨 들어야
만 한다. 그것은 예외를 허용하지 않는 법칙이다. 사람들은 극장에서 모두에 의하여
즐겨지는 것 이외에는 완전히 즐길 수 없다."

[9] 김영범, 「망탈레테사:심층사의 한 지평」, 『사회사연구와 사회이론-한국사회사연구회
논문집』 제31집, 문학과지성사, 1991 참조.

이러한 '망탈리테'의 개념은 레이몬드 윌리엄즈의 '정서구조(Structure of Feeling)'
과도 유사하다. 신념의 체계(이데올로기, 세계관)와 달리 현재 진행중인 경험으로서
의 정서는 충동, 느낌, 억압, 성향 등의 요소로서 구조화되어 있다. '정서구조'가 갖는
중요성은 사적인 감성과는 달리 그것이 사회구성원 사이에 공유되는 사회적 체험이라
는 점에서 부각된다. R. Williams, *Marxism and Literature*, 이일환 역, 『이념과 문
학』, 문학과지성사, 1990, 166~168쪽.

[10] 김팔봉, 「문예시대관 단편 – 통속소설소고」, 『조선일보』, 1928. 11. 9.
　　"일반의 수준이 낮고 생활의 외위에서 불가항력의 초인간력을 부단히 느껴 오고 따
　　라서 숙명적 배신적 사상에 감염을 오랫동안 당하여 온 특정한 사회의 보통인의 보
　　통 감정은 一樣으로 센티멘탈리즘 아닌 것이 없다.(그리고 지금 시대에 세계의 각
　　사회 중에서 이와 같은 인간으로 가진 사회가 얼마나 많으냐!) 그리하여 센티멘탈리
　　즘은 현재의 조선 사람의 보통 감정이요 춘원의 소설은 이 조류에서 최대의 풍속을
　　가지고 항행을 하여 왔다."

[11] 김광해 · 윤여탁 · 김만수, 『일제강점기 대중가요 연구』, 박이정, 1998.

[12] 홍재범(앞의 논문, 64쪽)에 의하면 연극 공연 광고 153편 중 50% 이상이 광고문안에
　　서 '눈물'을 언급했다.

[13] 홍재범은 1930년대 한국 대중연극에서 '흘러 넘치는 눈물'의 연원을 규명하면서, 거
　　기에 근대적 대중예술의 가장 중요한 부위를 차지하는 멜로드라마적 성격과 '과잉'
　　의 양식적 논리가 작동하고 있음을 밝힌 바 있다. 그런데 눈물을 유도하는 이러한 대
　　중예술의 양식원리는 대중의 체념과 퇴영적 반응을 유도하는 형식 요소로서 이는 서
　　구 연극사에서도 관찰되는 일반성을 갖고 있다고 한다. 그런데 조선의 경우, 그것이
　　더욱 과하게 나타나는 이유는 무엇일까. 이에 대하여, 홍재범은 "식민지라는 특수성
　　과 맞물려 감정의 영역중에서 더욱 눈물의 정서로 극대화되어 나타난 것이라 볼 수
　　있다. 그러나 이 눈물이 패배와 현실에 대한 굴복만을 의미하지는 않는다"고 했
　　다.(앞의 논문, 65쪽) '식민지라는 특수성'은 과연 대중을 얼마나 우울하게 할 수 있
　　을까.

[14] 에로, 그로, 난센스(Nonsense)라 칭해지기도 한다. 난센스는 크게 보아 웃음과 유머
　　에 속하는데, 신불출의 만담과 같은 장르를 칭할 때 '난센스'라는 관식구를 사용했
　　다. 백철의 「1932년도 조선문단의 전망」(『동광』, 1933년 1월)는 '통속문학'의 특질
　　을 "에로성, 그로성, 넌센스성, 탐정취미성"이라 규정한 바 있다.

[15] 김진송, 『현대성의 형성~서울에 딴스홀을 허하라』, 현실문화연구, 1998, 292쪽.

[16] 通俗生, 「신문소설강좌(『조선일보』, 1933. 9. 6)에서는 "사람의 본성 가운데 엽기성
　　이 다분히 포함되어 있는 이상 엽기물어라 하는 것이 신문소설의 대부분의 주제가

되넌 것이 오히려 당연한 일이다"라 했다.

[17] 『세계엽기전집』의 제9권은 澤田順次郎의 『變態性と享樂』(동경 평범사, 1932)인데 국내 도서관의 DB에서 확인된다. 『獵奇』 창간호가 발행되었다는 기사는 「조선일보」 1933. 9. 22자에서 확인할 수 있다.

[18] 이 때 엽기는 탐정·추리소설과도 관련된다. 당대에는 '범죄문학'이라는 용어도 많이 사용되었다.(송인정, 「탐정소설 소고」, 『신동아』 1933년 4월호 등을 참조하라). 탐정·추리소설에 대해서는 고를 달리한 논의와 분석이 요청된다. 탐정소설은 1920~30년대 대중소설의 뚜렷한 한 경향을 형성하고 독자를 확보했으나 이제까지 문학사적 검토 대상이 되지 못했다. 이정옥, 『1930년대 한국 대중소설의 이해』(국학자료원, 2000)에서 추리소설에 한 장을 할애했다.

[19] O.T.S, 「世界人肉市場狂舞曲, 米國人肉市場見聞談」; 城北洞人, 「世界人肉市場狂舞曲, 巴里의 에로」; 元SH 「世界人肉市場狂舞曲 - 해삼위의 沐浴湯 잡저」; 吳仁浩, 「中國의 에로그로」(이상 『별건곤』 46호, 1931년 12월); 「에로·그로百% 屍體結婚式, 統營에 이러난 奇談」(『별건곤』, 42호, 1932년 8월; 「大京城 에로·그로·테로·추(醜)로 總出」(『별건곤』, 1931년 8월 1일; 雙S生, 「에로그로 百퍼-센트 美人國의 波斯, 珍奇無類의 再婚風俗」(『별건곤』 47호, 1932년 1월) 등.

[20] 金振九, 「野談出現의 必然性(一) :우리 朝鮮의 客觀的 情勢로 보아서」, 동아일보, 1928. 2. 1.

[21] 당시에 야담과 관련된 신어들이 개발되고 있었음을 알게 해준다. 청담료, 담사, 담제 따위가 그것이다.

[22] 「新春野談大會」, 「동아일보」, 1928. 1. 31; 「폭소 홍소의 밤 신춘야담대회」, 「동아일보」 1931. 3. 7.

[23] 윤백남, 「기담 - 難得有心郎」, 『동광』 1931년 1월; 한결 생, 「李生과 崔娘 - 金鰲神話奇談」, 『동광』, 1931년 9월.; 「珍事奇談 - 世界最大의 藏金窟」, 『동광』, 1932년 4월.

[24] 이선희, 「作家朝鮮의 群像(上)」, 『조광』 2권 4호, 1936. 4.

[25] 임화, 「조선 신문학사론 서설」, 임규찬·한진일 편, 『임화 신문학사』, 1993, 334쪽.
    "『무정』 등에 표현된 다분히 톨스토이적인 인도주의적인 이상주의란 현실적으로 보아 그 진보적 경향성에 있어 당시의 민족재벌적 '상업적 또는 겨우 머리를 든 산업적인' 제층이나 또는 그 지적 대변자로서의 지식청년층의 급진성과 정치적 사회적 욕구의 내용에 비하면 신씨의 해석같이 그리 '많지'도 못하고 또 이종수 씨의 말씀같이 '상공업 진흥과 신조선 건설의 정신이 가득차 있지도' 못한 협애 애매한 것이 있다."

²⁶ 김팔봉, 「문예시대관 단편 - 통속소설소고」, 『조선일보』, 1928. 11. 9.

²⁷ 강영주는 이광수의 역사소설을 평가하면서, 통일신라까지의 고대사를 다른 작품들은 작자의 주장이나 표방한 주제와 무관하게 현실도피적이며 흥미 위주의 오락물에 가까운 반면, 조선시대를 배경으로 한 작품들은 과거의 역사를 통해 윤리적 교훈을 제시한다는 그 나름의 문제의식에 입각하여 비교적 사실에 충실하려는 노력을 보여 주었지만, 보수적 민족주의를 노골적으로 드러내고 있다 하였다. - 강영주, 『한국 역사소설의 재인식』, 창작과 비평사, 1991.

²⁸ 양건식, 「무정 122회를 독하다가」, 『매일신보』, 1917. 6. 15~17; 주요한, 「무정을 닑고」, 『매일신보』, 1918. 8. 7~18; 춘원, 「현상소설고선여언」, 『청춘』 12, 1918. 3; 김동인, 「霽月氏의 평자적 가치」, 『창조』 6, 1920. 5 등이 '최초의' 근대적 비평으로 꼽힌다.

²⁹ 서순화, 「『독립신문』의 독자투고 연구」, 충남대 박사논문, 1997등 참조.

³⁰ 홍기삼, 「한국문학제도의 반성」, 제21차 한국문학평론가협회 국내학술회의 논문집 『한국적 문학제도의 재인식』(1), 2001. 10, 5쪽.

³¹ 차혜영의 「1920년대 초기 동인지 문단형성과정」(상허학회 편, 『1920년대 문학의 재인식』, 깊은샘, 2001)은 이러한 측면에 주목한 논의이다. 그는 동인지 출신의 작가들이 문단의 헤게모니를 장악하는 과정을 '부재하는 정당성을 스스로 만들어낸 과정'이자, '사회적 분화의 공간'에서 '문학' 분야의 전문가임을 자처하는 일군의 지식인 집단이 벌여나간 정체성 획득 투쟁과 그 승리의 과정으로 묘사했다. 『조선문단』으로 귀결되는 문학 장의 형성에 한정시킬 때, 이 논의는 타당성을 가지고 있다고 할 수 있다. 그러나 이 문제를 유학생 출신 그룹 내부의 헤게모니 투쟁의 결과로 한정하여 설명함으로써, 문제의 지평을 좁히고 있어 역동적 과정을 다 포괄하지 못하였다.

³² 임화는 『조선문단』의 성격을 논하는 자리에서 "다만 일반적인 문예잡지 그 이름이 의미하듯이 조선문단의 公器란 정도로 범박한 것"이며, 이는 "각 유파의 종합형태라고도 볼 수 있으며 또한 각 유파가 그 개성을 차차 상실하기 시작한 결과의 표현"이라 했다. 임화, 문예잡지론-조선잡지사의 일측면, 『조선문학』, 1939. 6.

³³ 1911~14년 사이에 이해조는 무려 20여권의 소설 단행본을 발간하고, 김교제는 6권의 소설집을 펴내었다.(조남현, 「한국 근대소설 형성 과정과 작가의 초상」, 유종호 외, 『현대 한국문학 100년』, 민음사, 1999, 61쪽) 특히 이해조는 『옥중화』(1912)의 작가로 특기될 필요가 있다. 『옥중화』는 자체로 '춘향전 문학에 일대 혁명'을 가져왔으며, 이에 따라 1910년대 이후에 새롭게 발간된 모든 춘향전 이본들의 가장 중요한 저본이 되었다. (조윤제, 『校註 春香傳 · 春香傳 異本考』, 을유문화사, 1979, 12~13쪽)

34 이광수, 「현상소설고선여언」, 『청춘』 12호, 1918년 3월.

35 임화는 『조선문단』의 의의가 동인지 시대의 "여러 가지 다른 문학조류를 어떤 평균 수준에다 중화시키는 저널리즘의 탄생"이라고 했다(임화, 문예잡지론-조선잡지사의 일측면, 『조선문학』, 1939. 6).

이경돈, 「조선문단에 대한 재인식」(상허학회, 『1920년대 문학의 재인식』, 깊은샘, 2001)은 문학의 대중화를 중심으로 『조선문단』의 성격을 새롭게 조명하고 있다. 논문은 『조선문단』의 대중성이 단순한 상업성과는 구별되는 것임을 적절히 지적하였다.

36 『조선문단』 창간호. 1924년 10월.

37 이와 비슷한 시기에 『개벽』의 '현상문대모집'(1921), 「동아일보」 현상문예(1924), 「조선일보」 '신년문예 현상모집'(1925) 등이 시작되고 있었다는 점에도 유의할 필요가 있다.

38 이 책의 4장 5절을 보라.

39 이광수, 「문학강화」, 『조선문단』 창간호, 1924. 10.

40 이 사진 화보는 현진건, 양건식, 최남선, 박종화, 나도향, 김동인, 방정환, 김안서 등의 사진을 실었고, 다음 페이지에 〈영미문학을 건설한 이들〉의 초상이나 사진도 실어 흥미롭다. 셰익스피어 초상을 중앙에 배치하고 밀튼, 브라우닝, 스코트, 롱펠로우 등의 얼굴을 배열했다.

41 정재찬, 「文學 正典의 解體와 讀書現象」, 한국독서학회, 『독서연구』 제2호, 1997, 104쪽.

42 김중신, 『문학교육의 이해』, 태학사, 1997, 160~161쪽.

43 정재찬, 위의 글, 115쪽. 한편, 부르디외 문화사회학의 맥락에서 이 논의는 다음과 같이 좀더 급진화한다. 즉, 정전의 가치는 작품 그 자체에 내재해 있는 것이 아니라 그 제도적 표현의 맥락, 다시 말해 그들이 교육되는 방식에 내재해 있는 이데올로기적 개념의 벡터이다. 결국 정전이란 텍스트 자체에 所與된 資質, 곧 소위 항구적이고 보편적인 文學性에 의해 확정되는 것이 아니라, 경제적·정치적 영역에서 현존하고 있는 실천들을 재생산해 내는 데 필요한 일관성과 의미 창조를 위해 지배 이데올로기가 작동한 결과물, 곧 역사적이고 상황맥락적인 산물이다. John Guillory, *Cultural Capital: The Problem of Literary Canon Formation*, ix. (Chicago: The Univ. of Chicago Press, 1993) 정재찬, 위의 글, 115~116쪽에서 재인용.

44 이에 관한 논의는 류준필, 「형성기 국문학 연구의 전개양상과 특성」, 서울대 박사논문, 1998 참조.

45 「조선문학의 주류론 – 우리가 장차 가져야할 문학에 대한 제가답」, 『삼천리』, 1935.

10: 「조선문학의 세계적 수준관」, 『삼천리』 1936. 6; 「조선문학의 십년간 명작 · 백년 갈 명작」, 『삼천리』 1934. 5.

46 이 『선집』은 시가집도 포함하고 있다. 시가의 목록은 다음과 같다; 봄달잡이(주요한), 가신 님(정인보), 고향의 노래(김억), 금잔듸(김소월), 가고파(이은상), 해곡삼장(양주동), 방랑의 북경(오상순), 밤차(박팔양), 봄비(조운), 회관 앞에서(김기진), 고구려성지(김형원), 갈매기(정지용), 나의 침실로(이상화), 靜謐(박종화), 탄식(김명순), 당신의 편지(한용운), 봄잔듸밧(조명희), 논개(변영로), 네 거리의 순이(임화), 안해의 기도(모윤숙), 들은 우리를 불으오(김기림), 석굴암(이병기), 물레방아(이하윤), 나는 왕이로소이다(홍사용), 송화강 뱃노래(김동환).

47 일례로 「기밀실 – 총독부 학무국장의 작가 초대」(삼천리 1934. 7)에 의하면 당시 총독부 학무국장 渡邊豊日子가 조선 작가 화가 음악가에게 초청장을 보내고, 이 초청장 때문에 문단, 화단이 시끄러워졌다. 동경에서 정부가 국지관 直木三十五 등을 불러 문단 통제기관을 만든 것과 같은 맥락이 아니냐 등등의 논란이 일었기 때문이었다. 이 때 총독부 당국에 초청된 유력 문화 인사는 이광수 최남선 김동인 이은상 주요한 윤백남 김소운이었다.

48 장석만, 「기억, 이야기, 권력」, 『사회비평』 28호, 2001년 여름, 191~192쪽.

49 관련된 예는 다음과 같다. 〈나의 모교와 은사〉(1932. 1) · 김형식, 「평양대성학교와 안창호」 · 김창제金昶濟, 「한성사범학교와 은사」 · 윤태헌, 「관립 외국어학교와 교장 이상재씨」 등의 글을 묶어 1890년대~1900년대 중등학교 교육과 그와 관련된 안창호 · 이상재 등의 계몽운동가를 기억의 대상으로 삼았다. 〈삼십년전의 청년 연설객들〉(1936. 11) 또한 이들을 대상으로 한 것으로 「학도에 말하든 젊은 이상재」 · 「단상의 이십 청년 서재필」 · 「젊은 설교 손병희」 · 「영어 연설하든 이승만」 등을 묶었다. 〈반도에 기다幾多 인재를 내인 영 · 미 · 일 로 유학사〉(1933. 1)는 황석우, 「동경 유학생과 그 활약」과 오천석, 「미국유학생사」로 1910년대의 인물들을 다루었다. 그리고 구한말에 대한 기억은 생존해 있던 역사적 거물의 입을 직접 빌어 행해졌다. 박영효의 「갑신당시 개혁운동과 동지」, 권동진, 「한국 최후의 군대와 국방계획」(1933. 1), 권동진의 「한말 인물의 회상」(1934. 5) 등이 그것이다. 또한 〈최근 10년간 필화, 설화사〉(1931. 4)는 이광수의 「민족개조론과 경륜經綸」 · 안재홍의 「「노마연잔두驚馬戀棧豆」와 설화舌禍」 · 박희도朴熙道, 「「신생활사新生活社」 사건」 등은 1920년대 초의 사회운동과 언론에 관련된 글들로서, 김명식의 「필화와 논전」(1934. 11) · 진학문의 「명기자 그 시절 회상 : 동양 내방의 평화의 시성」 등과도 이어져 있다.

50 김근수, 『한국잡지 개관 및 호별목차집』, 영신아카데미 한국학연구소, 1973, 194쪽.

51 「조일제, 번역 회고 – 〈장한몽〉과 〈쌍옥루〉」(1934. 9); 「千里駒 金東成, 번역 회고 –

〈코난 도일의 붉은 실〉」(1934. 9)

52 『별건곤』 제30호(1930년 7월호)에서도 김경재, 김억, 염상섭, 김진구, 이일, 현진건
등의 필자를 내세워 『개벽』의 창간 무렵을 회고하게 한 바 있다.

53 안막과 김기진의 글은 1931년 1월 KAPF 1차 검거 당시 진술서의 일환으로 씌어진
것이다.

54 카프계 작가의 소설들이 실제로 대중들에게 어느 정도 읽혔는지는 이들의 문학사적
의의를 평가하는 데 있어 중요한 문제일 수도 있다. 김기진의 회고에 의하면, 카프가
1926년 1월에 발간한 준기관지 『문예운동』의 경우, "천 부인가 천 5백부인가를 발행
했었건만 실지로 판매된 수효는 절반도 못 되어서 돈을 댄 사람은 타격을 받았다"고
한다.(김기진, 「나의 회고록」, 임규찬 · 한기형 편, 『카프비평자료총서』 1, 태학사,
1990, 434쪽) 추론컨대 카프가 청년들에게 발휘한 영향력과는 무관하게 실제 그들의
소설을 읽은 독자의 규모는 1930년대 중반 이전까지는 『조선문단』이 포괄한 '대중'
의 1/2정도의 규모라 짐작된다.

55 「書籍市場調査記 - 漢圖 · 以文 · 博文 · 永昌等書市에 나타난」, 『삼천리』, 1935.
10; 최승일, 앞의 글.

56 임종국 편, 『이상전집』 3, 태성사, 1956, 255쪽.

57 이에 관련해서는 김민정, 「〈구인회〉의 존립방식에 대한 고찰」, 문학사와 비평연구회
편, 『한국 현대문학의 근대성 탐구』, 새미, 2000 참조.

58 정확히 말하면, 구인회의 강좌의 청중은 기실 100여 명 정도였는데, 당시의 관점에
서 이는 '성황'으로 간주될 수 있었다. 「기밀실 - 구인회의 강좌 성황」, 『삼천리』,
1935. 3 참조.

59 "대개는 보통학교를 것처서 중등학교정도의 교육을 바덧다. 이 140명 중 여자상업학
교 졸업한 사람이 제일 만코, 그 다음 梨花高普校 졸업생이 만코, 그 밧게는 동덕여
고, 경성여고, 숙명여고, 배화여고, 고등여학교 졸업생이 몃몃씩 잇다. 이럿케 중등
정도의 교육바든 사람인 것 만큼 언어와 행동도 누구를 대하나 별로 손색이 업스
리만치 세련되고 잇다. 손님의 정도를 따라 고상한 언사를 쓰기도 하고 각금 영어가
튼 말로 약간식 주서뽑는 때가 잇다." - 「거리의 女學校를 차저서, 戀愛禁制의 和信
女學校, 制服의 處女 百四十名」, 『삼천리』 제7권 10호, 1935년 11월.

60 채만식, 『탁류』, 문학사상사, 1986, 46쪽.

61 臼井吉見 / 고재석 · 김환기 역, 『일본 다이쇼 문학사』, 동국대 출판부, 2000, 171쪽.

62 일본 근대 초기의 최대 대중작가 중 한 사람인 국지관의 대표적인 대중소설이다.
1920년(대정 9년)에 신문 연재된 이 소설은 일본 '가정소설'의 새로운 단계를 열어
젖힌 작품으로 평가된다. 특히 『진주부인』의 여주인공 琉璃子의 면모가 그러하다.

그녀는 이전 단계의 여성 주인공과 달리 청순한 미소녀로부터 복수의 화신, 창부형 미망인의 단계를 거치며 변신하고, 혈연관계에서 벗어나 스스로의 결단에 의해 사회 악과 대결한다. 이 사회악이 '돈의 힘', '남성 본위의 도덕'이라는 점에서 이 소설은 대정판 『금색야차』라 평가받기도 한다. - 前田愛, 「大正後期通俗小說の展開-婦人雜誌の讀者層」, 『近代讀者の成立』, 筑摩書房, 1989 참조.

[63] 이에 대해서는 조남현, 『한국 지식인 소설 연구』, 일지사, 1984; 조남현, 「한국현대작가의 존재방식」, 제21차 한국문학평론가협회 국내학술회의 논문집 『한국적 문학제도의 재인식』(1), 2001. 10.

[64] 경우가 약간 다르기는 하지만, 아래와 같은 글은 이를 아주 드러내놓고 있어 흥미롭다. "현재 우리 사회에서 문학비평이라는 이름으로 행해지는 활동은 무척 다양하다.(중략) 하지만, 문학비평이 아무리 다양한 목적에 봉사한다고 하더라도 그것의 일차적인 목표는 독서 대중의 문학 취미를 세련시키고 문학 교양을 육성하는 데 있다. 좋은 작품과 나쁜 작품을 가려 읽는 안목을 길러 주는 것, 작품 읽기를 즐겁고 유익한 체험이 되게 하는 것, 문학으로부터 보다 인간적인 삶에 필요한 언어를 얻도록 도와주는 것은 비평이 존재하는 가장 기본적인 이유이다." (김윤식 · 김화영 · 성민엽 · 황종연 · 황도경, 「〈올해의 좋은 소설〉을 선정하고 나서」, 『2000 현장비평가가 뽑은 올해의 좋은 소설』, 현대문학, 2000, 9쪽)

[65] 노지승, 「1930년대 작가적 자기 인식과 그 문학적 생산력에 관한 고찰」, 한국현대문학회, 『한국현대문학연구 7』, 1999, 155쪽.

[66] 이에 관련해서는 서재길, 「1920~30년대 한국 예술가소설 연구」, 서울대 석사논문, 1995; 전우형, 「1930년대 한국 소설가소설 연구」, 서울대 석사논문, 2001 참조.

[67] 손정수, 「대중이라는 타자」, 『미와 이데올로기』, 문학동네, 2002, 76쪽.

[68] 김기진, 「대중소설론」, 『동아일보』, 1929. 4. 17~25.

[69] 김기진은 위의 글에서 대중소설만으로 대중의 의식을 앙양할 수 없는 이유가 "대중은 무지하고 둔감하고 의지의 상실자이며 중독자인 까닭"이라 했다.

[70] 이러한 태도의 성립에 있어 영향을 미쳤을 것으로 보이는 코민테른의 방침과 일본 좌익 문학가내부의 대중화 논의의 추이는 일단 시야에서 제외한 것이다.

[71] 카프 2차 사건을 담당했던 전주지법의 재판부는 카프의 조직적 성격을 문학단체가 아니라 정치적 결사체로 규정하였다. 카프의 정치조직적 성격에 대해서는 권영민, 『한국 계급문학 운동사』, 문예출판사, 1998. 'IV. 계급문학 운동의 정치적 진출'의 논의가 상세하다.

[72] 권영민, 위의 책, 200~206쪽.

[73] 박영희, 「최근 문예이론의 신전개와 그 경향」, 『동아일보』, 1934. 1. 2~11.

⁷⁴ 이 단락의 논의는 홍종욱, 「중일전쟁기(1937~41) 조선 사회주의자들의 전향과 그 논리」(『韓國史論』 44, 2000)과 한국역사연구회 편, 『일제하의 사회주의 운동사』(한 길사, 1991)의 논의에 근거한 것이다.

⁷⁵ "한 사람의 전향자도 없고 오히려 내지인의 전향을 계급적 타락 내지 변절로 보면서 맹렬히 활동을 개시해 전향, 검거에 의해 조직 진영 내에 있어 내지인 구성분자의 감 소에 반해서 조선인은 점차 조직내에서 중요하게 되고 있다." -「在京鮮人轉向者の 情況」, 『思想彙報』 13, 1937. 12(홍종욱, 위의 논문, 163~164쪽에서 재인용)

⁷⁶ 1937~1939년에 급감했던 치안유지법 위반 사건 수는 1941년을 기점으로 급증하여 1945년까지 1920년대 말 수준을 유지한다.

⁷⁷ 이러한 시각이 「낭객의 신년만필」에서의 신채호의 문제제기이기도 하며, 북한 문학 사가 식민지 시대 문학을 바라보는 방법이기도 하다. '화북조선독립동맹'에서 반일 무장투쟁을 벌였던 작가 김학철의 다음과 같은 태도를 통해서도 이러한 점이 드러난 다. "나중에 나는 그 단편집 중에서 「발가락이 닮았다」라는 매우 기발한 제목의 단편 하나를 읽어보고 일변으로는 우스우면서도 다른 한편으로는 어지간히 한심스러웠 다. (중략) ─ 망국의 비운도 아랑곳없이 이 따위 너절한 소설들을 쓰고 있다니!" (김 학철, 『최후의 분대장』, 문학과지성사, 1995, 265~266쪽.

⁷⁸ 김윤식, 『한국근대문학사상사』, 한길사, 1984, 278쪽.

⁷⁹ 임화, 「김기진군에게 답함」, 『조선지광』 제88호, 1929년 11월(임규찬 · 한기형 편, 『카프비평자료총서 3-제1차 방향전환과 대중화 논쟁』, 태학사, 1990, 613쪽)

■참고문헌

〈기본 자료〉

1. 1900~1910년대 기본 자료

『신소설 번안(역) 소설』, 『한국 개화기 학술지』(아세아 문화사)

『신소설 전집』(계명 문화사)

『독립신문』, 『제국신문』, 『만세보』, 『대한매일신보』, 『매일신보』, 『학지광』, 『소년』

2. 1920~1930년대 신문·잡지 자료

「매일신보」, 「동아일보」, 「조선일보」, 「조선중앙일보」,

『청춘』, 『개벽』, 『동광』, 『별건곤』, 『조선문단』, 『조광』, 『신동아』, 『삼천리』, 『신여성』, 『박문』, 『조선문예』, 『영화예술』, 『근우』, 『文章』, 『人文評論』, 『女性』, 『春秋』 등.

3. 1920~1930년대 소설 자료

권영민 편, 『韓國近代長篇小說大系』, 태학사, 1988.

깊은샘 자료실 편, 『原本 新聞連載小說全集』, 깊은샘, 1993.

李光洙, 『李光洙 全集』, 우신사, 1979.

李泰俊, 『李泰俊 全集』, 깊은샘, 1988 등.

4. 총독부(및 유관기관) 발간 자료

朝鮮總督府, 『平壤府 : 調査資料 第三十四輯 生活狀態調査(其四)』, 昭和七年.

朝鮮總督府, 『昭和五年 朝鮮國勢調査報告』, 全鮮編.

朝鮮總督府警務局, 『朝鮮に於ける出版物槪要』, 1929.

『朝鮮之圖書館』, 『文獻報國』, 『讀書』

5. 기타 1920~1930년대 소설 및 비평 자료

상세목록 생략

〈2차 자료〉

국내 논저

I. 문학사 · 소설사 관련 논저

1. 근대 문학사 연구 기본 논저

강상희, 『한국모더니즘 소설론』, 문예출판사, 1999.

강영주, 『한국 역사소설의 재인식』, 창작과 비평사, 1991.

권보드래, 『한국 근대소설의 기원』, 소명출판, 2000.

권성우, 『모더니티와 타자의 현상학』, 솔, 1999.

권영민, 『서사양식과 담론의 근대성』, 서울대 출판부, 1999.

권영민, 『한국 계급문학 운동사』, 문예출판사, 1998.

권영민, 『한국민족문학론 연구』, 민음사, 1988.

김병철, 『한국 근대 서양문학 이입사 연구』 上, 을유문화사, 1980.

김영민, 『한국 현대문학 비평사』, 소명출판, 2000.

김영민, 『한국근대소설사』, 솔, 1996.

김외곤, 『한국 근대 리얼리즘문학 비판』, 태학사, 1995.

김윤식, 『우리 소설을 위한 변명』, 고려원, 1990.

김윤식, 『이광수와 그의 시대』, 한길사, 1986.

김윤식, 『한 · 일 근대문학의 관련양상 신론』, 서울대 출판부, 2001.

김윤식, 『한국근대문예비평사』, 일지사, 1976.

김윤식, 『한국근대문학비평사연구』, 일지사, 1976.

김윤식, 『한국근대문학사상사』, 한길사, 1984.

김윤식 · 정호웅, 『한국소설사』(증보판), 문학동네, 2000.

김재용 외, 『한국 근대민족문학사』, 한길사, 1993.

김재용, 『민족문학운동의 역사와 이론』, 한길사, 1990.

김태준, 박희병 교주, 『조선소설사』, 한길사, 1990.

백철, 『신문학 사조사』(중판), 신구문화사, 1999.

서광운, 『한국 신문소설사』, 해돋이, 1993.

안확, 최원식 역, 『조선 문학사』, 을유문화사, 1984.

인문사 편집부 편, 『소화 14년판 조선문예연감』, 인문사, 1939.

인문사 편집부 편, 『소화 15년판 조선문예연감』, 인문사, 1940.

임규찬 · 한진일 편, 『임화 신문학사』, 한길사, 1993.

임규찬 · 한기형 편, 『카프비평자료총서』 1-4, 태학사, 1990.

전광용, 『신소설 연구』, 새문사, 1986.

조남현, 『한국 지식인 소설 연구』, 일지사, 1984.

조남현, 『한국 현대소설 연구』, 민음사, 1987.

조남현, 『한국현대문학사상연구』, 서울대 출판부, 1994.

조남현, 『한국현대소설유형론연구』, 집문당, 1999.

2. 개화기~1910년대 문학사 및 소설 연구 관련 자료

강병조, 「신소설과 개화 담론의 대응 양상 연구」, 서울대 석사논문, 1999.

김동식, 「한국의 근대적 문학 개념 형성과정 연구」, 서울대 박사논문, 1999.

김민환, 『개화기 민족지의 사회 사상』, 나남출판, 1988.

김복순, 『1910년대 한국문학과 근대성』, 소명출판, 1999.

김석봉, 「신소설의 대중적 성격 연구」, 서울대 박사논문, 2003.

김종욱, 「<혈의 누> 연구」, 『한국문화』 23, 서울대 한국문화연구소, 1999.

김진옥, 「신채호 문학 연구」, 서울대 석사논문, 1993.

배주영, 「신소설의 여성 담론 연구」, 서울대 석사논문, 2000.

서영채, 「<무정> 연구」, 서울대 석사논문, 1991.

송민호, 『개화기 소설의 사적 연구』, 일지사, 1975.

신동욱 외 편, 『신문학과 시대의식』, 새문사, 1981.

신동욱, 「신소설에 반영된 서구 문화 수용의 형태」, 『동서 문화』 4, 계명대 동서 문화 연구소, 1970.

심보선, 「1905~1910년 소설의 담론적 구성과 그 성격에 대한 사회학적 연구」, 서울 대 석사논문, 1997.

이영아, 「신소설의 개화기 여성상 연구」, 서울대 석사논문, 2000.

이용남 외, 『한국 개화기 소설 연구』, 태학사, 2000.

이용남, 「이해조 연구」, 서울대 석사논문, 1982.

이용남, 『이해조와 그의 작품 세계』, 동성사, 1986.

이재선, 『한국 개화기 소설 연구』(중판), 일조각, 1997.

이재선, 『한국 소설사 - 근 · 현대편 Ⅰ』, 민음사, 2000.

이재환, 「신소설의 서사 구조와 장르적 특성 연구」, 서울대 석사논문, 1988.

정선태, 「개화기 신문 논설의 서사 수용 양상에 관한 연구」, 서울대 박사논문, 1999.

조동일, 「신구 소설의 교체 과정」, 『문예 중앙』 6월호, 1985.

조동일, 『신소설의 문학사적 성격』, 서울대 출판부, 1973.

최시한, 『가정 소설 연구』, 민음사, 1993.

최원식, 「『장한몽』과 위안으로서의 문학」, 임형택 편, 『한국근대문학사론』, 한길사, 1984.

최원식, 『한국 근대 소설사론』, 창작과 비평사, 1986.

최태원, 「『혈의 누』의 문체와 담론 구조 연구」, 서울대 석사논문, 2000.

하동호, 「개화기 소설 연구」, 단국대 석사논문, 1972.

한기형, 『한국 근대 소설사의 시각』, 소명출판, 1999.

한설야, 「나의 인간 수업, 나의 작가 수업」, 『우리 시대의 작가 수업』, 역락, 2001.

한원영, 『한국 개화기 신문 연재 소설 연구』, 일지사, 1990.

3. 1920~30년대 문학사 · 소설 연구 관련 논저

강경화, 『한국 문학비평의 인식과 담론의 실현화 연구』, 태학사, 1999.

강명효, 「1930년대 후반기 김남천 소설 연구」, 서울대 석사논문, 1997.

김재용, 「식민지 시대와 동반자 작가―엄흥섭론」, 『연세어문학』 20호, 1987.

김정자 외, 『한국현대문학의 성과 매춘』, 태학사, 1996.

김주리, 「1930년대 후반 세태소설의 현실 재현양상 연구」, 서울대 석사논문, 1998.

김철 외, 『문학 속의 파시즘』, 삼인, 2001.

김철 · 신형기 외, 『문학 속의 파시즘』, 삼인, 2001.

김현실 외, 『소설가소설 연구』, 국학자료원, 1999.

나병철, 「1930년대 후반기 도시소설 연구」, 연세대 박사논문, 1990.

노지승, 「1930년대 작가적 자기인식과 그 문학적 생산력에 관한 고찰」, 『한국현대문학연구 7』, 1999.

류준필, 「'문명' · '문화' 관념의 형성과 '국문학'의 발생」, 민족문학사학회, 『민족문학사연구』 18호, 소명출판, 2001.

류준필, 「형성기 국문학 연구의 전개양상과 특성」, 서울대 박사논문, 1998.

민병덕, 『한국 근대 신문연재소설연구』, 성균관대 박사논문, 1988.

박상준, 『한국 근대문학의 형성과 신경향파』, 소명출판, 2000.

박헌호, 『이태준과 한국 근대소설의 성격』, 소명출판, 1999.

박헌호, 「한국 근대소설사에서 단편양식의 위상」, 민족문학사연구소, 『민족문학사연구』, 2000.

서경석, 『한국근대 리얼리즘 문학사 연구』, 태학사, 1998.

서영채, 『소설의 운명』, 문학동네, 1993.

서재길, 「1920~30년대 한국 예술가소설 연구」, 서울대 석사논문, 1995.

서준섭, 『1930년대 한국 모더니즘 문학연구』, 서울대 박사논문, 1988.

손정수, 「한국 근대 초기 소설 텍스트의 자율화 과정 연구」, 서울대 박사논문, 2001.

손정업, 『극장과 숲-한국근대문학과 식민지 근대성』, 월인, 2000.

송경섭, 「일제하 한국신문연재 소설의 특성에 관한 연구」, 서울대 석사논문, 1974.

우한용, 『한국현대소설담론연구』, 삼지원, 1996.

유문선, 「신경향파 문학비평 연구」, 서울대 박사논문, 1995.

이경돈, 「조선문단에 대한 재인식」, 상허학회, 『1920년대 문학의 재인식』, 깊은샘, 2001.

이경훈, 『이광수의 친일문학 연구』, 태학사, 1998.

이동희 · 노상래 편, 『박영희 전집』 1 · 2, 영남대 출판부, 1997.

이선영, 『한국문학의 사회학』, 태학사, 1993.

이은희, 「한국 신문의 독자란에 관한 연구」, 서강대 석사논문, 1994.

이응백, 『속 국어교육사 연구』, 신구문화사, 1988.

임 화, 『문학의 논리』, 학예사, 1940.

장윤수, 『한국 근대 교육 소설 연구』, 보고사, 1998.

전광용, 「신소설연구」, 새문사, 1986.

전우형, 「1930년대 한국 소설가소설 연구」, 서울대 석사논문, 2001.

정호웅 · 손정수 편, 『김남천 전집』 1 · 2, 소명출판, 2000.

조관자, 「'민족의 힘'을 욕망한 '친일 내셔널리스트' 이광수」, 『기억과 역사의 투쟁』, 삼인, 2002.

조남현, 『소설원론』, 고려원, 1982.

조남현, 「한국 근대소설 형성 과정과 작가의 초상」, 유종호 외, 『현대 한국문학 100 년』, 민음사, 1999.

조남현, 『한국 소설과 갈등』, 문학과 비평사, 1988.

조성면, 「새로운 한국문학 연구를 위한 도전으로서의 문화론」, 민족문학사학회, 『민족문학사연구』 18호, 소명출판, 2001.

조성면, 『한국근대대중소설비평론』, 태학사, 1997.

주은우, 「현대성의 시각체제에 대한 연구」, 서울대 박사논문, 1998.

차혜영, 「1920년대 초기 동인지 문단형성과정」, 상허학회 편, 『1920년대 문학의 재인식』, 깊은샘, 2001.

천정환, 「이태준의 소설론과 『문장강화』에 대한 고찰」, 한국현대문학회, 『한국현대문학연구』 제6집, 1998.

최남선, 『시문독본』, 신문관, 1918.

최동규, 『뚜르게네프 비교문학 비평연구』, 한국문화사, 1998.

최시한, 『가정소설 연구』, 민음사, 1993.

최시한, 『가정소설연구-소설형식과 가족의 운명』, 민음사, 1993.

최원식, 『민족문학의 논리』, 창작과 비평사, 1982.

최혜실, 『신여성들은 무엇을 꿈꾸었는가』, 생각의 나무, 2000.

한계전, 「팔봉 김기진의 대중화론과 시형식의 문제」, 서울대 한국문화연구소, 『한국 문화』 24, 1999.

한국소설학회 편, 『현대소설 인물의 시학』, 태학사, 2000.

한기형, 「1910년대 신소설에 미친 출판·유통 환경의 영향」, 『한국학보』 84, 일지사, 1996.

한설야·리기영 외, 『작가수업』, 작가동맹출판사, 1959(역락, 2001)

한원영, 『한국 개화기 신문소설연구』, 일지사, 1990.

홍기삼, 「한국문학제도의 반성」, 제21차 한국문학평론가협회 국내학술회의 논문집 『한국적 문학제도의 재인식』(1), 2001. 10.

황종연, 「문학이라는 역어」, 문학사와 비평연구회, 『한국문화과 계몽담론』, 새미, 1999.

황종연, 「한국문학의 근대와 반근대」, 동국대 박사논문, 1992.

II. 수용론 및 문화론 관련 논저

가경신, 「독자의 심리적 요인이 읽기 성취에 미치는 영향」, 한국교원대 석사논문, 1998.

강내희, 『문화론의 문제 설정』, 문화과학사, 1996.

강맑실, 「단행본 출판사의 독자 관리에 관한 연구 : 마케팅 이론을 중심으로」, 중앙대 석사논문, 1994.

강현두 편, 『대중문화의 이론』, 민음사, 1986.

강현두·원용진·전규찬, 『현대 대중문화의 형성』, 서울대 출판부, 1998.

고영복, 『문화사회학』, 사회문화연구소, 1997.

권보드래, 「연애의 형성과 독서」, 역사문제연구소 편, 『역사문제연구』 제7호, 2001.

권희돈, 「한국소설의 독자 연구-개화기 소설을 중심으로」, 명지대 석사논문, 1979.

김남희, 「현대시 수용에 관한 문화 기술적 연구」, 서울대 석사논문, 1997.

김동계, 「동감과 문학행위이론의 재구성」, 연세대 석사논문, 2000.

김문겸, 『여가의 사회학』, 한울 아카데미, 1993.

김병익, 「문학은 이제 어떻게 생산, 소비되는가」, 『동서문학』 1994 가을.

김선남, 「베스트셀러 현상에 대한 수용자 의식 연구」, 『'97 출판학 연구』, 범우사, 1997.

김성곤, 「'문화연구'는 문학연구의 확장인가?」, 『문학사상』 2001년 10월호.

김순배, 「독자지향이론에서 독자판단의 문제」, 성균관대 석사논문, 1998.

김양수, 「독자의 서적선택행동에 관한 연구」, 『출판문화』 236, 1985.

김연종, 「작가와 독자의 대비를 통해본 문학의 사회적 의미에 대한 연구」, 서강대 석 사논문, 1984.

김영, 『조선 후기 한문학의 사회적 의미』, 집문당, 1993.

김옥분, 「문학에 있어서 독자체험의 의미」, 연세대 석사논문, 1988.

김윤식, 「문학교육과 이데올로기」, 『난대이응백박사 고희기념 논문집』, 한샘, 1992.

김정기 · 박동숙 외, 『매스미디어와 수용자』, 커뮤니케이션북스, 1999.

김중신, 「文學 危機의 應戰力으로서의 文學 읽기 戰略」, 한국독서학회, 『독서연구』 제2호, 1997.

김중신, 『문학교육의 이해』, 태학사, 1997.

김중하, 「개화소설의 문학사회학적 연구」, 경북대 박사논문, 1985.

김지원, 「문학과 독자;독자 중심의 문학이론 재조명」, 영어영문학 117, 1991.

김화영, 「책, 독서, 교육」, 고은 · 김우창 · 유종호 · 이강숙 편, 『책, 어떻게 읽을 것 인가』, 민음사, 1994.

박붕배, 『韓國國語敎育全史』 上, 대한교과서주식회사, 1987.

서순화, 『독립신문』의 독자투고 연구, 충남대 박사논문, 1997.

서준섭, 「근대 국민국가 성립과 고등학교 국어교과서의 성립」, 『국어교육과 국어교과 서』, 한국국어교육연구회, 2001. 4. 28. 학술대회 발표집.

서형범, 「신소설에 대한 독자반응비평적 연구」, 서울대 석사논문, 2001.

신광현, 「'문화연구'의 전개와 특징」, 비평이론학회, 『비평』 4, 생각의 나무, 2001.

양건열, 『비판적 대중 문화론』, 현대미학사, 1997.

우창효, 「텍스트와 독자 : 현대 독서이론 연구」, 경북대 박사논문, 1996.

우한용 외, 『서사교육론』, 동아시아, 2001.

우한용, 「文學의 危機와 人文精神의 未來」, 한국독서학회, 『독서연구』 제2호, 1997.

우한용, 『문학교육과 문화론』, 서울대 출판부, 1997.

우한용, 「문학교육론 서설」, 난대 이응백교수 회갑기념 논문집, 보진재, 1983.

이강수 편, 『대중문화와 문화 산업론』, 나남출판, 1997.

이기훈, 「독서의 근대, 근대의 독서」, 역사문제연구소, 『역사문제연구』 7집, 2001.

이대규, 『문학교육과 수용론』, 이회문화사, 1998.

이미숙, 「현대 문학 비평에 있어 독자의 문제」, 경북대 석사논문, 1991.

이잠희, 「현대 독자 반응 비평이론 : Iser, Fish, Holland」, 경북대 석사논문, 2000.

장수익, 「한국 근대 비평에 나타난 독자의 모습」, 『한국 근대소설사의 탐색』, 월인, 1999.

정재찬, 「文學 正典의 解體와 讀書現象」, 한국독서학회, 『독서연구』 제2호, 1997.

주창윤, 「텍스트와 수용자의 상호작용」, 김정기 · 박동숙 외, 『매스미디어와 수용자』, 커뮤니케이션북스, 1999.

천정환, 「한국 근대 소설독자와 소설수용양상에 관한 연구」, 서울대 박사논문, 2002.

천정환, 「1920~30년대 소설독자의 형성과 분화과정」, 역사문제연구소, 『역사문제연구』 제7호, 2001.

최태원, 「근대 소설 독자 형성의 가능성」, 역사문제연구소 월례발표회 발표문, 2001. 6.

최혜실, 『디지털시대의 문화 읽기』, 소명출판, 2001.

최혜실, 『모든 견고한 것들은 하이퍼텍스트 속으로 사라진다』, 생각의 나무, 2000

현택수 편, 『문화와 권력』, 나남출판, 1998.

홍정선, 「근대시의 형성과정에 있어서의 독자층의 역할 연구」, 서울대 박사논문, 1992.

Ⅲ. 대중문학론 · 대중 문학사 관련 연구 논저

강옥희, 『한국 근대 대중소설 연구』, 깊은샘, 2000.

권선아, 「1930년대 후반 대중소설의 양상 연구」, 고려대 석사논문, 1994.

권정호, 「이효석 소설 연구」, 성균관대 박사논문, 1989.

김강호, 「1930년대 한국 통속소설 연구」, 부산대 박사논문 1994.

김교선, 「조화미의 정점-이효석의 작품세계」, 『현대문학』, 1975. 3.

김동식, 「연애와 근대성」, 『민족문학사연구』18, 민족문학사연구소 편, 2001.

김동환, 「『찔레꽃』의 대중 지향성」, 『국어국문학』 127, 2000. 12.

김미지, 「1920~30년대 염상섭 소설에 나타난 '연애'의 의미 연구」, 서울대 석사논문, 2000.

김병익, 「이효석과 <화분>」, 『한국장편문학대계』 8, 성음사, 1970.

김열규, 『한국민속과 문학연구』, 일조각, 1971.

김영찬, 「1930년대 후반 통속소설 연구」, 성균관대 석사논문, 1994.

정호웅 외, 『장편소설로 보는 새로운 민족문학사』, 열음사, 1993.

김윤식, 「병적 미의식의 양상-이효석의 경우」, 『한국근대문학사상비판』, 일지사,

1978.

김창식, 『대중문학을 넘어서』, 청동거울, 2000.

대중문학연구회 편, 『대중문학이란 무엇인가』, 평민사, 1995.

대중문학연구회 편, 『신문소설이란 무엇인가』, 국학자료원, 1996.

대중문학연구회 편, 『연애소설이란 무엇인가』, 국학자료원, 1998.

박종홍, 「통속성과 통속소설」, 『현대소설원론』, 중문출판사, 1994.

배기정, 「『찔레꽃』의 전개양상과 그 의미」, 『국어교육학 연구』 28집, 1991.

서경석, 「춘원의 『사랑』론」, 『대구어문논총』, 1996.

서영채, 「1930년대 통속소설의 존재방식과 그 의미」, 『민족문학사연구』 4, 창작과 비평사, 1993.

오미남, 「1930년대 후반기 통속소설 연구」, 중앙대 석사논문, 1994.

유문선, 「애정갈등과 통속소설의 창작방법」, 정호웅 외, 『장편소설로 보는 새로운 민족문학사』, 열음사, 1991.

윤인규, 「1920~30년대 대중소설 연구」, 덕성여대 석사논문, 1993.

윤정헌, 「일제하 통속소설에 나타난 애정양상고」, 영남대 국어국문학연구25, 1997. 12.

윤홍로, 「『사랑』의 해석」, 『동양학』 21집, 단국대학교 동양학 연구소, 1991.

이덕화, 「김남천 연구」, 연세대 박사논문, 1991.

이미향, 『근대 애정소설 연구』, 푸른 사상, 2001.

이상옥, 『이효석-문학과 생애』, 민음사, 1992.

이상진, 「대중소설의 반페미니즘적 경향: 김말봉론」, 문학과 의식 29, 1995. 8.

이수형, 「김남천 문학 연구」, 서울대 석사논문, 1998.

이종호, 「1930년대 통속소설 연구」, 경북대학교 석사논문, 1996.

이지훈, 「1930년대 후반기 한국 대중소설 연구」, 서울대 박사논문, 2003.

정하은 편저, 『金末峰의 文學과 社會』, 종로서적, 1986.

최혜실, 「통속성과 순수성」, 『한국 현대 소설의 이론』, 국학자료원, 1994.

한명환, 『한국 현대소설의 대중미학 연구』, 국학자료원, 1997.

한원영, 『한국근대 신문연재소설 연구』, 이회문화사, 1996.

홍정선, 「한국 대중소설의 흐름: 통속소설 문제를 중심으로」, 한신대 논문집, 1985. 3.

황순재, 「상업적 대중소설의 이데올로기적 기반」, 오늘의 문예비평 10, 1993. 8.

IV. 고전소설 및 구활자본 소설 관련 연구

강명관, 『조선시대 문학예술의 생성공간』, 소명출판, 1999.

고소설연구회 편, 『고소설의 저작과 전파』, 아세아문화사, 1994.

권순긍, 「1910년대 활자본 고소설 연구」, 성균관대 박사논문, 1990.

권순긍, 「활자본 고소설의 간행과 유통」, 『소재영 교수 환력기념논총 고소설사의 문제』, 집문당, 1993.

김교봉, 「구활자본 고소설의 출현과 그 소설사적 의의」, 『소재영 교수 환력 기념논총 고소설사의 문제』, 집문당, 1993.

김영, 『조선후기 한문학의 사회적 의미』, 집문당, 1993.

大谷森繁, 『朝鮮後期小說讀者硏究』, 고려대 민족문화연구소, 1985.

류준경, 「방각본 영웅소설의 문화적 기반과 그 미학적 특성」, 서울대 석사논문 1997.

류탁일, 『한국문헌학연구』, 재판, 아세아문화사, 1994.

류탁일, 『한국고소설비평자료집성』, 아세아문화사, 1994.

배수찬, 「고전 국문소설의 서술 원리 연구」, 서울대 석사논문, 2001.

범우사 편, 『한국의 딱지본』 범우사, 1995.

설성경, 「구활자본 고소설의 소설사적 의의」, 『구활자소설총서』 1, 민족문화사, 1983.

소재영, 「고소설판본의 형성·유통」, 『고소설의 저작과 전파』, 아세아문화사, 1995.

소재영·민병삼·김호근 편, 『한국의 딱지본』 범우사, 1996.

이상택, 「조선조 대하소설의 작자층에 대한 연구」, 고전문학회, 『고전문학연구』 3집, 1986.

이원주, 「고전소설독자의 성향」(『한국학논집』 1 5합집, 계명대 한국학연구소, 1980.

이은숙, 『신작 구소설 연구』, 국학자료원, 2000.

이주영, 『舊活字本 古典小說硏究』, 月印, 1998.

이창헌, 「20세기초 방각소설의 변모 양상」, 서울대 한국문화연구소, 『한국문화』 18, 1996.

이창헌, 「경판방각소설 판본 연구」, 서울대 박사논문, 1995.

정민, 『책 읽는 소리』, 마음산책, 2002.

조동일, 『소설의 사회사 비교론』, 지식산업사, 2001.

조동일, 『한국문학통사』 4, 지식산업사, 1994.

조윤제, 『校註 春香傳·春香傳 異本考』, 을유문화사, 1979.

조희웅, 『고전소설이본목록』, 집문당, 1999.

최재곤, 「19세기의 독자대중」, 『영남저널』 6, 1995.

V. 출판 · 도서관학 관련 논저

강명관, 「근대 계몽기 출판운동과 그 역사적 의의」, 『민족문학사연구』 14호, 민족문학사연구소, 1999.

강윤호, 『개화기의 교과용도서』, 교육출판사, 1975.

곽동철, 「일제 치하 도서검열과 도서관에서의 지적자유에 관한 연구」, 연세대 석사논문, 1986.

국현호, 「인터넷 신문의 저널리즘적 특성에 관한 연구」, 서울대 석사논문, 1998.

김근수 편 『일제치하 언론출판의 실태』, 영신한국학아카데미, 1974.

김근수, 『한국잡지 개관 및 호별 목차집』, 한국학연구소, 1973.

김남석, 『일제하 공공도서관의 사회교육활동』, 계명대 출판부, 1991

김봉희, 『한국 개화기 서적문화 연구』, 이화여대 출판부, 1999.

노병성, 「1980년대 한국 출판산업의 산업조직론적 특성에 관한 연구」, 서강대 박사논문, 1992.

배노필, 「베스트셀러의 문화적 형성에 관한 연구」, 서울대 석사논문, 1999.

백운관·부길만, 『한국 출판문화 변천사』, 타래, 1992.

안춘근, 『한국서지의 전개과정』, 범우사, 1994.

양평, 『베스트셀러 이야기』, 우석, 1985.

이서구, 「책방세시기」, 『신동아』, 1968. 5.

이임자, 『한국 출판과 베스트셀러: 1883~1996』, 경인문화사, 1998.

이정춘, 『출판사회학』, 타래, 1992.

이중한 외 『우리 출판 100년』, 현암사, 2000.

전영표, 「한국 출판의 사적 연구」, 중앙대 석사논문, 1981.

조기준, 「개화기의 서적상들」, 『월간중앙』, 1970. 9.

최수일, "『개벽』의 출판과 유통", 민족문학사연구소 편, 『민족문학사연구』 16호, 2000.

하동호, 「박문서관의 출판서지고」, 출판학회 편, 『출판학』 10, 1971.

하동호, 『한국근대문학의 서지연구』, 깊은샘, 1981.

VI. 일제 시기 사회사 관련 논저

강상중/ 이경덕 외 역, 『오리엔탈리즘을 넘어서』, 이산, 1997.

김경일, 「1920~30년대 인쇄출판업에서의 노동운동」, 『한국사회사연구회 논문집』, 1989.

김경일, 『이재유 연구-1930년대 서울의 혁명적 노동운동』, 창작과비평사, 1993.

김경일, 『일제하 노동운동사』, 창작과비평사, 1992.

김대환, 「개발연대의 한국사회와 지식인」, 장회익 외, 『한국의 지성 100년』, 민음사,

2001.

김동춘, 『근대의 그늘 –한국의 근대성과 민족주의』, 당대, 2000.

김상태, 「지역, 연고, 정실주의」, 『역사비평』, 1999년 여름호.

김수용 · 고규진 · 최문규 · 조경식, 『유럽의 파시즘』, 서울대 출판부, 2001.

김여성 · 김세용 공저, 『數字朝鮮硏究』, 세광사, 1931.

김진균 · 정근식 외, 『근대 주체와 식민지 규율권력』, 문화과학사, 1997.

김진송, 『현대성의 형성–서울에 딴스홀을 허하라』, 현실문화연구, 1998.

김학철, 『최후의 분대장』, 문학과지성사, 1995.

노영택, 「日帝時期의 文盲率 推移」, 국사편찬위원회, 『국사관논총 51』, 1994.

노인화, 「애국 계몽운동」, 『한국사』 12, 한길사, 1995.

동아일보사 편, 『일정하의 금서 33권』, 동아일보사, 1976.

류준범, 「1930年代 京城지역 공장 노동자의 구성」, 서울대 석사논문, 1994.

문소정, 「일제하 한국농민가족에 관한 연구」, 서울대 박사논문, 1991.

박진우, 「1930년대 전반기의 한국사회와 근대성의 형성」, 서울대 석사논문, 1998.

손정목, 『일제강점기 도시사회상연구』, 일지사, 1996.

송건호, 『민족지성의 탐구』, 창작과 비평사, 1975.

신수진, 「한국의 가족주의 전통과 그 변화」, 이화여대 박사논문, 1998.

신영숙, 「일제 시기 여성사 연구에 있어 민족과 여성 문제」, 『여성, 역사와 현재』, 박
    용옥 편저, 국학자료원, 2001.

양현아, 「한국적 정체성의 어두운 기반–가부장제와 식민성」, 『창작과 비평』, 1999 겨울.

연세대학교백년사편찬위원회, 『연세대학교 백년사 1』, 연세대 출판부, 1985.

오성철, 「1930년대 한국 초등교육 연구」, 서울대 박사논문, 1996.

오천석, 『한국신교육사』, 현대교육총서출판사, 1964.

옥선화, 「현대 한국인의 가족주의 가치에 대한 연구」, 서울대 박사논문, 1989.

우용제 외, 『근대 한국 초등교육 연구』, 교육 과학사, 1998.

유봉규, 「일제말기(1930-45) 초중등학교 교육과정 연구」, 한국문화연구원, 『논총』
    39집, 이화여대, 1982.

윤해동, 「식민지 인식의 '회색지대'」, 『당대비평』 13, 삼인, 2000년 겨울.

이광린, 『한국 개화사 연구』(전정판), 일조각, 1999.

이기훈, 「동화의 시대–1920년대 동화집 발간과 '어린이'의 형성과정」, 역사문제연구
    소 월례발표회 발표문, 2001. 6.

이만규, 『조선교육사』 2, 거름, 1988.

이만열, 「한말, 일제 강점기의 지식인」, 장회익, 임현진 외, 『한국의 지성 100년』,

　　　　민음사, 2001.

이병혁, 「일제하의 언어생활」, 정신문화연구원, 『일제의 식민지배와 생활상』, 1990.

이상희, 「지식인은 누구인가」, 장회익 외, 『한국의 지성 100년』, 민음사, 2001.

이여성 · 김세용, 『수자조선연구』, 1930.

이태진, 『고종 시대의 재조명』, 태학사, 2000.

이화여대 한국문화연구원 편, 『대한 제국사 연구』, 백산자료원, 1999.

임지현, 『민족주의는 반역이다』, 소나무, 1999.

전은정, 「일제하 '신여성' 담론에 관한 분석」, 서강대 석사논문, 1999.

조은 외, 『근대 가족의 변모와 여성 문제』, 서울대 출판부, 1997.

조은 · 이정옥 · 조주현, 『근대 가족의 변모와 여성문제』, 서울대 출판부, 1997.

조혜정, 「한국의 사회 변동과 가족주의」, 『한국 문화 인류학』 17, 1985.

조혜정, 『한국의 여성과 남성』, 문학과 지성사, 1988.

최유리, 『일제 말기 식민지 지배정책연구』, 국학자료원, 1997.

최재석, 『한국 가족 연구』(개정판), 일지사, 1982.

최재석, 『한국인의 사회적 성격』, 개문사, 1976.

한국교육개발원, 『한국근대 학교교육 100년사 연구2 -일제시대의 학교교육』, 한국교
　　　　육개발원, 1997.

한국역사연구회 편, 『일제하의 사회주의 운동사』, 한길사, 1991.

홍일표, 「일본의 식민지 '동화정책'에 관한 연구」, 서울대 석사논문, 1999.

홍종욱, 「중일전쟁기(1937~41) 조선 사회주의자들의 전향과 그 논리」, 『韓國史論』
　　　　44, 2000.

VII. 일제시기의 사회사상 · 정치 사상 관련 논저

M. Robinson, 김민환 역, 『일제하 문화적 민족주의』, 나남출판, 1999.

금장태, 『유교 사상과 한국 사회』, 성균관대 대동문화연구원, 1987.

김경일, 「한국 근현대사에서 근대성의 경험과 근대주의」, 『현대사상』2, 1997 여름.

김덕영, 『주체 의미 문화』, 나남출판, 2001.

김도형, 『대한제국기의 정치사상 연구』, 지식산업사, 1994.

김무용, 「한국 근현대 사회주의운동-이상과 현실의 갈등」, 역사문제연구소, 『역사문
　　　　제연구』 7호, 2001.

김상태 편역, 『윤치호 일기』, 역사비평사, 2001.

김영모, 『한국 지배층 연구』, 일조각, 1982.

김영범, 「망탈레테사:심층사의 한 지평」, 『사회사연구와 사회이론-한국사회사연구회

논문집』 제31집, 문학과지성사, 1991.

박찬승, 『한국근대정치사상사연구』, 역사비평사, 1991.

배성준, 「'식민지 근대화' 논쟁의 한계 지점에 서서」, 『당대비평』 13, 삼인, 2000년.

신용하, 『한국 근대 사회 사상사 연구』, 일지사, 1987.

윤홍로, 「개화기 진화론과 문학 사상」, 『동양학』 16, 단국대, 1986.

이영숙, 「진보적 개신교 지도자들의 사회 변동 방안 연구」, 한국사회사연구회 편, 『현대 한국의 종교와 사회』, 문학과 지성사, 1992.

이준우, 「한국신문의 문화적 기능 변천에 관한 연구」, 연세대 박사논문, 1988.

이충우, 『경성제국대학』, 다락원, 1980.

장석만, 「개항기 한국사회의 "종교" 개념 형성에 관한 연구」, 서울대 박사논문, 1992.

전복희, 『사회 진화론과 국가 사상』, 한울 아카데미, 1996.

정대철, 「독립신문의 讀者觀에 관한 연구」, 『한양대 사회과학논총』 16, 1997. 12.

정상우, 「1910년대 일제의 지배 논리와 조선 지식인층의 인식」, 서울대 석사논문, 2000.

정재철, 『일제의 대한국식민지교육정책사』, 일지사, 1985.

정창렬, 「근대 국민국가 인식과 내셔널리즘의 성립과정」, 『한국사』 11, 한길사, 1995.

퍼슨웹 편, 『인텔리겐차』, 푸른 역사, 2002.

VIII. 한국 언론사 · 미디어학 관련 자료

김민환, 「일제 통제, 민중 불신으로 언론운동 좌절 -구한말과 일제강점기」, 한국언론연구원, 『신문과 방송』 349호, 2000년 1월호.

박용규, 「오늘의 언론에 비춰본 독립신문」, 『신문과 방송』 304, 1996.

박용규, 「일제하 민간지 기자집단의 사회적 특성의 변화과정에 관한 연구』, 서울대 박사논문, 1994.

박용규, 「한국기자들의 직업적 특성과 활동의 변화과정」, 한국사회언론연구회, 『한국사회와 언론』 제6호, 한울, 1995년 9월.

오산중고등학교, 『오산 팔십년사』, 1987.

이용성, 「'사상계'의 지식인과 잡지이념에 대한 연구」, 출판문화학회, 『출판잡지연구』 제5호, 경인문화사, 1997.

이용성, 『한국 지식인잡지의 이념에 대한 연구 -『사상계』를 중심으로』, 한양대학교 대학원 박사논문, 1996.

이한우, 『우리의 학맥과 학풍』, 문예출판사, 1995.

정진석, 「인물로 본 한국언론 100년(13) -잡지 출판인들」, 한국언론연구원, 『신문과 방송』 260호, 1992년 8월.

정진석, 「잡지 변천사」, 관훈클럽, 『신문연구』 68호, 1998년 가을호.

정진석, 「한국의 언론사상」, 『한국의 언론 I』, 한국언론연구원, 1991.

정진석, 『한국현대언론사론』, 전예원, 1985.

최준, 『한국 신문사』 (신보판), 일조각, 1997.

홍찬기, 「개화기 한국사회의 신문독자에 관한 연구」, 『한국사회와 언론』 7, 1996. 3.

IX. 대중문화 및 연극 · 영화 관련 논저

강영희, 「일제 강점기 신파양식에 대한 연구」, 서울대 석사논문, 1989.

강한섭, 「멜로드라마의 컨벤션 연구」, 서강대 석사논문, 1983.

강현두 편, 『대중 문화론』, 나남출판, 1987.

강현두 편, 『대중 문화의 이론』, 민음사, 1979.

강현두, 「현대 한국사회와 대중문화」, 『한국의 대중문화』, 나남출판, 1987.

권태철, 「일제하 한국방송의 전개과정과 성격에 관한 연구」, 서울대 석사논문, 1996.

김광해 · 윤여탁 · 김만수, 『일제 강점기 대중 가요 연구』, 박이정, 1999.

김만수, 「유성기 음반에 수록된 '영화설명 대본'에 대하여」, 『한국극예술연구』 제6 집, 태학사, 1996.

김만수, 「일제시대 대중가요의 역사적 의미」, 『유성기로 듣던 不滅의 名歌手』, 1996.

김소희, 「일제시대 영화의 수용과 전개 과정」, 서울대 석사논문, 1994.

김영준, 『한국 가요사 이야기』, 아름출판사, 1994.

김창남, 『대중문화와 문화실천』, 한울 아카데미, 1995.

김창식, 「대중문학과 독자」, 『한국문학논총 25』, 1999. 12.

박기성, 『문화커뮤니케이션과 대중문화』, 평민사, 1983.

박성봉, 『대중예술의 미학』, 동연, 1995.

박재환 외, 『근대 사회의 여가 문화』, 서울대 출판부, 1997.

박주영, 「대중 문화의 저항성에 관한 일고찰」, 부산대 석사논문, 1997.

박찬호/안동림 역, 『한국가요사』, 현암사, 1992.

배연형, 「빅타레코드의 한국 음반 연구」, 『한국음반학』 제4호.

배연형, 「콜럼비아레코드의 한국 음반 연구」, 『한국음반학』 제5호.

배영달 편저, 『보드리야르의 문화 읽기』, 백의, 1998.

사진실, 『공연 문화의 전통』, 태학사, 2002.

안종화, 『한국영화측면비사』, 춘추각, 1963, 29.

양승국, 「1910년대 한국 신파극의 레퍼터리 연구」, 『한국 극예술연구』 6집, 1998.

양승국, 「1920~30년대 연극운동론 연구」, 서울대 박사논문, 1992.

양승국, 『한국 신연극 연구』, 연극과 인간, 2001.

우쾌제, 『한국 가정소설 연구』, 고려대 민족문화 연구소, 1988.

유민영, 『개화기 연극사회사』, 새문사, 1987.

유민영, 『한국 근대 연극사』, 단국대 출판부, 1996.

유민영, 『한국근대극장변천사』, 태학사, 1998.

유선영, 「한국 대중문화의 근대적 구성과정에 대한 연구」, 고려대 박사논문, 1992.

유지나 외, 『멜로드라마란 무엇인가』, 민음사, 1999.

유현목, 『한국영화발달사』, 한진출판사, 1980.

윤석진, 「1930년대 한국 멜로드라마 연구」, 서강대 언론대학원 석사논문, 1997.

이두현, 『한국 신극사 연구』, 서울대 출판부, 1990.

이범경, 『한국방송사』, 범우사, 1994.

이영일, 『한국영화전사』, 삼애사, 1969.

이정옥, 「대중소설의 시학적 연구」, 서강대 박사논문, 1998.

이효인, 『한국영화역사 강의 1』, 이론과 실천, 1992.

임훈아, 「소설의 영화화 과정에 따른 멜로드라마적 요소 연구」, 연세대 국문과 석사
    논문, 1994.

전영태, 「대중문학 논고」, 서울대 석사논문, 1980.

전영태, 「한국근대소설의 대중성에 대한 고찰」, 『한국학보』, 33집, 일지사, 1983.

조지훈, 「멜로드라마의 양식적 특성에 관한 연구」, 한양대 석사논문, 1997.

최동현 · 김만수 편, 『일제 강점기 유성기 음반 속의 대중 희극』, 태학사, 1997.

최인진, 『韓國新聞寫眞史』, 열화당, 1992, 43쪽 참조.

한국방송공사, 『한국방송육십년사』, 1987.

한국예술연구소 편, 『한국현대 예술사대계 II』, 시공사, 2000

한명환, 『한국현대소설의 대중미학연구』, 국학자료원, 1997.

홍재범, 「1930년대 대중비극 연구」, 서울대 박사논문, 1999.

국외 논저

Adler, M., 전병덕 역, 『독서의 기술』, 범우사, 1993.

Altieri, C., 'An Idea and Ideal of a Literary Cannon', *Critical Inquiry*, Vol.
    10, No.1, September, 1983.

Amossy, R. & Pierrot, A., 조성애 옮김, 『상투어』, 동문선, 2001.

Anderson, B., 윤형숙 역, 『민족주의의 기원과 전파』, 나남출판, 1991.

Bakhtin, M., 이득재 옮김, 『문예학의 형식적 방법』, 문예출판사, 1992.

Bataille, G., 조한경 역, 『에로티즘』, 민음사, 1989.

Baudrillard, J., 『소비의 사회』, 문예출판사, 1991.

Baudrillard., J. 배영달 편저, 『보드리야르의 문화 읽기』, 백의, 1998.

Belsey, C., *Desire: Love Stories in Western Culture*, Oxford: Blackwel, 1994.

Benjamin, W., 반성완 편역, 『발터 벤야민의 문예이론』, 민음사, 1990.

Bennet, T., et al(eds), *Popular Culture and Social Relations*, Miton Keynes: Open University Press, 1986.

Boudieu, P., 장일준 옮김, 『상징폭력과 문화재생산』, 새물결, 1997.

Boudieu, P., *The Field of Cultural Production: Essay on Art and Literature*, Columbia Univ. Press, 1993.

Boudieu, P., *The Rules of Art: Genesis and Structure of the Literary Field*, Stanford Univ. Press, 1995.

Bourdieu, P., *Distinction: A Social Critique of the Judgement of Taste*(Trans. by Richard Nice), Harvard, 1984.

Bourdieu., P. 하태환 역, 『예술의 규칙 - 문학 장의 기원과 구조』, 동문선, 1999.

Brooker Thro, A., ʻAn Approach to Melodramatic fictionʼ, Genre. Vol.11. Spring, 1978.

Brooks, P., *The Melodramatic imagination: Balzac, Henry James, Melodrama, and the mode of excess*, New Haven: Yale Univ. Press, 1976.

Brooks., P. 이봉지 외 역, 『육체와 예술』, 문학과 지성사, 2000.

Bull, J. A., *The framework of Fiction*, London: Macmillan Education LTD, 1988.

Canguilehm., G. 이광래 역, 『정상과 병리』, 한길사, 1996.

Cohan, S., 임병권 · 이호 공역, 『이야기하기의 이론』, 한나래, 1997.

Courant M., 이희재 역, 『한국서지』 수정번역판, 일조각, 1994.

Eagleton, T., 유희석 역, 『비평의 기능』, 제3문학사, 1991.

Eagleton, T., *Nationalism, Colonialism, and Literature*, Univ. of Minnesota Press, 1990.

Eco, U., 조형준 옮김, 『대중의 영웅』, 새물결, 1994.

Eco, U., 김운찬 역, 『소설 속의 독자』, 열린책들, 1996.

Eco., U. 김운찬 역, 『대중의 수퍼맨』, 열린책들, 1994.

Engels., F. 김대웅 역, 『가족의 기원』, 아침, 1985.

Escarpi, R., 민병덕 역, 『출판·문학의 사회학』, 일진사, 1999.

Escarpit, R., 임문영 역, 『책의 혁명』, 보성사, 1985.

Felski, R., 김영찬·심진경 옮김, 『근대성과 페미니즘』, 거름, 1998.

Flusser, V., 윤종석 역, 『디지털시대의 글쓰기』, 문예출판사, 1998.

Flusser, V., 김성재 역, 『커뮤니콜로기』, 커뮤니케이션북스, 2001.

Foucault, M., 권택영 역, 「저자란 무엇인가」, 『현대시사상』, 고려원, 1993년 겨울호.

Foucault, M., 이정우 역, 『담론의 질서』, 새길, 1993.

Foucault, M., 이규현 역, 『성의 역사 I - 앎의 의지』, 나남출판, 1990.

Fuchs., E. 이기웅 외 역, 『풍속의 역사 IV - 부르조아의 시대』, 까치, 1986.

Gans, H., 「취향문화와 취향공중」(강현두 편), 『대중문화이론』, 민음사, 1984.

Gans., H. J. 강현두 역, 『대중 문화와 고급 문화』, 나남출판, 1998.

Gasset., O., 심일섭 역, 『대중의 반란』, 서울 : 근역서재, 1979.

Gasset., O., 박상규 역, 『예술의 비인간화』, 미진사, 1988.

Gella, A. 편, 김영범 역, 『인텔리겐챠와 지식인』, 학민사, 1983.

Giddons, A., 배은경·황정미 역, 『현대사회의 성·사랑·에로티시즘』, 새물결, 1996.

Girard, R., 김진식 옮김, 『폭력과 성스러움』, 민음사, 1995.

Gittins., D. 안호용 외 역, 『가족은 없다』, 일신사, 1997.

Goldmann, L., 조경숙 역, 『소설의 사회학을 위하여』, 청하, 1982.

Gramsci, A., 조형준 옮김, 『그람시와 함께 읽는 문화』, 새물결, 1992.

Greenblatt, S., 장경렬 역, 『경계선 다시 긋기』, 한신문화사, 1998.

Gurak Laura J., *Cyberliteracy*, Yale Univ. Press, 1999.

Habermas, J., 한승완 역, 『공론장의 구조변동』, 나남출판, 2001.

Hall, J., 최상규 역, 『문예 사회학』, 예림기획, 1999.

Hall., E. 최효선 역, 『문화를 넘어서』, 한길사, 2000.

Hall., J. 최상규 역, 『문예사회학』, 예림기획, 1999.

Hall., S. 김수진 외 역, 『현대성과 현대문화』, 현실문화연구, 1996.

Hauser, A., 백낙청·염무웅 역, 『문학과 예술의 사회사-현대편』, 창작과 비평사, 1974.

Hauser, A., 최성만·이병진 공역, 『예술의 사회학』, 한길사, 1983.

Hauser., A. 반성완 외 역, 『문학과 예술의 사회사 - 근세편』 하, 창작과 비평사,

1997.

Hernadi, P., *Beyond Genre*, Cornell Univ. Press, 1972.

Holub, Rober C., 최상규 옮김, 『수용미학의 이론』, 예림기획, 1999.

Horkheimer, M. · Addorno, Th. W., 김유동 · 주경식 · 이상훈 옮김, 『계몽의 변증법』, 문예출판사, 1995.

Hunt, L., ed., 조한욱 역, 『포르노그라피의 발명』, 책세상, 1996.

Iser, W., *The Act of Reading*, Routledge and Kegan Paul, 1978.

Jackson, R., 서강여성문학연구회 옮김, 『환상성』, 문학동네, 2001.

Jameson, F., 'Ideology, Narrative Analysis, and Popular Culture', *Theory and Society*, No.4, 1977.

Jameson, F., *The Political Unconscious: Narrative as a Scoially Symbolic Act*, London: Metheun, 1981.

Jameson, F., 윤지관 옮김, 『언어의 감옥』, 까치, 1985.

John Hall, 최상규 역, 『문예사회학』, 예림출판, 1999.

Kornhauser., W. 홍순옥 역, 『대중 사회의 정치』, 제민각, 1990.

Leavis, Q.D., *Fiction and the Reading public*, London: Chatto and Windus, 1978.

Long, E., 고영복 편역, 『문화사회학』, 사회문화연구소, 1997, 383쪽.

Lowenthal, L., Literature, *Popular Culture and Society*, Palo Alto, California: Pacific Books, 1961.

Luk cs, G., 반성완 역, 『소설의 이론』, 심설당, 1993.

Lukacs, G., 박정호 · 조만영 역, 『역사와 계급의식』, 거름, 1995.

Manguel, A., 정명진 역, 『독서의 역사』, 세종서적, 2000.

Mannheim, K., 임석진 역, 『이데올로기와 유토피아』, 청아출판사, 1991.

Mayne, Judice, 류제홍 · 강수영, 『사적소설 · 공적영화』, 시각과 언어, 1994.

Mccracken, G., 이상률 옮김, 『문화와 소비』, 문예출판사, 1997.

McLuhan, Marshall, 임상우 역, 『구텐베르크 은하계-활자인간의 형성』, 커뮤니케이션북스, 2001.

McLuhan, Marshall, 박정규 역, 『미디어의 이해』, 커뮤니케이션북스, 2001.

McQuail., D. 박창희 역, 『수용자 분석』, 커뮤니케이션북스, 1999.

Miller, D., *Material Culture and Mass Consumption*, Oxford: Basil Blackwell, Ltd., 1987.

Moscovici., S. 이상률 역, 『군중의 시대』, 문예출판사, 1996.

Nightingale., V. 박창희 외 역, 『수용자 연구』, 커뮤니케이션북스, 2001.

Ong, Walter J., 이기우 · 임명진 역, 『구술문화와 문자문화』, 문예출판사, 1995.

Paech, Joachim, 임정택 역, 『영화와 문학에 대하여』, 민음사, 1997

Reboul, O., 홍재성 · 권오룡 옮김, 『언어와 이데올로기』, 역사비평사, 1994.

Reich, W., 오세철 · 문형구 옮김, 『파시즘의 대중심리』, 현상과 인식, 1987.

Rimmon-Kenan, 최상규 역, 『소설의 시학』, 문학과 지성사, 1985.

Robinson, M., 김민환 역, 『일제하 문화적 민족주의』, 나남출판, 1988.

Said, E., 박홍규 역, 『오리엔탈리즘』, 서울: 교보문고, 1993.

Sarsby, J., 박찬길 역, 『낭만적 사랑과 사회』, 민음사, 1985.

Scholes, R. & Kellog, R., *The Nature of Narrative*, London: Oxford Univ. Press, 1966.

Smith, J., *Melodrama*, Univ. of Manchester Press, 1973.

Sombart., W. 이상률 역, 『사치와 자본주의』, 문예 출판사, 1997.

Storey, J. 편, 백선기 역, 『문화연구란 무엇인가』, 커뮤니케이션북스, 2000.

Storey, J., 박모 역, 『문화연구와 문화이론』, 현실문화연구, 1999.

Storey, John, *Cultural Consumption and Everyday Life*, London:Arnold, 1999.

Storey, John, *Cultural Studies & the Study of Popular Culture*, the Univ. of Georgia Press, 1996.

Swingewood A., & Laurenson, D., 정혜선 역, 『문학의 사회학』, 한길사, 1986.

Thompson, E. P., 나종일 외 역, 『영국노동계급의 형성』, 창작과비평사, 2000.

Thomson, P., 김영무 역, 『그로테스크』, 서울대 출판부, 1986.

Vincent-Buffault, A., 이자경 옮김, 『눈물의 역사』, 동문선, 2000.

Virginia Nightingale, 박창희 · 김형곤 역, 『수용자 연구』, 커뮤니케이션북스, 2001.

Watt Ian, 전철민 역, 『소설의 발생』, 열린책들, 1988.

Williams R., 이일환 역, 『이념과 문학』, 문학과지성사, 1990.

Williams, R., *Key words: A Vocabulary of Culture and Society*, Great Britain: Fontana Paperbacks, 1976.

Wood, R., 이순진 옮김, 『베트남에서 레이건까지-헐리우드 영화 읽기』, 시각과 언어, 1994.

Zmegac, V. · Borchmeyer, D., 류종역 외 역, 『현대 문학의 근본 개념 사전』, 솔, 1996.

구노 오사무 · 쓰루미 유스케, 심원섭 역, 『일본 근대사상사』, 문학과 지성사, 1994.

臼井吉見, 고재석・김환기 역, 『일본 다이쇼 문학사』, 동국대 출판부, 2000.

尾崎秀樹, 前田愛, 山田宗睦, 『現代讀者考』, 東京 : 日本エディタースクール出版部, 1982.

柄谷行人, 박유하 역, 『일본근대문학의 기원』, 민음사, 1997.

北村三子, 『靑年と近代』, 筑摩書房, 1998.

山本文雄 外, 김재홍 역, 『日本 매스커뮤니케이션사』, 커뮤니케이션북스, 2000.

小森陽一, 『構造としての語り』, 東京:新躍社, 1988.

永嶺重敏, 『雜誌と讀者の近代』, 日本エデイダースクール, 1997.

李孝德, 박성관 역, 『표상공간의 근대』, 소명출판, 2002.

長谷川 泉・馬道憲三郞, 『近代文學の讀者』, 國書刊行會, 1980.

前田愛, 『近代讀者の成立』, 筑摩書房, 1989.

平野謙, 고재석・김환기 역, 『일본 쇼와 문학사』, 동국대 출판부, 2000.

丸山眞男, 김성근 역, 『현대정치의 사상과 행동』, 한길사, 1997.

〈팁〉

근대의 책 읽기

⊙ 2014년 9월 2일 2판 1쇄 발행
⊙ 2019년 6월 24일 2판 2쇄 발행
⊙ 글쓴이   천정환
⊙ 펴낸이   박혜숙
⊙ 펴낸곳   도서출판 푸른역사
　　　　　우) 03044 서울시 종로구 자하문로8길 13
　　　　　전화: 02)720-8921(편집부) 02)720-8920(영업부)
　　　　　팩스: 02)720-9887
　　　　　전자우편: 2013history@naver.com
　　　　　등록: 1997년 2월 14일 제13-483호

ⓒ 천정환, 2019

ISBN 978-11-5612-017-9   03900